培育领袖

42位美国总统的成长教育

Taught to Lead

The Education of the Presidents of the United States

[美] 弗雷德·L.伊思雷尔　主　编

迈克尔·凯利　哈尔·马科维奇　助理编辑

龙桑田　曾候花　张义　译

中国社会科学出版社

图书在版编目（CIP）数据

培育领袖：42位美国总统的成长教育／〔美〕伊思雷尔主编；龙桑田，曾候花，张义译．—北京：中国社会科学出版社，2007.12

书名原文：Taught to Lead the Education of the Presidents

ISBN 978 - 7 - 5004 - 6497 - 6

Ⅰ．培…　Ⅱ．①伊…②龙…③曾…④张…　Ⅲ．总统 - 生平事迹 - 美国　Ⅳ．K837.127

中国版本图书馆 CIP 数据核字（2007）第 164621 号

图字：01 - 2007 - 1334

出版策划　任　明
责任编辑　高　涵　孔继萍　曲弘梅
责任校对　郭　娟
封面设计　典雅设计
技术编辑　李　建

出版发行　中国社会科学出版社
社　　址　北京鼓楼西大街甲 158 号　　　邮　编　100720
电　　话　010 - 84029450（邮购）
网　　址　http://www.csspw.cn
经　　销　新华书店
印　　刷　北京奥隆印刷厂　　　　　　　装　订　北京一二零一印刷厂
版　　次　2007 年 12 月第 1 版　　　　　印　次　2007 年 12 月第 1 次印刷
开　　本　787×1092　1/16
印　　张　29　　　　　　　　　　　　　插　页　2
字　　数　597 千字
定　　价　48.00 元

简　介

在美国这个令教育和总统着迷的国度，奇怪的是在此之前还没有人就美国总统的教育写过一本书。原因可能是美国总统和他们所受的教育之间的联系太复杂，难以明确。

总统像其他人一样，他们也要经受所有人生经历的影响。对于那些具有 T. S. 艾略特所称的"体验天性"的人来说，一切事物都可能成为达到教育目的的手段。在《白鲸记》（*Moby Dick*）中观察社会公敌，我们可以说"一艘捕鲸船就是耶鲁大学和哈佛大学"。美国最伟大的自传作家接受的正式学校教育很少，却著有《亨利·亚当斯的教育》。

因此，我们可以说是阅历造就了总统。但是我们对于教育有一个较狭隘的定义，那就是把它看成是学校和大学所教授的东西——正如"你是在哪儿接受的教育"这个问题的答案。正式的教育是明确有形的，可以衡量。然而，历史告诉我们，总统们当年以学生的身份所接受的学校教育与他们在白宫的业绩之间并无必要的关系。

我们普遍认同乔治·华盛顿、亚伯拉罕·林肯和富兰克林·D. 罗斯福是三位最伟大的总统。而华盛顿和林肯接受正式的学校教育非常之少，富兰克林·D. 罗斯福却接受过美国所能提供的最好的正式教育——格罗顿学校、哈佛大学、哥伦比亚大学法学院。但是，不管他们所受的教育是怎样的，他们都是人们心中伟大的总统。

这并不是因为在华盛顿和林肯时代的大学教育资源稀少。毕竟，华盛顿的继任者约翰·亚当斯就是 1755 年毕业于哈佛大学的；托马斯·杰斐逊于 1762 年毕业于威廉玛丽学院；詹姆斯·麦迪逊则是 1771 年毕业于新泽西大学（现在的普林斯顿大学）；詹姆斯·门罗于 1776 年毕业于威廉玛丽学院；而约翰·昆西·亚当斯，是 1787 年毕业于哈佛大学。直到第七任总统安德鲁·杰克逊，美国才有了另外一位没有上过大学的总统。

在美国总统史上，一共有九位总统从未上过大学。除了华盛顿、杰克逊和林肯之外，在 19 世纪，还有马丁·范·布伦、扎卡里·泰勒、米勒德·菲尔莫尔、安德鲁·约翰逊和格罗弗·克利夫兰面临教育方面的挑战。甚至到了 20 世纪，这个大众受教育程度更高的世纪，我们却还有一位从未上过大学的总统，他就是哈里·S. 杜鲁门。然而，历史学家和政治家通常把杜鲁门归为"接近伟大"总统的范畴。

而美国历史上三位最引人注目的"失败"总统——詹姆斯·布坎南，1809 年毕业于迪金森大学；赫伯特·胡佛，1895 年毕业于斯坦福大学；理查德·M. 尼克松，1934 年毕业于惠蒂尔大学。这三位总统都是大学毕业生。因此，一个学位并不是在白宫获得成功的保证，而没有学位也不见得就会失败。

但是，华盛顿、林肯和杜鲁门这三位总统都因为他们缺少学校教育而倍感痛惜。华盛顿和林肯碰巧使用了同一个形容词来描述他们的教育——"残缺的"。华盛顿认为，美国民主的基本实验需要大众受过教育才能使之成功。在他的告别演讲上，他呼吁公民"完善公众教育普及制度。为了与政府让公众发表意见这一点相适应，公民受到教育是必须的"。

华盛顿总统头脑里构思了一项明确的教育制度。1795 年他在写给副总统约翰·亚当斯的信中说："我们国家需要一所国家大学，这一直是我的明确观点，建校所需的场地和资金很久以前就已经预算好了。"同一年，他告之杰斐逊在首都创办大学的梦想，在那里，学校的学生"可以更好地了解法律和政府的政策"，并能从国际化的师资力量中获取知识，"我肯定能联系上苏格兰一些最著名的老师加入其中"。华盛顿补充说，通过招收全国各地的学生，一所国家大学应当"有助于消除偏见和不合理的妒忌，而那些东西会阻碍或者削弱友谊，并且会危害国家的和谐"。

在他的第八次且是最后一次年度咨文中，他把这项议案提交到国会。华盛顿说："对于我们各地的部分青年的普通教育，应该得到高度重视……这样一个国家教育机构的主要目的应当是，教育我们的青年了解政府管理。国会最迫切的任务就是资助一项把知识传授给青年的计划，而他们将成为捍卫国家未来自由的卫士。"

这位建国之父的教育计划几乎没有得到支持。在 1799 年华盛顿去世前六个月，他再度怀着紧迫感重提了这个心愿。华盛顿再一次表达了他想建立一所国家大学的"热切的希望"，并留下丰厚的遗产作为将来建校捐款。然而，华盛顿的继任者中却没有人响应他建立国家大学的号召。

林肯作为一个有抱负的年轻政治家，他称教育是"作为一个人能够参与的最重要的事情"。作为总统，1862 年他签署了《莫里尔法》(*Morrill Land Grand Act*)，该法为国立大学和学院提供公共基金。华盛顿和林肯这两位伟大的总统，他们自己没能接受太多正式教育，却努力为捍卫美国自由的未来卫士们改善教育设施。

这四十二位男性（可惜到目前为止还没有女性）总统不同的教育经历可以说是色彩纷呈，而有些则经历曲折、坎坷，很有戏剧性。书中附加的栩栩如生且富有想象力的插图为文章增色不少。

本书的结论是什么呢？可以肯定的是：条条大道通白宫！

小亚瑟·梅尔·史勒辛格

前　言

在 1776 年的《独立宣言》中，托马斯·杰斐逊列出了三十多条对英国国王的不满。十一年以后，在起草美国《宪法》的时候，这些开国之父很自然地反对世袭君主制和国家元首的强权统治。他们建立了行政长官选举制，而且有特定的任期。《宪法》的第一章第二条规定："行政权应当赋予美国总统。他在四年的任期内主持政府工作。"还有正式的宪法要求：总统必须是"出生在美国的公民"，年满 35 岁，且在美国定居十四年以上。宪法以"他"来指代总统，很可能开国之父们认为妇女或者非白色人种的男人都不在考虑之列。关于任期限制的《二十二条修正案》（1951）使用"人"来指代总统，说明已经认可妇女也能在政府部门供职。

美国是第一个建立总统选举制的国家——总统有规定的任期。自从 1789 年《宪法》的正式通过，国家每四年进行一次总统选举。即便是在大的经济萧条时期和战争期间，选举都照常举行。

这四十二位白人总统似乎很少有相似之处①。其中有五位未经选举而成总统，他们是约翰·泰勒、米勒德·菲尔莫尔、安德鲁·约翰逊、切斯特·阿瑟和杰拉尔德·福特，他们上任是因为前任的死亡、被暗杀或者辞职。每一位总统都没能长期在任，不是由于个人选择，就是因为政治命运。

这四十二位总统之中的一些人意志异常坚定，而其他人只是扮演了错误的角色。虽然亚伯拉罕·林肯统一了国家，伍德罗·威尔逊和富兰克林·D. 罗斯福都遭遇了一次世界大战，但是大多数总统都表现平平，只是在复杂的岗位上尽到了他们最大的努力。同样的，在这种被选民选为领袖的人中间，似乎没有一个固定的模式。他们有如约翰·F. 肯尼迪（43 岁）的年轻者，也有如罗纳德·里根（69 岁）的年老者。其中有知识分子，如麦迪逊、塔夫脱和威尔逊，还有朴素的思想家，如伟大的杰克逊和失败的哈丁。他们的个性类型包罗万象，有热情奔放的罗斯福总统和杜鲁门总统，还有沉默寡言的柯立芝总统和倔强的尼克松总统。约翰·亚当斯和约翰·昆西·亚当斯是一对父子，正如乔治·H. W. 布什和乔治·W. 布什一样也是父子。本杰明·哈里森的祖父是有"老蒂普卡怒"之称的威廉·亨利·哈里森。西奥多·罗斯福是富兰克林·罗斯福敬佩的远亲。总统们来自国家的各个州，从佛

---

① 乔治·W. 布什是第四十三任美国总统。不过，实际上只有四十二位总统，因为格罗弗·克利夫兰担任第二十二任和第二十四任总统，而这不算一个连续任期。

蒙特州到加利福尼亚州。他们大多数经由国会或州长的官邸来到白宫。这些总统中有六位曾是将军。除了 1860 年林肯当选之后出现了可怕的内战之外,全体选民还是希望和平的权力过渡。

这些总统中的许多人曾奋力谋求总统的职务,而其他人却是偶然地得到了总统职位。不管怎样,每位掌权者都以其对领导的理解而尽职尽责。每个人都有机会就国外和国内事务做出重大的决定,而这些决定影响国家的走向。

这四十二篇文章重点介绍了历届美国总统的教育史。本书包括带有照片说明的三百多幅插图,每幅插图都透露了那位总统某方面的教育,而且大多数是第一次出版。

对比各位总统,他们各式各样的教育经历中并没有一个清晰的模式。然而,从华盛顿到威尔逊的大多数总统都接受过古典形式的教育,其中包括学习《圣经》。1900 年以前的二十五位总统,其中十六位经历了一些正式的高等教育。林肯是自学成才的,杰克逊、范·布伦、泰勒、菲尔莫尔、安德鲁·约翰逊和格罗弗·克利夫兰也是这样。威廉·亨利·哈里森曾经在医学院学习,而詹姆斯·加菲尔德学习当牧师。

自 1900 年以来的十七位总统,除了哈里·杜鲁门之外都上过大学。这些大学有哈定总统就读的只有三位老师,濒临关闭的俄亥俄中心学院,也有名牌大学,如哈佛大学、耶鲁大学和普林斯顿大学。胡佛主修斯坦福大学的地质专业,而林登·约翰逊在一所乡村的德州大学上学,被作为小学教师培养。艾森豪威尔毕业于西点军校,而吉米·卡特毕业于安纳波利斯的海军学院。伍德罗·威尔逊是唯一获得博士学位的总统。而且,除了塔夫脱和威尔逊之外,1900 年以后的十七位总统几乎都是表现一般的学生。

总的来说,这些文章和插图也是 18 世纪 50 年代以来美国教育的一个缩影。老师、家族教师、父母亲、亲戚、课本、小说、非小说读物和圣经,这些都是总统们的教育历程中重要的组成部分,也影响着美国历史。

弗雷德·L. 伊思雷尔

撰稿人简介

弗雷德·L. 伊思雷尔　总编辑

他是曾在纽约城市大学教美国历史的离休教授。他著有 *Nevada's Key Pittman*，并编辑了 *The War Diary of Breckinridge Long and Major Peace Treaties of Modern History* (1648—1975)，共五卷。他因参与编辑了《联邦最高法院的法官》（四卷）而获得美国律师协会颁发的作家奖。伊思雷尔教授二十五年来收集盖洛普民意调查并编辑成每年的参考手册。

小亚瑟·M. 史勒辛格　编辑

他是纽约城市大学艾伯特·史怀哲人文学科研究中心的主席。他有十几本著作，其中包括《杰克逊时代》（*The Age of Jackson*）、《活力中央》（*The Vital Center*）、《罗斯福时代》（*The Age of Roosevelt*）（三卷）、《一千个日子》（*A Thousand Days*）、《白宫中的约翰·F. 肯尼迪》（*John F. Kennedy in the White House*）、《罗伯特·肯尼迪和他的时代》（*Robert Kennedy and His Times*）、《美国历史周期》（*The Cycles of American History*）和《威严的总统》（*The Imperial Presidency*）。史勒辛格教授还是肯尼迪总统（1961—1963）的特别助理。他一生获奖众多，比如其中有普利策历史奖、普利策传记奖、两项国家图书奖、班克罗夫特奖、美国文学院历史金奖等。

迈克尔·凯利　助理编辑

他拥有纽约州立大学历史博士学位，在吉尔曼学校当老师。凯利博士即将出版参议员罗伯特·瓦格纳的传记。

哈尔·马科维奇　助理编辑

马科维奇是美国宾夕法尼亚州阿伦敦的《唤醒》（*The Morning Call*）的在职作家。他写过几本总统青少年时代的传记。

罗伯特·达勒克

他曾任教于哥伦比亚大学、加利福尼亚大学洛杉矶分校和牛津大学。他是波士顿大学的历史学教授，著有《林登·约翰逊传》（*Lyndon Johnson*）（上下两册）和《未完的一生》（*An Unfinished Life*），还写了一本《约翰·F. 肯尼迪传》（*John F.*

Kennedy）。达勒克教授曾获"班克罗夫特"奖，还获得其他一些学术奖项。

J. F. 沃茨

沃茨是纽约城市大学人文系主任。他曾写过大量关于美国政治和社会历史的文章。

比尔·汤普森

他曾在波士顿大学主修历史专业。他拥有神学硕士学位，是一位长老派牧师。汤普森先生写过几本青少年读物。

丹尼尔·E. 哈蒙

哈蒙先生身为作家和编辑，他的短篇故事集《白垩城列车及其他故事》（*The Chalk Town Train & Other Tales*）得到评论家的盛赞。他还是《南卡罗莱纳》杂志（*Sandlapper*）的助理编辑。

安妮·玛丽·沙利文

她从特姆普大学获得学士学位，是一位作家和编辑。

比尔·叶尼

叶尼著有许多流行书籍，其中有《太空人：载人太空飞行头 25 年》（*Astronauts：The First 25 Years of Manned Space Flight*）。

帕梅拉·菲特吉布

她是一位作家，在巴尔的摩市的帕克学校任教。

哈里·莫蒂默

他拥有乔汉敦大学两个法律学位，担任第一忠实财团（First Fidelity Bank Corp.）的法律总顾问。

参考的总统传记文献

下列为本书参考的关于美国总统生平的传记。在此书中引用了其中许多文章，这里列出的日期是原著的出版日期。下列每本参考书目和其中的注解都可以用作今后的研究。这个书目是根据汤姆·特雷斯科特和丹·温伯格的"总统书架精要——读者和收藏家的选择性指南"（*The Rail Splitter*）的第七卷第四期（2002 年春）编辑而成的。

乔治·华盛顿（联邦党人，1789—1797）

詹姆斯·托马斯·弗莱克勒写的《乔治·华盛顿传》（*George Washington*）（四册，1965—1972），他对华盛顿做了全面彻底的研究。这部作品是研究第一位总统生平的必不可少的素材。

道格拉斯·索西奥·弗里曼的《乔治·华盛顿传》（*George Washington：A Biography*）（七卷，1948—1957）是一位知名的历史学家的著作。第一卷和第二卷讲述的是华盛顿的早年生活，这是华盛顿的真实写照。

威廉·拉斯穆森和罗伯特·蒂尔顿合著的《神话背后的人——乔治·华盛顿》（*George Washington：The Man Behind the Myths*）（1999）是一部集记述、分析和照片为一体的杰出作品。两位作者对华盛顿公开和私人的生活进行了独创性的分析。

约翰·亚当斯（联邦党人，1797—1801）

佩奇·史密斯写的《约翰·亚当斯传》（*John Adams*）（两卷，1962）是亚当斯文集出版后的第一部重要传记。

《约翰·亚当斯的一生》（*John Adams：A Life*）（1992），约翰·费林著，这是一本优秀的单本著作。

戴维·麦克库罗的《约翰·亚当斯传》（*John Adams*）（2001）也是一部广受欢迎的精彩传记，曾获普利策奖。

托马斯·杰斐逊（民主共和党人，1801—1809）

仲马·马隆写的《杰斐逊和他的时代》（*Jefferson and His Times*）（六卷，1948—1981）是 20 世纪美国历史文学的一大贡献。1948 年的第一卷《弗吉尼亚的杰斐逊》讲述的是幼年的杰斐逊。

梅利尔·彼特逊于 1970 年出版的《托马斯·杰斐逊和新国家》（*Thomas Jefferson and The Nation：A Biography*）也许是第三位总统最好的一本传记。

詹姆斯·麦迪逊（民主共和党人，1809—1817）

欧文·布朗特写的《詹姆斯·麦迪逊传》（*James Madison*）（六卷，1941—1961）是关于麦迪逊的最可靠的著作。布朗特 1970 年写的《第四位总统：詹姆斯·麦迪逊的一生》（*The Fourth President：A Life of James Madison*）是多册原著的精彩缩写本。

罗伯特·凯特昌于 1971 年著的《詹姆斯·麦迪逊传》（*James Madison：A Biography*）对麦迪逊一生做了精彩评价。

詹姆斯·门罗（民主共和党人，1817—1825）

哈里·阿默写的《詹姆斯·门罗传》（*James Monroe*）（1971）对门罗的一生做了全面的调查研究。

威廉·克雷逊的《詹姆斯·门罗传》（*James Monroe*）（1946）是一本关于门罗的学术水平很高的传记。

约翰·昆西·亚当斯（民主共和党人，1825—1829）

玛丽·赫克特写的《约翰·昆西·亚当斯传》（*John Quincy Adams*）（1972）全面概述了亚当斯的一生。

林恩·帕森斯的《约翰·昆西·亚当斯传》（*John Quincy Adams*）（1998）是一本最近的精彩传记。

安德鲁·杰克逊（民主党人，1829—1837）

杰克逊最可靠的传记是罗伯特·雷米尼所写的三卷《安德鲁·杰克逊传》（*Andrew Jackson*）（1977—1984）。1977 年的第一卷《安德鲁·杰克逊和美国的绝对统治》（*Andrew Jackson and the Course of American Empire，1767—1821*）讲述了杰克逊的早期生活。

一直到雷米尼的著作问世，马奎斯·詹姆斯的《安德鲁·杰克逊传》（*Andrew Jackson*）（两卷，1933—1937）被看作是杰克逊生活的标准写照。

马丁·范·布伦（民主党人，1837—1841）

丹尼斯·林奇写的《马丁·范·布伦和他的时代》（*An Epoch and a Man：Martin Van Buren and His Times*）（1929）是范·布伦的最好传记。

约翰·尼文的《马丁·范·布伦和美国政治的浪漫岁月》（*Martin Van Buren and the Romantic Age of American Politics*）（1983）是第一本关于范·布伦的现代传记，此书以他个人的大量文稿为基础。

威廉·亨利·哈里森（辉格党人，1841）

《老蒂普卡怒：威廉·亨利·哈里森和他的时代》（*Old Tippecanoe：William Henry Harrison and His Times*）（1939），弗里曼·克利文斯著，这是哈里森早期生活的全面的精彩描述。

多罗西·乔贝尔的《威廉·亨利·哈里森传》（*William Henry Harrison*）（1926）仍然是研究哈里森必不可少的材料。乔贝尔还为《美国传记辞典》（*Dictionary of American Biography*）（八卷）写了关于哈里森的优秀文章。

约翰·泰勒（辉格党人，1841—1845）

奥利文·奇特伍德的《约翰·泰勒——旧南方之冠》（*John Tyler：Champion of the Old South*）（1939）是一本关于这第一位意外成为总统的泰勒的复杂个性的学术著作。

关于泰勒的重要著作是罗伯特·西格的《约翰·泰勒夫妇传》（*And Tyler Too：A Biography of John and Julia Tyler*）（1963）。

詹姆斯·K. 波尔克（民主党人，1845—1849）

尤金·麦克科马克的《詹姆斯·K. 波尔克传》（*James K. Polk*）（1922）是一本总统竞选中的首位"黑马"的优秀传记。

查尔斯·塞勒斯的《詹姆斯·K. 波尔克传》（*James K. Polk*）（两卷，1957—1966）对波尔克做了细致的研究。

扎卡里·泰勒（辉格党人，1849—1850）

《扎卡里·泰勒——旧时西南部的战士、种植园主和政治家》（*Zachary Taylor：Soldier，Planter，Statesman of the Old Southwest*）（1985），K. 杰克·包尔著，这是一本对复杂个性进行全面研究的传记。

霍尔曼·汉密尔顿所写的两卷《扎卡里·泰勒传》（*Zachary Taylor*）（1941—1951）是这位"顶用的大老粗"的可靠生平写照。

米勒德·菲尔莫尔（辉格党人，1850—1853）

《米勒德·菲尔莫尔总统传》（*Millard Fillmore：Biography of a President*）（1959），罗伯特·雷拜克著，这是关于这位总统的一本不错的传记。

富兰克林·皮尔斯（民主党人，1853—1857）

《富兰克林·皮尔斯——花岗岩山的小胡桃》（*Franklin Pierce：Young Hickory of the Granite Hills*）（1931 年出版，1958 年修订再版），罗伊·尼古尔斯著，这本书对皮尔斯进行了敏锐描写，也是关于他的唯一一部学术传记。尼古尔斯对皮尔斯进行了深入研究，在许多刊物上发表了一系列关于皮尔斯的文章。

詹姆斯·布坎南（民主党人，1857—1861）

菲利普·克莱恩 1962 年写的《詹姆斯·布坎南总统传》（*President James Buchanan：A Biography*）是这位被误解的总统的一本学术传记。

亚伯拉罕·林肯（共和党人，1861—1865）

戴维·多纳尔德 1995 年写的《林肯传》（*Lincoln*）获得了普利策奖。

小马克·尼利写的《人间最后的美好愿望：亚伯拉罕·林肯和美国前景》（*The Last Best Hope of Earth：Abraham Lincoln and the Promise of American*）（1933）是一部单本的优秀分析作品。

史蒂芬·奥特斯的《对任何人不怀敌意——亚伯拉罕·林肯的一生》（*With Malice Toward None：the Life of Abraham Lincoln*）（1977）是另一本值得一读的林肯传记。

卡尔·桑德堡的《亚伯拉罕·林肯传》（*Abraham Lincoln*）（六卷，1926—1939）是了解林肯的必读之书。桑德堡记录了林肯优秀道德的本质，并表达了这些品质对美国的重要性。

本杰明·托马斯的《亚伯拉罕·林肯传》（*Abraham Lincoln：A Biography*）（一卷，1952）是多纳尔德研究之前的一部经典的林肯传记。

安德鲁·约翰逊（共和党人，1865—1869）

汉斯·L. 特里福斯 1989 年写的《安德鲁·约翰逊传》（*Andrew Johnson：A Biography*）是美国重建时期最重要的掌权者的完整传记。

尤利塞斯·辛普森·格兰特（共和党人，1869—1877）

威廉·麦克费里写的《格兰特传》（*Grant：A Biography*）（1981）曾获得普利策奖。

布鲁克斯·辛普森于 2000 年写的《尤利塞斯·S. 格兰特——逆境中取胜》（*Ulysses S. Grant：The Triumph over Adversity*，1822—1865）是他计划中的第一本著作。

简·史密斯的《格兰特传》（2001）是最近的一本关于格兰特总统的著作，作者做了详尽的研究，并且行文精彩。

卢瑟福·B. 海斯（共和党人，1877—1881）

哈里·巴纳德的《卢瑟福·B. 海斯和他的美国》（*Rutherford B. Hayes and His America*）（1954）是一本优秀的传记。

阿里·胡格布姆的《卢瑟福·B. 海斯——战士与总统》（1996）是一本全面的传记。

詹姆斯·A. 加菲尔德（共和党人，1881）

加菲尔德和"镀金时代"的最好描述是阿兰·佩斯金的《詹姆斯·A. 加菲尔德传》（*James A. Garfield*）（1978）。

约翰·泰勒的《俄亥俄州的加菲尔德》（*Garfield of Ohio*）（1970）对只上任半年就遭暗杀的加菲尔德总统做了细致的研究。

W. W. 沃森的《詹姆斯·A. 加菲尔德——他的宗教和教育》（1952）是一本证据充分的专题著作。

切斯特·艾伦·阿瑟（共和党人，1881—1885）

阿瑟的一本唯一完整传记是托马斯·里维斯的《绅士老板——切斯特·A. 阿瑟的一生》（*Gentleman Boss：The Life of Chester Alan Arthur*）（1975），这是一本优秀的传记。

格罗弗·克利夫兰（民主党人，1885—1889，1893—1897）

埃伦·内文斯的《格罗弗·克利夫兰传》（*Grover Cleveland*）（1932）是克利夫兰最好的传记，作者是20世纪美国最伟大的历史学家之一。尼文斯采访了克利夫兰的家庭成员，也看过这位总统的文稿。尼文斯在著作中重点突出了克利夫兰的勇气，而阿林·布罗德斯克在他的著作《格罗弗·克利夫兰性格研究》（*Grover Cleveland：A Study in Character*）（2000）强调的是克利夫兰的诚实正直。

本杰明·哈里森（共和党人，1889—1893）

哈里·西维斯的《本杰明·哈里森传》（*Benjamin Harrison*）（三卷，1952—1968）是关于哈里森的唯一一部全面的传记。第一卷《印第安纳州的战士，1833—1865》（*Hoosier Warrior*）讲述了哈里森的教育经历。

威廉·麦金莱（共和党人，1897—1901）

玛格丽特·李奇写的《麦金莱的岁月》（*In Days of McKinley*）（1959）是剖析麦金莱的一部重要著作。

H. 韦恩·摩根的《威廉·麦金莱和他统治下的美国》（*William McKinley and His America*）（1963）是一本出色的作品。

西奥多·罗斯福（共和党人，1901—1909）

《权力和责任——西奥多·罗斯福的一生和治国》（*The Life and Times of Theodore Roosevelt*）（1961），威廉·哈布著，这是一部优秀的作品。

戴维·麦克库罗写的关于幼年西奥多·罗斯福的出色传记《马背上的早晨》（1982）获得国家图书奖。

内森·密勒的《西奥多·罗斯福的一生》（*Theodore Roosevelt：A Life*）（1992）是一本优秀的传记。

埃德蒙·默里斯写的《西奥多·罗斯福的飞黄腾达》（*The Rise of Theodore Roosevelt*）（1979）和《西奥多王朝》（*Theodore Rex*）（2001）都有望成为最可靠的传记。

威廉·霍华德·塔夫脱（共和党人，1909—1913）

亨利·普里格尔的《威廉·霍华德·塔夫脱的一生及其治国纪事》（*The Life and Times of William Howard Taft*）（两卷，1939）是唯一一位曾经还担任最高法院院长的总统的最佳传记。

伍德罗·威尔逊（民主党人，1913—1921）

奥格斯特·赫克斯切的《伍德罗·威尔逊传》（*Woodrow Wilson*）（1991）是最好的一本传记。

阿瑟·林克的五卷《威尔逊传》（*Wilson*）（1947—1955）是非常出色的。第一卷《通往白宫之路》（*The Road to the White House*）（1947）讲述了威尔逊早年的生活。

阿瑟·瓦尔沃斯的《伍德罗·威尔逊传》（*Woodrow Wilson*）（1978）获得普利策传记奖。

沃伦·G. 哈定（共和党人，1921—1923）

弗朗西斯·拉塞尔的《盛世的阴影——沃伦·G. 哈定及其治国纪事》（*The Shadow of Blooming Grove：Warren G. Harding and His Times*）（1968）仍是关于哈定

的最好传记。

卡尔文·柯立芝（共和党人，1923—1929）

多纳尔德·麦科的《卡尔文·柯立芝——平静的总统》（*Calvin Coolidge：The Quiet President*）（1967）是一部真实的学术传记。

著名报纸编辑威廉·阿伦·怀特的《巴比伦的清教徒——卡尔文·柯立芝的故事》（*Puritan in Babylon：The Story of Calvin Coolidge*）（1938）是一部精彩的传记。

赫伯特·胡佛（共和党人，1929—1933）

戴维·伯内的《赫伯特·胡佛传》（*Herbert Hoover*）（1979）是一部学术水平高的传记。

乔治·纳什的《赫伯特·胡佛的一生》（*The Life of Herbert Hoover*）（三卷，1983—1996）将是最可靠的研究成果，在写作过程中曾经得到胡佛总统图书馆助理的资助。第一卷《工程师，1874—1914》（1983）详细解说了胡佛的教育经历。

富兰克林·D. 罗斯福（民主党人，1933—1945）

詹姆斯·麦克格雷戈·伯恩斯的《罗斯福传》（*Roosevelt*）（两卷，1956—1970）是第一本关于富兰克林·D. 罗斯福的完整传记。如今仍有很高声誉，且仍是富兰克林·D. 罗斯福的传记标本。

《富兰克林·D. 罗斯福传》（*FDR：A History*）（五卷，1972—2000）是一部全面的编年史，由于作者肯尼思·戴维斯的去世而未完。

弗兰克·弗赖德尔的《富兰克林·D. 罗斯福传》（*Franklin D. Roosevelt*）（四卷，1952—1973）重点描写罗斯福新政的头两年。第一卷是了解罗斯福的教育必不可少的读物。

哈利·S. 杜鲁门（民主党人，1945—1953）

罗伯特·费里尔的《哈利·S. 杜鲁门的一生》（*Harry S. Truman：A Life*）（1994）是一流的传记。

《杰出人物——哈利·S. 杜鲁门的一生》（*A Man of the People：A Life of Harry S. Truman*）（1995），阿朗左·汉拜著，这是一本学术水平很高的出色传记。

戴维·麦克库罗的《杜鲁门传》（*Truman*）（1992）得到了普利策奖。

德怀特·D. 艾森豪威尔（共和党人，1953—1961）

史蒂芬·安布罗斯的《艾森豪威尔传》（*Eisenhower*）（两卷，1983—1984）至今仍是艾森豪威尔的最好传记。

约翰·F. 肯尼迪（民主党人，1961—1963）

罗伯特·达勒克的《未完的一生——约翰·F. 肯尼迪，1917—1963》（*An Unfinished Life*：*John F. Kennedy*）（2003）是一部非常吸引人的出色传记。

奈吉尔·汉密尔顿的《约翰·F. 肯尼迪——鲁莽青年》（*JFK*：*Reckless Youth*）（1992）是计划的多卷著作的第一本，讲述肯尼迪第一次当选为国会代表。

赫伯特·帕梅特的两本书《普通男子——约翰·F. 肯尼迪的奋斗》（*Jack*：*The Struggles of John F. Kennedy*）（1980）和《JFK——约翰·F. 肯尼迪的总统任期》（*JFK*：*The Presidency of John F. Kennedy*）（1983），这两本书在达勒克写的肯尼迪传记出版之前都被看作是最佳的肯尼迪传记。

林登·B. 约翰逊（民主党人，1963—1969）

罗伯特·卡罗最初的三卷《林登·B. 约翰逊传》（*The Years of Lyndon B. Johnson*）（1982—2002）是林登·B. 约翰逊最详细的生平介绍。第三卷讲述的是林登·B. 约翰逊在参议院的事情。

《孤独之星的崛起——林登·B. 约翰逊和他的时代，1908—1960》（*Lone Star Rising*：*Lyndon B. Johnson and His Times*，1908—1960）和《有缺陷的伟人——林登·B. 约翰逊和他的时代，1961—1973》（*Flawed Giant*：*Lyndon B. Johnson and His Times*，1961—1973）（1991—1998），都为罗伯特·达勒克所著，是关于林登·B. 约翰逊的优秀作品。达勒克引用了保存在林登·B. 约翰逊总统图书馆的大量约翰逊的文章和许多口头流传的历史故事。

理查德·M. 尼克松（共和党人，1969—1974）

史蒂芬·安布罗斯的《尼克松传》（*Nixon*）（三卷，1987—1991）。第一卷《一位政治家的教育，1913—1962》（*The Education of a Politician*，1913—1962）是对尼克松那些日子的最佳描述。

罗杰·莫里斯的《理查德·M. 尼克松——美国政治家的成长》（*Richard Millhous Nixon*：*The Rise of an American Politician*）（1990）是计划两卷中的第一卷。

杰拉尔德·福特（共和党人，1974—1977）

目前还没有一本完美的传记。最好的是詹姆斯·坎诺的《时间和机遇——杰拉尔德·福特的历史任命》（*Time and Chance*：*Gerald Ford's Appointment with*

History）（1993）。

吉米·卡特（民主党人，1977—1981）

目前还没有一本好的传记。最好的是他自己的书，记录他教育经历的《黎明前的一小时——一个农村男孩的回忆》（*An Hour before Daylight*：*Memoirs of a Rural Boyhoods*）（2001）。

罗纳德·里根（共和党人，1981—1989）

威廉·奔伯顿的《光荣退隐——罗纳德·里根的一生和总统任期》（*Exit with Honor*：*The Life and Presidency of Ronald Reagan*）（1998）是第一本传记，其中大量采用了罗纳德·里根总统图书馆的材料。

乔治·赫伯特·沃克·布什（共和党人，1989—1993）

赫伯特·帕梅特的《乔治·布什——孤独的北方大人物》（*George Bush*：*The Life of a Lone Star Yankee*）（1997）是一本经过深入研究的精彩之作。

比尔·克林顿（民主党人，1993—2001）

目前还没有好的传记，克林顿的文章仍然没有对研究者开放。最好的是由戴维·马拉尼斯的《独占鳌头——比尔·克林顿传》（*First in His Class*：*A Biography of Bill Clinton*）（1994）。

乔治·W. 布什（共和党人，2001—）

目前最好的书是 J. H. 哈特菲尔德的《幸运儿——乔治·W. 布什和美国总统的产生》（*Fortunate Son*：*George W. Bush and the Making of an American President*）（2001）。

目 录

第一章

乔治·华盛顿
（George Washington）

弗雷德·L.伊思雷尔

所有美国人都理解不了乔治·华盛顿。乔治·华盛顿于 1775—1783 年担任大陆军总司令，1787 年为制宪会议主席，并于 1789—1797 成为美国第一位总统，在他那个时代，他无疑成了战争中的第一人，和平中的第一人，他的同胞心中的第一人。1792 年，托马斯·杰斐逊代表全美国恳请华盛顿连任。杰斐逊对他的首领华盛顿说："整个国家的信心都聚集在你身上。"在 1799 年华盛顿死后，杰斐逊写道："秉性和财富从未如此完美地结合来成就一个伟人。"华盛顿是近两千年来首位大权在握却主动弃权的人，而且在他身上有两次这样的情况，一次是在革命战争结束时，作为总司令辞别，另一次是在连任两届总统后主动辞职。

尽管美国人民都为乔治·华盛顿感到荣耀，但他们对华盛顿的现实生活状况不满，他们想要一位完美无缺的英雄。1800 年，马森·维姆斯出版了一本杜撰的华盛顿传记，华盛顿立即被看作是一位圣神般的英雄人物。维姆斯（1759—1825）是一位牧师，他写了《乔治·华盛顿的生平大事》（*The Life and Memorable Actions of George Washington*）。在当时，除了《圣经》之外，这本过分小说化的传记成了畅销书，并且有七十多个公认的各式版本，在德国就有五种版本。在该书的第五版上，维姆斯讲述了如今流传最广的故事。这个故事讲的就是一个 6 岁的孩子用斧子砍下了他父亲心爱的一棵樱桃树，然后向他的父亲坦然承认这一事实。维姆斯是这样写的："扬着一张活泼可爱的脸，无比坦诚，他勇敢地向他父亲大声说：'爸爸，我不能撒谎，你知道我不会撒谎的。的确是我用斧子砍了樱桃树。'"在这本书中，这位年轻的父亲，奥古斯汀（"格斯"）·华盛顿先生回答说："你是最可爱的孩子，来，挽着我的胳膊……因为你已经给了我比这棵树贵重数千倍的东西。"在这件轶事首次为人所知到两个世纪后的今天，它仍然是大多数美国人能够讲述关于华盛顿总统为数不多的轶事之一，这也是维姆斯所写下的最令人难忘的两页。

"我不能撒谎，爸爸，你知道我不会撒谎的。的确是我用斧子砍了樱桃树。"

年幼的乔治·华盛顿和樱桃树的轶事之所以广为流传，是因为它体现了一种最重要的品质——诚实，这也使他得到了父亲的钟爱。据说乔治·华盛顿的父亲曾告诉他，诚实是青年人最美好的品质。然而，当这个故事在1846年开始编入《麦加菲第五版美德读本》（小学课本）时，便永远铭记在人们心中了。当威廉·麦加菲将这个故事编入他的美德读本中时，他赋予了无限印刷的权力。这些读本最初在1836年出版，经历了许多个版本，不断修改和扩充，售出1.22亿册之多。书中一些最浅显的教训往往蕴含着明了的道德品行。这些读物将成千上万的孩子们引入这种文学宝库，它们对19世纪美国37个州的孩子们的道德和文化产生了极大的影响。

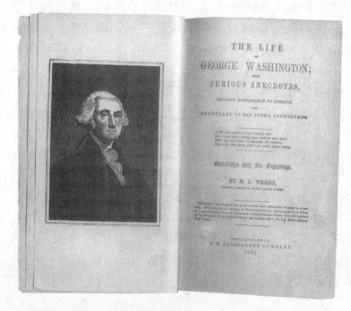

斧子与樱桃树的故事以书面形式出现最初是在1806年。

　　马森·维姆斯编撰了年幼的华盛顿不撒谎的故事。维姆斯曾经见过几次华盛顿，最早是在1787年。到1800年，也就是华盛顿逝世一年后，维姆斯产生了编写华盛顿传记的想法。他的朋友马修·凯利是费城一位知名的出版商，他曾在本杰明·富兰克林的印刷厂当学徒。凯利出版了马森·维姆斯所写的第一版华盛顿传记。销量非常之大，以至于第一个任命为美国主教牧师的维姆斯有动力来继续美化这种成功故事。在1806年的第五版上，这个斧子与樱桃树的故事跃然纸上。到20世纪20年代，这本书已经出版了七十多个版本。

　　马森·维姆斯的几代后裔都应邀在这些轶事书上签名题词。这本1891年版的《华盛顿的一生》上签名为："谨以作者的第六代孙子致意。罗伯特·维姆斯·坦西尔。"

　　乔治·华盛顿于1732年2月22日①出生在弗吉尼亚州的威斯特摩兰郡。无疑，华盛顿家族在弗吉尼亚殖民地区社会等级较高，他的第一位传记作者已经讲述过，尽管孩子们与他们的母亲玛丽·华盛顿之间的个人关系非常正式，但这个家庭不乏快乐。这个家族的财富来源于巨大的烟草种植园，年幼的乔治耳边自然就充斥着各种讨论商机和进行投机的话语。同样，他也会观察到烟草的种植方法和殖民地的商业作物以及谷类作物。华盛顿家族拥有许多奴隶，因此他自幼便目睹了对黑人奴隶的管理。作为一名年轻的成人，华盛顿对奴隶制度很是麻木，只有到后来他的经历才使他产生对奴隶的同情。在九位拥有奴隶的总统中，他是唯一以自己的意愿给奴隶们自由的总统。

　　乔治·华盛顿主要部分的课堂教育共计约为七八年时间，几乎难以超过今天的小学教育水平。他的父亲，以及后来他的同父异母兄长似乎成了他的老师。根据他的朋友大卫·汉弗莱所写的传记，华盛顿也受到一位家庭老师的辅导。不过现在几乎没有那位老师的证据，也不知他是否曾有多位家庭老师。马森·维姆斯书中描写年幼的乔治到一位叫霍比的男子开办的学校就读。的确，在靠近弗雷德里克斯堡的地方有个叫约翰·霍比的人开办了一所学校。维姆斯也提到，接下来在威斯特摩兰郡有"一位优秀的老师，威廉先生"教过华盛顿。事实上也有一位亨利·威廉在那里开办学校。乔治·华盛顿每年要交一千磅烟草的钱用作伙食费，学费为二百镑。不过，维姆斯所写的这些如今也没有确切证据，我们既无法肯定，也无法否定。

　　大卫·拉姆齐在他的流行传记《乔治·华盛顿的一生》（1807）中写道，乔治·华盛顿的母亲玛丽对他的教育起到了重要作用，但并没有谈及她对他具体产生了什么样的影响。似乎她反对她的大儿子去远离家乡的地方上学，也反对年幼的乔治·华盛顿参加皇家海军。尽管乔治的朋友费尔法克斯家族非常富有且有权势，完全可以利用他们的影响力帮乔治在一位杰出的司令手下谋得一个职位。根据拉姆齐的叙述（他见过那些家庭成员），说她在孩子们的修养和道德方面有决定性的影响是有道理的。我们知道，她35岁成了寡妇，而后一直没有再婚。我们也知道，她是

---

　　① 华盛顿在世期间，日历改变将他的生日向前推了十一天。

一位极不愿与人分享的人，而她的儿子是她生命中的感情寄托。① 当华盛顿担任大陆军的总司令以及后来当选为总统时，她曾痛苦地抱怨他疏忽了她。她保存了华盛顿孩童时期上学的习字簿和他最早的笔迹。这些成了研究将来的总统教育必不可少的资源。

在后来，乔治·华盛顿抱怨他那"残缺的教育"使他写不好一本自传。他的书写一直不好，不过杰斐逊和麦迪逊的也不怎么好。乔治·华盛顿几乎从不谈论他的教育。一本传记提到华盛顿"拼写像一位绅士——而那个时代的绅士书写都不好"。然而他的学校练习记录几乎全是实践型的。最早的学校试卷上面有 1741 年的日期，他那时 9 岁，很明显，他已经学会阅读、书写和做一些基本的算术题。从 1744 年至 1748 年的大量试卷还保存至今，总共有 313 页。这些松散地装订成四册，至今保存在美国国会图书馆的手稿部。②

从乔治·华盛顿的学校练习簿可看出他们推行的是实践教育。几乎试卷的一半是数学方面的练习，许多是土地测量中基本的几何和三角的计算，大约有 50 页是解决土地测量的实际问题，也有一些课程是抄写契约表格、合同和契据，还有一些是记账、计算或书写练习的内容，至少有 10 页是有关行星的方位和地理学的，这两者对航空来说是基本的知识。所有这些课目对弗吉尼亚的上流社会人士来说是有用的，而且对一个种植园主也是必不可少的。我们会发现，所有练习簿中都没有人文学科的内容。

1743 年，乔治·华盛顿的父亲去世后，年幼的乔治·华盛顿受教育的计划也改变了。这位 11 岁的少年不能随从他的父亲和两位同父异母兄长去英格兰坎布里亚郡的安普拜小学了（这所学校是皇家下令于 1574 年建立的，现在仍然存在）。而接下来的六年，华盛顿是与他的母亲及许多亲戚在威斯特摩兰郡以及弗农山庄（他的同父异母兄长的家）度过的。

在这期间，华盛顿在他的练习簿上写了一篇有关他的教育的最有趣的文章——这一百一十条准则他称之为"交友和谈吐中的谦恭和体面行为准则"，这共有十页手写稿。（他的书写已经从孩提时的潦草难认演变到字迹清楚了。）这种练习对华盛顿的性格产生了极大的影响。这种准则要求既不粗鲁，也不狂妄自大，是绅士的良好行为指南。比如：第一条，在朋友中所做的每个举动都应该表示对别人的尊重；第二条，在别人面前，不得独自哼唱或用手敲击或脚抖动发声；第五条，如果你咳嗽、睡觉、叹气或打呵欠，不要发出很大的声音，且要私下隐蔽地进行；第六条，当别人在讲话时，你不要睡觉；第九条，别向炉火中吐口水；第十条，当你坐

---

① 詹姆斯·托马斯·弗莱克勒写道："尽管她活到乔治担任第二任总统，但她从未改变主意，没有迈出家门去参加他事业上的任何胜利时刻的庆典，而且所有她的话都有记录……都表明她轻视她儿子的成绩。"（《乔治·华盛顿》第一卷，第 19—20 页。）这种评价与"她的儿子是她生命的感情寄托"并不矛盾。

② 华盛顿的手稿有四百多卷，共 75000 多页。这些都是由美国政府在 1834 年至 1849 年间花了 45000 美元从这个家族中购回的。

　　因"建立了和平和保全了战争中重要的利益"，美国宾夕法尼亚州大学在 1783 年 7 月 4 日授予乔治·华盛顿荣誉法学博士学位。证书是用拉丁文写的，意思是"我们下令"。在这种情况下，学校理事会允许授予华盛顿学位。这所学校作为费城的大学建于 1740 年，随着美国第一个医学学校的建立，并于 1765 年成了美国最古老的大学。荣誉学位可追溯到中世纪，这是一种荣誉的认可，与学术造诣无关。

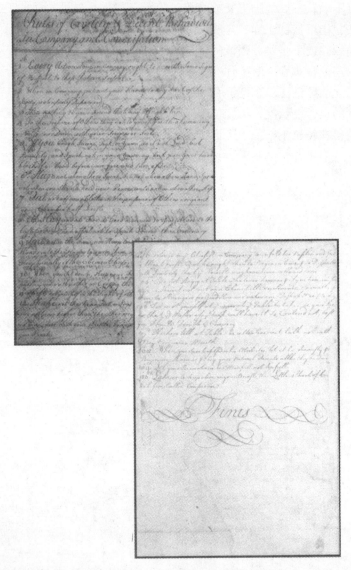

　　大约在 12 岁时，华盛顿在他的练习簿上写了一篇他的教育中最有意思的文章——一百一十条"交友和谈吐中的谦恭和体面行为准则"，这些共有十页。他的书写已经从孩童时的潦草发展到清楚地可认了。这种练习对华盛顿的性格产生了极大的影响。

　　上图是华盛顿的手稿中的前十二条准则。用现代英语来概括，这位将来的总统写的是：尊重每个人；为人谨慎；不为难别人；说话简洁明了；不要以粗鲁的行为来让别人注意你。

　　在右下图是这十页手稿的最后一页，上面写的是一百零四条至一百一十条。第一百零七条提议，我们要对别人的谈话表示感兴趣，但如果嘴里含有食物则绝不说话。最后一条是"尽力在你胸中保持生机盎然，那点点美妙的火光就是善良"，意思是说不要让你自己变成厌倦生活或愤世嫉俗的人。

　　华盛顿奉行这些准则。传记作家约翰·菲茨帕特里克曾写道："在乔治·华盛顿的性格修养中显然蕴含着一种传奇血统，而这些为人准则正好与这种传奇相吻合。"

下，脚要平直不动；不要两脚交叉或叠放；第十三条，不在别人面前打虱子、跳蚤等；第十五条，指甲保持干净，不留长指甲；第十七条，不阿谀奉承；第三十二条，对你的同辈，或不是辈分很低的下属，在你的住所应该安排主要的地方给他；第四十八条，当你责难别人时，你应是无可责难的；第五十四条，不爱慕虚荣；第七十三，说话之前要细思量；第一百零一条，不在别人面前漱口。大约有二十条规则是有关良好的桌旁礼仪的，比如说：不要用刀将肉送进嘴里……不向盘子前方吐任何水果派的果核，也不往桌子下面扔任何东西……勿口含食物与人说话。华盛顿一生都铭记这些准则并付诸实施，让自己成为一名绅士。对他来说，这些成了他真诚遵循的人生信条。（请注意，这些"绅士文明准则"没有一条是针对奴隶的！）

　　直到19世纪90年代，人们一直认为是华盛顿拟成这种"文明准则"的。后来的研究者发现，早在16世纪90年代就有一名法国基督徒拟定了类似准则，他以此作为幼年贵族子弟的修养指南。随后出现了这种基督徒准则的拉丁文和英文译本，而华盛顿可能是抄写这种准则而已。还有人指出，在18世纪早期，伦敦就流行非常类似这种准则的文明言辞和行为举止的书籍。例如，理查德·阿勒斯特的《绅士的使命》和《淑女的使命》几经出版。这两本书为当时英国社会那些有前途的人士提供了必要的社会行为鞭策，特别是那些新兴的商界精英。人们猜想，很可能华盛顿的父亲或他的一位兄长在英国学习期间购买了这种行为准则方面的书。在华盛顿写出那些"文明准则"前不久，他的父亲从安普拜回来了（1742年6月）。还有一种可能是华盛顿的兄长劳伦斯（他喜欢教华盛顿）借给他一本含有这种绅士行为准则的书，然后他润饰了一番。但无论怎么说，这些英国上流社会的礼仪准则与华盛顿生活的弗吉尼亚州看来是很适合的，他们拥有庞大的种植园，家庭生活丰裕。这些准则也为华盛顿今后的行为明确了方向。

　　《乔治·华盛顿的手迹》（37册）的编辑约翰·菲茨帕特里克认为乔治·华盛顿约在1744年抄写那些"文明准则"，此时他大约12岁。此时父亲奥古斯汀·华盛顿先生已经去世一年了，他曾拥有一个丰富的大家庭，很显然，在家人的哀思中，他考虑问题周全、细致，处事非常公正，这些更加令人怀念。乔治·华盛顿对他的父亲是敬而远之，他们之间缺乏情感沟通。

　　乔治·华盛顿幼年的偶像是他的同父异母哥哥劳伦斯，他比华盛顿大14岁。由于劳伦斯长期在英国学习，受到周全的教育，因而回到弗吉尼亚时俨然一位年轻绅士，仪态大方，彬彬有礼，这些都深深吸引着年幼的华盛顿。劳伦斯对他认识的富人和权贵都非常有礼貌，恭敬有嘉。相对于书本来说，他更喜欢骑马。他的最大天赋是社交。他修养很好，很可能给人一种远远超过他的学识的印象。用今天的话来说，劳伦斯可称为是一位"社交势利眼"。在他们的父亲去世后两个多月，劳伦斯就与费尔法克斯家族联姻了，费尔法克斯家族在弗吉尼亚，甚至整个美国殖民地区都是最富有的家族之一。劳伦斯这一举措就确保了他在弗吉尼亚地区高人一等的社会地位。

　　弗吉尼亚的费尔法克斯家族犹如中世纪的封建贵族。这个家族在波拖马可河与拉帕汉诺克河之间拥有五百多万亩永久性的土地，这是由后来的国王查尔斯二世在1649 年所赐予的，这些土地可任由这个家族处置。劳伦斯的岳父威廉·费尔法克斯上将是第六代费尔法克斯的大所有者托马斯·费尔法克斯的堂兄和代理人。威廉是乔治·华盛顿喜欢的人物：他非常喜欢这位上将，而且这位长者也喜欢他。威廉鼓励华盛顿学会骑马和打猎，并教他在着装上如何紧跟潮流。年幼的乔治·华盛顿了解的罗马历史和文化知识，还有英国贵族的礼仪，都是这位上将和劳伦斯·华盛顿教给他的。后来华盛顿写到，这个费尔法克斯家族中，他从这位上将那儿受惠最多，这位上将可以说是他的第二位父亲和他的行为模范。而且对这位上将来说，乔治也像他的儿子一样。在这种情况下，乔治就有很好的机缘请教他所写的"文明准则"了。

　　1747 年，乔治·华盛顿 15 岁左右，托马斯·费尔法克斯六世定居于弗吉尼亚州。传记书中描述这位 54 岁的上将性格有点古怪和粗暴，甚至像一位遁世者，对于女人心存厌恶。托马斯·费尔法克斯是一位牛津大学毕业生，他是一位出色的动物饲养者和打猎者，也是乔治·华盛顿曾见过的第一位英国贵族。他也是来美国居住的第一位真正的英国贵族，因而费尔法克斯世界里的主次和社会标准都是由他来设定。如果去参观这个费尔法克斯家族，犹如置身一个英国的超级贵族家族。他们的种植园里有画室、音乐厅、巨大的会议室，还有一间富丽堂皇的图书室，里面的宾客都穿着伦敦最新的时装。由于费尔法克斯家族的影响，乔治·华盛顿在这时有了较多的阅读。他读了英国政治家约瑟夫·艾迪生和理查德·斯蒂尔创办的《观察家》最早的 143 期，其中饱含着英国社会的智慧和政治。艾迪生和斯蒂尔都喜欢引经据典，而华盛顿也从中学到了许多，在他之后的信件中也能自由运用。华盛顿从最新出版的《绅士杂志》上了解到伦敦的戏剧。托马斯·费尔法克斯对服装有癖好，他每年都要购买伦敦最好和最新的式样，但他并不穿它们，也许"那样粗糙的服装更适合他户外活动的习惯"。他的贵族身份是毋庸置疑的，他只是凭他的喜好行事。

　　托马斯·费尔法克斯的传记作家都认为他喜欢年轻男子做伴。乔治·华盛顿在结婚之前，他的时间都是在费尔法克斯庄园、他哥哥弗农山庄的家中和他母亲的种植园里度过的。费尔法克斯会谈到战争和围攻以及军官的英勇善战事迹，而这种战士的生活很可能吸引了乔治·华盛顿。费尔法克斯在他的画室里计划着开发弗吉尼亚州的新边境。此时 16 岁的乔治·华盛顿在他的培养下已经成长为儒雅的高个男子，费尔法克斯给了他一个极好的锻炼机会——让他成为测量队的一员，去测量费尔法克斯领地的边远新城镇和殖民地。这也是乔治离家最远的行程，他接触到西部荒无人烟的地方。托马斯·费尔法克斯阁下在 1781 年去世时，华盛顿为此非常难过。具有讽刺意味的是，乔治·华盛顿作为反抗殖民统治的首领，而费尔法克斯家族教给他英国贵族式的社交儒雅礼仪，而这正是美国革命的对象。

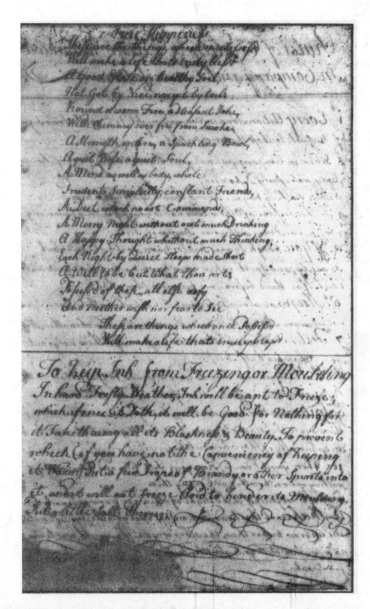

　　一旦拥有了这些，也就拥有了真正值得颂扬的人生……

　　这种预言性的诗篇出现在乔治·华盛顿的"学校练习簿"上。当他从伦敦出版的《绅士杂志》上抄写下这种诗时大约 9 岁（拼写和标点符号已经现代化了）。

　　一旦拥有了这些，
　　也就拥有了真正值得颂扬的人生。
　　一个欣欣向荣的好庄园，
　　无需巧取豪夺，无需辛苦劳作；
　　温暖的炉火，惬意的生活，

烟囱炊烟袅袅；

精力充沛，烟斗闪烁，

温和的妻子，朴素的心灵，

完美的躯体和灵魂；

谨慎直率，忠实的朋友，

粗茶淡饭，无需盛赞；

欢乐良宵，尽兴小酌，

心情舒畅，烦扰远之；

安然入睡，长夜骤短，

决心改变，突破自我；

拥有了这些，其他一切黯然失色，

愿望实现，恐惧全无。

在这页的底部，是华盛顿从 1727 年伦敦出版的《指导》或《年轻人的最佳指南》（乔治·费希尔编写）中抄写的关于如何防止墨水凝固和出现花边的建议：

"在墨水中滴入几滴白兰地或其他酒液，那么墨水就不会凝固，而在墨水里放入一点儿盐，可以防止花边出现。"

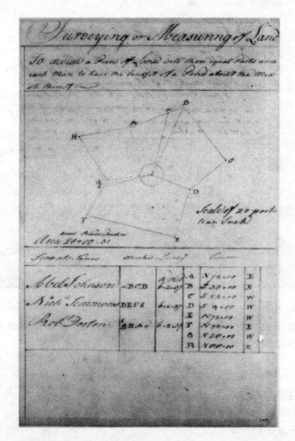

在这些纸上反映了华盛顿所完成的测量问题，那时他才十五六岁。这些问题的解决表明华盛顿已经学过

地理学、几何结构和天文学的黄道带设置。在尚存的华盛顿笔记本中，120 页中共有 39 页是关于"土地测量"的。

华盛顿的正式教育在他 16 岁左右就结束了，只有这种测量问题可认为他的教育程度超过如今的小学水平。

在 1748 年，托马斯·费尔法克斯六世让 16 岁的华盛顿成为勘测队的一名成员，绘制费尔法克斯扩展领地的地图，包括一些边远新城镇和殖民地。在这为期 31 天的考察时间内，他们横跨蓝脊（Blue Ridge）山脉，在多风的三月和四月初这种理想的天气条件下进行勘测，因为树叶必须向下用经纬仪来校准，华盛顿学习那些经验丰富的测量员的方法，并按他们的指示记在笔记本上。

很显然，华盛顿也从他所生活的社会吸纳思想。在弗吉尼亚州地区，平坦的海岸线较低，河水水位会随海洋的潮起潮落变化，这无异于当时社会的八个阶层状态。处在最上端的是拥有大量土地的所有者，华盛顿家族也在其列，而最底层的是黑人奴隶；这两大阵营的地位永远不变。其他阶层有小农场主、商人、船员、殖民地人民、受契约约束的奴隶和为种植主干活的囚犯奴隶。每个人都认为这种社会等级差别永远都会存在，而且人们认为这种等级秩序似乎是极其正常和正确的。

种植主阶层是社会的精英群体，他们与英国联系密切，因而学用英国的贵族模式。许多人都居住在富丽堂皇的英国乔治王朝时期的宅邸里。他们的房间布局设计合理，且配有最好的进口家具，甚至聘请工匠来安装国外制造商所设计的橱柜。当时的艺术大师为上流社会人士的所有进口服饰进行调色。从 18 世纪 30 年代到 50 年代，弗吉尼亚州的烟草价格暴涨，日益增长的利润使得种植主的土地更有价值。对于年长者之间谈论的西部土地勘测及其所有权，农业发展和马匹饲养，还有波拖马可河、拉帕汉诺克河和杰姆斯河沿岸的生活这类事情，华盛顿无疑是能理解的。这些土地之外是俄亥俄州山谷大量尚无归属的土地，对于有雄心和勇气的年轻人来说，这是致富的绝佳机遇。

从 1732 年到 1763 年法国与印度之战结束，这也是华盛顿人生的头三十年，的确没有任何政治迹象能预料到美国独立战争和一个新国家的"开国之父"的出现，以及现代历史中第一个成功地使其祖国摆脱殖民统治的人的出现。没有谁会料到华盛顿或任何与他同时代的人对随后形成的政治局势会做何反应。与约翰·亚当斯和托马斯·杰弗逊这些爱国领袖相比，华盛顿所接受的正式教育相对贫乏。他没有读过古典文学，从未学过一门外语，也没学过法律，对科学也不感兴趣，也不是很好奇爱问之人。然而，在二十岁出头之时，华盛顿的复合型性格已经显现。他讲道德、正义、有耐心、能容忍、有雄心、友善、顽强，并且善于建立友谊和维系友谊。他的为人准则非常明确，即便是那些在政治上与他相对立的人都坦言他思想公正、品质优秀。不过，他所受的教育本不能为随后的革命事件奠定基础。

第二章

约翰·亚当斯
(John Adams)

比尔·汤普森

15 岁的约翰·亚当斯静静地坐在马背上，被他刚才听到的话惊呆了。约翰即将从马萨诸塞州的布伦特里骑马到波士顿郊外的哈佛大学，去那里参加入学考试来继续他的求学历程。他原期望他的老师约瑟夫·马希与他一同前往的，去那里参加 1751 年 6 月某个上午举行的考试。但约翰刚得知马希先生得了感冒，不能同行了，因而他得独自一人去哈佛大学参加考试。

这位美国未来的第二位总统对自己能否通过该考试是如此没有把握，以至于他几乎想掉转马头，回到近在眼前的家中。后来约翰想到，如果考试失败，那么父亲会多么的气恼和失望。他也意识到父亲可能会因为马希先生不能一同前往而生马希的气。约翰这时不得不自己策马前往波士顿，独自开始行程。

那天当约翰往波士顿走了十五里的时候，天空乌云密布，眼看大雨将至。他时不时地能看到山那边暗灰色的马萨诸塞州湾。最后，他穿过查尔斯河，来到了当时由四幢大楼组成的哈佛大学。怀着一丝恐惧和不确定感，约翰与哈佛大学的校长爱德华·霍利奥克及几名哈佛大学的助教交谈。然后，他们给了约翰一篇英文散文，要他将它翻译成拉丁文。

回家乡布伦特里的行程对约翰来说心情与去时大不相同。他已经通过了考试，已经被接收为哈佛大学 1755 级的学生。约翰在回家的路上兴高采烈、情绪高昂，他知道父亲一定会为他的成功而高兴。在那个时代，只有 0.5% 的年轻人可以上大学。很快，约翰·亚当斯穿过了离他家农场不远的蓝山到达家中。他就是 1735 年 10 月 30 日出生在这个 50 英亩的农场的，也是在这里开始接受教育。

布伦特里也就是现在的昆西，这是一个约有 1500 人口的小山村，有许多建筑物，其中有学校、磨坊、小商店、几家小客栈和一座教堂。亚当斯家的农场正好处在宾山脚下，位于波士顿通往英国普利茅斯港的路旁。

约翰·亚当斯出生于马萨诸塞海湾殖民地，该殖民地是由清教徒在 1630 年建立的。他们是英国殖民者，坚信人的责任是侍奉上帝。他们希望基督教得到净化，并想回到他们心中的耶稣时代。清教徒认为要达到这种状况的最好方式是去了解和遵守《圣经》的教义，因而学会阅读对每个人来说是最基本的东西。他们想要所

此图为哈佛大学档案馆。

哈佛大学的档案都非常独特，因为它们包含美国最早的高等教育的连续档案记录。许多早期的大学档案都是装订成册保存，完整无缺。

在20世纪30年代，塞缪尔·艾略特·莫里逊编制了一个到1800年的哈佛大学档案目录，其中对17世纪和18世纪的档案做了详细的注解和记载。莫里逊的文章中描述到该大学的档案整理工作。比如，"大学课本"、"合作记录"、"监事会记录"、"大学试卷"、"校长手迹"、"教授论文"、"财务主管记录"等等。1939年，哈佛大学建立了校档案馆，它是哈佛大学图书馆的一部分。该档案馆1976年从"宽大图书馆"的顶层搬进更宽敞的"普兹图书馆"，档案馆的功能大大增强。这些档案馆里的资料是了解该大学发展史必不可少的资源。

约翰·亚当斯于1751年至1755年就读于哈佛大学，此时爱德华·霍利奥克任校长（1737—1769年都是他任校长）。这是哈佛大学的昌盛和发展时期。霍利奥克出生于1689年，之前在马萨诸塞州马波海德镇会众教堂当了21年牧师。作为校长，霍利奥克削弱了加尔文教在哈佛大学全部课程中的主导地位。他以较新的著作替代过时的课本。因而，苏格兰哲学家戴维·福德塞的《道德哲学原理》（1754）和约翰·洛克的一本关于人性的散文成了必读书籍。科学教育也讲求现代化，并通过定期举办学生辩论会提高雄辩的技巧。在哈佛大学的历史上，首次颁给学业优异的学生奖学金。

霍利奥克在聘请年轻且灵活的教员方面起了相当大的推动作用，约翰·温斯罗普就是其中的教员之一。约翰·温斯罗普是殖民地首领温斯罗普（1587/1588—1649）的一位直系后裔，他在24岁时（1738）被聘为哈佛大学数学和自然哲学教授。温斯罗普是哈佛大学教员中首位重要的科学家和富有成效的学者。1751年，经霍利奥克校长的许可，温斯罗普在哈佛大学的数学课程中引进了"微分原理"（现在称为微积分）。在教学方面，温斯罗普还进行物理学的公开授课和试验演示。他从事了四十多年的天文学研究工作，在此期间，他被认为是美国杰出学者之一。温斯罗普是当年约翰·亚当斯喜爱的教授。亚当斯在他的日记中记录了他第一次通过温斯罗普的望远镜凝视木星的那个明亮的夜晚，他是如此心醉神迷。

但是，在亚当斯就读哈佛大学期间，其课程还是与前一个世纪的十分相似。拉丁文和希腊文对所有报考学生来说是必不可少的。学生除了通常要写一篇拉丁散文来测试他"运用"拉丁文的技能之外，入学考试还有口试内容。所有学生都是男生。在霍利奥克任校长期间，学生人员大为增加，亚当斯 1755 年毕业的同学有 27 人，而在美国独立战争之前最多的毕业人数是 1771 年，有 63 人。后来一直到 1810 年才达到这个毕业人数。

大多数哈佛大学学生都是新英格兰的部长、行政官员和富商们的儿子。大多数学生来自东部的马萨诸塞州和新汉普郡。在哈佛大学 1737 年至 1790 年间的注册簿上没有出现过一位纽约籍学生。从 1737 年开始，每两年大约有一名来自西印度群岛的学生。大学入学新生的平均年龄在 1741 年为 15 岁多点儿，到 1769 年则达到了 17 岁。

在 1764 年的一场火灾之后，由学生们提供的财产清单中列有烧掉的课桌、椅子、床铺、画及眼镜、衣物、假发和卷发用具、医用碟子、茶具、烟斗和烟草、酒和其他饮品、螺丝锥；还有伦敦出版的前沿杂志，如约瑟夫·艾迪生和理查德·斯蒂尔的《观察家》以及英国流行杂志《绅士杂志》的复印本（这种定期出版的刊物开始称为"杂志"）；大众喜爱的剧本；以及一本《圣经》。

哈佛大学以它的古典教育而闻名。这种古典教育也有助于亚当斯及其同学日后从政和增强治国才能。美国《独立宣言》的五十六位签署者中就有八位是 1740 年至 1762 年间毕业于哈佛大学的学生，这八位学生都曾接受过爱德华·霍利奥克的教导。当这些人参与到美国独立战争中去时，他们阅读古希腊历史学家的著作，以及西塞罗和雄辩家狄摩西尼的演说词，他们也了解到柏拉图的共和理论及亚里士多德的政治学。

约翰·亚当斯当年就读的哈佛大学的旧教学楼已经在 1764 年 1 月 24 日晚烧毁。在这幅画的中央是带尖顶的大楼。这幅画是由约瑟夫·查德威克和保罗·利维完成的，也是最早体现 HOLLIS 大楼和新哈佛大楼的画。

在 1764 年，由于入学人数增多，HOLLIS 楼（图中左起第二幢）建成用于学生住宿。它以一个英国家族的名字命名，该家族已经连续给哈佛大学捐资近五十年。

为确保学校财产保存完好，也为了便于收集损坏的窗户和其他损失的信息，哈佛大学划分成了几个区域。学生或教员被派出负责检查每个区域。每季度的"区域报告"都保存在哈佛大学档案馆里，这为了解建筑物的情况和学生宿舍入住率提供了大量信息。这些报告在 19 世纪中期中止了。

有人都能对《圣经》的教义有基本的了解。清教徒没有教会与国家分离的概念，他们反而认为宗教应当与政府一道来创建一个公正、公平的社会。

在殖民地的早期历史中，我们就可以看到清教徒下定决心教育所有的居民。仅在马萨诸塞殖民地建立五年后，波士顿就建立了第一个拉丁文小学。一年后，也就是 1636 年，哈佛大学开始培训男子以便将来做基督教牧师。清教徒的头目认为新英格兰的教堂里需要一位受过教育的神职人员。马萨诸塞州还在 1647 年通过一项法令，要求某个镇如果有一百户或更多人家，就要为小孩子提供免费的小学教育。到 1750 年，在新英格兰约有 75% 的男子和 65% 的女子能够读写。这是在殖民统治下的美国出现最高比例的读写人口的时期。

亚当斯家族在约翰·亚当斯出生前一百年就来到马萨诸塞州定居了。他的父亲亚当斯执事（之所以这样称呼是因为他是当地教堂的一位执事）与波士顿附近一个小村庄里的苏珊娜·波尔斯顿结婚。亚当斯执事与苏珊娜有三个儿子，约翰·亚当斯是长子，他后面是两个弟弟彼特和埃利胡。亚当斯执事是个农场主兼鞋匠。他从未上过大学，但他想要他的大儿子接受大学教育。他的愿望是约翰·亚当斯像他的叔叔一样将来成为一名牧师，而他的另外两个儿子与他一同在农场劳作。

约翰·亚当斯的启蒙教育是在家里完成的。那时候，大多数有文化的父母在孩子5岁前教他们一些基本的知识。约翰的父母开始教他26个字母，以及简单的阅读。这家人对教育的兴趣似乎很有渊源了。据说约翰·亚当斯的祖母汉娜在那时候拥有的书籍比一般人要多，特别是比一般的妇女要多。她是个喜欢阅读的人，约翰·亚当斯的父亲也一样。再过几年，年幼的约翰会发现自己也有这种兴趣。

在父母的家庭教育之后，约翰·亚当斯到一所后来被称为"夫人学校"的地方继续他的教育历程——到了6岁左右，孩子们都会到邻近的妇女家中上"夫人学校"。约翰·亚当斯上的这所学校的夫人叫做贝尔切，她是当地会众教堂的一位执事的母亲。有两年时间，约翰·亚当斯每天早上从自己家中出发，走到贝尔切夫人的厨房去和邻近的孩子们接受夫人的教导。

在这所夫人学校里，约翰最初接触到的学习工具是一种儿童识字用的文字板。这是一种木制框框，形状像一块桨，薄纸上镶有字母表或者简单的文字。这种文字板有一个长柄，因此约翰在学习时可以拿着它。这个框框上套着透明的羊角或牛角，以保持纸张干净。在柄上钻有洞，并穿上一根绳索，这样约翰就可以将它挂在他的皮带上，或者不用时挂在脖子上。

第二个重要的学习工具是18世纪在整个新英格兰学校使用的"新英格兰识字课本"。人们认为这种初级课本是由本杰明·哈利斯发明的，他是伦敦的印刷商，于1686年左右来到波士顿的。这种新英格兰识字课本从书面祈祷词开始，然后有字母表，单词难度会逐渐加大，而字母表是通过押韵的句子来记忆的。

识记从A到Z的每个字母的句子都有韵律。这种课本中还有诗、赞歌，以及冗长的教义问答（一种宗教教义的问答教学方式）。这种课本的目标是在文字和宗教方面给他们指引。

约翰在8岁左右结束了夫人学校的教育，开始到当地的拉丁文学校就读。这是一所当时由约瑟夫·克利文里掌管的公立学校，他是哈佛大学毕业的学生，且是当地的英国国教的头目。该学校课程的核心是拉丁文，在18世纪这是其他众多语言的基础，也是接受更高的教育所必需掌握的。约翰还学了希腊语，这种语言最初是在《圣经新约》中使用。

拉丁文学校另两门重要的课程是修辞学和逻辑学。开设修辞学的目标是教会学生流畅而自信地说写的能力。由于拉丁文学校都是为学生今后进入哈佛大学而设立的，所以几乎可以肯定那些能上大学的学生将来会成为牧师、教师或律师。对于这些职业而言，朗读和公开场合讲话的能力都很重要。逻辑学同样是必需的，清教徒认为，逻辑学有助于学生发展理性、健全的思想。

在克利文里先生的教学模式下，年幼的约翰·亚当斯几乎想放弃上学。约翰认为，他的老师虽然知识丰富，但是这老师既懒惰又不会鼓励学生探求知识。约翰越来越不喜欢课堂了，还试过逃学。他一直是一个喜欢户外的人，因此通常逃学出去玩。他喜欢附近的大海，会在离家不远的平静海湾游泳，在微风吹拂的海湾旁边放风筝，玩弹球游戏。在冬天，约翰就滑着冰在田野里穿行。他最喜欢的是打猎，喜欢在射击前坐在地上几个小时观察乌鸦和松鼠。有时，他早上带着自己的猎枪去上学，然后将它藏在附近的某个牲口棚里。约翰会尽可能早地从学校溜出来，拾起猎枪，跑到森林里去玩。

尽管约翰对他的老师反感，但他似乎对学习有一种与生俱来的渴望。约翰认为克利文里先生在课堂上没有花足够的时间来讲授数学，就将学校里使用的课本（爱德华·库克的《十进制算术》）自己抄写下来，然后在家里自学。他掌握了全书，且超过了班上的其他同学。

一天，约翰恳求父亲让他和两个弟弟在农场干活，不想再去学校上学。父亲不能理解大儿子为什么不喜欢学习，却热衷于辛苦的劳动和运动。他决定让约翰体验一下农夫的艰苦生活。第二天早上，父亲带着约翰到沼泽地割了一整天的茅草。那天晚上，约翰尽管浑身湿透、疲惫不堪，但仍愿意在家务农，而不想继续去上学。他的父亲没有让步，然而，到第二天约翰还是回到学校去了。

最后，亚当斯14岁时告诉父亲，他不愿上学的真正原因在于不喜欢他的老师。他请求父亲去找约瑟夫·马希，马希先生是布伦特里教区的会众牧师，他在亚当斯家的农场附近开办了一所私立拉丁文学校。在当时，马希只接收其他镇的学生，都寄宿在他那里。约翰想要他的父亲恳求马希先生收他为学生。第二天上午，约翰听到他父亲说的第一句话是"我已经说服马希先生接收你了，你必须今天就去！"

马希能够鼓励约翰并赢得他的尊重。年幼的约翰开始喜欢课堂了！在不到两年的学习后，马希确信约翰可以参加哈佛大学的入学考试了。约翰已经为他的下一步学习做好了准备。

约翰·亚当斯1751年夏末到达哈佛大学时，这所学校已经发生了很大改变。这所大学以一位年轻的牧师约翰·哈佛的名字命名，并且开始为新英格兰的清教徒会众培养牧师。然而，1708年这所大学选出第一任非牧师校长时，哈佛大学已经脱离了清教徒主义的控制。18世纪的课程继续拓宽，更多的毕业生成为律师或医生，牧师相对较少了。在神学的讨论中也带有更批判的思想。

约翰·亚当斯非常享受在哈佛大学的时光。他曾经写到，"在哈佛大学他的好奇心日渐增强，喜欢读书和学习，这种学习热情驱散了他对运动甚至与女孩子交往的喜好"。他不断读书，并专注于数学和哲学学习。他对拉丁文、希腊文、修辞学和逻辑学的掌握更加深刻。当约翰进入哈佛大学时，每个班有一位辅导老师，一直陪伴他们到大学学业完成。约瑟夫·梅赫教授是1755级的辅导老师，他是约翰进入哈佛大学的入学考试的主考人之一。

约翰·亚当斯与他的23位同班同学在校期间有规定的日常作息安排。他们在太阳升起前起床，做祷告，吃早餐，然后上课（上午8点到下午5点），中午有吃饭的间歇。通常有教授的讲座，而且每周有两次由他们的辅导老师举办的辩论赛。

　　1755 年 4 月 29 日，哈佛大学监事会同意 1755 级毕业典礼方案。约翰·亚当斯就是这一年毕业的，同年毕业的还有其他 26 位同学。

　　监事会还同意了对课程设置和财务变更的建议。会上提到了英格兰诺福克农场收到的租金，这是一位伦敦商人在 1670 年捐献给哈佛大学的。农场的租金都付给哈佛大学，这一直延续到 1903 年监事会下令将这农场卖掉为止。

在这页纸中间，监事会批准调查最近的学生闹事。从这些记录和那些老师的记录来判断，最频繁的学生闹事包括夜晚在校园内"不当地喧闹"和"喊空洞口号"或"喊万岁"，有时还向助教的窗户扔砖块。

在这份监事会的名单上，一些名字是几代哈佛大学人都熟悉的，比如：福克斯克拉福特、威拉德、哈钦森、修厄尔、昌西、胡尔莱特和奔贝敦。

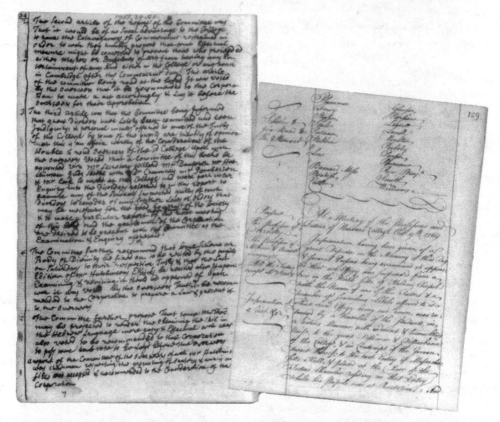

在 3 月 24 日的会议上（上面左图），会议讨论允许一名学生离校一星期，以便回家帮助父亲重建家里被火烧毁的房子。

这是 1769 年哈佛大学老师的记录。全体老师投票允许学生离校一段时间，以便他们可以回家休病假或者因其他事由休假。例如，在 3 月 24 日的会议上，讨论允许一名学生离校一星期，以便回家帮助他的父亲重建家中被火烧毁的房子。在 10 月 9 日的会议上（上面右图），主要是调查悬挂在学校礼拜堂北边树上的助教肖像一事。当学校将这肖像取下时，许多学生聚众闹事，与学校发生了严重冲突。

晚饭后，学生一直学习到就寝时间。学年从 8 月下旬开始，持续到 12 月末，然后有五周的寒假。寒假后开学到 6 月末，之后是六周的暑假，再开始下一学年的学习。

促使约翰·亚当斯学习的强大动力是班上有许多好学生。他要跟他们竞争，并想超过他们。四年学习中，他从不妒忌同学的天赋，而喜欢接受来自他们的挑战。他们的友谊使他下更大的决心来学习。他的许多同学后来都身居要职。其中之一是塞缪尔·洛克，他最后成了哈佛大学的校长；另一个是约翰·温特沃斯，成了新汉普郡的皇室官员。还有特里斯坦·道尔顿，也是 1755 级的同学，他成了马萨诸塞州出去的第一届美国参议员代表。

约翰·亚当斯是在他父亲对他将来成为一名牧师的期望下进入大学的，然而，在哈佛大学的学习结束之后，事态发展促使约翰考虑其他的选择。在大学三年级的时候，他得知布伦特里的牧师莱缪尔·布莱恩特与他的教民发生争端，一些教民指责布莱恩特牧师的布道和他的行为。约翰读过他们双方的争论文章，从中发现许多狭隘的观点。他就认真地问自己是否将来也从事这样的职业，将自己卷入同样的争执之中去？

在这时，约翰·亚当斯参加了一个晚间阅读和讨论的学生社团。当他开始大声朗读一些剧本之后，许多同学都告诉他，他具有演讲的天赋，并力劝他考虑将来当个律师。这在约翰的内心也掀起了些波澜，他开始认真考虑律师这一行。他认为父亲会接受他的这种职业改变。他确定自己可以说服父亲，也知道母亲并不是热切期望他成为一名牧师。

然而，摆在约翰·亚当斯面前的困难是缺钱。18 世纪的美国没有法律学校，因此要成为一名律师的唯一途径是在一个律师事务所里做一名见习生。为此，约翰必须支付一笔费用给律师事务所来教他，还需要一笔钱来支付食宿和其他必要的开支。他至少需要花两年时间才能自己执业。约翰·亚当斯懂得，他不能要求父亲给予更多的经济资助。

约翰·亚当斯在哈佛大学最后一年里，当他考虑终身职业时，他决定去做一名老师。毕业前夕，他接受了伍斯特一所小学的拉丁文老师的职位。伍斯特位于波士顿西边六十英里处，约翰·亚当斯在 1755 年得到他的文学学士学位之后就搬到了那里。刚到伍斯特时，该镇为他提供了三个星期的住所，然后亚当斯找到知名的医生纳鸿·威拉德家的一间房子住。威拉德家有一个大书房，这是促使亚当斯住在他家的一个重要因素。令他欣慰的是，作为一名房客，他可以阅读那些书籍。

约翰·亚当斯搬往伍斯特的过程是一次艰难的经历。经过大学那种鼓舞人心的环境后，他发现这小镇的人们兴趣很单调，思想狭隘。伍斯特与布伦特里差不多大，但更闭塞。他也发觉课上得很令人沮丧，因为他的学生看起来都比较愚钝。约翰·亚当斯坐在桌前朗读或书写时，通常选择最聪明的学生来引导课堂。

不过，他可以花许多个夜晚与伍斯特那些意识超前的居民讨论。当时他们特别感兴趣的是在殖民地涌现的新宗教观念。亚当斯读过一本托马斯·摩根的神学书《道义的哲学家》，他用书中的一些理论与这些新朋友争辩。他也专心钻研过威拉德医生的大量医学书籍，甚至有一段时间他也想当一名医生。

约翰·亚当斯对于未来一直处在不确定的状态。他多次懊恼自己不能下定决

这大约是 1754 年哈佛大学学生的房间分配登记表。约翰·亚当斯住在马萨诸塞大楼的 31 号房间（登记在第九行），他描述这间共住的房间为该大楼的"西北最底下的寝室"。在这张表上，还列出了他的同班同学约翰·汉库克、托马斯·斯帕霍克（高年级同住）和当时最富有的同学约瑟夫·斯托克布里奇。

心。不过，他开始去伍斯特的法庭看看，并听那些雄辩的律师辩护，他发现自己对法律的兴趣日渐浓厚。最后，他决定从事律师行业。结果，他开始最后阶段的正式学习。1756 年夏末，约翰·亚当斯联系了伍斯特的詹姆斯·普特南律师，请求成为普特南先生的见习生。普特南先生同意教他，亚当斯就搬到普特南家中居住，开始为期两年的法律学习。

约翰·亚当斯开始跟随普特南到法庭观摩诉讼，这样，他接受法律教育的实践性更强了。一段时间后，他开始帮普特南受理的案件制作诉状。约翰·亚当斯在这两年时间内不断阅读、探讨、观摩，以及制作诉讼书。到 1758 年 10 月，他完成了与普特南的法律学习。由于疏忽，普特南忘了推荐约翰·亚当斯。因此他向杰里米·格里德勒律师自荐，格里德勒喜欢他，并给予他必要的证书，还推荐他去法庭。这封推荐信几乎等同于一个法律学位。

约翰·亚当斯决定回到他父母家中，因为布伦特里是波士顿的审判区，他在那里会比在偏远的伍斯特有更多的机会。亚当斯安顿下来之后，去拜访波士顿一些有名望的律师，以便寻求他们的支持和建议。他也估量自己在当地年轻律师中的竞争力。他认识到，其中有些人的有权有势的朋友可以帮助他们。由于他们比他有优势，约翰·亚当斯决定要广泛阅读法律书籍，让自己有更多法律知识。

约翰·亚当斯在他的朋友杰里米·格里德勒的鼓励下，继续阅读法律书籍，格里德勒也让亚当斯阅读他那丰富的藏书。格里德勒曾指着他的书向亚当斯说：“我成就非凡的秘密就在此。”约翰潜心阅读格里德勒的法律书籍，尽其所能地将法律记在脑海里。通过不断阅读，他学会了继续教育自己。

1764 年 10 月 25 日，28 岁的约翰·亚当斯与邻近的魏茂斯镇上 19 岁的艾比盖尔·史密斯结婚。艾比盖尔是牧师的女儿，也是一个聪明、博学多才的女子。与约翰一样，她也喜欢读书，擅长写作。当约翰活跃于政坛，他们分离期间，他们俩常年书信不断。约翰和艾比盖尔育有五个孩子，其中约翰·昆西·亚当斯是美国第六位总统。

约翰·亚当斯与艾比盖尔于 1768 年搬到波士顿，在那里，约翰继续他的事业，深受市民爱戴。1770 年，约翰·亚当斯同意为一些驻扎在波士顿的英国士兵辩护，这些士兵杀害了一些市民，此后他成了全城皆知的人物。大多数士兵被无罪释放，尽管约翰·亚当斯当时不乐意，但他的原意是保护无辜者，而不论他们是谁，最终他得到了极大的尊重。

随着美国抵抗英国殖民统治情绪的增长，约翰·亚当斯成了最坦率的独立战争倡导者之一。1774 年，亚当斯作为马萨诸塞州的代表参加国会，并带头起草《独立宣言》。在殖民统治结束，他们获得自由后，亚当斯任美国首位驻英大臣。1789 年，他当选为副总统，辅佐乔治·华盛顿总统，1797 年，他当选为总统。

在第一个任期结束之后，他在竞选中输给了托马斯·杰斐逊，而后他退休回到布伦特里。在这里，他又有时间看书学习了。他说：“知识不是偶然所得，而是经过努力学习得来的。"他死于 1826 年 7 月 4 日，这一天是《独立宣言》签署五十周年纪念日，托马斯·杰斐逊先他几小时去世。约翰·亚当斯葬于他深爱的艾比盖尔旁边，她死于 1818 年。

　　对于约翰·亚当斯的生活，也许传记作家戴维·麦克库罗的总结最为恰当。他说："正如他的家人和朋友所知，约翰·亚当斯既是一位虔诚的基督徒，又是一位独立的思考者，而他认为这两者不矛盾。他是冷静而又富有感情的人，一个终生细致观察人类的愚昧的人，他孜孜不倦地探求知识，他受书中智慧的启发并能运用在生活中。"

第三章

托马斯·杰斐逊
(Thomas Jefferson)

比尔·汤普森

托马斯·杰斐逊在年迈时曾经给他的老朋友约翰·亚当斯（也已步入了晚年）写信说："没有书我简直不能活。"杰斐逊写这句话时，他不禁回想起自己热爱阅读和认真学习的一生，他还记得儿时在弗吉尼亚是怎样养成这种好学的习惯的。刚开始，好学主要是受他父亲彼得的影响，尽管他父亲没有受过任何正式的教育，但他下定决心要自学开阔自己的眼界。

托马斯·杰斐逊和他父亲彼得都出生在弗吉尼亚南部的殖民地区，当地政府不像北方地区那么重视教育。那时在北方一些殖民地区政府非常重视儿童教育，而弗吉尼亚政府则把教育委托英国国教的神职人员负责。圣公教的牧师，也称教区教长，他们通过布道、授课或是家访的方式教育年青人。除此之外，教育只能由家庭来负责了，比如他们可以为孩子聘请家庭教师。

在彼得·杰斐逊小时候，他的父亲就开始教他阅读和写作，但没有让他接受任何其他正式教育。然而，彼得决定自学，并且他在很年轻的时候就开始养成收集书本的嗜好，那个时候在弗吉尼亚书本是罕见之物，尤其是在边远地区。彼得收集来的书逐渐有了如小型图书馆的规模，其中的书籍包括《圣经》、《莎士比亚作品集》以及其他一些英国作者的著作。在彼得还是一位勘测员的时候，他踏遍了整个弗吉尼亚地区，并在那个时候掌握了绘图的技巧。彼得·杰斐逊与约夏·弗莱共同成功绘制了弗吉尼亚的第一份详细地图，这份地图于 1751 年出版发行，随后广泛地使用了许多年。

在 1739 年，彼得和简·伦道夫喜结连理，婚后彼得夫妇居住在弗吉尼亚的西南山脉附近自己的农场，他以爱妻在英格兰的出生地沙德威尔作为自己农场的名字。结婚后彼得对教育的兴趣更浓厚了，伦道夫家族成员都毕业于弗吉尼亚威廉斯堡的威廉玛丽学院，他们在弗吉尼亚拥有大量地产。在儿子托马斯·杰斐逊于 1743 年 4 月 13 日出生时，彼得就下定决心让自己的儿子受到良好的教育，今后要送他去威廉玛丽学院读书。

托马斯·杰斐逊最早的记忆是他 2 岁的时候。有人将他扶上马背上的坐椅，他坐在靠垫上，准备好前面的长途旅行。当时托马斯·杰斐逊的全家要搬到东部的茨苓庄园，去接管他那已经过世的堂舅名下的这个庄园。接下来的六年里，那将是托马斯的家，并且他将在那里接受最初的正式教育。

　　托马斯·杰斐逊在茯苓庄园一所"英式学校"开始他第一阶段的正式教育。在这所建在庄园里只有一间房子的校舍里，伦道夫家与杰斐逊家的孩子们在一起学习。老师是一位英国国教牧师，学生则有托马斯、他的两个姐姐、伦道夫家的孩子们以及他们的几个表兄妹，老师教给他们基本的阅读、写作和算术知识。

威廉玛丽学院

　　位于弗吉尼亚威廉斯堡的威廉玛丽学院是美国在历史上排名第二位的高等院校（仅次于哈佛大学）。这所学院是英格兰国王威廉三世和女王玛丽二世在 1693 年授权英国圣公会的神职人员和殖民当局共同建成的。1776 年，学校优等生荣誉学会也在这所高校设立。七位《独立宣言》的签署者（其中有《独立宣言》起草人托马斯·杰斐逊，还有美国最高法院第四任院长约翰·马歇尔，以及后来成为美国第五任总统的詹姆斯·门罗），以及总统约翰·泰勒，他们都是大学校友。乔治·华盛顿（1788—1799）是这所学院第一位美国名誉院长。

　　1760 年 3 月，托马斯·杰斐逊成了一名威廉玛丽学院的学生。他用了两年时间在那儿完成了自己的学业。杰斐逊还是在校学生时，威廉·斯莫尔博士的帮助极大地激发了他的智慧。威廉·斯莫尔博士是当时数学界最有权威的教授，也是随后自然哲学（科学）界的头号人物。斯莫尔博士对杰斐逊的激发，注定他将会对科学执迷一生。这个教授也把杰斐逊引荐给弗吉尼亚州的政府长官弗兰西斯科·福奎尔和当时最著名的法律教师乔治·威思。

　　政要福奎尔聘请斯莫尔博士到威廉玛丽学院任教是想打破当时只以神职人员主导学院的局面。斯莫尔博士认定自己是启蒙运动的先驱者，他认为一个老师必须教他的学生对所有教条的东西提出质疑。斯莫尔在这所学院任教只有六年（1758—1764），原因是和同事相处不快。他性格孤傲，看待事物偏激，最重要的是他天生智力超群的优越感导致了他取消与学校教学的合约，随后他回到了英格兰。

　　斯莫尔意识到杰斐逊具有无与伦比的天赋，如此罕见的高品质博学之人在合适的地点、合适的时间教导同样博学的人，可以说在教育史上也是一种幸运的巧合。

　　在美国独立战争爆发前的 1775 年，杰斐逊写信给斯莫尔，寄给他一份小礼物——是自己珍藏在蒙蒂塞洛的酒窖中长达八年之久，已经变得很醇厚的马德拉葡萄酒，他寄一半给斯莫尔。可惜斯莫尔没有机会享受这些美酒了，因为他在杰斐逊寄出礼物前两个月已经不幸去世。尽管杰斐逊后来在谈话中和信件里再三提到斯莫尔的名字，并且总是表达出自己对斯莫尔的友爱、尊敬和感激，但是杰斐逊在他的讣告中并没有写什么。

　　"没有书我简直不能活"，杰斐逊在写这句话时，不禁回想起自己热爱阅读和认真学习的一生。

　　托马斯·杰斐逊于 1743 年 4 月 13 日出生时，彼得就下定决心让自己的儿子受到良好的教育，今后要送他去威廉玛丽学院读书。

　　1763 年 5 月 10 日，除了院长之外，威廉·斯莫尔是参与审问约翰·海德·沙德斯的四位"老师"之一。这位年轻人可能"对文法系的老师太过无礼"，他傲慢无礼，并断然拒绝听从学校的管理规定。沙德斯被开除，而他的父亲后来建造过该学校的校舍。1772 年，沙德斯的父亲获得建造新的西翼楼的合同，这栋楼是 40 年内威廉玛丽学院建造的主要建筑。

　　在老师的备忘录中，大多数处罚记录都是因为学生醉酒或者他们与威廉斯堡当地的男孩子们喧闹。现存的记录表明，在讨论购买科学仪器设备时，斯莫尔成了老师中主要的讨论对象。这份资料中列出的威廉·雅特斯

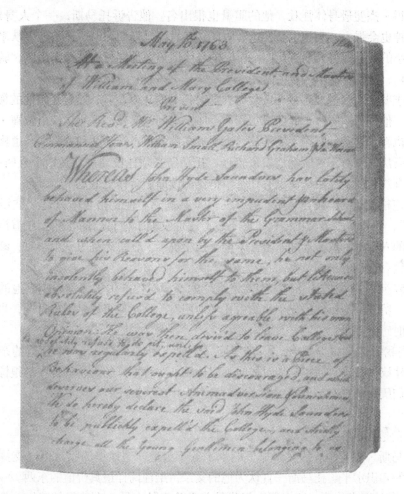

牧师是威廉玛丽学院的第五任院长（1761—1768）。仲马·马隆写了关于托马斯·杰斐逊的多本传记，其中提到杰斐逊的同学和朋友约翰·派杰，他描述了他们是如何"领教"雅特斯院长那"枯燥无味的教学"的。

在那个殖民统治时期，牧师的教学就包括诵读祈祷文和阅读《圣经》。杰斐逊从未着迷于宗教，也对祈祷持怀疑态度。有故事说杰斐逊有一天留在教室里，然后决定去测试一下祈祷的效力，因为他感觉饿了，于是他祈祷晚饭时间快点到来。随着年龄增长，托马斯·杰斐逊确信宗教和教育应当分离。

彼得在他的儿子的教育上花了很多时间和精力。晚上，他教托马斯书法，要求托马斯做到字迹工整，书写准确。托马斯还学习数学，知道如何准确计数和有条不紊地工作。托马斯的父亲不断向他灌输对书籍的酷爱，很可能托马斯在5岁的时候就开始在他父亲的书房读书。彼得还带托马斯围绕茯苓庄园的林子穿行，托马斯对动物和植物产生了兴趣。彼得也开始教他年幼的儿子一些基本的测量方法，这是托马斯·杰斐逊在边远地区的一段美好生活。

　　彼得·杰斐逊身体强壮，他的胆量也很出名。他告诉托马斯，一个人身体强壮，他的精神也会强大，头脑也会发达。因此，在教托马斯学习时，还教他多从事户外活动。小小的托马斯每天要进行四个小时的身体锻炼。他穿行在这西南山区，骑马、打猎、钓鱼，尽情享受他的童年时光。

　　当杰斐逊一家返回到沙德威尔时，那时托马斯 9 岁左右，然后开始他的第二阶段的教育。他进了一所位于沙德威尔和茨苓庄园之间的学校，这所学校由威廉·道格拉斯牧师执教。这是一所拉丁文学校，杰斐逊在此学习古拉丁文和希腊文。道格拉斯还教托马斯法语。由于这所学校离家较远，托马斯必须住校，每三到四个月回家一次。杰斐逊喜欢学习，他后来说没有什么事情比阅读原版著作更惬意了。

　　在道格拉斯的学校托马斯觉得有两点不甚满意。他觉得牧师只是"肤浅的拉丁语学家"，而教希腊语就更糟糕了。不过，这也发掘了他自己的才能。在道格拉斯手下就读的六年中，杰斐逊开始自己学会了拉小提琴。他每天练习三个小时，渐渐地成了一名很有造诣的小提琴手。

　　1757 年，14 岁的托马斯·杰斐逊遭受的不幸对他产生了深刻影响。他的父亲突然去世，留下七个年幼的兄弟姐妹由托马斯照看。这对他来说是困难时期，当他后来回忆起时感慨万千：

　　"当我回忆起 14 岁那年，所有烦恼完全把我困住了，没有一个合适的亲戚或朋友给我建议和指导，回想起那时候时不时碰到的各种不好的人，我现在都很惊讶我没有对他们厌烦，没有与他们一样变成对社会无用的人……"

　　这正是他对继续接受教育的念头支撑着他。

　　托马斯·杰斐逊从他父亲那里继承了五千亩地。这地里的收入可以支撑他继续提高他的知识水平。托马斯一直认为他的父亲留给他两样最具价值的东西。一是他父亲 40 本书的图书收藏，这在那个年代是非常珍贵的。另一个彼得的遗愿，他希望托马斯能继续接受正统的教育。托马斯·杰斐逊一直对他父亲怀有深切的爱和尊敬，敬佩父亲为人友善，羡慕他的强壮体格，也敬佩他对学习的热爱。

　　在他父亲死后，托马斯·杰斐逊的监护人送他到汉诺威一个教区的一所新拉丁语学校。这所学校由詹姆斯·莫里管理，他像是成了托马斯·杰斐逊的第二位父亲。莫里牧师继续教他拉丁文、希腊文和法文，但这时杰斐逊感觉他在一所"真正"的拉丁语学校了。他将他的大部分时间埋头于莫里的四百多册藏书里。

　　除了学习这些古典文学之外，托马斯·杰斐逊还开始学习一些英国文学、地理、历史和数学。他学习英文写作，尽管这个害羞的小男孩经常不愿在众人面前说话，但也开始学会如何运用简洁、有说服力的话语了。莫里带领他的学生去弗吉尼亚的野外，教他们动物生态、地质、物理和化学知识。

　　托马斯·杰斐逊的同学都认为他是一位认真学习的学生。当他的同学们在玩耍时，他会坐在树下学习拉丁文和希腊文。杰斐逊与同伴玩之前通常已经预习好第二天

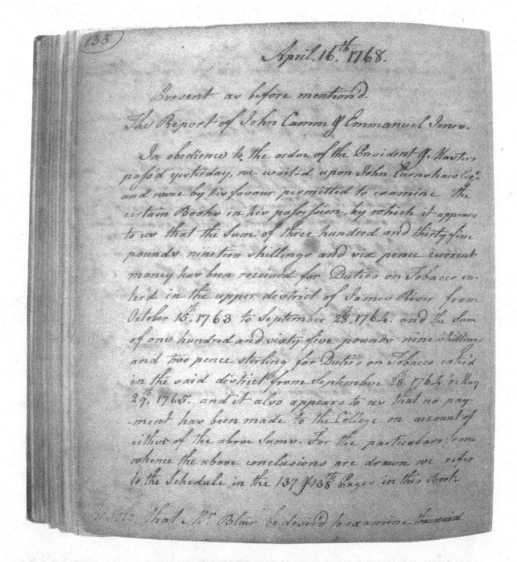

1768 年 4 月 16 日日记，威廉玛丽学院院长和老师会议。

　　威廉玛丽学院建于 1693 年。为了学校运转和支付最初的建筑费用，弗吉尼亚的政府颁布法令，对进口毛皮征收一项特殊的进口税，还征收新的烟草税，用这些税收来支付老师的薪水。烟草收成好的年头则老师薪水高，反之则几乎没有薪水。（这类似于如今将某人的薪水与股票市场涨落挂钩一样。）直到美国革命，弗吉尼亚的烟草种植主与大学一直对这种强行征收的烟草税争论不休。在上面的文件中，威廉玛丽的院长要求詹姆斯河一带的烟草种植主将 1763 年 10 月 15 日至 1764 年 9 月 28 日的账册交与审核，因为看似没有钱给老师支付薪水了。

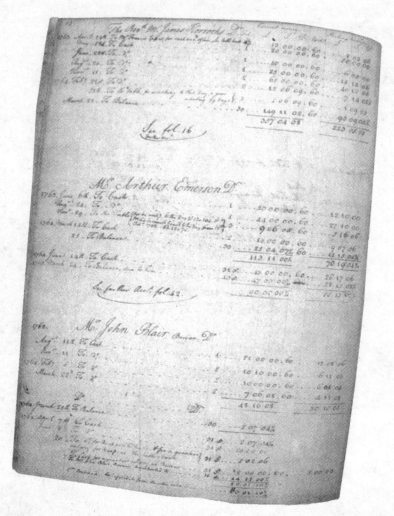

1763—1764 年会计账簿。

　　杰斐逊于 1760 年至 1762 年在威廉玛丽学院就读时，登记在册的学生只有一百多位。十来个土著美国人和印第安人被编入一个特殊的院系，目的是让他们改信基督教，并让他们融入"白人社会"。院长威廉·史密斯在 1753 年写给伦敦主教的信中说："该校正平稳、蒸蒸日上地发展，学生较多，达到了自建校以来的最大规模。"

　　两年后，弗吉尼亚州烟草歉收。为了应付这种困境，殖民地议会通过了一项法令，在接下来的十个月里（直到 1756 年收割），所有烟草上的合法支付的债务可以按法定的比例用纸币支付。所幸的是，1756 年和 1757 年烟草收成极好。不过，还是再行制定了纸币法令。威廉玛丽学院的老师认为州议会的法令是对他们和该学院的攻击，两者都依赖烟草价格，而且都反对以纸币支付。1755 年和 1756 年，学校的老师连同弗吉尼亚的所有牧师（牧师的薪水也是依赖于烟草价格）反对伦敦主教主张的以纸币支付的方案，仍想依烟草税涨落来定薪水，但是他们的反对无效。

　　这里是 1763—1764 年学校老师的薪水细目。右边栏是英镑数目，左边是以贬值的当地货币实际支付的数额。

的学习内容了。莫里也教给他一些如同他父亲教给他的宝贵东西，特别是自律和耐心。

在这所学校两年学习过程中，托马斯·杰斐逊开始养成一种做备忘札记的学习习惯，这种习惯在后来15年的在校生涯中都保持着。杰斐逊在备忘札记中记下他所读过的书中某些段落，总结看过的内容，还挑出一些他认为重要的观点和最鼓舞人心的思想。在莫里的学校学习时，杰斐逊最早的札记部分摘自古代的贺瑞斯、维吉尔和奥维德的作品。后来，当他进入大学学习时，仍保持着记札记的习惯，这时札记有选自希腊作家（荷马、欧里庇得斯、希罗多德）的作品。

托马斯·杰斐逊在18世纪80年代出版了《文学札记》。这是一本小册子，有123页。札记分为散文、古诗、英文诗歌、英文剧本及各种各样的诗句。

托马斯·杰斐逊在莫里的学校学习两年后，准备开始一段新的正式教育。1760年3月，不满17岁的杰斐逊离开沙德威尔的家，前往128英里外的威廉斯堡，入读威廉玛丽学院。他要去实现他父亲的梦想，也去把握他自己的未来。托马斯·杰斐逊也明白，在威廉斯堡他会接触到一些有影响力的人，那些人会比他更有抱负。

威廉斯堡是托马斯·杰斐逊有生以来所见过的最大城镇。这是弗吉尼亚殖民区的首府，也是所有南方殖民地的政治、社会和文化中心。格洛斯特公爵大街是该镇的中心，这条街的一端是威廉玛丽学院，另一端是州议会大楼。当杰斐逊进入大学时，该镇约有两百所平房，还有许多大楼。平常的人口约有10.15万，而在春季和秋季议会召开期间，人口则会增加。对于一个从弗吉尼亚边远地区来的年轻男孩来说，这是一个令人兴奋的学习之地。在这个省会政府活动中心，杰斐逊目睹了社会发展和政策的实施。

威廉玛丽学院是南部最古老的高等教育机构，它是在1693年由国王威廉三世和王后玛丽二世授权建立的。从一开始，这所学校就是想作为培养英国国教牧师的神学院和教育富裕的弗吉尼亚种植主的儿子们的大学。1760年，这所大学有六位教授，其中一位负责印第安人院系，该系致力于美国本土人的信仰转变和教育。在杰斐逊入学时，存在两派观点，一方主张大学要成为非宗教的场所，而另一方则认为它首先要信奉宗教。

托马斯·杰斐逊就读的是哲学系，很像今天的文学系，他也很想去学习古典文学和数学。他在威廉玛丽学院遇到了威廉·斯莫尔博士，他是在威廉斯堡对杰斐逊的人生有重要影响的三个人之一。斯莫尔单独教年轻的杰斐逊，他只比杰斐逊早到威廉斯堡一点点。斯莫尔是该校唯一的一位非牧师教员，他曾在苏格兰的阿伯丁接受教育，是个头脑非常聪明的人。他的科学（后来称为自然哲学）课教得非常好，他还教各种其他课程。

很快，杰斐逊就学习逻辑学、物理学、伦理学、哲学、历史和修辞学。斯莫尔教授非常欣赏杰斐逊对学习的渴望，而后他们俩成了亲密的朋友。斯莫尔教给托马斯·杰斐逊已经遍及欧洲的启蒙运动思想，这种思想也开始传入殖民地。这种哲学反对许多传统的宗教和政治思想，鼓励人们以理为据。杰斐逊后来认为是威廉·斯莫尔决定了他的人生方向。

托马斯·杰斐逊继续博览群书。他读法国的孟德斯鸠、伏尔泰和卢梭的著作，拉丁人西塞罗的作品，还有英国作家莎士比亚、乔叟和米尔顿的作品。牛顿的许多对当时的科学理论置疑的学术著作也在他的阅读范围之内。他开始自学西班牙语，甚至去学英国的撒克森语（日耳曼人语），以便可以理解英国法律的根源。

斯莫尔教授将杰斐逊推荐给另一个日后改变他的人生的人——乔治·威思。威思是当时弗吉尼亚州最有名的律师。威思夫妇没有孩子，因此他们将托马斯·杰斐逊当自己的孩子般看待。杰斐逊非常享受他与威思的友谊，并且认为他是自己"真诚而亲爱的良师益友"。他们的友谊保持了许多年。威思后来也是托马斯·杰斐逊起草的《独立宣言》的签署人之一。

接着，杰斐逊又被介绍给了政要弗兰西斯科·福奎尔，他是弗吉尼亚地区的重要人物，也是对杰斐逊产生深刻影响的第三人。这三位长者与还是学生的托马斯·杰斐逊成了关系牢固的好朋友，他们定期聚会。这四个人经常在学校附近的政府宅邸共进晚餐。杰斐逊很喜欢这种非正式的晚餐，并且认为在此他听到了前所未闻的一些有趣且意义深刻的谈话。福奎尔也是一位音乐爱好者，他经常要杰斐逊在他组织的四重奏中拉小提琴。

托马斯·杰斐逊虽然沉浸在与弗吉尼亚这些显要人物的交往之中，但他也还是一个典型的大学生。他也是来自弗吉尼亚大家族的孩子们组成的一个关系密切的社团的公认成员。杰斐逊和他那些出自莫里的拉丁语学校的十几岁的朋友们（他们也到威廉玛丽学院读书）组建了一个秘密的社团组织，他们称之为"平帽社"，绰号为"大拉丁"。他们经常在靠近格洛斯特公爵大街的罗利客栈中的阿波罗房间聚会。这些朋友对杰斐逊的职业生涯产生了很大影响。

托马斯·杰斐逊从威廉玛丽学院毕业后，也进入了他最后阶段的正式教育。1762 年，他决定跟随威思学习法律。这样，他成了跟随这位著名律师学习的年轻人之一。这些年轻人还有约翰·马歇尔，后来担任美国最高法院的第四任院长；后来成为美国第五位总统的詹姆斯·门罗；约翰·昆西·亚当斯手下的国务卿亨利·克勒。

在威思的指导下，杰斐逊研读英国法学家威廉·布莱克斯通和爱德华·柯克的著作。杰斐逊还学习英国法律和弗吉尼亚殖民地的法律。

托马斯·杰斐逊良好的自律让他仍是一名优秀的学生。他每天早上五点起床，花三个小时来阅读伦理学、逻辑学和自然法，然后一直学习法律到中午。下午，他继续学习法律，然后拜访朋友们。在下午晚些时候，他会看看历史书籍。晚上则比较放松，用来欣赏文学作品。这样，杰斐逊每天大约学习 15 个小时。尽管学习任务繁重，杰斐逊每天仍要安排两个小时外出散步。

在 1762 年至 1767 年这五年当中，托马斯·杰斐逊都在乔治·威思的指导下学习。每当州议会召开，威思在威廉斯堡时，杰斐逊都会去他家中拜读他收藏的优秀著作。威思让杰斐逊去研究一些案例，并为威思备制一些文案，然后带杰斐逊亲临威廉斯堡的州议会。每当威思去弗吉尼亚各地的法庭办案时，杰斐逊都会随同前往。在他跟随威思的最后那段时间，杰斐逊开始在法庭上做辩护。他实际上是威思在法律上的好搭档。1767 年 4 月，24 岁的杰斐逊进入了弗吉尼亚法庭工作。他在这一直工作到 1774 年该法庭因殖民地的动乱关闭之时。

托马斯·杰斐逊的正式教育在他 24 岁时画上了句号，但他一生都在继续拓宽他的知识面和各种技能。在他成为一名成功的律师之后，他回到沙德威尔的庄园，在他的庄园开始建一所新房子。他将山顶铲平，并准备在这儿建房子。他将他的新房子命名为"蒙蒂塞洛"，即小山的意思。在山顶上建房子当时在殖民地是前所未闻的事情，而这正是杰斐逊曾阅读一本建筑学书籍时受到的启发。16 世纪意大利建筑师安德烈亚·帕拉第奥对杰斐逊有很大的影响，他的《建筑四书》教给了杰斐逊建筑理论和建筑艺术。

托马斯·杰斐逊 28 岁时，他与玛莎·韦尔斯·斯凯尔顿相遇，玛莎是一位 23 岁的寡妇，她与前夫有一个儿子。1772 年元旦，杰斐逊与玛莎在玛莎父亲（他是一位富有的律师）的庄园里举行婚礼，然后他们居住在还未完全建好的"蒙蒂塞洛"。杰斐逊夫妇有一段幸福的婚姻，他们育有六个孩子，玛莎不幸于 1782 年产后去世，杰斐逊非常怀念他的妻子，而后从未再娶。

托马斯·杰斐逊在他 26 岁时就开始了他的政治生涯，1769 他作为当地代表当选为州议员，1775 年参加大陆会议。托马斯·杰斐逊是 1776 年《独立宣言》的主要起草人。这份举世闻名的文件，是在没有任何参考文献的情况下写成的，这显示了杰斐逊非凡的智慧和知识的深厚、渊博。

在美国独立战争期间的 1779—1781 年，杰斐逊担任弗吉尼亚州州长。1783 年至 1785 年在议会工作。1785 年被派往法国，作为新成立的美国驻法公使一直在法国到 1789 年。他返回美国后，成了乔治·华盛顿总统旗下的第一任国务卿（至 1793 年卸任）。杰斐逊后来当选为约翰·亚当斯总统期间的副总统（1797—1801 年）。

1801 年，杰斐逊与阿伦·伯尔的选票打成平手，最终由众议会决定杰斐逊担任美国第三位总统。他之后于 1804 年再度当选为总统。任职总统期间，托马斯·杰斐逊主张购买路易斯安那，这次购买大大扩张了美国的版图，并派遣刘易斯和克拉克进行远征。

托马斯·杰斐逊在 1809 年他第二任期结束之时退出政治舞台，回到他深爱的"蒙蒂塞洛"。在弗吉尼亚家乡，杰斐逊于 1825 年创建了弗吉尼亚大学，负责建筑设计和建设施工管理。

杰斐逊在晚年以 23950 美元向美国政府出售他收藏的 6487 本书，以补充在 1812 年英美战争中英国军队在华盛顿市区烧毁的图书馆的藏书。这笔钱也帮助杰斐逊偿还了许多债务（之前借给朋友的坏账以及继承他继父的债务）。杰斐逊的大

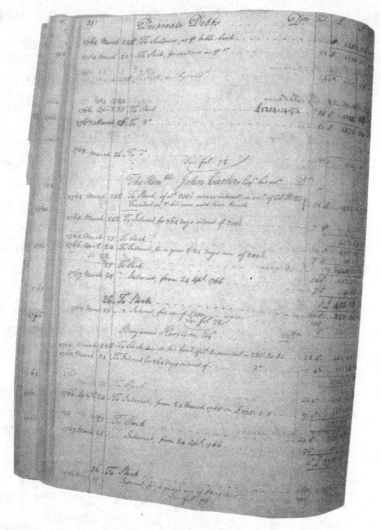

1764—1768 年威廉玛丽学院的会计账本上"岌岌可危的债务"状况。

18 世纪 60 年代，威廉玛丽学院濒临破产。绝大多数学校的应收款没有到位，烟草税的骗局持续不减。将近二十年，该大学没有得到一分征收进口毛皮的税收款。这页"债务表"列出了延期未付给该校的款项。收取的利息定期增加。本杰明·哈理森是弗吉尼亚政府长官和革命政治家，他也列在这页纸上，因为他于 1764—1765 年欠这所学校的钱。哈理森于 1749—1775 年间任职于州议会，他拥有的种植园也是弗吉尼亚地区最大的之一。这些应付款项都是源于没有交烟草税。同样，弗吉尼亚另一个大种植主约翰·卡特也名列其中，也是因为于 1764—1767 年向威廉玛丽学院拖欠应交的烟草税。

诺伯恩·伯克利·波特图特公爵（1718—1770）

托马斯·杰斐逊认为他在威廉玛丽学院接受的学校教育是具决定性作用的。毫无疑问，这主要是因为威廉·斯莫尔的帮助，而另外的三、四位教职员在他看来都是笨蛋。

在杰斐逊离开威廉玛丽学院 23 年后的 1785 年，他对他所接受到的教育写了一封非常动人的感谢信，内容如下：

"为什么要送美国的青年到欧洲学习呢？有效的美国教育的目标是什么？古典文学，现代语言，最重要的是法语、西班牙语和意大利语；数学、自然哲学、自然史、民间史和伦理学。我谈的自然哲学，包括化学和农业，而在自然史中，包括植物学以及那些范围内的其他分支。虽然在美国说现代语言的习惯不是甚好，但是在威廉玛丽学院，所有其他文章都能像在欧洲一样读到。"

杰斐逊实际上是在描述自他离开威廉玛丽学院之后所发生的专业设置变化。对此具有深远影响的人是诺伯恩·伯克利·波特图特公爵，他坚持要提高学术标准。

波特图特公爵于 1768 年任命为弗吉尼亚的地方长官。他与弗吉尼亚和伦敦显赫的伯克利家族有关系。波特图特只不过这次亲自到殖民地来，不是作为一名代表来履行公职，他是近五十年来在弗吉尼亚定居的首位忠诚的地方长官。他来时坐着一辆耀眼的四轮大马车，还有一队乳白色的汉诺威马匹。波特图特立即召开了弗吉尼亚大会。他穿着一件红色外套，还佩戴着金饰，驾着他那华丽的马车前往州议会大楼——这整个派头犹如国王乔治三世召开英国国会。他发言也如在宣读国王的旨意。一些在场的人说他甚至是模仿国王那种样子，极其矫揉造作。不过，与会者并不敬畏这种浮华的场景。当他们主张自己的权利不应移交海外的英国陪审团来审判时，波特图特训斥他们放肆，并遣散他们。大多数议员在当地的一家小酒馆重新集会。他们一致同意采纳乔治·华盛顿的决议，那就是他们既不进口、也不购买任何有议会规定税收的东西。这个决议开创了美国革命的道路。

波特图特死于 1770 年，也就是他到达弗吉尼亚两年后就去世了。在他短暂的任期内，他作为威廉玛丽学院监事会的主任对学校起到了积极的作用。由于学生故意破坏公物的行为日益严重，而学校一直无力应对，波特图特于是着手提高公物和织物的质量。

他对威廉玛丽学院的干预是最直接的。为了鼓励学生钻研学术，这位长官每年提供两枚金质奖章，一枚针对古典知识的学习，另一枚是颁给在自然哲学（科学）方面所取得的成就。这些奖章都需要经过全校学生的激烈竞争来获得。这些荣誉只给那些入学至少一年，且有事实证明其作为社会成员的行为表现出色，而且还有学术业绩的学生。波特图特奖章是美国学校出现的首类奖章。威廉玛丽学院如今仍在毕业典礼上给学业最优秀的学生颁发波特图特奖章。

波特图特对教育的兴趣在威廉玛丽学院有着真实的体现。他过去常参加学生的口头考试。该校自建校以来至波特图特对学校的关注这近八十年间，还没有授予过一个学士学位。波特图特下令搬出那些自威廉·斯莫尔离开就放着不用的科学仪器，掸去上面的灰尘，重新投入使用。在他的鼓动下，学校很快手列出一些高科技的书籍名单，并计划建一个具有规模的图书馆。

在 1770 年波特图特去世之后，威廉玛丽学院在方形的校园内给他立了一尊大理石雕像。

量藏书必须用 11 辆四轮马车将它运到华盛顿，而这些藏书成了美国国会图书馆发展的基础。然而，并没过多久，杰斐逊对书籍的热爱，使得他又购买一些新书，在"蒙蒂塞洛"另建了一个图书馆。

1826 年，杰斐逊在过完他 83 岁生日后，病情急剧恶化。与他一直通信的好朋友、前总统约翰·亚当斯也在这时候身体状况极差。这两位在 1776 年都签署了《独立宣言》的伟人都希望能活到 7 月 4 日这个 50 周年纪念日。临近 4 日，杰斐逊陷入昏迷并失去知觉。他不断地问身边的人："现在是 4 日了吗？"最终，杰斐逊于 1826 年 7 月 4 日逝世，仅比约翰·亚当斯先几小时去世。

托马斯·杰斐逊终身好学。他从未停止学习，对教育也一直充满信心。他认为每一代新人都是在前人的知识基础上成长起来的，并且为人类的福祉而努力向前。在他看来，教育是美好且有意义的人生必不可少的一个因素。他曾写道："教育就

图片文字：铜制波特图特奖章的正面、背面，1772 年的样板。

是给出生的新人灌输思想，改进他品性中不好的部分，养成一些美德并创造社会价值。"

他的父亲灌输给他的教育价值观让他一生受用。在位于蒙蒂塞洛的墓碑上，他希望自己是作为《独立宣言》的起草人、弗吉尼亚宗教自由法规起草人以及弗吉尼亚大学创始人被人怀念，而不是作为国家领导人来让人缅怀。

第四章

詹姆斯·麦迪逊
(James Madison)

比尔·汤普森

1751 年 3 月，詹姆斯与内莉·麦迪逊在殖民地弗吉尼亚泥泞的路上走了三天。他们要去拉帕汉诺克河畔内莉的父母家，这里离他们自己的家有 50 英里，但内莉想要去她母亲家生她的第一个孩子。

1751 年 3 月 16 日午夜，他们的孩子降生了。这是个男孩，他们夫妇给他取一个与父亲同样的名字——詹姆斯。当内莉第一次抱着她的儿子时，她对他的未来没有任何把握。弗吉尼亚当时仍是大英帝国的殖民地，美利坚合众国尚未诞生。而这名婴儿日后却成了美国政府中的一个关键人物，也是这个国家的第四位总统。

詹姆斯·麦迪逊生于一个富裕的家庭，安布鲁兹·麦迪逊是这个婴儿的祖父，1729 年定居于橙县，拥有五千亩地。他与妻子弗兰西斯育有三个孩子，他开发了一个种植园，名为快乐山庄（后来重命名为蒙彼利埃）。

安布鲁兹于 1731 年撒手离开人间，留下他年仅 31 岁的妻子独自一人来经营这个烟草种植园。在 29 名奴隶的帮助下，弗兰西斯成了弗吉尼亚一名成功的种植主，她将烟草远销到英格兰。她很注重对孩子们的教育，并要她在伦敦的熟人寄给她一些书籍和当时有影响力的杂志——《观察家》。她的儿子詹姆斯在 9 岁时就开始帮她。

老詹姆斯·麦迪逊最后继承了蒙彼利埃，并将它继续开发。很快，蒙彼利埃成了这个地区最大的种植园，拥有一百多名奴隶。当老詹姆斯 26 岁时，他与 17 岁的内莉·康威结婚。结婚一年半后，这对夫妇迎来了他们的第一个孩子——詹姆斯。几周之后，他们返回蒙彼利埃与詹姆斯的祖母弗兰西斯共同生活。老詹姆斯与内莉本来生了 11 个孩子，但只有 7 个孩子长大成人。

祖母弗兰西斯是詹姆斯的第一位老师。那时候弗吉尼亚没有公立学校，因此，大多数孩子都是在家接受教育。弗兰西斯就在家教她的孙子阅读、写字、简单的算术，并且在他 10 岁前就鼓励他阅读《观察家》。他一生都记得这本杂志对他的帮助。詹姆斯后来写信给他的年幼的侄子时说："这本杂志非常棒，它能激发你内心对自身提高的欲望，让你体会到学习的美好感觉，激发你强烈的责任感，让你认识到人生的价值，教给你生活的行为规范。"

普林斯顿大学（新泽西学院）

　　普林斯顿大学的前身是 1746 年建立的新泽西学院，它是美国高等院校中建校排行第四的古老大学。当时，在康涅狄格州纽黑文的耶鲁大学和弗吉尼亚州威廉斯堡的威廉玛丽学院之间没有大学。普林斯顿大学的约翰·威瑟斯潘是签署 1776 年《独立宣言》的唯一一位大学校长。1783 年，乔治·华盛顿将军就是在普林斯顿大学的拿莎堡接受大陆会议对他在美国革命中的贡献的正式致谢。1787 年的制宪会议中，95 名代表有九位毕业于普林斯顿大学，这超过了任何其他大学的人数。

　　普林斯顿大学也像它前面的大学（哈佛大学、威廉玛丽学院和耶鲁大学）一样，都是由某个教派建立的。在 18 世纪中叶后期，一些大的教派复兴，它们强调需要亲自感受宗教。像宗教复兴运动者吉尔伯特·田尼特、他的父亲和兄弟，还有乔治·怀特菲尔德，他们激情似火的说道词吸引了大量不信教者变为教徒。在长老教派中，信仰者被誉为"新曙光"（与旧时信奉保守教义的信仰者相反）。普林斯顿大学的建立是为了给该教派快速增加的教堂培育牧师，而这支新生的信仰团体的确在其中起到了很大的推动作用。1748 年，新泽西州殖民地长官乔纳森·贝尔切向这所新学校捐赠了 474 册他个人的藏书，该校的图书馆马上成了殖民地中最大的图书馆。

　　詹姆斯·麦迪逊在年幼时就由父亲送往多那德·罗伯逊在当地开办的一所小学校，在那里接受严肃的教育。多年后，当麦迪逊担任美国总统时，他曾说罗伯逊是"一个学识渊博之人，而且是位优秀的老师"。罗伯逊向麦迪逊灌输了一种学习的热情。麦迪逊后来的家庭教师是托马斯·马丁，他是 1762 年从新泽西学院毕业的长老派牧师。马丁作为家庭教师，还教麦迪逊的三个兄弟姐妹和一些邻居小孩子。马丁指引麦迪逊到普林斯顿上学。年纪轻轻的麦迪逊很高兴有机会到离家差不多三百英里的地方去。这样，在 1769 年，18 岁的詹姆斯·麦迪逊在马丁、马丁的弟弟，还有一位奴隶（即佣人）的陪同下，动身去普林斯顿。

　　在 18 世纪 70 年代早期，普林斯顿的学生日常生活都是统一规定的。当时大约有八十名学生。拿莎堡于 1756 年投入使用，里面有教室、厨房、餐厅、学生宿舍。麦迪逊的同学菲利浦·维克斯·菲蒂恩记下了这样的作息时间表：

　　早上 5—5：30 起床时间。五点钟响铃，铃响后有半小时的间歇，每个人都能有时间穿戴好。半小时后铃声再响起，这时开始祈祷。为了避免学生借口没有听到铃声，敲钟的工人会走到每扇门前敲门，叫醒每位学生。

　　5：30　早间祈祷。在早间祈祷完毕，我们可以借着烛光学习（现在是冬天）。

　　8：00　早餐。八点至九点是我们自己支配的时间，可以玩或者锻炼身体。

　　9：00—1：00　朗诵时间。

　　1：00　中餐。我们都在一起吃饭，那里有三张桌子。吃完饭后一直到三点钟，我们可以自由外出放松。

　　3：00—5：00　学习时间。

　　5：00　傍晚祈祷。

　　7：00　晚餐。

　　9：00　在九点钟学习铃会敲响，然后一位辅导老师会在学校巡视，看每个学生是否在他自己的位置上。如果发现有人缺席，或者某个地方聚集的学生多过本来的人数，那么他会记下来，第二天叫他们说明原委。九点后可以睡觉了，但如果提前睡觉会受到责备的。

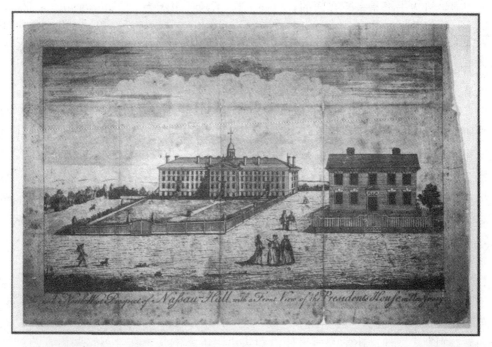

约翰·威瑟斯潘——新泽西学院院长（1768—1794）

詹姆斯·麦迪逊到新泽西学院读书时恰逢约翰·威瑟斯潘出任院长。威瑟斯潘可称为普林斯顿大学史上最杰出的管理者之一。威瑟斯潘是约翰·诺克斯的后裔，信奉"新曙光"教义，但那些老教派也喜欢他的观点。传统的古典文学和宗教教育仍然保留，但威瑟斯潘在课程中引入了18世纪的哲学、法语、现代历史和演讲术。他主张要掌握好英语。威瑟斯潘改变了该校建校的初衷。他深信教育应当培养对公众有用的人，而不只是对布道有用。为了自己而学习是他不赞赏的。1768—1776年，新泽西学院学生和老师人数都有增加，学院的资助也加大了。从麦迪逊和其他在美国独立战争前就读于普林斯顿大学的学生的评价来看，在那里的大学生活是有进步意义而且是很激励人的。

图片下方文字：
普林斯顿大学的拿莎堡和校长的房子（此铜板雕刻画由亨利·达金斯在1764年所作）。
亨利·达金斯是费城的一位艺术家，这幅画是他根据1758级的威廉·田纳特的一幅画临摹的。詹姆斯·麦迪逊在拿莎堡生活了三年，即1769—1772年。
威瑟斯潘是第一个用"校园"（campus）这个词的人，而不再称它是一个"院子"（yard）。他的描述很有吸引力，"校园"这个叫法就开始在全美国的大学中广为采用。

吉米是詹姆斯的小名，他小时候是一个典型的弗吉尼亚男孩，喜欢与邻居的伙伴们跑到很远的地方玩，一起骑马、打猎、钓鱼。不过，吉米最喜欢的还是书本和学习。他更多的时间是沉浸在父亲的书房里看书，外出玩耍相对较少。

吉米还小的时候，他们一家搬到了半英里外的一所新砖头砌的宅子里。这个院子成了他后来的家。

对吉米来说，新家中最重要的一个房间是书房。他能在那儿阅读所有他能读懂的书籍。许多书都是宗教方面的，比如，*The Gospel Mystery of Sanctification*，*Warning to a Careless World*，*The Nature of Sin*。这些书开阔了吉米的眼界，引起了他对神学的兴趣。这书房里不过还有许多其他书籍，如《流体运动》、《文学与科学大典》，这本大典描述了最新的科学研究和发现。吉米在儿时阅读这些书籍的同时，也培养了对科学的热爱。

在吉米10岁的时候，他的祖母弗兰西斯去世了。为了继续学习，第二年，家人便送吉米到多那德·罗伯逊开办的一所寄宿学校上学。罗伯逊曾在苏格兰的阿伯丁和爱丁堡教书，并于四年前来到马提波尼河畔开办学校。

小詹姆斯·麦迪逊跟随罗伯逊学习时，他思维能力异常活跃。后来年迈的他回忆自己的生活时，提到他在罗伯逊的学校所接受的教育，他说："我一生真的应该感激罗伯逊先生。"在那里学习的第一年，麦迪逊学习了英语和数学，开始学习时使用的是一本《入门书》，之后继续学习拉丁文和希腊文。他阅读了古罗马诗人维吉尔、贺瑞斯和奥维德的作品，还读过罗马历史学家科内利厄斯·内波斯和萨卢斯特的著作。在这学校的最后一年，麦迪逊专注于希腊文学，阅读了大量希腊古典文学作品，其中有希腊历史学家普拉塔切和哲学家柏拉图的传记，还有历史学家希罗多德的传记。

詹姆斯·麦迪逊还学习西班牙语和法语。不幸的是，在学习这些语言的过程中，他受到罗伯逊先生浓重的苏格兰口音影响。后来他上大学时，发现别人几乎听不懂他的话。麦迪逊还学习过地理、历史和各种文学。罗伯逊的大书房里还有法国散文作家蒙田的作品，政治家、哲学家孟德斯鸠的著作和英国哲学家约翰·洛克的作品。麦迪逊广泛阅读这些作品，并开始对政治产生了兴趣。

在詹姆斯·麦迪逊来罗伯逊的寄宿学校之前，他像那个时候的其他年青男子一样，已经开始学做读书札记了。札记的日期是1759年，也就是麦迪逊8岁左右，但内容很可能是他在罗伯逊的学校里和后来上大学期间抄写下来的东西。这本24页的札记本里有一些他抄写的诗句，以及从《观察家》上摘录的文章和他对作者的看法。这些都清楚地表明他能够读懂，而且能够很好地总结了。他对人性和管理理论怀有浓厚兴趣。

詹姆斯·麦迪逊的另一本笔记本的日期记载是1766年，名为"逻辑简明笔记本"。这有122页，里面有麦迪逊对老师讲课的概括和课堂上的笔记。笔记中还提到苏格拉底和欧几理得。笔记本的最后是一些画和天文图，其中有16世纪波兰天文学家哥白尼的"太阳系"图。由于这些思想都非常成熟了，因此一些学者认为许多笔记都可能是麦迪逊在大学期间所做的。

詹姆斯·麦迪逊于1767年9月9日从多那德·罗伯逊的学校毕业，返回蒙彼利埃接受他的下一阶段的教育。托马斯·马丁牧师是布利克教堂的教区长，这家教堂离蒙彼利埃不远。他住在麦迪逊家，作为回报，他担当起这个家庭的家庭教师。在马丁的指导下，这两年麦迪逊对希腊文和拉丁文的理解更加深了。

托马斯·马丁对年幼的麦迪逊的最大影响是引导他去新泽西学院（后来的普林斯顿大学）上学。马丁五年前从新泽西学院毕业，时常谈及这所学校的好处。马丁的弟弟亚历山大最近也在那所大学毕业，他经常来蒙彼利埃看望马丁，他也大肆宣扬这所大学。

马丁两兄弟尽管都是积极的神职人员，但都反对弗吉尼亚地区主教教堂的权力。他们不赞成弗吉尼亚殖民地区政府办教堂，教堂开支由政府税收支撑的模式。由于威廉斯堡的威廉玛丽学院已经是由主教教堂建立的，并且与弗吉尼亚的政治头目密切相关，他们不赞成这种情况。新泽西学院是由长老派教徒建立的，他们极力宣扬福音和宗教自由。詹姆斯·麦迪逊目睹了基督教新教派受到英国主教的压迫，也欣赏这所不支持牧师权力的长老派教徒大学。因此，麦迪逊在他18岁那年决定去新泽西学院就读。

詹姆斯·麦迪逊于1769年春季到达普林斯顿。新泽西学院是1746年建立的，因此，到麦迪逊入学时此校仅有23年的历史。然而，它很可能是美国五所大学中最不同的一所，因为它的学生来自每个殖民区。麦迪逊入学时，84名学生中只有19名来自新泽西州。在他毕业那年，12名学生中只有一人来自新泽西州。这是这所学校与其他殖民地学校所不同的，其他学校的学生绝大多数来自学校所在地。

1769年新泽西学院的校长是约翰·威瑟斯潘博士，他是一年前从苏格兰过来的。他学识渊博，具有极大的个人魅力。在苏格兰，威瑟斯潘经受过启蒙运动的洗礼，这种运动拒绝传统的社会、宗教和政治思想。威瑟斯潘将他的书籍和丰富思想带到了普林斯顿。威瑟斯潘在理论上比较保守，但在政治上比较开明。当殖民地人们受到大英帝国的自由思潮激发时，威瑟斯潘对麦迪逊和其他在校学生都产生了很大影响。《独立宣言》的签署者中毕业于新泽西学院的人数多于任何其他殖民地大学。

麦迪逊进入新泽西学院也是经过考试的，并且由于他先前的良好教育基础，他可以作为大学二年级学生入学。他可以加快学习进度，以便能在两年内完成三年的学习任务，顺利地在1771年毕业。为了完成这种加速计划，麦迪逊经常每晚只睡五个小时，全身心投入到学习之中。

学校在11月开学，直到次年4月，上课21周。之后放假五周，在5月份开学，再上课到9月份结束。麦迪逊学过许多课目。他继续加深古典文学方面的知识，并且在第一年里就学习天文学、地理、代数、修辞学、法语和辩术。后来学数学和自然哲学（物理和天文学）。威瑟斯潘曾亲自教过詹姆斯·麦迪逊历史和道德哲学课程。

詹姆斯·麦迪逊的生活非常充实，他不仅学习成绩优秀，而且还结交了许多好朋友。麦迪逊的一位朋友塞缪尔·斯坦诺布·史密斯，他是学院教员，最后接替了威瑟斯潘担任新泽西学院的院长。另一个朋友威廉·布拉德福，他在这里学习神学，后来当了律师。

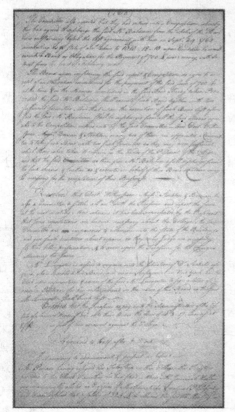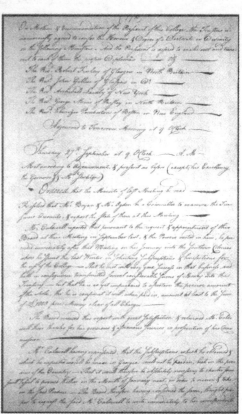

这是詹姆斯·麦迪逊在校期间（1769—1771）的校监事会纪要。

左边一页主要是讲财务问题。约翰·威瑟斯潘院长为学校打下了良好的经济基础，他经常去各殖民地招生，募集资金。尽管普林斯顿大学会惩罚那些赌博的学生，但他们觉得为了学校的利益进行摸彩与之不矛盾。例如，1772 年，为了新泽西学院，为了普林斯顿的长老派教会会众和在克里斯蒂安那桥上的纽卡斯尔市联合长老派会众，在特拉华州曾举办过一次摸彩活动，奖金的百分之十五用于这三项事情上。

在右边这页上，标明的日期是 1770 年 9 月 26 日，监事会授予五位牧师荣誉神学博士学位。第二天，也就是 9 月 27 日，为了支持学校发展，监事会开始在其他殖民地募集资金。在此值得一提的是 1748 级的查理·斯托克顿，1766 年，他作为该校的一名监事，他代表监事会请求约翰·威瑟斯潘出任院长，当时威瑟斯潘居住在苏格兰的格拉斯哥附近。斯托克顿在伦敦得到国王乔治三世接见，他也是后来《独立宣言》的签署者之一。斯托克顿可以自由出入爱丁堡的公开晚宴，但是，他没有说服威瑟斯潘夫人从格拉斯哥搬到普林斯顿去。不怕失败的斯托克顿写信给他的妻子说："我鼓动爱丁堡和格拉斯哥的所有有名望的神职人员来'攻击'她那顽固的城堡，如果没别的奏效办法，他们决定向她猛攻。"最后，经过反复协商，威瑟斯潘夫人答应来普林斯顿，而斯托克顿也圆满完成任务。

　　麦迪逊还在普林斯顿读书期间,校图书馆大约有两千本书。其中包括约翰·威瑟斯潘 1768 年上任时从苏格兰随身带来的大约五百本书。他不断买书,特别是买一些英语方面的书籍。上面监事会的纪要就是关于聘请一名新图书管理员。这名图书管理员要负责将书籍分类,并保持更好的图书管理。

麦迪逊刚进大学就加入了新成立的美国辉格社。这是一个文学组织，他们以文会友，阅读和讨论评论文章和散文。这种私下的讨论激发了麦迪逊对政府管理的兴趣。

1770 年，另一个叫克利俄社的文学社成立，阿伦·布尔是其中的领导之一，这个组织开始与辉格社在纸上"对战"。这两个社团组织的公开辩论通常比课堂学习更令人激动。两个社团的头目都要写一些讽刺文章来奚落对方。詹姆斯·麦迪逊是辉格社的写手，还有菲利普·弗瑞诺和亨利·布拉肯里奇，他们俩个人都擅长诗作。

麦迪逊写诗不如弗瑞诺和布拉肯里奇，但他写讽刺文章抨击克利俄社的创始人摩西·阿伦。他称他为"大阿伦"，并诅咒他。麦迪逊的一些讽刺文章因为太过粗俗而没有印刷出来，后来他的朋友们和传记作者也没有提及。由于麦迪逊幽默的一面没有文字流传，因而后世的人们以为他是一个刻板、保守的人。其实那些讽刺文章足以显示麦迪逊不拘礼节的一面，那都是一些非常诙谐、有趣的东西。摩西·阿伦后来当了牧师，并到蒙彼利埃拜访麦迪逊。

麦迪逊在普林斯顿的时候才认识到自己的法语学得很不好。一次，威瑟斯潘院长招待一位法国外交官来学校。院长听说麦迪逊在弗吉尼亚就学过法语，因而要他当翻译。然而，麦迪逊带有苏格兰口音的法语让这名法国人一句也听不懂。后来麦迪逊拿这件事做茶余饭后的谈资。

麦迪逊在校期间，美国殖民地的政治局势对新泽西学院产生了很大影响。18 世纪 60 年代，英国未经殖民地人们同意征税，因而许多殖民地与英国国会争论。1767 年颁布的《汤森法案》对大量美国进口物品征收关税。波士顿的商人们决定不再从英格兰进口货物，许多美国城市，如纽约和费城也联合抵制英国货物。

1770 年夏天，也是麦迪逊在新泽西学院的第二年，学生们得到一封纽约商人写给费城商人的信。这封信要求费城的商人与他们一道再次从英格兰进口货物。学生们认为这封信是日益强大的美国人渴望从大英帝国独立的一股强风。麦迪逊加入了其他学生的抗议行列，他们都身穿黑色服装，列队站在学院的主大楼拿莎堡外面。他们雇用了一名刽子手，然后烧掉了这封信的一份复印件，并敲响大钟。

詹姆斯·麦迪逊在临近毕业时身体日益虚弱，也许是学习过度劳累和缺乏睡眠。他染上一些严重的疾病，并且时不时地病情发作令他精疲力竭。他还患上了忧郁症，认为自己可能来日不多，而且也不会有健康的生活。也许是这些原因，他成了唯一的一位没有参加毕业典礼的毕业生。

麦迪逊在 1771 年 9 月毕业后，他的父亲让他继续跟随院长学习。因此，威瑟斯潘院长单独教了他六个月。麦迪逊在此期间学习一些希伯来语，这是大学课程里没有的。他继续读约翰·洛克、大卫·休谟和其他启蒙运动者的著作。麦迪逊还阅读一些法律和理论书籍。1772 年春季，麦迪逊离开普林斯顿，回到家中。他先前的家庭教师托马斯·马丁已经去世，而他的父亲认为需要另一个家庭教师来教家里

　　在这页 1771 年的记录中，我们可以看到为了维修学生住宿设施，校监事会提高学习收费。监事会还任命威廉·丘吉尔·休斯敦为数学和自然哲学（科学）教授。休斯敦 1768 毕业于新泽西学院，留校首先作为学校预科班的老师，然后作为辅导老师。1770 年，他担任麦迪逊的辅导老师。后来休斯敦成了新泽西州萨默西特民兵的首领（1776），并于 1775—1776 年间担任大陆会议的副秘书，也是 1787 年制宪会议的代表。

　　政府管理课程的学习大大增强了麦迪逊对政治的兴趣。他认为现代政府理论和模式都非常重要，这对每个渴望知识的人来说都是不容忽视的。当他在蒙彼利埃自学时，他深刻意识到弗吉尼亚政府的职权滥用的情况。强势的英国主教常常迫害那些不认同他们教义的人们。五位洗礼牧师因为他们的宗教观念而被监禁。弗吉尼亚暴虐的气氛令麦迪逊失望，他写信给宾夕法尼亚州的布拉德福说："我想要再呼吸你那自由的空气。"

麦迪逊于 1774 年开始他的政治生涯，当时他入选橙县的安全委员会。1776 年，他当选为弗吉尼亚州议会代表，他在这里碰到了托马斯·杰斐逊。他们俩开始结下了毕生的友谊。麦迪逊竭力制定杰斐逊的宗教自由法案。麦迪逊还与杰斐逊及帕特里克·亨利密切合作，共同为弗吉尼亚殖民地的独立而奋斗。革命之后，他是弗吉尼亚议会的代表，并且反对在弗吉尼亚地区重建英国国教教堂。他废除所有想在新成立的弗吉尼亚州以税收支撑基督教派的想法。

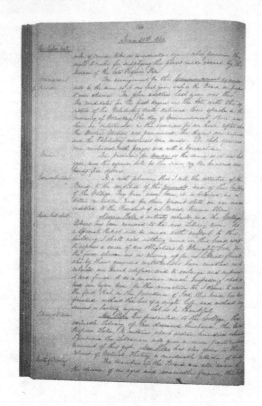

普林斯顿大学档案馆保存着监事会的完整记录，一些日期可以追溯到该校 1746 年建立之初。然而，在美国革命期间，军队多次在普林斯顿交锋，而随后的大火烧毁了大部分早期的档案。

这条 1860 年 6 月 26 日的记录非常有意思，因为它解释了典礼是怎么举行的。监事会宣布仪式程序与往年一样：申请文学第一学位的学生们要在举办典礼这天上午做演讲，做告别演讲者除外；接着，典礼暂停休息一小时；休息之后老师发言，授予学位，并做告别演讲；这整个仪式都伴随祈祷和赐福，使用的音乐，所需的费用都同往年一样（费用为 125 美元）。

监事会会长还"高兴地"宣布学校的建筑和周围环境都保持良好，宣布学校的拿莎堡大楼自 1855 年大火后得到重建，并为重建工作完成过程中"没有人员伤亡"而祈祷，要求大家感谢上帝。

监事会接受了马修·霍普教授捐赠的 1600 册藏书。在那个时期，毕业生把霍普教授当作是普林斯顿最令人鼓舞的老师之一。

的小孩子。在这种情况下，詹姆斯·麦迪逊决定担当起这个角色。

离开普林斯顿，詹姆斯·麦迪逊并没有就此结束学习。实际上，在接下来的三年中，他极大地丰富了他的知识。他的首要任务是教他年幼的弟妹们。不过，他还有大量时间来阅读、学习和思考。他要不断学习，并且要花时间来更多地了解这个世界。他与他的大学朋友威廉·布拉德福互通书信，他们交换藏书。

麦迪逊认真研究《圣经新约》，并在他父亲新买的威廉·布克特的书上作评注。他没有考虑将基督教牧师作为职业，但他的确说过神学是所有科学中最崇高的。他鼓励威廉·布拉德福在做其他研究时也加入一些神学观点，比如哲学，那么就会使它们散发自身魅力，会比黄金都珍贵。

1785 年托马斯·杰斐逊去巴黎之前，他曾答应给麦迪逊买许多书，特别是那些关于古代和现代的共和制的书籍。杰斐逊还寄给麦迪逊 37 册《百科全书》，麦迪逊称之为一个全面的科学知识库。他沉浸在这些书籍中，从中了解到欧洲国家的历史，并发现各种政体的优势和劣势。

1787 年，詹姆斯·麦迪逊当选为制宪会议代表。他的政治头脑和逻辑思维在此得到了体现。由于他对制定宪法的深入研究，极力推动宪法通过，因此人们称他为"宪法之父"。他大量的笔记和日记是了解会议和拟定宪法过程的主要信息来源。

麦迪逊决定建立一个持久运转、强有力的中央政府。一旦宪法书面制定下来，他想人们一定会赞同的。他写过许多有关宪法的文章，解释宪法，鼓励国家批准宪法通过。麦迪逊的文章，连同约翰·杰伊和亚历山大·哈密尔顿发表的类似文章，这些成了众所周知的《联邦党人文集》。这些有影响力的文章征服了美国人，最终通过了《宪法》。这也为 1789 年美国政府成立奠定了基础。

1789 年，麦迪逊作为弗吉尼亚的代表进入众议院。他仍致力于建立新政府的工作，并拟定《宪法》最早的十条修正案——《权力法案》。

詹姆斯·麦迪逊结婚较晚。他在 43 岁那年（1794 年 9 月 15 日）与一名寡妇多莉·佩恩·托德结婚。当麦迪逊于 1809 年当选总统时，多莉·麦迪逊也成了迷人的第一夫人。

麦迪逊在托马斯·杰斐逊总统任期内担任了八年的国务卿，然后连任两届总统。他于 1817 年 3 月 4 日离职，然后回到蒙彼利埃生活。退休后的他仍不断阅读新书，关注来自政治、教育和科研机构的新闻和报道。麦迪逊写了许多文章和信件，并花了大量时间整理他的文章。他还于 1826—1836 年担任弗吉尼亚大学的校长。

有人描述退休后的麦迪逊是一个"神采奕奕"的人，他语言娴熟，思想深刻，而且很有远见。即使是在晚年他自己不能阅读时，多莉会坐在他旁边读给他听。他从未停止过对知识的索求。麦迪逊于 1836 年 6 月 28 日平静地离开人世，享年 85 岁。

　　纵观詹姆斯·麦迪逊的一生，他都认为教育非常重要，而对政府来说更加重要。他在 1822 年 8 月 4 日写给他的朋友 W. T. 巴里的信中说："一个得人心的政府如果没有受人欢迎的信息，或者没有获取信息的手段，那么它会是一场闹剧或悲剧的序幕，也许两者兼而有之。知识永远会战胜愚昧，一个人想要成为自己的主人，必须用知识的力量来武装他们自己。"

第五章

詹姆斯·门罗
(James Monroe)

比尔·汤普森

1776 年夏末，詹姆斯·门罗应征入伍，加入了同其他几百人前往纽约的行军行列。这对从弗吉尼亚出来的年轻大学生来说，是一次炎热、艰苦的行军。当他们与其他从弗吉尼亚出发的军队到达曼哈顿岛时，他们都很疲惫了。然而，由于他们都很想与英国军队交锋，所以仍然个个精神饱满。弗吉尼亚的人们加入了乔治·华盛顿将军的部队，他们已经在纽约的哈莱姆扎营，停留下来了。就在几天后，传来消息说英国军队已经侵入曼哈顿。门罗与大陆军都在等待英国军北进。

门罗听到来自康涅狄格州的散乱部队没有抵御英军就逃跑了非常气愤。他盼望英国军队到来，好让他们见识一下弗吉尼亚人们的英勇善战。当英国军队到达哈莱姆时，这支新生的弗吉尼亚步兵阻挡了强大的英国军，并连连击退英国军。第二天，华盛顿将军表彰了弗吉尼亚这些年轻男子的英勇，身材魁梧、英勇的门罗留给他特别深刻的印象。

相对詹姆斯·门罗以前在弗吉尼亚的平静生活来说，这种作战的经历完全是另一个世界。门罗 1758 年 4 月 28 日出生于弗吉尼亚的威斯特摩兰县，威斯特摩兰县位于波特马可河与拉帕汉诺克河之间，这里与乔治·华盛顿的家乡相隔不远。詹姆斯在家是长子，他的祖先早在他出生前一百多年就定居在这里。

早期的殖民者首先在弗吉尼亚的肥沃土地上开垦农场，威斯特摩兰就在其中。在这种土地上很难种植烟草，因而种植主每隔三或四年必须迁到一个新的地方，而让原来的土地休耕荒芜。在门罗出生的时候，威斯特摩兰县的土地因为过度种植，已经很贫瘠了，这里的土地只有那些拥有数千亩地的大家族才有利可图。

门罗的父亲思朋斯·门罗尽管可以像他的祖先一样成为英国贵族，但他只从祖先那儿继承了五百亩土地，并不是一个富有的人。然而，尽管他处在社会的较低端，但他仍可看作是贵族的成员，或者说是统治阶级的一分子。门罗家族祖上没有一个人能够上大学，也很少有人身居政府要职，因为当时弗吉尼亚政府都是由那些拥有大量土地的富有家族掌管。不过，詹姆斯·门罗的母亲伊丽莎白·琼斯·门罗出自一个较富有的家庭，她的哥哥约瑟夫·琼斯是弗雷德里克斯堡的一位大法官，当詹姆斯·门罗长大时，他的舅舅可以说是他的一大贵人。

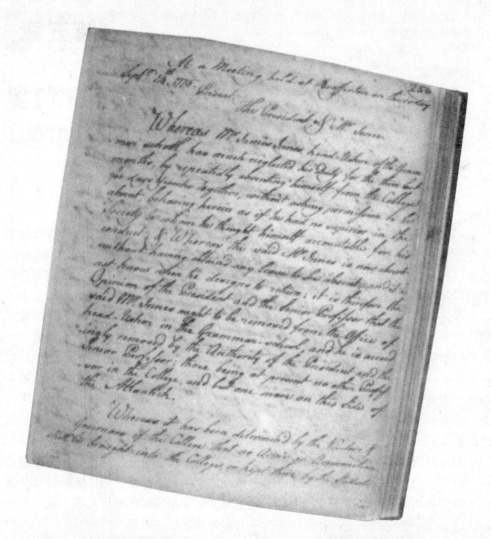

　　詹姆斯·门罗在威廉玛丽学院的时候（1774—1776），也恰巧是该校历史上分裂最严重的时期。威廉玛丽学院一直是与英国国教视为一体的。但是，到 1775 年美国独立战争开始时，许多在美国的英国国教牧师开始宣扬英国保守派主义，其中包括两位大学教授，而另一位保守主义者则在伦敦搞圣职授任。

　　1775 年 9 月 14 日，从这天院长与老师的会议记录上看，威廉玛丽学院院长约翰·卡姆（他是一位拥护现有政权者）开除了詹姆斯·因尼斯，因尼斯当时是文法系的助理教员，这职位相当于今天的大学助教——介于学生和老师之间的人。因尼斯被归咎为"三个月来未经同意，连续旷工，无视他的职责，他应当为他的行为负责任"。在这记录的底下还有一行比较隐讳的警告语："学生不得带任何武器或弹药进学校，或者保存这些东西。"

　　詹姆斯·因尼斯是在 1771 年进入威廉玛丽学院的。1775 年，他已经是威廉斯堡志愿者的头目，因此成了保守派院长的驱逐对象。因尼斯在威廉玛丽学院的这五年也是他为革命准备的五年，他不仅特别想与英国打仗，而且也决定将那些追随他的学生编入革命队伍当中去。因尼斯是个极其受欢迎的人，当然学校的领导除外。作为一名助理教员，生活在老师和学生的双重世界里，因尼斯常令学生们斗志昂扬，却令教授们感到极其痛苦。

因尼斯也影响到了年轻的詹姆斯·门罗。他鼓励门罗下定决心离开威廉玛丽学院，加入威廉斯堡的革命志愿者行列。就是这个决定影响到门罗的后半生。

战争中断了威廉玛丽学院的学习

1774 年，16 岁的詹姆斯·门罗进入威廉玛丽学院。但是，美国革命战争的爆发，很快就中断了他的学校学习。1776 年，门罗编入大陆军下的弗吉尼亚团。

威廉玛丽学院的学生都被当时殖民地与英国之间的重要事件所吸引，而他们也成了美国革命的支撑力量。正派的年轻人常参加一些认真的社团聚会，讨论哲学问题。道德学教授威·亨勒是最受欢迎的一个老师，他为威廉斯堡的绅士们开办“诗的构思基础”讲座，这些绅士都是付费来听讲座的。每当他演讲时，学校的礼堂通常是爆满的。

然而，亨勒反对美国革命。他认为独立美国的主教会削弱与英国主教之间的关系，他说这种关系无异于“混杂的主教”。1775 年战争爆发后，亨勒离开弗吉尼亚回到英格兰，在那里度过他的余生。

碰巧的是，亨勒后来在一所英文寄宿学校教过拜伦（该小学创办于 1571 年）。在亨勒的晚年，1812 年美国与英国交战中，他以前的学生门罗却是这时美国的国务卿和陆军部长。而拜伦在这时已经成了英国最知名的诗人。

詹姆斯在一个农业世界里长大，因而他后来很喜欢亲近土地，他觉得土地让人内心平静。他住在通往弗吉尼亚首府威廉斯堡的南北主要干道附近，在那里用渡船通过波特马可河。詹姆斯还是小孩的时候，他对当时的政治事件都有所听闻。

詹姆斯像所有贵族家庭的小孩子一样，也是在家开始接受教育。他最初的老师是他的父母，他们教他认字和写字。他的母亲受过教育，这在当时是罕见的。然而，在幼年，詹姆斯所受的教育与他的亲身经历和学校正式教育是分不开的。当他 7 岁时，他目睹了他的父亲号召一百多人联合抵制 1765 年颁布的《印花税法案》。英国当时对殖民地所有印刷品征税，这个决议激怒了所有殖民地人们。詹姆斯看到这种抗议非常有效，因为一年后，英国取消了《印花税法案》。

詹姆斯 11 岁时，他开始到学校接受正式教育。他上的第一所学校是“坎贝尔镇小学”，这是弗吉尼亚地区最好的小学，他于 1769—1774 年在那里上学。门罗后来说：“这所学校只收 25 名学生，但因学校声望高，以至于当时很远的孩子也被家长送到这里来上学。”阿奇博尔德·坎贝尔牧师是该校的创办者兼老师，他是华盛顿教区的教区长，门罗家也在那里居住和做礼拜。

坎贝尔牧师是 1741 年从苏格兰来到弗吉尼亚的，并在大约九年之后建立了这所学校。他被称为是“一个非常可敬的牧师”，并且学识颇丰，特别是对希腊文的研究。人们也称坎贝尔牧师是“一个最严厉的人”，他不允许学生花太多时间玩耍。他是一位优秀老师，而且在数学和拉丁文方面也很突出。

门罗的父亲曾去过这所学校，当时大多数孩子都是英格兰西北部的威斯特摩兰的贵族子弟。詹姆斯·门罗在学习之初就与约翰·马歇尔成了亲密无间的朋友，并且这种友谊维系他们一生。尽管老师的严格管教，孩子们还是能找到一些一起娱乐的方式，后来他们俩都成了里士满的律师（马歇尔最后担任了美国最高法院的院长），作为成人，他们喜欢一起玩牌和撞球游戏，并常去看电影。

门罗在坎贝尔老师的学校里学习拉丁文和希腊语，并打下了坚实的古典文学基础。他阅读过英国诗人薄柏的作品。门罗还在上学期间，殖民地的政治局势已经越来越不稳定了，抗议和游行示威变成了平常事。1773年，波士顿市民将茶叶倒入海港，公然反抗英国当局。学生们听到威斯特摩兰的人们公开谈论反对英国统治。

詹姆斯·门罗的父母于1774年去世，而他成了家产的继承人。他父母的去世留给他照看两个弟弟（安德鲁和约瑟夫）和一个妹妹（伊丽莎白）的责任。所幸詹姆斯·门罗的舅父琼斯是他们的监护人。他的舅父是位富有的人，还是弗吉尼亚州议会的议员，他也是弗吉尼亚统治阶层中的一分子。琼斯家没有孩子，因而把十几岁的詹姆斯当自己的儿子看待。

琼斯认为门罗已经有了一定的教育基础，可以接受更高的教育。门罗以及他的舅父都希望他能到欧洲学习。当时大多数贵族家的孩子们都去英格兰接受更高的教育，因为人们认为英格兰的教育机会要比殖民统治下的美国更好。然而，当时的政治局势让这一愿望难以实现。门罗借助舅父的关系，还可能有一些经济资助，16岁的他于1774年6月来到威廉斯堡，进入威廉玛丽学院读书。

詹姆斯·门罗的入学考试表现非常出色，考试涉及他在坎贝尔那里学过的古典文学。门罗很快发现自己置身于一个全新的环境之中了。以前他生活在种植主之中，种植主通常是与英国当局相对立的。而现在，门罗发现所在学校的一些教授是保守党党员，他们支持英国当局。

门罗与他的室友约翰·梅塞尔相识，约翰当时15岁，来自一个富有家庭。他们两个很快成了好朋友，并开始一起上课。然而，两个人也很快受到威廉斯堡的政治局势影响。门罗和他的室友开始学习不久，弗吉尼亚的长官约翰·默里·邓莫尔伯爵试图解散弗吉尼亚的议会，以此显示他的权势。

议员们不断集会游行，而不是在罗利客栈的阿波罗房间聚会讨论了。他们两次反对这位长官。由于门罗的舅父约瑟夫·琼斯是议员之一，所以门罗特别能认识到他们之间的这种矛盾。威廉玛丽学院的学生和老师都在议论殖民地长官与议员之间的冲突，而上课和学习都放在一旁了。

当这种冲突平息下来后，门罗继续学习。仅仅16岁，他发现他还没有完全准备好去参加工作。几年后，门罗写信给他的一位侄子，谈到他在大学最初六个月的情形时说："我通过了考试，非常合格地进入了哲学系。但学习高等数学课程时，我是不合格的，得到的分数非常可笑。"当寒假来临时，门罗决定留在威廉斯堡，利用这段时间集中精力学习。当两个月后再开学时，由于他在假期的努力，他的成绩得到了教授的表扬和嘉奖。

1775年上半年，威廉玛丽学院继续开始上课。4月份，这位长官又挑起事端，他派士兵去查封属于威廉斯堡的部分火药。一些爱国者发现了这个阴谋，于是集合一些男子来保护火药。最后，邓莫尔同意偿付火药，并平息一些市民的愤怒。然

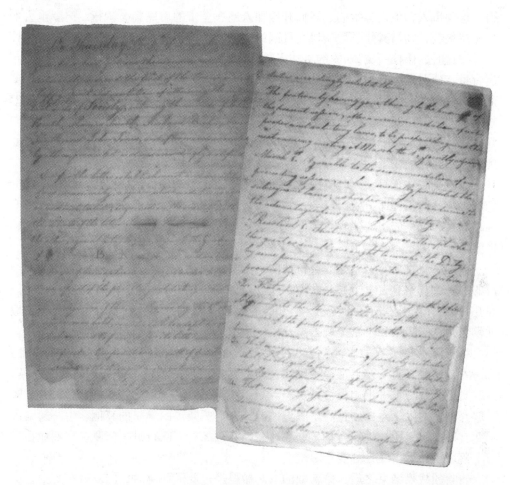

　　1776 年 12 月 5 日，星期四，五名威廉玛丽学院的学生组建了优等生荣誉学会。这是该学院对美国教育事业上的另一大杰出贡献。

　　我们可看到该学会的备忘录中前两页（如上所示）的部分内容："1776 年 12 月 5 日，星期四，在这个神圣的日子里，怀着愉快的心情，约翰·黑斯、托马斯·史密斯、理查德·布克、阿姆斯德·史密斯和约翰·琼斯成为学会第一届会员，根据相应的要求，往后第二届将由获准的其他人组成。"

　　承蒙该荣誉学会的确立和我们一致认同的神圣，决定制作一枚方形银质纪念章。该纪念章一面刻有 S. P.，即拉丁文中"社会哲学"的首字母，另一面刻的是希腊文的首字母 FBK。标志是三颗星星，很明显，构成的图形是行星的一部分轨迹。

　　优等生荣誉学会是美国大学里首个在校学生的秘密学会。开始它是作为一个社交的校友会，但后来发展成了文学和科学自由的先锋组织。如今，优等生荣誉学会每年从它遍布全美国的将近 270 个分会当中选出一万五千多名新会员。在学术上优异的男生和女生都可以成为会员。

而，这件事激怒了大学生们，他们开始加入遍布全市的市民集会游行。门罗也去参加这些集会，并与其他学生一块在校园的操场上进行训练。

在这时，该校一位 20 岁的工作人员詹姆斯·因尼斯在校园内公开表示需要武装力量。他召集有兴趣的学生组建一支军队。门罗被他所感动，也加入了这支军队。门罗像许多学生一样，也购买了一把来复枪，放在他的房间里，而这是违反学校规定的。因尼斯在学校教授眼中是个麻烦人。教授指责他带学生去酒吧，让他们喝酒，并且通常晚上很晚还在学校闹腾。最后，在 1775 年 6 月，因尼斯离开了威廉玛丽学院，加入了大陆军参战，这让学校的老师们舒了一口气。

也就是在这个月，一名英国将军与议员见面，想与议员达成妥协。然而，议员们不服从，而长官邓莫尔因受到一些过激言论牵连，便去詹姆斯河上的一艘战船上躲藏起来。议员们很快建立了一个委员会来接管首府。这样，战争就在英国士兵和威廉斯堡市民之间爆发了。

英国军队在马萨诸塞州的康科德向民兵开火之后，门罗加入了一支由 24 人组成的部队，其中有大学生和一些年长的男子，17 岁的门罗是最年轻的成员，他们在 6 月 24 日攻击了长官的官邸。由于该官邸没有抵御，因此这支反抗部队轻易地就带着两百支步枪和三百把刺刀离开了。这些武器后来捐给了弗吉尼亚民兵。

尽管门罗参与到这些军事行动中去，但他仍然没放下他的学习。第二年，殖民统治者开始接管整个弗吉尼亚殖民地，而美国殖民地的人民都做好了应战的准备。门罗知道，他必须做出选择。1776 年春天，门罗和他的同学约翰·梅塞尔决定暂时放弃他们的大学生涯，投身军队。他们与来自威廉玛丽学院的其他学生一起编入了弗吉尼亚第三团。他们向华盛顿驻扎在曼哈顿岛的军队行进。门罗一想到他在学习上落后了，就会随处寻找学习机会。

曼哈顿战役结束之后，华盛顿的军队撤退经过新泽西州时，门罗就在其中。这支美国军队 12 月到达特拉华河。当时华盛顿决定在圣诞节那天攻打特伦顿，门罗与一个 50 人的队伍被派往特伦顿。门罗在特伦顿受伤严重，随后在宾夕法尼亚州的白金汉县花了三个月时间康复。最后，当第二年冬天大陆军驻扎在福治河谷时，门罗又参加到华盛顿的军队中来了。门罗与他的老朋友约翰·梅塞尔同住一间简陋的小屋（约翰也已经入伍了）。

门罗觉得他在军队中建立的许多新关系都是非常珍贵的，因为他们给了他更多的知识。他认识到如果他的经历仅限于弗吉尼亚，那么他对事物的看法也会受到限制。

在这段时间里，来自法国的皮埃尔·S. 杜邦塞奥是对门罗影响最大的人之一。这位 18 岁的年轻法国人智商很高，并且能说流利的英语。他借给门罗一些法国哲学家的著作，这些是门罗从未学过的东西。这两位年轻人都对读书怀有很大兴趣，因而也相互借书阅读。他们深入探讨他们阅读过的东西，两个人也变得异常亲近。

杜邦塞奥还将尼古拉斯·罗的一些流行剧本给门罗，这些剧本当中都蕴含着丰富的政治现象。杜邦塞奥还借给门罗一些詹姆斯·沃森布道的内容,沃森是一个对基督教怀有自由思想的布道者。杜邦塞奥鼓励门罗去读法国哲学家马克·阿克赛德所写的书,马克在基督教的基础上增加了古希腊的思想。这个时期的学习让门罗对反对大英帝国的战争有了更全面的认识。他开始认为他卷入了一场脱离压迫,解放"全"人类的斗争当中。

现存最古老的优等生荣誉学会图章的正面和背面图,这是 1780 年颁给威廉·肖特的。

肖特是 1777 年至 1781 年就读于威廉玛丽学院,也是该学会的会长(1778—1781)。他离开该校后,在政府部门就任要职。肖特是托马斯·杰斐逊任法国大使时的私人秘书(1785—1787)。在巴黎时,杰斐逊、约翰·亚当斯和本杰明·富兰克林派肖特去海牙会见一位普鲁士使节,并洽谈普鲁士与美国的商业协议。肖特还于 1792—1793 年担任驻荷兰的公使。

　　在似乎不会得到上战场的命令时,门罗于 1778 年 12 月 20 日退伍回到了弗吉尼亚。他尝试在弗吉尼亚州的民兵中谋职未果。后来,他遇到了托马斯·杰斐逊,并成了好朋友,杰斐逊在 1779 年已经是弗吉尼亚的长官。杰斐逊欣赏这位年轻的前战士的热情和真挚,并成了他的良师益友。通过与杰斐逊的结识,21 岁的门罗又开始了他新的学习。杰斐逊鼓励门罗学习法律,以此作为涉足政界,帮助发展新国家的途径。

　　1780 年,门罗听从杰斐逊对他的学习指示,重返威廉玛丽学院作为见习生学习。杰斐逊热情帮助门罗去学习基本的法律原理。门罗和另两个年轻人开始学习自由主义立法者爱德华·库克和另一位著名的英国法官威廉·布莱克斯通的著作。这些年轻的见习生一边学习杰斐逊经办的法律案件,一边阅读大量弗吉尼亚的法规。

　　他们见习期的最后阶段是阅读大量西方文明的书籍,包括古代文明和现代文明。其中就有哲学家和历史学家大卫·休谟、英国哲学家约翰·洛克和法国哲学家卢梭的著作。古代的作者有希腊道德家普卢塔克、罗马历史学家塔西佗和希腊斯多噶哲学派的埃皮克提图。

门罗在1780年9月写的信中表达了对杰斐逊的感激之情，信是这样写的："您在这件事和其他各种事情上对我的友好相助和关注，让我享受这样厚重的恩惠，我想恐怕我是无能来回报这些……您对我很了解，并为我的学习指明方向，信任我，我认为无论我现在或将来取得怎样的成就，很大程度都是源于你的友谊。我的人生规划现在已经确定，并有一个明确的目标……"

接下来，门罗想跟随著名的弗吉尼亚律师乔治·威思学习法律，他是杰斐逊早年在威廉斯堡的老师。威思最近成了威廉玛丽学院的法律教授，而门罗渴望师从于他。然而，杰斐逊告诉门罗，他正迁往弗吉尼亚的首府里士满，并邀请门罗与他同往。门罗向他的舅父寻求建议，他的舅父也鼓励他接受杰斐逊的帮助。门罗与杰斐逊一道，并很快在离里士满不远的一个庄园里安顿下来。他在那里仍在杰斐逊的指导下继续学习法律。

到1781年10月，门罗已经学完了杰斐逊给他的书，并打算去欧洲完成他的学业。他写信给杰斐逊说："我从里士满返回后，我已经读过所有你提及的法律书籍。"他写信给杰斐逊，他学习不仅是为能够运用法律，而且还可以提高自己。对于从书中所获得的东西，门罗说："通过学习，丰富内心，令人精神饱满，不仅让他能够胜任公职，而且能使人成熟，无论顺境或逆境，都可以承受；否则他就会一事无成。"

然而，门罗不能去欧洲学习了。第二年春天，随着美国革命战争的结束，他被选为州参议院代表。他的政治生活从此开始。1783年，门罗当选为大陆会议的成员，并于1790年当选为美国参议员。1794年，他成了驻法国的大使，前往欧洲。

1785年，还是大陆会议成员的门罗结识了年仅16岁、端庄美丽的伊丽莎白。他们于1786年2月16日结婚，并育有两个女儿。

门罗的职业生涯没有中断。他分别两次担任弗吉尼亚长官、驻英国的大使、国务卿和陆军部长。他在1817年当选为总统（成了第一个曾是参议员的总统），而后于1820年连任。门罗于1825年3月4日退休，搬到了弗吉尼亚的新家——橡树山庄。他的妻子在1830年去世，而后他与女儿和女婿一同生活在纽约。

1831年7月4日，詹姆斯·门罗总统逝世，他成了美国历史上第三个死于《独立宣言》纪念日的总统。

詹姆斯·门罗的职业生涯主要受三个大的因素影响：一是美国革命；二是共和党的党章，他帮助建立的（该党最终发展成民主党）；三是他的外交经历。门罗主义是美国对外政策上最重要的原则，这使得美国接近欧洲强国（法国、西班牙和英国）的进一步殖民化。

也许对詹姆斯·门罗最好的评价之一是在他二十多岁的时候，托马斯·杰斐逊对他的评价，"他整个人，从里到外，没有一个'斑点'，无可挑剔。"

第六章

约翰·昆西·亚当斯
(John Quincy Adams)

比尔·汤普森

你可想象一下，一位 12 岁的小孩给一位法国大使上语言课的情形是怎样的？这就是发生在年幼的约翰·昆西·亚当斯身上的事情，他乘坐在一艘驶离法国南特港的船上。约翰·昆西在法国住了一年，这对他学习法语很有帮助。他正随他的父亲约翰·亚当斯回他们的家乡马萨诸塞州昆西镇。同船的另一位乘客是法国派往美国去的新任大使安尼·凯撒爵士。

一天，约翰·亚当斯进入船舶的休息室，发现小约翰与法国大使坐在一起。紧挨着他们的是法国大使的私人秘书。约翰·亚当斯发现这两个大男人都被他的儿子给深深吸引了。他们正在大声朗读一位英国大法官威廉·布莱克斯通的演讲词。这两位法国人的英语相当差，而小约翰就不断纠正他们说的每个字和音节。小约翰并没有赞美他们的认真学习，而对他们的错误给予毫不留情的指正。

这两名法国人并未因此不高兴，他们告诉约翰·亚当斯，他们如果没有他儿子小约翰的帮忙还真不行。小约翰对他们学习英语提供了非常大的帮助，他们非常感谢他对他们的严格。约翰·亚当斯很高兴他的儿子能够帮助他们。就是这位孩童时期经历不同寻常的小约翰·亚当斯，日后成了美国的第六位总统。

1767 年 7 月 11 日，约翰·昆西·亚当斯出生于马萨诸塞州的昆西镇（那时名为布伦特里）。小约翰与他的父母住在离他父亲孩时住所不远的地方。他有一个姐姐艾比盖尔，还有两个弟弟查尔斯和汤姆。约翰·亚当斯从事法律工作，他的办公室离家不远。小约翰的童年时光与他的父亲及祖父所拥有的童年一样，他们也都非常享受那些时光。他喜欢在灌木丛中穿行，在林子里打猎，在旁边那条流向海湾的小河里钓鱼。

在亚当斯家族中，教育是摆在第一位的。小约翰的父母亲都决定要向他们的孩子们灌输学习思想。他们教 5 岁的小约翰读书和写字，小约翰到 6 岁时便可以写信了。然而，尽管小约翰经历着他这个年龄段的小孩子的正常事情，但他还面临着英国和美国殖民地之间发生的冲突。就是这种冲突导致了美国独立战争，而这极大地影响了约翰·昆西·亚当斯的成长和早期教育。

哈佛大学财产账户审核（1778 年 3 月 20 日）。

委员会审核了哈佛财产账本。其中提到自 1777 年 11 月至 1778 年 3 月没有洗衣费，因为学生在学期结束之前就被解散。大陆军已经将伯戈因将军的投降军队安排在这个校园里。这就使得 1777 年冬天至 1778 年春天的大部分课程必须取消。

哈佛大学财产管理的债务表（1777 年 9 月 12 日）。

　　这是一份供给学生的食物和饮料的账目。在 18 世纪 70 年代，哈佛大学已经根据需要提供奖学金，为学生支付全部或部分费用。当时估计一位较穷的学生每年膳宿费用为 30 美元，而正常费用要高出很多。在 1769 年，一位哈佛大学学生需要父亲为其支付 55 美元左右的教育费用。

　　小约翰还是很小的时候，殖民地人们对英国当局的反抗开始演变成暴力冲突。由于他父亲的律师业务繁忙，因而曾携家眷到波士顿居住。1770年冬天，英国军队在离他们家不远的地方向殖民地居民开火，杀死了五位居民。这就是有名的波士顿枪杀事件。约翰·亚当斯是唯一为英国士兵辩护的律师，为此，一些人对他表示藐视。由于波士顿的社会不安，1771年初约翰·亚当斯带着他的妻子和孩子回到波士顿南边11英里外的昆西，在农场里住下来。这一家人在1772年又回到波士顿，但在后来美国与英国的矛盾进一步激化后，他们又返回昆西居住。

　　由于约翰·亚当斯忙于确立他的律师事业，因而小约翰大部分的早期教育是由他的母亲来承担。后来约翰·亚当斯又投身于殖民地脱离英国统治的斗争当中去了。正是因为这件事，他很大部分时间在费城参加大陆会议。尽管他不在家里，但他写信给妻子时特别提到对孩子们的教育。他在信中说："我们今生最关心的事情就是不断完善孩子们的心灵，改善他们的行为。我们不仅要教他们做事合乎道德，而且要做到出色。"

　　1775年，马萨诸塞州的政治局势日趋恶化，小约翰的母亲为她的孩子们的教育很是担忧。公立学校没有开课，她不得不寻找其他途径来教小约翰。因此，她丈夫手下的两名职员约翰·萨克斯特和内森·赖斯为小约翰做了一段时间的家庭教师。小约翰特别喜欢他父亲的堂弟萨克斯特，他教小约翰一些基本的知识。而拉丁文，最初他是从父母那里学了些。约翰·亚当斯时常从费城写信给小约翰，并给一些拉丁文句子要小约翰翻译。

　　小约翰在母亲的照看下不断进步，能够为母亲读罗林的《古代历史》。在约翰·亚当斯的信中，他鼓励妻子一定要教小约翰学习地理和临摹技能，这在当时认为是必须学习的内容。小约翰制定了每天的读书计划表，其中包括读托拜厄斯·斯莫利特的《英格兰全史》。约翰·亚当斯也直接写信给他的这个大儿子，要他准备去学希腊文。他希望有一天他能够轻松地读历史学家修昔底德用希腊文写的《伯罗奔尼撒战争史》。

　　诵读《圣经》是家里每个人必须做的事情，约翰·昆西·亚当斯也养成了每天读一小时《圣经》的习惯。他也喜欢神话故事，痴迷于《一千零一夜》。在小约翰看来，故事中的人物与现实中的人非常相似。他还读过许多莎士比亚的作品，比如《暴风雨》、《皆大欢喜》和《捕风捉影》。在阅读这些著作时，他仿佛身临其境，到了一个迷人的世界里。他还试着阅读约翰·米尔顿写的《失乐园》，这是一本他的父母亲都喜欢的书，但是小约翰直到长大成人了才能读懂这种深奥的史诗。

　　1775年春的某一天，小约翰和姐弟们在母亲的带领下去爬他们家后面的宾尼斯山，他们在那里可以看到北边的波士顿。他们看到查尔斯顿镇在一片火光之中——英国军队向这里开火了。又一天，同样在这个山上，他们听到波士顿外战场上的大炮轰鸣声。由于约翰·亚当斯在大陆会议中的地位显著，他的妻子和孩子们担心有一天英国士兵会来家中抓捕他们，并作为人质带到波士顿去。尽管他们满怀焦虑，但约翰夫妇仍向四个孩子灌输强烈的爱国思想。母亲艾比盖尔让小约翰熟记一首英雄诗，其中讲述一位死于战场的勇士。小约翰每天在祈祷后都会诵读它。

母亲艾比盖尔意识到战乱已经严重影响到小约翰的教育，因此她决定送他到波士顿北边的杜梅学校。这将为他日后进入哈佛大学做准备，他的父亲也是从哈佛大学毕业的。然而，在 1777 年 11 月，国会要求她的丈夫出使法国，向法国寻求援助。约翰·萨克斯特建议小约翰与他的父亲一同前往法国，因为这样可以开阔眼界，学到更多的东西。约翰·亚当斯夫妇也赞同这个提议，这样，10 岁的小约翰就与父亲在 1778 年 2 月 13 日登上了开往法国的轮船"波士顿号"。

"波士顿号"在海上遇到了飓风，颠簸了三天三夜，这使得约翰·亚当斯很后悔带他年幼的儿子出来。尽管整个行程中大风大浪连续不断，小约翰却表现得很好，他甚至利用这段时间来学习。船上一位法国外科医生尼古拉斯·诺埃尔很是喜欢小约翰，并开始教他法语。有时候，小约翰对这船只好奇，就与船长待在一起，船长教他有关罗盘和航行的知识，还教他这艘"波士顿号"是如何运转的。

在 3 月底，这艘船到达了法国海岸。乘客们都于 4 月 1 日在波尔多港离开了这艘经历风吹浪打的轮船。几天后，约翰·亚当斯和他的儿子继续前往巴黎，于 4 月 8 日到达这座熙熙攘攘的城市。亚当斯父子都被巴黎的风景所打动，这里比波士顿繁华得多。小约翰被安排在巴黎郊外的一所寄宿学校，该学校还有几名美国孩子，其中之一是本杰明·富兰克林的孙子。这是小约翰第一次接受的正式学校教育。该校由 M. 勒科执掌，他重视法语和拉丁文。小约翰也学习击剑、舞蹈、绘画和音乐，这些课程在马萨诸塞州是不受重视的。

学生们每天早上六点开始上课，到八点吃早餐，然后九点再去教室上课，一直上到中午。中午有一段时间吃饭和玩耍，接着下午两点至四点半上课。学生们在休息半小时后，又从五点上课到七点半。然后，他们吃晚餐，玩游戏，到九点睡觉。只有星期天不上课，这时候他们去教堂。尽管他们的学习日程安排得满满的，小约翰还是喜欢在学校，并且学会了说法语，也会用法语书面表达，而且运用法语比他父亲流利得多。

那年夏天，小约翰已经 11 岁了，他开始喜欢上了戏剧，特别是喜剧。小约翰也开始写日记，以便将来能记得他现在经历的事情。他的日记和信中都是著名演员的名字和莎士比亚剧本中的字幕。他的母亲对他的思想品德很关心，特地写信给小约翰提醒他应当注意，约翰·亚当斯则回信给他的妻子不必担心，因为小约翰确实是个好学生，并且行为举止都很端庄。

约翰·亚当斯这次去法国的代表团没有取得多大成效，因而在 1778 年末，国会决定召回这些代表。亚当斯父子在 1779 年 3 月初离开巴黎，准备回家。但是，他们难以找到回美国的船只，因而他们将这三个月的等待时间用来一起读书和学习。约翰·亚当斯帮助他儿子翻译罗马作家西塞罗的一些著作。小约翰还读了《堂·吉诃德》。约翰在写给妻子艾比盖尔的信中说他们的儿子身心都在健康成长，他知识的全面性在他这个年龄来说是不寻常的，这也是大家公认的。小约翰也还能很好地学以致用。在港口等待的时间里，小约翰与一些海员成了朋友，海员教他游泳，而这项运动成了他后来生活的一部分。

美国独立战争期间和战后的哈佛大学

美国独立战争（1775—1781）给哈佛大学带来了巨大的变化。压倒多数的学生、老师和校友站在革命队伍这边，反对英国当局。在约翰·汉考克（哈佛大学的财务主管）的领导下，第二届马萨诸塞地方会议于 1775 年 2 月在哈佛大学召开，会议制定了殖民地备战方案。1776 年 1 月 1 日，在哈佛大学 1224 名毕业生中，仅有 196 名（16%）反对独立战争。

1775 年 4 月至 1776 年 3 月间，在英国撤出波士顿时，英国军与马萨诸塞民兵（后来的大陆军）在马萨诸塞发生了无数次战事。当时有一千多名民兵驻扎在哈佛大学，约半吨盖在屋顶上的铅被拆除装进子弹里，铜制手柄和锁都没有了，一些建筑再没有修复而最终拆掉了。在英国的威廉·豪将军决定撤出波士顿的几天内，跟随他的约有一千人。哈佛大学商议授予乔治·华盛顿军荣誉法律博士学位。

在战争期间，哈佛大学在巨大的困难下艰难地维持着。学生入学人数明显减少，1778 年至 1783 年，平均毕业人数是 30 人，而 1771 年至 1777 年的平均毕业人数达 46 人。贸易和运输也严重中断，因此学校通常难以得到物质供应。1777 年一位学生写信回家说，学校的管工今天都不知明天是否有食物可吃。课本也严重短缺，以至于该校校长在 1778 年恳求马萨诸塞州政府掠夺保守党图书馆的书籍。在 1777 年冬天至 1778 年间，学生不得不回家，因为学校作为关押英国投降士兵的监狱，这些都是萨拉托加战役后约翰·伯戈因将军手下的士兵。

在战争期间，学校领导对这种不正常事情的容忍是令人吃惊的。学生旷课一年或更长时间，如果他们已经交了旷课期间的学费，那么可以不经考试或补课，仍给他们原有的身份。一位"学生"在 1780 年 7 月 18 日首次出现在哈佛大学，通过了七门课程的考试，支付两年的学费，第二天就获得他的学士学位。1780 年夏天，一群学生对校长塞缪尔·朗顿说："作为一个有才华有知识的人，我们尊重你；作为一个虔诚和品德好的人，我们崇敬你；作为校长，我们鄙视你。"后来，朗顿辞职了。

1785 年 10 月，18 岁的约翰·昆西·亚当斯以优等生身份进入哈佛大学。他已经在 1781 年担任美国驻俄罗斯圣彼得堡大使的秘书，也是他父亲约翰·亚当斯在英国的秘书（1782—1783）。他已经独自游历欧洲多国。他在巴黎一所寄宿学校与本杰明·富兰克林的孙子一起上学，还在阿姆斯特丹一所拉丁文学校学习。他与母亲艾比盖尔一起欣赏法国戏剧。他懂拉丁文、希腊文，会说法语、荷兰语和德语。他也曾遇到许多当时欧洲的文化人和政治红人。他的父亲是哈佛大学 1755 级的学生，在小约翰入学哈佛大学时，他从伦敦写信来祝贺儿子能在这里实现自己的梦想。

约翰·昆西·亚当斯是一个非常认真的学生。他在哈佛大学第一年写信给他妹妹，告诉妹妹他不得不再学希腊语法，学习《圣经新约》，读四本古希腊历史学家色诺芬的著作和其他读物。在拉丁文方面，他说他除了贺瑞斯的一部分已经看过，别的没怎么看。在英语方面，他说必须学瓦兹的逻辑学，洛克对人性的理解，还要学一些天文学知识。

校长约瑟夫·威拉德是学校的权威。他戴个白色假发，穿件黑色礼服。当这位校长进入哈佛大学校园时，学生们要摘下帽子示意。学生都穿蓝灰外套，里面有件马甲，穿黑色或橄榄色裤子。不同年级的学生服装有明显区别，新生衣服袖口没有纽扣，二年级学生才有纽扣，而高年级学生在袖口则有装饰性扣带（很显然，学生不喜欢这些年级区别标记，而这些东西最终都要丢弃的）。在 1787 年 7 月 16 日，约翰·昆西·亚当斯作为新近成立的优等生荣誉学会分会成员从哈佛大学毕业。

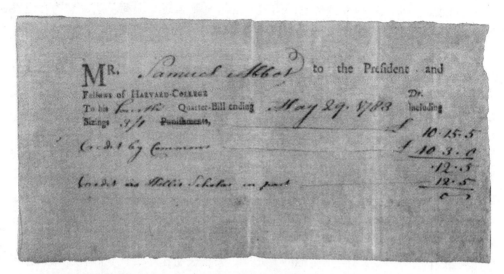

这是 1783 年 5 月 29 日塞缪尔·阿伯特的第四期学费单，其中包括一项额外费用。比如，午餐是供应肉的，但果酱、啤酒和其他商品是额外收费的。这些费用叫做额外费用。

阿伯特还得到霍利斯奖学金资助。托马斯·霍利斯（1659—1731）是位伦敦商人，是哈佛大学的杰出捐资者。他为"霍利斯神学教授"以及较穷的学生提供资助。

这里的数额都是以英镑、先令和便士来表示。这种货币单位一直沿用至《1792 年货币法案》颁布实施。

　　1779 年 6 月 17 日，约翰·昆西·亚当斯与他父亲终于登上了回美国的轮船，他们需航行六个星期，穿越大西洋。这次回程比去的时候愉快多了，上船不久小约翰就帮助那位法国大使学习英语了。他们乘坐的船只在 7 月 31 日到达马萨诸塞，艾比盖尔和孩子们热情欢迎他们的归来。约翰·昆西·亚当斯特别想进入一所美国学校，为日后进哈佛大学做准备。

　　到家三个月后，国会要求约翰·亚当斯再返回巴黎。约翰决定带 9 岁的查尔斯一起去，让小约翰到一所常规学校就读。然而，艾比盖尔认为欧洲的教育会更适合她的大儿子，于是，小约翰和查尔斯都与他们的父亲一起在 1779 年 11 月 13 日登上了去法国的轮船。

　　他们到达法国后，在法国一些城市转悠，感受法国的文化。约翰、小约翰和查尔斯于 1780 年 2 月 9 日到达巴黎。几乎同时，这两个孩子就被父亲安排到一所学校。约翰·昆西·亚当斯又开始学习拉丁文和希腊文，还上地理、数学、绘画和写作课。他被这么多的课程弄得手忙脚乱，然后要父亲建议他应当集中精力在哪些方面。约翰·亚当斯建议他重点放在拉丁文和希腊文上，并提高写作能力。

　　就在约翰·昆西·亚当斯适应这所学校，并开始饶有兴趣地将一些法文故事翻译成英文时，他的父亲决定再一次搬迁。约翰·亚当斯认为法国在阻碍他与英国和平的努力。他想去荷兰寻求他们对美国独立的支持。1780 年 7 月 27 日，约翰·亚当斯和他的两个儿子离开法国，这时小约翰刚满 13 岁。

　　8月份，当他们在荷兰穿梭时，约翰·昆西·亚当斯学习荷兰语，想为自己在另一个国家上学做准备。

　　9月30日，这两个孩子到了阿姆斯特丹一所著名的拉丁文学校就读，这所学校建于1342年。小约翰不喜欢这所学校，因为这学校的领导对小约翰不能说荷兰语不太乐意，因而将他安排在一个初级班。这让小约翰觉得很丢人，他对这很反感。约翰·亚当斯很快将孩子们接出这所学校，并安排两位私人家庭教师来教他的儿子。

　　这个时候，约翰·萨克斯特已经来欧洲做约翰·亚当斯的秘书，因此他成了家庭教师之一。另一位家庭教师是来自马萨诸塞的本杰明·沃特休斯，他曾在莱登大学学习医学。约翰·亚当斯在海牙工作期间，小约翰和查尔斯就住在沃特休斯家里。小约翰在13岁时就成了当时欧洲最好的大学（莱登大学）里的一名生活自理的学生。他一边接受家庭教师的课程，一边去这所大学听课。

　　约翰·亚当斯从海牙写信给他的大儿子，要他去听医学、化学和哲学课，并要求儿子将所学的东西全部汇报给他。约翰·昆西·亚当斯回信道："我们去听了霍恩教授的医学讲座，在那里看了一些实验。下午我们去听佩斯特教授的法律讲座。每次讲座都是一个小时。"他还添加了一句："我每天仍继续写作，学习希腊语法和古希腊圣约。"

　　1781年1月，小约翰正式录取为莱登大学的学生。在这时候，他的父亲注意到他的儿子希腊语和拉丁文都很不错，却忽视了他自己的母语。因此，他要小约翰开始阅读一些英文诗，并告诉他说："如果你口袋里有一本诗，那么你永远都不会孤单。"约翰·昆西·亚当斯不仅读英文诗，他还开始自己写诗，而这个爱好他一生都保持着。

　　7月份，刚14岁的小约翰的人生又出现了另一个根本性的改变。很多年后他仍确信这次变故损害了他的教育，并自他年龄还很小时，这种动乱就不断。曾来欧洲担任和平委员会秘书的弗兰西斯·达纳被美国国会派往俄罗斯。他需要一名能说法语的秘书，俄罗斯当时的官方语言是法语。约翰·亚当斯推荐他的儿子去担任秘书，因为他法语很流利。

　　达纳与年幼的约翰·昆西·亚当斯开始了他们历时两个月，行程两千英里的穿越欧洲之旅。尽管小约翰丢弃了他的正式教育，但他能看到自己国家和去过的德国和波兰以及俄罗斯之间的不同，他从中学到许多东西。他感觉到这些国家的管理者把他们的动物看得比农夫还重要。他们两人于1781年8月到达圣彼得堡，那里的美丽和宏大规模都给他们留下深刻的印象。

　　不过，小约翰马上面临一个问题。在这里没有适合他的学校，为数不多的家庭教师却收费异常昂贵。小约翰意识到他在这必须自学了，于是他开始寻找这座城市里的书店，花大量时间在一家英文图书馆。小约翰读完了大卫·休谟写的八本《英格兰全史》，还有麦考莱写的五本《英格兰全史》。他还读了亚当·史密斯的

《富国论》，罗伯逊的《查理五世》（三册）。他开始学习德语，后来甚至比法语学得更好。

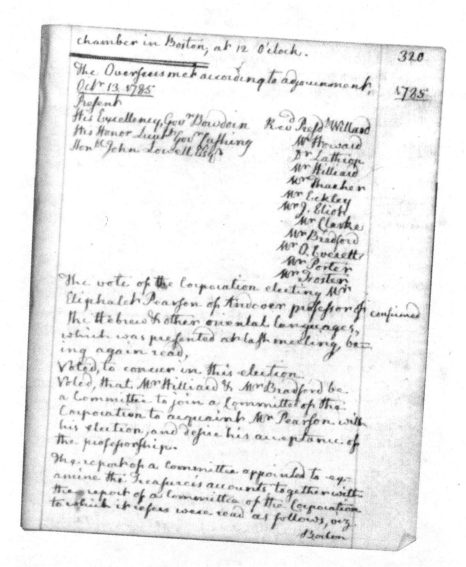

1785 年 10 月 13 日，哈佛大学监事会会议纪要。

在这次会议上，哈佛大学监事会决定聘请艾利菲勒特·皮尔森担任安杜佛的菲利普斯神学院的首任校长，同时作为希伯来语和东方语言教授。皮尔森被学生俏皮地称为"大象"，一是他的名字发音像"大象"这个词，二是暗指他身体高大。皮尔森亲自管理这所学校多年。约翰·昆西·亚当斯在 1786—1787 年是皮尔森手下的学生。

皮尔森记录 1788—1789 年一些"混乱场面的记录"如下：

1788 年 12 月 9 日，小礼堂出现了混乱情况。在早餐时间，茶杯、茶托，甚至还有小刀扔向辅导老师。

傍晚祈祷时，灯光除两三处亮了外，其余的都被熄灭了。

12 月 15 日，在我的讲课中出现了前所未有的混乱情形。圣经、衣服、蜡烛和树枝，都乱七八糟地放在课桌上。在讲课过程中，礼堂两边有一些石子敲打的声音，还伴随着吹口哨的声音。

12 月 16 日，在威格尔斯沃思博士的公开演讲中出现了更为混乱的情形。当他正走向过道时，两边向他扔石子。

2 月 24 日，迈克醉倒在床，德尼和特普尔也都醉昏昏的。

4 月 2 日，这天早上，学校前门被挡住了，里面的厨房门与食品房的门绑在一起，礼堂和大厅的门也用一条长凳绑住了，挂钟的绳子被切断，煤房门用一块穿过阳台的木板挡住。

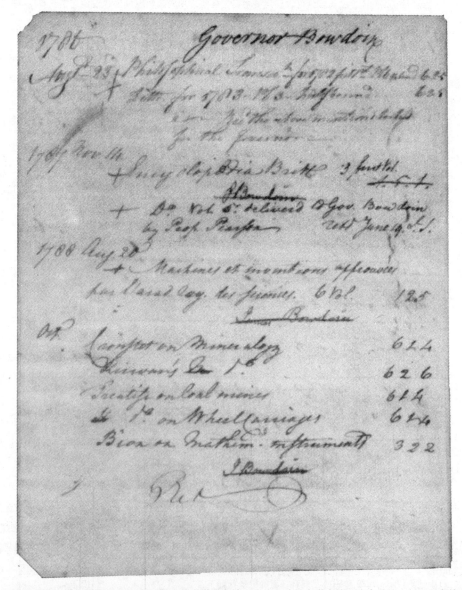

哈佛大学的图书馆是 18 世纪美国最大的大学图书馆。它位于哈佛大学大楼西边房子的上部。图书管理员

有 10 个书架来整理书籍，每位图书管理员有他自己的书籍管理系统。

上页图是 1786—1788 年詹姆斯·波登的借书登记。波登的政治生涯开始于 1753 年，当时他当选为马萨诸塞州法庭庭长，而后积极投身政治，一直到 35 年后该州通过《宪法》。1785 年，他当时是马萨诸塞州的长官，他辞去了哈佛大学监事会的职务，因为作为长官不能担任哈佛大学的高层管理工作。

1787 年 11 月 4 日，波登借书并还了一册《大不列颠百科全书》，第二卷随后送给他。《大不列颠百科全书》是最早的英语百科全书。1768 年为第一版，第二版于 1777 年至 1784 年间在爱丁堡出版，已经从第三卷扩充到第十卷。第二版已经包含一些新的传记文章和扩大的地理章节，也包含了近近的历史事实。波登很可能借了第二版。没有谁知道这位长官为何会借这些书籍，但第二卷的确数次提到"詹姆斯·波登"。最后，波登的儿子捐出土地和资金建立一所大学，并以他父亲的名字命名为"波登大学"。

约翰·亚当斯收到他儿子的信非常高兴，他认识到约翰·昆西·亚当斯对这个年龄来说是非常成熟了。不过，亚当斯深信小约翰没有学一些基本的语法，而且也没有与美国人建立任何友谊。第二年，小约翰告诉他的父亲，他想返回荷兰，他的父亲同意了他的想法。1782 年 10 月 30 日，小约翰离开圣彼得堡，前往瑞典的斯德哥尔摩，这是去西欧的最东边的冬季航线。这次是他独自上路，途经瑞典、丹麦和德国，在路上花了数月时间，于 1783 年 4 月 21 日到达海牙。

在荷兰，约翰·昆西·亚当斯决定继续自学，他的父亲当他的家庭教师。他读了希腊文写的《新圣约》，在他父亲的鼓励下，还读一些经文来放松自己。小约翰在 1783 年 8 月跟随他的父亲去巴黎，又开始接触戏剧。他翻译了《恺撒大帝》和《贺瑞斯》，还抄写了一些英文诗篇。

1783 年 9 月，随着《巴黎和约》的签署，美国独立战争正式结束。在帮助谈判这份和约之后，10 月份，亚当斯与儿子一起去英格兰旅行。在伦敦，小约翰碰到了两位著名的美国画家，本杰明·威斯特和约翰·辛格顿·科普莱。他们向小约翰介绍了在法国最好的艺术作品。

1784 年 7 月，艾比盖尔和女儿前往欧洲，去伦敦会见小约翰。约翰·昆西·亚当斯在等待她们到来这段时间，他去下议院听英格兰当时著名的政治学家辩论。当艾比盖尔相隔五年后见到小约翰第一眼时，她没能认出他来。17 岁的约翰·昆西·亚当斯已经长大了。他们重聚后，一家人去巴黎，并在那里住了九个月。小约翰在他父亲的帮助下，继续学习拉丁文和数学，并学一些三角学和几何学。他也常与当时任美国驻法大使的托马斯·杰斐逊和曾参与美国革命的拉菲特侯爵在一起。

1785 年，当约翰·亚当斯被任命为美国驻英格兰大使时，约翰·昆西·亚当斯面临一个困难选择。他要么留在欧洲作为他父亲的秘书，要么回到美国去哈佛大学上学。在欧洲这七年与一些大知识分子和艺术大师相伴，这很难让他屈从一所名不见经传的新英格兰的大学管制了。这时约翰·昆西·亚当斯最终决定回到美国，开始他的大学生活，约翰·亚当斯写信给哈佛大学的校长，要求让约翰·昆西·亚当斯直接进高年级班学习。

小约翰自 1785 年 5 月从法国出发，7 月 17 日到达波士顿，刚好过他的 18 岁生日。他由陆路去波士顿，在康涅狄格州的哈特福特停留。他遇见了诗人约翰·特朗布尔，特朗布尔赠与他一部自己的诗作。在这里小约翰还买了一本帝莫斯·德怀特写的《征服迦南》，津津有味地读着。

8 月，小约翰与哈佛大学的校长约瑟夫·威拉德见面。为了能作为一名高年级的学生，威拉德建议他先另外学习一段。小约翰 10 月来到马萨诸塞的黑弗里尔，与他的叔叔约翰·肖住在一起，叔叔当他的家庭教师。小约翰每天学习 10 小时，晚上继续读书，通常很晚才睡。

约翰·昆西·亚当斯描述过他学习的一些情况："我一到肖先生的家里就开始学习古希腊语法，然后我能读懂古希腊的《圣经新约》了，来这之前我已经读到里面的《提多书》……我也读完了《贺瑞斯》和特伦斯的《安德里亚》。逻辑学我也达到了相当的水平，之后看了约七十页洛克的作品，格思里的地理我也已经学完。"他的婶婶写信给他母亲艾比盖尔，说小约翰学习起来如饥似渴。3 月 14 日，约翰·昆西·亚当斯匆匆回到哈佛大学所在地坎布里奇，经过威拉德、三位教授和四位助教的考核后，他可以作为一名高年级学生入学。

小约翰遵循这种重视当众发言的传统教育。他还被入选优等生荣誉学会，作为一名成员，他参加各种辩论大赛。小约翰还加入了一个文学社团，并做各方面的演讲。他喜欢数学和科学，特别喜欢天文学。

小约翰在这第一次与自己国家的人结为朋友，并建立了一些亲密无间的友谊。他的两个弟弟也在哈佛大学上学，他们一起在坎布里奇学习、玩耍，到假期就一块儿回昆西镇。小约翰对他的老师们并没有好评，几乎每个老师都受到他的指责，还包括校长，他唯一欣赏的似乎是他的拉丁文教授詹姆斯先生，以小约翰的话说只有詹姆斯先生是"称职的"。

1787 级学生在 7 月 21 日举行毕业典礼。小约翰的演讲主题是"幸福社会公众信任的重要性和必要性"，他与 50 位同学都获得学位。小约翰在他年级排名第二，他那天的演讲词刊登在当天的报纸上。不到一个月之后，小约翰乘驿车来到马萨诸塞州的沿海小镇纽伯里波特，他在律师西奥菲勒斯·帕森斯的指导下开始学习法律。

帕森斯希望他手下的人每天在办公室工作八小时，然后在家工作四小时。约翰·昆西·亚当斯与勒塞夫人共用一个办公室，她的家与帕森斯办公室相隔一条街。他开始读爱德华·库克的著作，接着读威廉·布莱克斯通的《英格兰法律注解》。他非常喜欢大卫·休谟的《英格兰全史》和爱德华·吉本斯的《罗马帝国的衰落》，曾反复读这两本书。他自己还读了卢梭的《忏悔录》，这是他认为自己读过的最惊人的书。

在纽伯里波特是约翰·昆西·亚当斯人生中最低落的时期，在这第一年他变得非常消沉，1788 年夏天回到昆西镇的家里度假。他的父母都已经从欧洲回来了。当他在秋季再回到纽伯里波特学法律时，他的情况更糟糕了。他无心学习，便回到

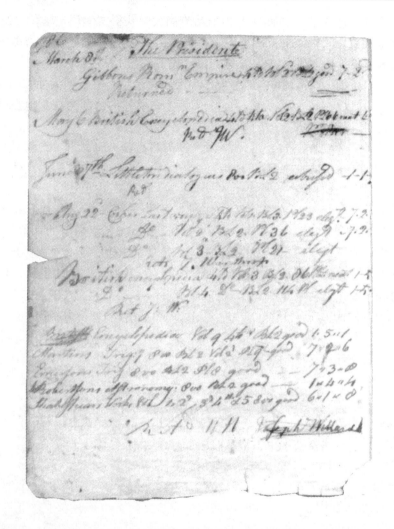

　　这是约瑟夫·威拉德在 1786 年 3—8 月间借入的书籍清单。威拉德是约翰·昆西·亚当斯在哈佛大学上学（1785—1787）时的校长。

　　威拉德借了几册《大不列颠百科全书》（第二、五和六条记录）。他还借了三册《库克航海录》，谈及詹姆斯·库克船长在 1772 年至 1775 年向南极航行，环绕地球的事情。这三本书是在库克去世前两年出版的（1777）。

昆西，并在那里一直住到 1789 年 3 月。

　　约翰·昆西·亚当斯在 4 月份重新开始学习时精神状态有了好转。他开始积极地参与社交活动，开始写诗，并有了初恋。到了这年夏天，他表现出了很大的进步，并到纽约看望他的父母亲，这时他的父亲已经是美国第一任副总统了。这年末，乔治·华盛顿总统来纽伯里波特访问时，就是约翰·昆西·亚当斯写的欢迎词。

1790 年 7 月，约翰·昆西·亚当斯从哈佛大学获得文学硕士学位。23 岁的他在波士顿开办了一间律师事务所。但是，1794 年华盛顿总统任命他为美国驻荷兰大使，后来又作为驻普鲁士（德国的前身）大使。在 1825 年他就任总统之前，他当过马萨诸塞州的参议员、联邦参议员、驻俄罗斯大使、驻英国大使和国务卿。他担任一届总统之后，进入众议院工作了 17 年才结束他的公职生涯。他在国会的精彩演讲获得了"雄辩老人"的绰号。

1797 年 6 月 26 日，约翰·昆西·亚当斯与路易莎·凯瑟琳·约翰逊在伦敦结婚。他 12 岁时曾在法国遇到她，她当时 4 岁，而后在伦敦再次碰到。他们有三个儿子。

约翰·昆西·亚当斯在众议院工作时疾病发作倒在地板上，于两天后去世（1848 年 2 月 23 日），享年 80 岁。人们对约翰·昆西·亚当斯的评价是这样的：他因尽责忘我的工作精神，炽热的爱国之心，广博的学识，还有对人类自由的倾力奉献精神而受到人们的尊敬和爱戴。到他去世这一天为止，他几乎从未停止过学习、读书和写作。

第七章

安德鲁·杰克逊
(Andrew Jackson)

哈尔·马科维奇

在卡罗莱纳的边远地区，消息传播很慢。在一些小山村，印刷出版的新闻是闻所未闻的事情，因此传到这些地方来的消息，通常都是从哥伦比亚、查尔斯顿或者萨凡纳，甚至北方最大的城市之一的费城或纽约来的旅行者携带的报纸上获得。

这些报纸新闻通常都是好些天前甚至数周前的事情了，但这对于生活在偏远、闭塞的殖民地，渴望了解外面世界的人们来说并无大碍。这在 1776 年夏天尤其如此，当革命的热情高涨，这不仅在费城召开了大陆会议商讨独立的问题，在南卡罗莱纳的小地方，如瓦克斯豪镇，爱国热情也很强烈，反对独立者也知道他们在这里是不受欢迎的。

1776 年仲夏，一份含有重要新闻事件的报纸传到了瓦克斯豪，并且经人们口口相传，迅速传遍整个小镇，传入附近的农场。作为当地人的惯例，瓦克斯豪镇的人们聚集到镇中心，他们要公开阅读这份报纸。绝大多数人读不了，因此，站在众人面前一字一字宣读新闻的任务落在少数几个合格的读报者身上。

很多时候，这项任务都落在那时年仅 9 岁的安德鲁·杰克逊身上，不过不管怎么说，他都是瓦克斯豪最好的读报者。很多年以后，杰克逊回忆起儿时在镇上这项特殊工作时声称他可以"口齿清楚地读完一份报纸，而不会声音嘶哑，也不必停下来详加说明某个词"。1776 年 7 月下旬某天，杰克逊站在三四十个瓦克斯豪居民面前宣读报纸上的重大事情。

当然，年幼的安德鲁·杰克逊所读的就是《独立宣言》的内容。不知道这位瘦瘦高高、声音短促的小伙子是否宣读托马斯·杰斐逊的话也与 7 月 8 日约翰·尼克松上将在费城当众宣读它们一样饱含热情。但不论如何，安德鲁的演讲水平是足够鼓动瓦克斯豪镇的人们了，几年内，他们为独立作出了巨大贡献，而在瓦克斯豪镇没有谁比杰克逊所作的贡献更大了。

安德鲁·杰克逊出生于 1767 年 3 月 15 日。他的父亲和母亲伊丽莎白是两年前从北爱尔兰移民过来的。他们来到瓦克斯豪这个小小的长老派教会居住区，这位于北卡罗莱纳边界下边几英里处，靠近卡托巴河。很快，夏洛特市会扩张到瓦克斯豪北边。

　　安德鲁·杰克逊的父母亲来到南卡罗莱纳的瓦克斯豪时，尽管他们结交了许多家庭，但没有授予他们原始的农业耕地。他们只好作为佃农，被迫在这片无情的红泥土上收获微薄的庄稼。1767 年 3 月，就在安德鲁·杰克逊出生前几天，他的父亲被木材砸伤，几小时后就去世了。

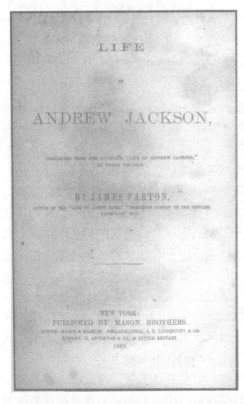

　　詹姆斯·帕顿（1822—1891）是他那个时代最成功的作家，他也是安德鲁·杰克逊第一个重要的传记作者。他写的《安德鲁·杰克逊的一生》（共三册）于 1860 年首次出版，这时杰克逊总统已经去世 15 年。帕顿主要采用书面材料和采访那些曾经熟悉这位总统的人这种方式来写传记的，他被称之为"现代传记之父"。帕顿的话通常是解说性的，他这种忠于历史的方式受到人们赞扬。后来写杰克逊的传记作家也是在帕顿先前研究的基础上进行的。

　　帕顿是这样写关于杰克逊的教育："他学会读、写和算账（一点点）。如果他开始用心学习，在那种古老的教育方式下，他可能学过拉丁语法，但他没学到什么，因为在他的思想里或他的写作中找不到任何传统知识的迹象……他不是一个博学的人，他也一直并不痴迷于书本。尽管他比弗雷德里克二世、马尔伯勒、拿破仑和华盛顿在拼写方面要稍胜一筹，但他从未学会正确地拼写。在他那个时代，没有妇女会写的，男子也很少会正确地拼写的。的确，我们可以说所有最杰出的人都曾拼写不好，除那些根本不会拼写的人之外。现今在拼写这方面要求严格准确是很正常的，但在三个世纪前就很罕见的了。"

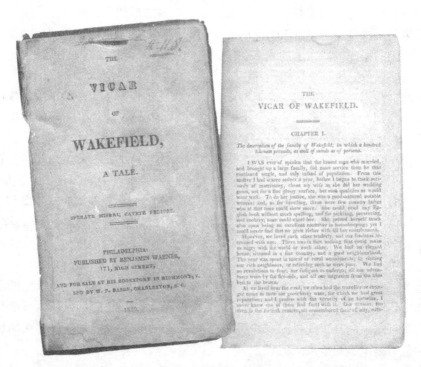

安德鲁·杰克逊著名的传记作家罗伯特·雷米尼写道："据说（又不公正）杰克逊曾经从头读到尾的唯一一本世俗的书是《韦克菲尔德牧师传》。的确，他称赞这位牧师高于圣经之后的所有其他书籍中提到的牧师，但他去世时的藏书让人怀疑他阅读的局限性。"

奥利弗·戈尔德史密斯在1776年写的小说就是讲述这位牧师在异常艰苦的情况下的卓绝力量。这本书没有采用当时许多小说的那种夸张模式。杰克逊也许认同戈尔德史密斯，也认同他笔下的这位牧师，他住在老于世故的伦敦人之间仍保持他原来的生活方式。

插图是《韦克菲尔德牧师传》美国第二版（1820）的封面和开篇页。

　　这位后来成为美国第七任总统的男子就降生在一个寡妇家庭，他的母亲依靠照看她病中的妹妹简·克劳福德并给她做家务来维持生计。伊丽莎白在克劳福德家中除了要抚养安德鲁·杰克逊之外，还有两个大儿子要抚养，其中休比安德鲁大三岁，罗伯特比安德鲁大两岁。

　　伊丽莎白·杰克逊并不是完全没有经济来源，她在北爱尔兰的家人体谅她的困境，时常给她支持，这很可能是伊丽莎白能够送她最小的且是最聪明的儿子上学的原因了。

　　安德鲁·杰克逊5岁开始上学，就读的是一所叫"旧土地"的学校。在南部农业地区，旧土地就是指那些原本肥沃的土地，经过反复耕种棉花、烟草和庄稼，已经贫瘠的土地。当这些土地休耕后，地里长出松树，日渐稠密，最终形成一片林子。在这样的老土地上，村民找出一块地，砍掉一些松树，建立一所小小的学校是不稀奇的。通常，某位游历的牧师到达该地，并宣称只要村民给他提供一个学校，他可以领取微薄的薪水来教学生，而学校就是在这之后建立起来的。

学生们一排排地坐在木头劈成的凳子上，长而薄的木板就当作写字的课桌。为了抵御冬天的寒冷，墙壁上的木头和壁炉之间填满了泥土，这种学校潮湿，而且光线极其昏暗。

安德鲁在瓦克斯豪的第一个老师是威廉·汉弗瑞斯博士，他教学生阅读、写字和数学，数学在当时更普遍的认识就是"算账"。农夫们建议汉弗瑞斯教孩子必须掌握的算数技能，比如，如何计算磨坊主要为一斗谷物支付多少钱。

书籍在瓦克斯豪是稀有之物，后来安德鲁·杰克逊的文学修养也没有给他的同时代人留下深刻印象。不过，安德鲁·杰克逊总爱偶尔会提到莎士比亚，很显然，他在儿童时期读过莎士比亚的作品。他也曾告诉人们，他在孩提时读了奥利弗·戈尔德史密斯的《韦克菲尔德牧师传》，这本小说可能在他人生道路上和政治生涯中遇到巨大的悲痛和变故时鼓舞他，仍能坚定自己的信念。他也读过当时南部农村最为普通的书——《圣经》，但直到晚年他才真正信教。

作为一个成年人，安德鲁·杰克逊常说对威廉·华莱士这位 13 世纪的苏格兰英雄非常钦佩。他曾说："华莱士是年轻人的最佳典范。我们可以从他身上找到战胜任何艰难险阻的真正无畏的勇气。"安德鲁·杰克逊很可能是在汉弗瑞斯博士那简陋的教室里了解到华莱士的。

安德鲁·杰克逊作为一个读者非常优秀，但缺乏写作的天赋多少有点让人难以理解。杰克逊任总统期间，写作对他来说似乎成了最大的挑战，在他的正式文稿中没什么正确的语法、拼写或句法。因此，在同一页纸上，同一个单词出现四五种不同拼写是常有的事情。这可能与他先学会读，后学写字有关系。不过，另一种说法是他在年轻时所受的伤所致，他虚弱的肩膀和留在他胸口 45 年的子弹让他在抬手写字时疼痛，而顾不了如何拼写了。作为总统，他将演讲稿、文章、信件和其他稿子交给一个秘书科，他们重抄他的内容，再做适当的编辑。这样，杰克逊在发表演讲时，他的言辞还是很具说服力和震撼力的。

课外的安德鲁·杰克逊是一个顽皮、极富风趣的"野"孩子。他喜欢拿他的同学开玩笑，不过，当他被同伴当作笑柄时就不是那么好玩了。有一次，一些男孩子递给他一把装满火药的枪，并打赌让他开枪，他们完全知道皮包骨头似的杰克逊是抵挡不了开枪的冲击力的。果然，火药碰到了杰克逊的臀部，但是，在其他人还没来得及嘲笑时，他便站定严肃地警告他们："我向上天发誓，如果任何人敢笑，我就杀了他。"据说当时没有谁敢发笑。

杰克逊看似一个恶霸，但他却是一个心肠好的人，从不欺负比他小的孩子。相反，当他看到别人欺负小孩时，他会立即挺身而出去保护他们。

他也喜欢运动，他会毫不犹豫地参加赛跑、跳远或摔跤比赛。他还喜欢骑马，到成年时他是一位出色的骑手。

多年后，北卡罗莱纳一位医生赛勒斯·亨特说他的父亲汉弗利·亨特曾与安德鲁·杰克逊同在瓦克斯豪上学。赛勒斯·亨特是这样描述他的父亲与未来的总统的：

　　"我的父亲与杰克逊都是有爱尔兰和苏格兰血统的人，他们自幼被灌输同样的宗教观点，接受同样的道德教育，一同学习。在我的记忆中，父亲没有讲述过杰克逊儿时有任何非同寻常的经历。他说过杰克逊在学习上的进步值得钦佩，他热情，而且相当容易兴奋。留在我脑海中的印象是：杰克逊是一个易冲动的青年，雄心勃勃，勇敢且有韧性。"

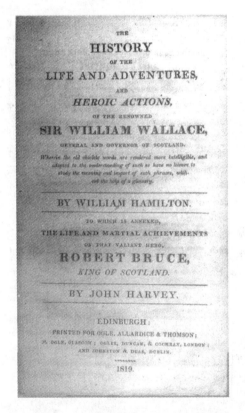
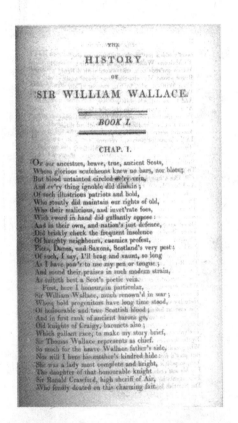

　　安德鲁·杰克逊的传记作者罗伯特·雷米尼说："尽管杰克逊的教育有限，但他不是未受教育的，也不是目不识丁的人。他是一个名副其实的天才，擅长演讲，而且在后来成了一个非常健谈的人。"雷米尼讲到杰克逊在1822年推荐他的选举区的年轻人去读读苏格兰首领的历史。"想想他的背景，这种推荐是很合理的。他一直认为'威廉·华莱士是年轻人的最佳典范，我们能从他身上发现真正的大无畏精神，可以战胜任何艰难险阻。'"也许如雷米尼所说，杰克逊也是在说他自己。

　　威廉·华莱士（1270—1305）是苏格兰最伟大的民族英雄之一，他领导苏格兰人民反抗英国人的统治，最终取得胜利（华莱士是梅尔·吉布森1995年电影《勇敢的心》的题材）。许多围绕华莱士的故事可以追溯到15世纪晚期的游牧诗歌当中去。1721年，威廉·汉密尔顿将这古老的诗改编成易懂的英文。杰克逊在书面和口头上提到的就是汉密尔顿版本。

　　上面的插图是威廉·汉密尔顿1819年版的标题和简介页，《著名的威廉·华莱士先生的生平事迹和英雄行为》。

安德鲁·杰克逊从那所旧土地学校退学，同时进了长老派牧师詹姆斯·怀特·斯蒂芬逊开办的私立学校。伊丽莎白似乎想要他的小儿子将来从事牧师职业，这种愿望也许是她决定让安德鲁转学的原因。然而，1776 年夏天发生在费城的大事打断了安德鲁的教育和他可能从事牧师职业的未来。国家战事纷纷，在很短的时间内，这种战争的恐慌也蔓延到了瓦克斯豪，对杰克逊家来说尤其恐惧。

休·杰克逊第一个失去了自己的生命，安德鲁·杰克逊的这位大哥死于 1779 年，他当时参加击退英国侵略军的战役。休·杰克逊不是死于枪杀或刺伤，而是发烧衰竭而死。他年仅 16 岁。

1780 年 5 月，查尔斯顿和萨凡纳落入英国军队手中。英国军队和反对独立者横扫南卡罗莱纳，残暴对待反抗的殖民地居民。一支 300 人的英国军队在巴纳斯特·塔勒顿上将的带领下进入瓦克斯豪，他们屠杀了 130 名村民，还有 150 人受伤。

南卡罗莱纳的志愿者在威廉·理查德森·戴维上将的领导下，誓言要捉拿塔勒顿。许多瓦克斯豪的幸存者也联合起来，要为被屠杀的同乡报仇。安德鲁和罗伯特两兄弟也在其中，他们还太小，不能去打仗，他们就在汉吉洛克战役中为南卡罗莱纳的志愿军做信使。这场战役结束之后，他们俩回到瓦克斯豪。他们在一个表亲家里时，被一个英国军官发现，军官要求他们给他擦鞋，因为拒绝擦鞋而将他们拘捕。杰克逊兄弟在与这名军官争吵中被刺伤。英国军官将他们关押在卡姆登市一间拥挤不堪、肮脏的监狱里，这里离瓦克斯豪有 40 英里，他们俩的伤口在这溃烂恶化。母亲伊丽莎白得知他们入狱后，来到卡姆登，说服英国人释放她的两个儿子。杰克逊兄弟在监狱里染上了天花，而他们在回家途中又遇上倾盆大雨，到家时，兄弟俩都处在生命垂危的状态了。

罗伯特在回到瓦克斯豪两天后就离开人世了，安德鲁虽然有幸活了下来，但却让他母亲护理了一年才恢复健康，而这天花在他脸上留下了一生的疤痕。

随着美国独立战争接近尾声，伊丽莎白志愿去护理查尔斯顿避难所里的美国士兵。在这期间，她得了霍乱而去世。当她离开瓦克斯豪去查尔斯顿时，她对她儿子说的最后一句话是："真诚地交朋友，并对朋友坚贞不渝。"安德鲁这年才 15 岁，几乎成了孤零零的一个人。

他有一段时间与叔父约瑟夫·怀特生活在一起，并在一间马鞍商店当学徒工。在此期间，他碰到了许多年轻绅士们，他们是在查尔斯顿陷落后逃离出来的人。这些年轻人与安德鲁年纪相仿，他们带他去喝酒、赌博和搞恶作剧。当英国在 1782 年撤离查尔斯顿时，他的朋友们回家了，他也跟他们一起去了。但他却没在查尔斯顿停留多久。他的祖父留给他一份小小的遗产，不过他很快就在斗鸡和骰子游戏中输光了。

他身无分文地回到瓦克斯豪。由于没有其他的路可走了，杰克逊向镇上的前辈毛遂自荐，要求当学校的老师，结果他当了一年的老师。

　　杰克逊的后半生中，一直念叨着他母亲最后说的话……

　　安德鲁·杰克逊在 14 岁的时候，母亲去世，而父亲在他出生前就去世了，两个哥哥也在年轻时去世了。杰克逊的传记作者们都同情他内心深深的悲伤。在杰克逊的余生中，他念叨着他母亲最后说的话，他说这是他所受到的最好的教育。

　　杰克逊最早的传记作者约翰·伊顿也是他多年的朋友，是这样重复她那极好的遗言的：“她给我的最后训诫是从不为暴力、斗殴或诽谤起诉，从不去伤害别人的感情，也不让自己受侮辱；这些是她给我的忠告，我清楚地记得它们，并一直尊重这些。我一生中所做的决定都是铭记这些在心的，并且从未侮辱或指责别人的感情，不过，仍有许多人认为我是一个最残酷无情的人，无视道德责任，并且无视上帝和人民的人。”（约翰·伊顿：《安德鲁·杰克逊——美国少将》，1817 年出版）

　　杰克逊在 1838 年 12 月 4 日写给马丁·范·布伦的信中也引用了他母亲的忠告——“不要因暴力、斗殴或诽谤而起诉一个人。”

　　杰克逊母亲的这句遗言在田纳西州是众所周知的。1907 年，纳什维尔的一家出版社总结了她的忠告。上面就是摘自《泰勒—托洛伍德》杂志（1907 年 5 月）的概述。该作者约翰·托洛伍德·莫尔专门研究杰克逊的生平事迹。

1784 年，他又开始外出了。随着新国家的成立和新的法律实施，那些熟悉美国独特的法律制度的年轻人会有大量就业机会，安德鲁·杰克逊决定将来当律师。但他资金有限，不可能去上法律学校，不过，北卡罗莱纳州索尔兹伯里附近的一位律师麦开同意接收他为办事员。在麦开手下，杰克逊要阅读法律条文，抄写麦开的诉状，跑腿，还要打扫办公室。

他在麦开手下工作了两年，后来又在另一位律师约翰·斯托克斯那里工作了半年，他已经掌握了足够的法律从业知识，在 1787 年 9 月 26 日经许可进入北卡罗莱纳法庭。后来，他成了自约翰·亚当斯至比尔·克林顿这 20 多名人主白宫，而昔日都曾担当律师职务中的一员。他在工作中提供的法律凭据往往是很难令人信服的，因为在麦开和斯托克斯的指导下，他的空闲时间大部分花在跳舞、追求女孩子、喝酒和赌博上了。的确，他在索尔兹伯里的夜晚是很难得去学习麦开的法律书籍的。

索尔兹伯里有一所舞蹈学校，安德鲁·杰克逊成了那里最专心致志的学生之一。他的舞蹈跳得如此出色，以致学校的老师请他去组织圣诞舞会，这是索尔兹伯里最重大的社交活动之一。安德鲁·杰克逊非常高兴地接受了这项任务，并负责所有的安排，其中包括送给那些合意的女士们邀请函。这儿有一个笑话，他也给莫莉·伍德和她的女儿雷切尔送了邀请信，她们是这镇上的娼妓。安德鲁·杰克逊认为这两个人不会出席，但当莫莉母女俩穿着最好的圣诞服装，大步迈进舞厅，高兴地炫耀她们的邀请信时，所有跳舞者都惊讶地看着她们，目瞪口呆，舞步都停了下来。莫莉和雷切尔很快被拒之门外，而杰克逊因他轻率的举动受到人们严厉的责骂。

或许是这件玩笑事情葬送了他在索尔兹伯里的律师职业生涯，抑或是他一直认为自己从事律师最好是在边远地区，安德鲁·杰克逊在可以进入律师界之后不久就选择离开这里。杰克逊与他的朋友约翰·麦内里（麦开手下的办事员）一同去卡罗莱纳的西部边远地区，准备在那里开业。但是，在这边境地区是没有太多事情需要律师的，不过在 1788 年，麦内里被聘用为一个新开发的地方的法官，这片新土地中还有用栅栏围起来的纳什维尔村庄。杰克逊决定跟随麦内里一起进入这片山区，他断定人们来找法官，那么律师也一定有事可做。在麦内里的帮助下（他任命杰克逊为该镇律师），杰克逊在纳什维尔可以建立起赢利的律师业务。

杰克逊由麦内里聘请担任这项工作，表明他将利用许多政治关系为自己牟利和进一步发展自己的事业。他还与当时很活跃的威廉·布朗特律师结为朋友，威廉很快被聘为北卡罗莱纳的长官。1791 年，由于他与布朗特的关系，他被聘为一个县民兵组织的辩护律师。这不同于他以前在汉吉洛克战役中从事简单的信使工作了，这将是杰克逊首次领略军队工作。

1796 年，当田纳西成为一个州时，杰克逊当选为起草该州法规的大会代表。他后来赢得了他的第一次选举，作为美国众议院田纳西州的唯一代表前往华盛顿。

后来，他当了巡回判官，并在纳什维尔外边建立了一个种植园。1802 年，杰克逊的另一个朋友阿奇博尔德·罗阿尼（田纳西州州长）任命他为田纳西州民兵的少将。在这个角色中，安德鲁·杰克逊在 1815 年的新奥尔良战役中击退英国侵略军，这让他成了民族英雄，也很可能为成为总统候选人奠定基础。1816 年和 1820 年，安德鲁·杰克逊都没有去挑战他的朋友詹姆斯·门罗。他一直等到 1824 年才参与竞选总统。他获得了绝大多数的直接选票，并且选票比约翰·昆西·亚当斯还要多，但根据美国宪法条例，他还是不够资格当选总统。这次选举使美国国会陷入混乱局面，克雷支持亚当斯，否决杰克逊当选总统。

不过，安德鲁·杰克逊还是在四年后战胜了约翰·昆西·亚当斯。大多数美国人觉得与"老胡桃"很亲近，"老胡桃"这个绰号是因杰克逊手下的战士觉得他就像一棵胡桃树一样坚韧而给取的。在 1829 年就任总统后，安德鲁·杰克逊使总统职位进入了一个真正强权的时代，他利用政治报酬体系来雇用和解雇数千名联邦工作人员，只有那些对他表示感谢的人会保住政府工作。他将老杰斐逊民主共和党的残余人员组建成现代的民主党。杰克逊还扩大了国家版图，通常不惜将本土的美国人从他们的土地上赶走，还迫使美利坚的尼古拉斯·比德尔第二银行发放低息贷款，以此促进西部的繁荣。

安德鲁·杰克逊的确像胡桃树一样坚韧，他在年轻时的性格特点是难以让人接受的。1860 年，杰克逊的传记作者詹姆斯·帕顿去索尔兹伯里寻找当年认识杰克逊的人。他找到了一位年迈的妇女，当她听说安德鲁·杰克逊是一位认真且能干的美国总统候选人时的反应异常惊讶，她说："什么！杰克逊要当总统？杰克逊？是安德鲁·杰克逊吗？是那个以前住索尔兹伯里的杰克逊吗？哎呀，他在这儿的时候，可真是一个游手好闲的浪子，因此我丈夫都不带他进我家来！这是真的，他可能带他去马厩旁估摸马匹参赛的情形，或者与他去喝威士忌酒。嗨，如果安德鲁·杰克逊可以当总统，那么任何人都可以当总统了！"

第八章

马丁·范·布伦
(Martin Van Buren)

哈尔·马科维奇

在 18 世纪末 19 世纪初，乡村客栈更多的是一个供旅客在马车夫停下来让马喝水时享受一杯啤酒的地方。客栈也是一个村民聚集在一块谈论新闻、政治、召集会议的地方，也可能作为一些小小的违法事件的证人。

在纽约的金德霍克镇，经常能在阿伯拉翰·范·布伦的客栈中听到人们对时事的粗俗谈论。范·布伦的客栈位于纽约市与州首府奥尔巴尼之间的道路旁边，客栈通常也成了一些重要的政治人物聚会的地方。如果某位农夫在一天劳作之后走进范·布伦的客栈，要求喝杯啤酒解解渴，发现像约翰·杰、亚历山大·汉密尔顿和阿伦·伯尔这样的人正在公开辩论，发表他们的见解，有这种现象是不奇怪的。

村民们会在这里谈论总统约翰·亚当斯与副总统托马斯·杰斐逊之间的分歧，谈论外交事件和法国的恐怖统治以及美国日益高涨的废除奴隶制运动，或者还会谈论英国在美国独立战争结束近 20 年后仍然摆出威胁之势。马丁·范·布伦是一个聪明的孩子，他在金德霍克学校就是最好的学生，当大人们在谈论重要的事情时，年幼的孩子们知道闭嘴不闹。而这位未来的美国总统在孩提时像块海绵，他会吸纳他所听到的东西，然后形成他自己的观点，而他对人们谈论托马斯·杰斐逊推崇的最低纲领政府和保护人权尤其注意。

在阿伯拉翰·范·布伦的客栈里，这种对话通常都是用的荷兰语。在亨利·哈得逊沿着哈得逊河而上之后不久，荷兰土地所有者在 17 世纪就定居金德霍克镇了。"金德霍克"在荷兰语里是"孩子们的角落"，它位于哈得逊河东约五英里，奥尔巴尼南约十英里的地方。

马丁·范·布伦出生于 1782 年 12 月 5 日，一家人住在金德霍克一个用挡板建成的一层半的小客栈里。马丁·范·布伦是在《独立宣言》签署六年后出生的，他也成了第一位是美国公民的总统。

阿伯拉翰·范·布伦是移民美国的第二代荷兰人，他从父亲手中继承了位于金德霍克的这家客栈，还有附加面积为一百亩的农场。阿伯拉翰还继承了六位在农场干活并在客栈厨房帮助马丁母亲玛丽的奴隶。玛丽在与阿伯拉翰结婚时是一个带着三个孩子的寡妇。他们结婚后又育有五个孩子，马丁排行第三，上有两个姐姐，下

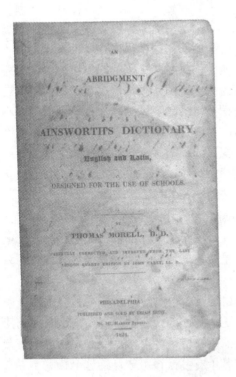

　　在马丁·范·布伦冗长的自传中，他几乎没提到他的教育。这第八位美国总统第一语言学的是荷兰语。他是 1631 年来到美国的荷兰人的后裔，他的父母亲是节俭的农场主，还继承了一家客栈，他们成了靠近纽约首府奥尔巴尼的金德霍克拥有奴隶的可敬居民。对马丁·范·布伦的正式教育所知甚少，但我们知道，他在简陋的乡村学校获得了相当的英语知识，而对拉丁文一知半解。我们也知道他对全息摄影几乎是模糊不清的。在 14 岁毕业之后，马丁·范·布伦在当地知名的政客开办的律师事务所做职员。他在这里开始对政治痴迷，很少阅读法律书籍，而对各种政治小册子爱不释手。

　　拉丁文作为古典社会里的口头和书面语言，一直到 20 世纪，公立和私立学校都要求掌握拉丁文。这几页选自 1824 年出版的《安斯沃思字典》—— 英文和拉丁文，这是专门供学校使用的。《安斯沃思字典》最早是 1736 年在英格兰出版，它几乎成了 19 世纪中期每所美国学校图书馆的基本藏书。

有两个弟弟。

范·布伦家境并不富裕，阿伯拉翰·范·布伦是一个慷慨的客栈老板，他愿意赊账，或借钱给别人。事实上那些贷款很少有归还的，这在很大程度上也使得范·布伦一家处在不太宽裕的情况之下。但是，他们仍想办法送孩子们上学。金德霍克学校建在该镇一个山坡上，它只有一间破旧的教室。阳光很难透过教室的窗户照进来，因而在里面读书都很费劲。孩子们一排排按年龄和身体高矮分开。孩子们并不是经常来上课的，因为他们需要去地里干活。在漫长的冬季，虽然不种庄稼，但通常下大雪，而年幼的孩子们又往往难以踏着深深的积雪去上学。学校的老师大卫·B. 瓦登自身受过很好的教育，而且很有奉献精神，无论何时，只要孩子们组织来上学，他们就会得到老师的周到接待。

玛丽·范·布伦坚持让她的孩子们都不断学习。小马丁由于异常聪明，因此，她对这个孩子的教育尤其重视。最后，瓦登在范·布伦太太面前极力赞扬马丁比学校任何其他同学的英语读写都好——无疑这是难得的成就，因为在大多数金德霍克家庭中通常使用荷兰语交谈的。

马丁具有一种优于金德霍克镇其他学生的先兆。这孩子个子小小，金发垂至肩上，那双闪亮的蓝眼睛在课堂上全神贯注。更为突出的是，他是一个性格开朗的快乐年青人，这种性情使得他成了同伴们当中的头儿。他的灵敏反应和缜密思维在金德霍克镇的大人们心目中是出了名的，尽管其中有些人很可能怀疑这个特别不寻常的小家伙。多年后，马丁说瓦登老师提醒过他"热情、急躁和易冲动的"性情。

马丁在学校学习入门课程、拉丁文、修辞学和逻辑学。学校的书架上没什么书籍，不过其中有莎士比亚的著作，只是马丁对十四行诗和戏剧没什么兴趣，他对父亲客栈里桌子上发现的关于杰斐逊的小册子倒是饶有兴趣。在这客栈里，人们谈论着拥护联邦制与反联邦制的党派矛盾。经过多年，阿伯拉翰·范·布伦发现如果偏袒政治争论中的某一方不是件好事。因此，这位客栈老板就一直坚定地保持中立，因为他不想失去支持任何党派的顾客。然而，不久后他发现自己站在民主共和党（后来发展成现在的民主党）这边，他的儿子马丁也成了杰斐逊的支持者。

1796 年，14 岁的马丁·范·布伦离开了金德霍克学校。这时很可能他已经掌握了那位乡村老师所能教给他的所有东西，并且在那个时候的这个年龄的孩子，很少会继续在乡村学校学习了。农场主的儿子需要去地里干活，磨坊主和商人的儿子也要为家庭而辛勤劳动。马丁·范·布伦作为客栈老板的儿子，同样也会指望他现在能全天为他父亲的生意帮忙了，并且马丁作为最大的儿子，他有一天会继承这家客栈，就像阿伯拉翰·范·布伦从他的祖父那里继承下来的一样。然而，阿伯拉翰·范·布伦夫妇知道，他们的儿子注定会从事更大的事业，不只是在这家小客栈上。詹姆斯和约翰·范阿伦是玛丽·范·布伦与其前夫的两个儿子，他们已经在律师事务所通过当见习生而当律师了。范·布伦夫妇很想送马丁去纽约市的哥伦比亚大学上学，但他们的微薄财力让这美好的想法不可能实现。这样，马丁也像他那两个同母异父哥哥那样去学习法律了。弗朗西斯·席尔维斯特是金德霍克镇业务繁忙的律师，也是该镇最有名望的家族之一的成员，他同意接收这位客栈老板的儿子作为见习生。

马丁·范·布伦在他成年后，甚至是他成为白宫的总统时，他常对自己没有在离开金德霍克学校后接受正式的教育感到遗憾。他觉得他为了实现自己的目标，要比那些能力比自己低，但受过更好教育的人要付出更大努力。他曾写道："我时常觉得常规阅读教育是多么必要，它能使我维持我曾获得的声誉，并能有助于我与那些受过更好教育的人争执。"

无论如何，对一个注定会成为精明的政治家的人来说，在弗朗西斯·席尔维斯特手下当见习生也是一个不错的开端。通过为席尔维斯特工作，马丁·范·布伦学到了更多法律知识。席尔维斯特也是富裕的范·涅斯家最亲近的朋友，范·涅斯的儿子威廉正在哥伦比亚大学学习法律。马丁得益于这种关系，后来比利·范·涅斯和马丁·范·布伦成了非常亲密的朋友。

席尔维斯特也是忠诚的联邦主义者，他对穿着很讲究。这位律师界的花花公子似的人将他的收入很大部分花在时髦的服装上，并且经常提醒他的职员穿着要看起来很神气。而恰恰相反，马丁·范·布伦的穿着就像一个小镇客栈老板的儿子。尽管他的裤子总是保持整洁，但劣质的毛料衣服掩饰不住他的出身，不过这种状况几乎是在一夜之间就改变了。马丁进入席尔维斯特的律师事务所几个月后，席尔维斯特的弟弟科尼利厄斯（该镇一位商店老板）擅自带着马丁去首府奥尔巴尼，他在那里帮年幼的马丁弄了全套装备，华贵的裤子、银质饰扣和一套让人精神抖擞的衣服。从那天起，马丁也有了讲究穿着的习惯了（差不多四十年后，在他的总统重选期间，这种习惯成了麻烦。在1840年的竞选活动中，辉格党和他们的候选人威廉·亨利·哈里森对现任总统范·布伦发起了严厉攻击，指责总统脱离普通老百姓，直指他的华贵服饰是充绅士气派。事实上哈里森自己来自弗吉尼亚一个显赫、富有的种植主家庭，他就是要让来自金德霍克镇出身卑微的马丁难堪）。

马丁·范·布伦在席尔维斯特的律师事务所是一个忙碌的雇员。在那种没有复印机、复写纸、打字机等任何现代化的办公设备的时代，马丁·范·布伦的主要工作是抄写冗长而又复杂的诉讼材料，这些东西是弗朗西斯·席尔维斯特在法庭上代表当事人的资料。他也抄写其他文件，也与席尔维斯特一起去法庭，帮他背一些案件所需的书籍和大量文件资料。回到办公室，马丁还要打扫卫生，看管壁炉。

席尔维斯特偶尔也会让他手下的见习生在法庭上当主角。那个年代的法庭几乎没有像今天的法院大楼里的审判庭那样庄严。小客栈通常都充当着法庭的双重责任，而弗朗西斯·席尔维斯特在这里办的案件就让热切的见习生参与。

在离金德霍克镇不远的瓦拉蒂克镇上一家客栈里，席尔维斯特让马丁·范·布伦作当地律师阿伦·加德纳的助手。这个案子很小，证据也很快找到。当要宣布最后的结果时，加德纳转向15岁的助手并说："马丁，现在你来总结。你可以早点开始。"

　　为了面对陪审团，小范·布伦站在座位上发言。史料没有记载马丁·范·布伦的法庭演讲是否赢得了当天加德纳的案子，但不管怎么说，这位未来总统的发言令加德纳很满意，因为他额外付给小范·布伦50美分作为奖励。

　　马丁·范·布伦在席尔维斯特的律师事务所还有另外一项职责，那就是时不时地要充当科尼利厄斯·席尔维斯特商店的巡夜人，他得在店员晚上下班后睡在商店后面的房子里。像大多数人认识马丁·范·布伦的人都感到很高兴一样，科尼利厄斯也对这男孩的聪明才智和举止印象深刻，并且预料马丁会有远大的前程。科尼利厄斯也了解到马丁·范·布伦把自己当成一个民主共和党人。科尼利厄斯与他的哥哥一样，极力拥护联邦制，并且想改变这个年轻的见习生的思想。一天夜晚，当马丁躺在科尼利厄斯的商店后面的床上时，他发现自己被科尼利厄斯摇醒。当时正好已过午夜，然而，科尼利厄斯选择在这个时间点说服马丁·范·布伦站在联邦主义者这边来。后来，马丁·范·布伦这样写道："他在床边躺了一个多小时，向我讲述应当接受联邦党的政策的种种理由，并且要我认真地去这样做，显然很关心我的利益。在听了他的讲述之后，我平静地回复说我的确很感激他的一片好心，并且对他单纯的动机也很满意，但是经过慎重考虑后，我的方向已经确定了，还是不能改变。他停顿了一会儿，然后拉着我的手说他不会再在这件事情上找我，不过仍然是好朋友。"

　　马丁·范·布伦仍在席尔维斯特的律师事务所工作了六年。在此期间，联邦党人与民主共和党之间的矛盾继续发展，并且越来越激烈。1800年，杰斐逊击败联邦党人约翰·亚当斯成为总统。马丁长期以来痴迷于政治，在金德霍克镇极力为杰斐逊的竞选助力。他的努力给民主共和党的头目们留下了深刻印象，以至于他们用一个不太重要的党派职务来奖励他，那就是作为纽约市特罗伊的地方党委会代表出席会议，他的金德霍克伙伴约翰·P.范·涅斯（杰斐逊支持者）也安排在会议中。

　　尽管没有什么证据表明席尔维斯特兄弟伺机惩罚马丁·范·布伦，但马丁对民主共和党的积极精神对这两兄弟是不适合的。1801年，马上就19岁的马丁离开了金德霍克镇，投奔他的朋友比利·范·涅斯在纽约市开设的律师事务所。这次与席尔维斯特兄弟的分别双方都没有觉得难过。

　　马丁·范·布伦到达纽约时，纽约还没有发展成熙熙攘攘的东部沿海大都市。移民浪潮在后来的几十年里一直使人口激增。1801年纽约的人口为6万左右，而今成了美国最大的城市之一。如果马丁·范·布伦认为在比利·范·涅斯手下当律师而声名狼藉或者作为一名大都市律师而致富，那么他就错了。范·涅斯的律师事务所根本没客户。当然，作为一个有可靠的政治关系的富家之子（家里的朋友阿伦·伯尔当时已经是副总统），范·涅斯总会寻找生存的途径。马丁·范·布伦作为他的职员，也不得不在这种境况下生存。马丁在纽约的这两年是一段穷困潦倒的日子，吃不上肉，慵懒的下午看着时尚的街头上流社会的人们闲逛，寒冷的夜晚住在凯瑟琳街上租的房子里。这对一个想在法律界有所作为的年轻人来说是较糟糕的状况。最爱政治的马丁·范·布伦，然而，他没有较好的机会去接近这个城市的有权者。

在当时，纽约最强势的两个大家族是克林顿家族和利文斯通家族。德威特·克林顿是美国参议院的成员，后来很快成了纽约市长。他的叔叔乔治是纽约州的州长，后来成了副总统。罗伯特·R.利文斯通在杰斐逊的领导下担任驻法国公使，协商路易斯安那购买事宜。他的弟弟爱德华将担任纽约市长。当范·布伦到达纽约时，他发现支持杰斐逊的克林顿家族和利文斯通家族与支持副总统阿伦·伯尔的政党之间有着致命的冲突。

政党争斗的战场之一是政治任命权制度。随着联邦党人被逐出 1800 年的大选，克林顿家族和利文斯通家族撤除联邦党人在这城市的岗位，并用支持杰斐逊的人来替代。伯尔的同僚们得不到一份工作，所有在政府就职的人员都发誓拥护克林顿家族和利文斯通家族。

伯尔也采取反攻措施，他让比利·范·涅斯用"亚里斯泰得斯"的假名写一些诽谤的文章并出版成小册子，攻击克林顿家族和利文斯通家族是阴谋家，他们将自己的人安排进入白宫。

双方争执了数月，互有损失。爱德华·利文斯通既是市长，又是联邦政府的司法部长，他发现自己卷入一宗丑闻之中——10 万美元以上的联邦资金不见了。利文斯通在羞愧中被迫辞职，逃往路易斯安那州，在那里他通过改善该州古代的西班牙和法国法律来赎罪。伯尔也面临麻烦。他与亚历山大·汉密尔顿的长期不和在 1804 年 7 月 11 日终于在新泽西州的威霍肯了结，伯尔在决斗中杀了汉密尔顿。比利·范·涅斯仍然效力于这位副总统，在新泽西州与汉密尔顿决斗的那个薄雾弥漫的早上，他就是充当伯尔的助手。伯尔精心谋划占用西部未立州的土地，最终以谋反罪被捕。后来虽然无罪释放，但他的政治生涯也从此画上句号。伯尔逃往欧洲，最终于 1812 年身无分文地回到纽约。

在所有这些阴谋诡计当中，马丁·范·布伦这位小法律职员是没人指望他能做什么的，但他却是有幸近距离地观看了所有内幕。1803 年，马丁·范·布伦穷困潦倒至极，回到金德霍克，投靠他同母异父的哥哥詹姆斯·范·亚伦所在的律师事务所。不过，他在纽约这两年吸取了比利·范·涅斯、德威特·克林顿和阿伦·伯尔这些人在政治上的教训，这给他后来与好斗的安德鲁·杰克逊协力建立当今的民主党起到了很大作用。

第九章

威廉·亨利·哈里森
(William Henry Harrison)

哈尔·马科维奇

在 1840 年威廉·亨利·哈里森的总统竞选活动中，辉格党内他的支持者们印刷了一本关于他的成长传记，大肆赞扬他谦逊的"小木屋"生活方式以及他在军旅生涯中作为勇敢的印第安斗士的风范。美国马里兰州巴尔的摩市的报纸马上刊登了这样的故事，报道说他的餐桌上不是摆放着令人兴奋的葡萄酒，而是适量的苹果汁。

毫无疑问，哈里森因为在 1811 年的蒂帕卡怒战役中平定了肖尼人的暴动而成为军事英雄，但是关于喝苹果汁和住小木屋这种事情就有点夸张了。哈里森作为早期的开拓者，在他位于俄亥俄州的农场里住小木屋，但他当时是在没有财力的情况下。他实际上出生于弗吉尼亚州一个富裕而且有权势的家庭，他的父亲是种植园主，拥有奴隶，并且参与签署了《独立宣言》。美国第九位总统威廉·亨利·哈里森在弗吉尼亚的汉普登悉尼大学学习三年，他在那里学习古代著作。在他入伍之前，在费城花了短短的一段时间学习医学。

然而，"老蒂帕卡怒"没有劝投票人相信他的粗野生活方式，他在 1840 年的竞选对手是当时在任总统的马丁·范·布伦，辉格党无端指责范·布伦是餐桌旁的势利小人——只是因为马丁·范·布伦是一个客栈老板的儿子，出身比威廉·亨利·哈里森要卑微得多。辉格党没有存续多久（于 1852 年参与了最后一次总统竞选），但是它为成就美国的竞选制度作出了相当大的贡献。

1773 年 2 月 9 日，威廉·亨利·哈里森出生于弗吉尼亚的查尔斯县。他是本杰明·哈里森·V 的第七个孩子，也是最小的孩子。他的家族于 1633 年来到弗吉尼亚，此时詹姆斯敦殖民地刚建立 25 年。威廉的母亲伊丽莎白·巴斯特·哈里森也是以前的弗吉尼亚人，她与乔治·华盛顿家族是远房亲戚。在威廉·亨利·哈里森出生的时候，其父亲已经拥有种植园、磨坊和造船厂，他们住在伯克利庄园，这个大庄园沿着詹姆斯河两岸绵延数英里。乔治·华盛顿和帕特里克·亨利经常在伯克利会面。理查德·亨利·李是本杰明的远房亲戚，也是亲近的家庭朋友，他是费城大陆会议的代表，他正式提议于 1776 年 6 月 7 日美国独立。老约翰·泰勒是距离不远的邻居，但算不上朋友。多年以来，老泰勒在政治上与本杰明·哈里森对立，

　　1787 年，威廉·亨利·哈里森进入汉普登悉尼大学，此时他 14 岁。该校这个时期的档案已经丢失或损毁了。不过，一份最有意思的文件保存着，那就是当地的医生约瑟夫·梅陶尔博士的账本。从这上面记载着"威廉·哈里森"这一页来看，我们可以推断哈里森在 1789 年 8 月和 9 月连续生病。梅陶尔一丝不苟地记录着他的病人情况。从该记录页顶部写的"大学"来看，哈里森住在汉普登悉尼大学里。梅陶尔博士是 1780 年作为 5000 名法国军人的军医来到美国。随后，他居住在爱德华王子县，并在那里广泛开展医疗服务。

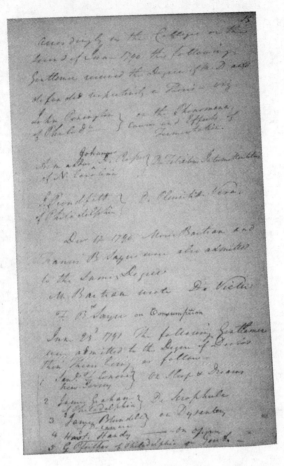

威廉·亨利·哈里森于 1790—1791 年就读于宾夕法尼亚大学医学院。他是唯一一位曾是医学学生的美国总统。

宾夕法尼亚大学医学院建立于 1765 年，是美国第一个医学院。约翰·摩根是该院的创始人，他是土生土长的费城人，曾在伦敦和爱丁堡学医。1775 年，大陆会议任命摩根为美国军队的"医院主任和主治医师"。

这一页"医学老师纪要"列出了 1790 年授予的医学学位。除了完成必要的学习课程之外，每个学位申请者必须写一篇毕业论文，并在全体医学老师面前答辩。例如，约瑟夫·奔宁顿对他的论文"熏剂的现象、原因和效果"给予了令人满意的解释。一些医学学生选择用拉丁文写论文和进行答辩。

在宾夕法尼亚大学的在线版档案中，1740—1820 年部分的重要文件是研究美国独立战争时期高等教育的重要资源。

他有一种爱挖苦人的怪癖，他的儿子后来担任威廉·亨利·哈里森任期内的副总统，并继任总统。

本杰明·哈里森曾担任大陆会议的代表和弗吉尼亚州长。他是一个奴隶主，也极力反对废除奴隶制。威廉·亨利·哈里森长大后，他开始反对奴隶制，他加入了一个废除奴隶制的组织，并且为他家拥有奴隶感到难堪。

　　威廉·亨利·哈里森的早期教育是由居住在伯克利庄园的家庭老师提供的。在美国革命战争期间，本杰明·哈里森将他的孩子们送出去是个最明智的决定，伯克利庄园在1781年被烧毁。威廉·亨利·哈里森被送到他的叔叔纳撒尼尔·哈里森·哈里森的下布莱登庄园。在下布莱登，威廉·亨利·哈里森到下布莱登学校上学，这是一所建立在纳撒尼尔的土地上的私立学校。威廉·亨利在14岁时已经熟练掌握了数学知识和阅读技能，他也很可能接受过相当多的拉丁文和希腊文教育，这在18世纪像他那样的出身背景是很正常的。

　　威廉·亨利·哈里森对自然科学的兴趣可能给他的家庭教师留下了深刻印象，因为在为他选择就读大学时，选择的是汉普登悉尼大学，而不是乔治·华盛顿、托马斯·杰斐逊和詹姆斯·莫尔都曾就读过的威廉玛丽学院。在当时，威廉玛丽学院在弗吉尼亚和南部地区来说都是一所著名的大学。哈里森家的一个亲戚詹姆斯·布莱尔曾是威廉玛丽学院的创始人之一，在哈里森开始接受正式教育时，他的哥哥卡特·巴斯特·哈里森正在威廉玛丽学院学习法律。

　　尽管汉普登悉尼大学在威廉·亨利入学时才成立仅四年时间，但它已经享有培养未来医生的重点大学的声誉。这种荣誉称号主要源于学校授课的约瑟夫·梅陶尔博士，他是弗吉尼亚有名的医生。詹姆斯·A. 琼斯是梅陶尔的一个学生，他后来成了美国军队的军医。

　　该校后来成了一个学习的好去处。尽管没有其他总统在这里上过学，但该校早期的毕业生中也有不少日后担任要职，比如后来成了美国参议员和财政部长的乔治·比比，创办乔治亚大学的摩西·瓦德尔，担任弗吉尼亚州州长的威廉·布莱齐·吉尔斯以及帮助建立印第安纳州的帕特里克·亨利·希尔德斯。

　　1787年，威廉·亨利·哈里森前往爱德华县去开始接受作为一名医生的正式教育。最初，他学习希腊语、拉丁语和历史。他是一个好学生，但算不上一个有学问的人。他选择的读物表明他的兴趣可能与他家里对他的希望不同，他对历史着迷。他广泛阅读历史著作，如休谟的《伊利亚特》和《奥德赛》，还有朱利叶斯·凯撒的著作。所有这些著作都是以某种形式来描写战争的，比如在休谟的著作中，就有浪漫的战争事迹。古希腊的勇士英勇善战的故事可能给年幼的威廉·亨利·哈里森留下非常深刻的印象，而他自己就在几年前因为年纪太小而不能参战反击英国人，被父母送到安全地带。

　　他也是西塞罗的作品的热心读者，西塞罗在著作中详细阐述了勇敢、崇高、自信、有耐心和坚持不懈这些优良品质。在这里，充沛的精神食粮滋养着威廉·亨利·哈里森这颗年幼的心，而这些是伯克利的烟草种植园远不能提供的。

　　威廉·亨利·哈里森仍然保持着对古罗马和古希腊历史的喜爱。在他的信函和演讲中，他经常参照那些古代国王应对危机的方法。1829年，他在担任美国派往南美国家的公使时，在一封信中提醒哥伦比亚领导，亚历山大辛辛苦苦征战以赢得雅典人的称赞，他在信中劝告这位领导面对叛变要坚持民主原则。

　　根据 1806 年这些决议，宾夕法尼亚大学监事会正式规定医学博士学位获得者需要提交书面论文。新式的学位证书用英语书写，而不用拉丁文。还有，4 月份和 9 月份这两个学期入学的学生都要求毕业于医学院。

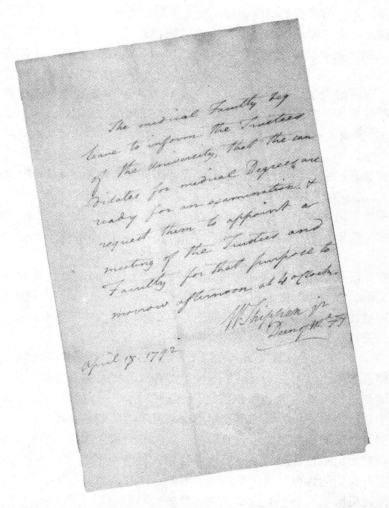

　　威廉·希彭是宾夕法尼亚大学医学部的教务长（1765—1776，1791—1802），也是解剖学和妇产学的带头人。1762 年，希彭在费城建立了美国第一个妇产医院。在美国独立战争期间，希彭是大陆军医疗队的主治医师和主任，后来成了美国军医队的组建者。

　　在 1792 年 4 月 18 日这份记录中，希彭通知学校监事会，申请医学学位的学生正在准备一个考试，要求他们为此安排明天下午四点钟的监事会与全体老师会议。

　　12 年后，威廉·亨利·哈里森引用古罗马和古希腊的典故，热情洋溢地发表他的就职演说。在讲到恺撒的两面派朋友布鲁图时，哈里森说："在早期的这种著名共和制中，我们可看到竞选中最明显的对比，那就是获得职权前后的信任。他们后来很少履行之前许下的誓言，兑现做出的承诺。"后来，哈里森的朋友丹尼尔·韦伯斯特，也是后来的国务卿，他说事先看过这份演讲稿，并且删减了许多提及的其他各种罗马人的故事。

顺便说一句，哈里森的就职演说是历史上最冗长的，而具讽刺意味的是哈里森的总统任期是有史以来最短的。他这份演讲稿将近 8500 个英文单词，需要两小时左右讲完（相比之下，160 年后，乔治·W. 布什总统的就职演说刚刚超过 1600 个英文单词）。

在汉普登悉尼大学，哲学家查尔斯·罗林和休·布莱尔也是哈里森喜爱的作者。这两位作者都着重于语言的运用和学习以及运用语言的技巧。后来，哈里森夸耀说他在 17 岁前，通读过罗林那些富有深意的散文（共 3000 页左右）不少于三遍。

在汉普登悉尼大学，哈里森加入了联合社团，这个社团是由助教大卫·威利创办的，由 13 名学生组成，社团的宗旨是促进文学创作和提升友谊。联合社团很快就为该校积累了大量藏书。另外，哈里森在录取入汉普登悉尼大学时，得过两种疾病。那些病的性质在两个多世纪后仍然不清楚，但在梅陶尔博士的精心照料下痊愈了。

哈里森在汉普登悉尼大学时曾写道："我在拉丁文和希腊文方面不如许多同学，但在文学，特别是历史方面不亚于任何人。我了解从休谟到朱利叶斯·凯撒的古代作者所描述的所有战争……在我那些偶尔出版的书信和演讲中，都可以发现我对历史的偏爱。"

1790 年，17 岁的哈里森突然离开汉普登悉尼大学，然后在里士满州的首府做了一年安德鲁·莱比尼医生手下的见习生。他在汉普登悉尼大学没有获得学位，哈里森迅速离开该校可能是因为该校管理层变动的原因——校长与校监事人帕特里克·亨利不和，于前一年辞职。不过哈里森的退学也可能是宗教的原因，哈里森属圣公会教派，而汉普登悉尼校园内卫理公会教派的人越来越多，哈里森在这可能已经受到警告。无论哈里森匆匆离去是何种原因，他所受的教育应当可以去行医了，因为如果没有他们的认可，莱比尼医生不可能会接收他为见习生。

作为莱比尼医生的助手，这位未来的总统很可能会动手做一些小的医疗手术，比如说清理、包扎伤口，或者准备一些消毒用的硫化物。在里士满这一年里，哈里森突然卷入了社会活动中，他加入了"人道社"，这是一个由罗伯特·普列圣兹领导的废除奴隶制的组织，成员是卫理公会教徒和贵格会教徒，而罗伯特是弗吉尼亚的议员，长期以来指责哈里森的父亲使用奴隶。哈里森的父亲发现哈里森对社会活动的热情投入时，立即把他从里士满召回来，并送他到费城大学的医学院学习。该医学院建于 1765 年，是美国最古老的医学院，也就是今天的宾夕法尼亚大学的医学院。

在费城，哈里森被托付给他父亲的两个朋友本杰明·拉什博士和罗伯特·莫理斯，他们俩都是《独立宣言》的签署者。拉什是医学院的教授，同时兼任附近的宾夕法尼亚医院的医生，医院与大学之间联系密切。莫理斯是费城的银行家，也是美国独立战争时期的财务官。哈里森在医学院的老师中还发现另一个熟悉的人——

威廉·希彭，他是理查德·亨利·李的姐夫。希彭是美国第一个妇产科教授，他也是该医学院解剖系、外科系和助产系的系主任。

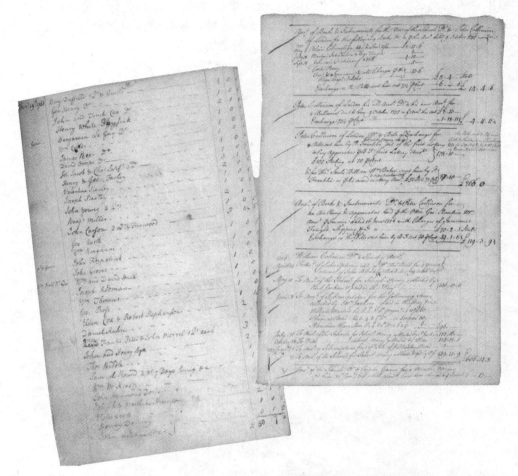

　　这些是老师薪水支付细目。（一位约翰·马赛厄斯·克雷默在学期中途被解雇，支付给他一半的薪水，再加上一笔"遣散费"）这里还记载了彼得·柯林逊和其他伦敦商人为学校购买医学书籍和仪器设备的情况。也许柯林逊因为知名的瑞典植物学家卡尔·林奈的著作普及而出名，这位科学家 1736 年在牛津大学演讲时，柯林逊认识了他。

　　宾夕法尼亚大学同意用下次彩票募集的钱来支付定购的东西。在整个 18 世纪，像学校、教堂、道路、桥梁、河渠和其他公用设施的建设，所需资金都是通过彩票来募集的。1748 年，通过彩票募集资金建成费城的防御工程。1826 年，也是通过彩票来募钱偿还托马斯·杰斐逊的债务。

　　哈里森于 1791 年 5 月到达费城，他的大部分课程是在费城大学校园内的解剖楼里进行。作为拉什手下的学生，哈里森很可能要学习解剖的基本知识，还有当时所知的康复技巧，在当时医生要抽病人的血液以防止疾病。拉什还是当时精神疾病治疗的权威，他在 1812 年出版的《精神疾病的观察和询问》是美国第一本心理学课本，书本首次提出精神失常也是一种疾病，并非恶魔附身所致。不过，在 18 世纪 90 年代，对于治疗精神疾病，人们了解的并不多。在宾夕法尼亚医院的过道里，哈里森曾看到这位了不起的医生的病人被安坐在他的"镇定椅子"里，这种椅子是拉什发明的，用来减少病人体内流向脑子的血液。拉什的传记作家曾说，这种令人不舒服的医疗设备很可能对人体没害处，但帮助也不大。

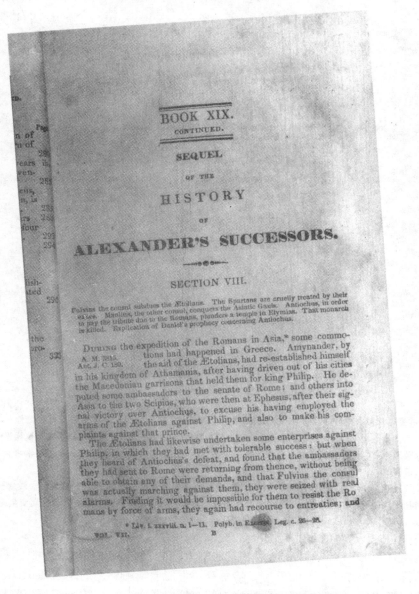

1839 年，威廉·亨利·哈里森被辉格党提名为总统候选人之后，他被问到对自己所受教育的看法。在

他的手稿中，他写道："我在大学时拉丁文和希腊文不如班上许多同学，但我在文学方面，特别是历史不亚于任何人……在 17 岁前，我确实通读过罗林厚厚的著作三遍，其中探讨的是希腊和罗马的历史。"法国历史学家查尔斯·罗林在 1742—1751 年间出版了 16 本关于罗马的历史书籍。在哈里森学生时代，这些著作已经有英文译本。数十年来，罗林的古代历史仍然在美国流行。伏尔泰称罗林是"第一个用优美的散文体著书的法国历史学家"。

　　罗林著的八册《古代历史》（1829）直到 20 世纪早期，一直都在美国中学和大学中使用。这些书籍有许多版本和缩写本，但每本书后面古代详细的年代表仍然都保留。后来的古代历史作家在很大程度上都依靠罗林的先期作品，如詹姆斯·亨利·布雷斯特德就是其中之一。

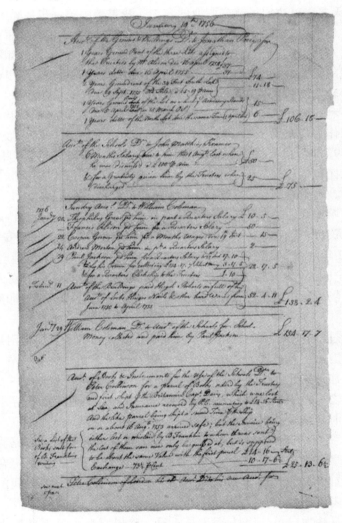

这是 1768 年宾夕法尼亚大学的一份学费和征收木柴和羽毛笔费用的记录。

　　在拉什的指导下接受四个月的正式培训之后，突如其来的事件促使这位未来的总统放弃了医生职业。在跟随拉什学习不久，哈里森得知他的父亲已经去世，而这位年迈的革命政治家之前已经生病有一段时间了。

　　威廉·亨利·哈里森继承了他父亲名下 3000 亩的庄园，但是他发现自己土地富有，但现金短缺。哈里森的哥哥在一封信中向他透露说，父亲不打算资助他的医学培训费了。威廉·亨利·哈里森突然发现自己没有资金。这时恰巧理查德·亨利·李（弗吉尼亚州州长）来费城访问，于是哈里森向这位父亲的老朋友寻求建议。

　　李建议他入伍。那年夏天，费城报纸报道了美国西部边境许多敌对的印第安人挑起事端的事迹。入伍的念头很快吸引了哈里森，他立即决定离开学校。哈里森后来写道："一天之内就决定了改变职业的念头，我是美国第一步兵团的一名少尉。"

　　莫理斯发现哈里森这个决定时，把他叫来，试图说服他放弃从军的念头。莫理斯指出，当时军队人员、资金都不足，而且在前线面对怀有敌意的印第安人的生活几乎不是年轻的哈里森在弗吉尼亚种植园里所能体会的。然而，哈里森还是认定去西部边境是年轻人体验人生的好地方，莫理斯只好放弃。

　　威廉·亨利·哈里森作为战士，一直都是很成功的。在 1794 年 8 月的鹿寨之战中，哈里森作为安东尼·韦恩将军的副官，这次美国军队取胜。哈里森在军衔上稳步上升，1797 年他被提拔为上尉。第二年，哈里森退伍，然后担任西北地区的部长，西北地区包括后来的俄亥俄州和印第安纳州。在印第安纳地区从西北版图上分离出来之后，哈里森担任了 12 年（1800—1812）的州长职务。

　　1811 年，哈里森在蒂帕卡怒战役中成了民族英雄，他平定了由特库姆塞酋长领导的印第安人暴动，特库姆塞曾组建部落联盟，以阻止白人进入印第安人的领地。

　　随着 1812 年战争的爆发，哈里森再次以准将的头衔入伍。他与特库姆塞在 1813 年的泰晤士战争中又相遇。哈里森的部队击败了英国与印第安人的联军，特库姆塞也在这场战役中被杀，他手下的印第安人随之分散，不再对印第安纳地区居民造成威胁。

　　这场战争过后，哈里森与他的妻子安娜在俄亥俄州的辛辛那提附近一个农场组建了他们的家。哈里森被选为美国众议院代表，但没能角逐到参议员。后来，他作为美国大使派往哥伦比亚，但在一次严重的外交失误之后被安德鲁·杰克逊总统召回。回到农场之后，哈里森在经济上遭受了一些损失，到辉格党寻求总统候选人时，哈里森当时是俄亥俄州的汉密尔顿县一个无足轻重的政府职员。

　　1840 年总统竞选开始，哈里森已经 68 岁，而且疾病缠身。辉格党极力掩盖他的体弱多病的事实，在报纸上描述哈里森将军"精力充沛"，说话声音洪亮如"喇叭"。随着竞选活动的进行，他向丹尼尔·韦博斯特明确表示："我的健康状况的确比前些年好多了。"

　　一年后，真相大白了。1841 年 3 月 4 日，哈里森在大风下雨的天气下宣誓就职，发表冗长的演说。"老蒂帕卡怒"还透露一个怪异的预告，他让美国人民确信他不会连任。哈里森总统在就职不久后，得了感冒，然后发展成肺炎，不幸死于 1841 年 4 月 4 日——就职刚一个月。

第十章

约翰·泰勒
(John Tyler)

哈尔·马科维奇

9 岁的约翰·泰勒是一个机灵的小男孩，人们都认为他很容易学会东西。像约翰·泰勒这么大小的男孩子大多喜欢与他们的父亲在舒适的种植园里，一块儿打猎和钓鱼，而年幼的约翰不这样，他宁愿将他的闲暇时光用来拉小提琴或写诗。不过，任何说他是一个女孩子气的男孩儿这样的话在他上学的某天就立即烟消云散了。那是 1800 年的某天，约翰在麦穆多先生执教的学校上学，麦穆多是一位自大的苏格兰人，他不容许这些富有的种植主的儿子们搞恶作剧，他的桌子上常备有一根桦木鞭条，如果学生有任何挑衅行为，他便会毫不犹豫地动用它。我们不能肯定约翰曾经体验过麦穆多先生的鞭条之痛。不过，多年后他提到说："他的鞭子没有抽遍他所有的学生，真是一个奇迹。"

在麦穆多先生的教室里引发学生"暴动"的事由虽然不清楚，但不管怎么说，学生们都被动员起来反对麦穆多的残酷行为，而更令人惊奇的是，抗议的头目就是平日里听话的小提琴手约翰·泰勒！学生们将麦穆多先生围住，将他制伏，捆住他的手和脚，并将他锁在教室里。几个小时捆绑之后，一位路人听到这位可怜的老师呼救，然后将他解救。

路人刚把麦穆多松开绑，他就径直来到约翰·泰勒家的庄园。愤怒的麦穆多向约翰·泰勒的父亲讲述当天的事情，并说他的儿子是这事件的头目。老泰勒不为麦穆多的抱怨所动。很显然，他早有听闻麦穆多对学生的粗暴行为，因此他现在一点儿也不同情这位苏格兰人。他用一句弗吉尼亚州的俗语打发麦穆多走，意思是警告他往常的粗暴！

美国第十位总统约翰·泰勒出生于 1790 年 3 月 29 日。他的父亲与母亲玛丽育有他们兄弟姐妹八个。他们家的庄园位于弗吉尼亚州查尔斯市附近的詹姆斯河沿岸，占地 1200 亩，名为"格林维"。查尔斯市位于当时弗吉尼亚的威廉斯堡和里士满这两大城市中间。

泰勒家族第一个来到美国的是亨利·泰勒，他就在詹姆斯敦殖民地建立（1607 年）后 44 年落脚弗吉尼亚的。泰勒家族也成了弗吉尼亚种植主阶级中富裕而且有权势者之一，这一特权阶级还有乔治·华盛顿、托马斯·杰斐逊、詹姆斯·

莫尔和詹姆斯·麦迪逊这些家族。老约翰·泰勒在美国独立战争中与帕特里克·亨利并肩作战。战争结束后，老约翰·泰勒从事法律工作，并很快被任命为法官。他先在弗吉尼亚州议会工作，而后担任州长职务。他拥有 40 名奴隶，并强烈坚持州政府有权决定自己的事情——他的儿子也传承了他这种绝不妥协的秉性。

约翰·泰勒的母亲认为她的儿子注定会成就大事业。据说在约翰·泰勒 1 岁时的一个月夜，她看到她的儿子向上伸出两只胖乎乎的手，试图去抓住天上的月亮。玛丽被看到的这一幕惊呆了，她说："这孩子的愿望是如此高远，注定会当美国总统的。"不幸的是，年幼的约翰几乎不了解他的母亲。玛丽在约翰只有 7 岁时就去世了。约翰体弱多病，他得忍受胃痛，时不时地腹泻，还经常感冒。

9 岁的约翰·泰勒是一个机灵的小男孩，人们都认为他很容易学会东西……年幼的约翰更喜欢将他的闲暇时光用来拉小提琴或写诗。

威廉玛丽学院的这幢克里斯托弗·雷恩爵士大楼是美国一直使用的最古老的教学楼。它于 1695—1699 年建成，当时威廉斯堡还没建立，弗吉尼亚殖民地的首府仍在詹姆斯敦。这幢大楼由英国著名的建筑设计师雷恩设计，他还设计了伦敦的保罗大教堂。这幢雷恩大楼分别在 1705 年、1859 年和 1862 年被火烧毁三次，不过每次被烧毁后都加以重建，因此这幢楼历经三个多世纪已经成了"该校之魂"。这是 1855 年用达盖尔银版法拍摄的照片，也是该校现存最古老的照片。

　　1802 年，12 岁的约翰·泰勒到威廉斯堡的威廉玛丽学院预科班学习，这儿离查尔斯市大约有三十英里，他寄住在他姐姐家里。泰勒于 1805 年开始他的大学学习，1807 年从该校毕业。

　　泰勒在这封 1807 年 6 月写给同学约翰·布洛的信中，他讲了正在写他的毕业演讲稿。

　　约翰·泰勒在 12 岁时进入威廉玛丽学院的预科班学习。到 1802 年他进入这个校园时，其实泰勒家族已经与这个学校的渊源很久了。他的父亲和祖父都曾是威廉玛丽学院的学生，他的父亲约翰法官后来成了学校监事会的成员，监事会监管该校的运作。此外，约翰·泰勒的两个姑父都是威廉玛丽学院的教授。

　　约翰·泰勒在预科班学习的两年并不住校，他寄住在姐姐和姐夫家里，姐夫詹姆斯·森普尔是个法官。在预科班学习完后，他被威廉玛丽学院接收为大学生，威廉玛丽学院是美国第二所大学，也是弗吉尼亚富裕、显赫家族的儿子们就读的著名学校。约翰·泰勒的同学有威廉·克里坦登，他后来担任泰勒任期内的司法部长；温菲尔德·斯科特，他是美国—墨西哥之战中一位重要的军事领导和英雄；菲利浦·P. 巴伯，安德鲁·杰克逊总统任命他进入联邦最高法院。

　　到约翰·泰勒在威廉玛丽学院开始上课时，于 1693 建立的该校已经有一百多年的历史，学校在挑选学生时仍然十分挑剔，每年的新生通常限定在 60 人以内。约翰·泰勒在离开白宫后，曾返回威廉斯堡的母校演讲，说这学校自他在这里学习起就是很严格挑选学生的。他说：“在岁月的长河中，泥沙巨多，她（母校）以收纳了那些难能可贵的稀世珍宝而自豪，而这将令她永放光辉。”

　　威廉玛丽学院尽管具有良好的声望，在约翰·泰勒开始就读时已经经历过一段动乱期。托马斯·杰斐逊于 1760 年毕业于威廉玛丽学院，他虽然离开校园很久，但仍一直对该校产生相当大的影响。1779 年，杰斐逊在弗吉尼亚州议会工作，起草了一份名为“更大众化地普及知识法案”，该法案旨在大幅度改变威廉玛丽学院的全部课程设置。杰斐逊的议案彻底改变了威廉玛丽学院作为神学院的传统，学校开始增添一些文学和科学课程。杰斐逊的议案也使威廉玛丽学院产生了一些新的教师职位，任命了从事哲学、医学、语言和法律研究的教授。约翰·泰勒到威廉玛丽学院就读时，该校仍在努力实现杰斐逊曾经布下的艰巨使命。1804 年，该校的捐款只有区区 13 万美元，校监事会发现这根本不可能找到杰斐逊曾想象的老师来教学生。在泰勒入大学期间，学校的课程设置仍然相当狭窄，他所学的课程仅限于数学、经济学和古典文学。

　　不过，他还是抓住了很好的机会。在经济学课上，老师指定学生要阅读《富国论》，这是哲学家亚当·史密斯在经济学方面具里程碑意义的专著，史密斯主张政府对经济只施加很小的影响，允许企业自主发展。史密斯的理论成了众所周知的自由贸易理论。泰勒显然也是受到史密斯著作的影响，他后来在国会上反对征收关税。泰勒在任职总统期间，他曾极力反对建立国家银行，反对制定政府管制的金融机制措施。

　　约翰·泰勒在威廉玛丽学院还读过大卫·休谟的《英格兰全史》，这为日后打造强国的领导人提供了应对危机的重要经验教训。泰勒还读过托拜厄斯·乔治·斯莫利特的政治讽刺作品，这些作品讽刺英格兰的社会现象、文化和军事。约翰·泰勒对文学也有兴趣，这也许源于他儿时在格林维庄园作为小诗人的日子。他喜欢阅读一些英国作家的作品，如约翰·汉密尔顿、亚历山大·蒲柏、萨缪尔·约翰逊、奥利弗·戈德史密斯、托马斯·格雷和约瑟夫·艾迪生。他特别喜欢艾迪生，艾迪生写的散文和诗刊登在英国一些有影响力的刊物上。艾迪生极力主张人权、有制宪权力的政府和自由贸易。然而，艾迪生最多只是一个政治评论员，他是一位讲故事的大师，人们认为他是一流的文字艺人。约翰·泰勒称艾迪生是最好的英文作家，他将美好品德赋予最可爱的色彩，让每位聪颖的人崇拜他、热爱他。

约翰·泰勒喜爱的小说家是英国的爱德华·布尔沃·利顿，作为学生来说，像泰勒这样沉迷于这种精美的作品的并不多见。尽管人们认为布尔沃·利顿的小说唤起了英国人的社会意识，但现代评论家认为他是一个真正可怕的作家。布尔沃·利顿在他的小说《保罗·克利福德》的扉页写上了一句非常有讽刺意味的话"那是一个黑暗的暴风雨之夜"。他也是一位"笔比剑还锋利"的作家。

泰勒特别喜欢布尔沃·利顿的小说《尤金·阿拉姆》，这本小说是根据一位真实的杀人犯在1759年被绞死而编写的故事，由于主人公具有非凡的追求知识的精神，作者将他描写成一个英雄。约翰·泰勒彻夜读完这本小说，并评价这本书"极具深意"。

约翰·泰勒在威廉玛丽学院的大多数课程都取得了好成绩，但他在书法方面却很糟糕。他在威廉玛丽学院最后一年里，他的父亲严厉批评他说："我不得不告诉你，我发现你的书法没有一点进步，这真的让我感到非常羞辱。你每行字都写不直，这多么难看啊。其实要改正这个毛病非常简单，而如果你不改正，你将来如何做好法律工作？你应当看看杰斐逊先生、威思、彭德尔顿、梅塞、尼古拉斯和所有律师前辈们，你会发现他们是多么注意书法的。书写和速记绝对是必须掌握的，不能忽视。"后来历史学家查看过约翰·泰勒总统的文件报告，发现他的字迹的确非常清楚、易认，这表明约翰·泰勒当年听从了父亲的劝告。

约翰·泰勒在威廉玛丽学院是勤奋学习的学生之一，他的教授们也非常重视他。显然，他在年幼时对麦穆多先生的敌对态度是一次孤立的事件，因为他对威廉玛丽学院的教授们丝毫没有这种态度。实际上，他是院长詹姆斯·麦迪逊（也是主教）宠爱的学生。尽管在校园里有一件事表明麦迪逊院长并不是一直对泰勒完全倾心的。这件事情发生在1807年的毕业典礼上，约翰·泰勒被选为在威廉斯堡布鲁敦教区的教堂发表毕业演讲。后来，约翰·泰勒说他的演讲深受全体老师的赞扬，老师们说他的毕业演讲在主题和形式上都是最好的，甚至在他们的记忆中是该学院最好的了。

然而，并非每个人都这样认为。约翰·泰勒的演讲主题是"是否应该给妇女提供更多教育机会"，这在当时是一个有争议的主题。很显然，院长麦迪逊主教并不认同约翰·泰勒提议的让妇女接受高等教育的观点。在演讲期间，麦迪逊坐在教堂后面，每当约翰·泰勒大声阐述那些主教不认同的观点时，麦迪逊主教都会双手不断做手势，明显的是希望约翰·泰勒能注意到他发出的信号，略去这些观点，转

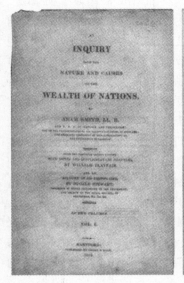

约翰·泰勒在威廉玛丽学院期间，对政治经济学非常着迷（当时的政治学和经济学还没有分开为单独的学科）。亚当·史密斯新出版的《国家财富的性质和原因调查》如图所示。泰勒认同史密斯对金钱的看法。泰勒后来作为立法议员和总统时发表的关于关税和自由贸易的演讲几乎都来源于这一著作。的确，史密斯那些政府不干预经济的有力论据是泰勒坚持保护各州权利的补充。

1776 年，亚当·史密斯出版了《国富论》。他批判旧有的重商主义经济制度，因为它的管制和垄断做法阻碍了经济发展。史密斯主张应遵循生产与交换固有的自然规律。托马斯·马尔萨斯、大卫·李嘉图和所谓的曼彻斯特学校都认同史密斯的观点。他们的学说被其反对派称为"无政府主义"，不过，在它的详细阐述形式上，人们仍称它为古典经济学。

基本上，古典经济学认为存在一种自主的经济关系，它是与政府和政治相分离的。在这种观点看来，经济世界依照固有的"自然规律"进行自我约束，比如供求规律和利润逐渐降低的规律。所有人都会遵循他们自己的利益，因为每个人都知道他自己的利益要高于别人，个人利益的总和就是总的财富和所有自由权力（奴隶除外）。政府应当尽可能少地干预经济，它只是起到保护生命和财产的作用。政府必须提供合理的法律和可靠的法庭，以确保私人合同、债务和其他义务的履行。同样的，商业、教育、慈善事业和个人事务都应当由个人解决。

处处都应当实施自由贸易，必须取消关税，因为经济体系是全球性的，不受政治阻碍或国家不同的影响。至于工人，根据 1850 年前的古典经济学家的观点，他赚取的钱仅维持生计，别指望太多。亚当·史密斯称这是"工资铁律"原则。如果工人得到多于生存的薪水，他只会"生育"更多的孩子，他们会消耗掉多余的所得。如果得不到满足，工人会认为改变是费钱而无益的事情。这就是规律，自然规律。

古典经济自由主义是由亚当·史密斯提出来的，他的追随者们强调：不受阻碍的自由市场是货物与服务分配的最有效、最公平和最有利的机制。约翰·泰勒在南部抗议宪法问题上反复利用这些观点。

这里展示的书页是 1818 年美国出版的《国家财富的性质和原因调查》（亚当·史密斯著）。在美国第一次出版是 1790 年。

向另一个话题。但是，约翰·泰勒对主教的手势视而不见，继续做他的演讲（26年后，美国第一次允许女性上大学）。

在约翰·泰勒出生的年代，子承父业是普遍现象。农场主的儿子成为农场主，铁匠的儿子也要学会制铁器，泥瓦匠的儿子将来也是泥瓦匠，而约翰·泰勒的父亲曾经是律师和议员，因而他为自己选择的道路也大致如此了。约翰·泰勒从威廉玛丽学院毕业之后，他打算学习法律，他认为律师职业是条康庄大道。

当时，美国没什么法律学校。大多数年轻的律师都是通过在律师事务所当见习生或办事员来学习法律的。他们需要花几年时间来阅读法律书籍，帮助主人做一些杂事，比如抄写冗长的辩护状，跑腿，甚至打扫办公室。在大多数情况下，他们这种劳动只能得到一点点现金报酬，甚至没有，不过，他们的雇主教他们法律知识，并最终向州法庭推荐他们当律师。

约翰·泰勒的职员关系持续了两年，他开始是在他父亲和一个堂叔塞缪尔·泰勒手下学习法律。尽管几个月后老约翰·泰勒就当选为弗吉尼亚州州长，他得离开查尔斯市前往首府里士满赴任。约翰·泰勒跟随他的父亲一起前往，打算继续在首府学习法律。

约翰·泰勒作为他父亲的助手。1809 年，前总统杰斐逊到里士满看望州长老约翰·泰勒。杰斐逊与老约翰·泰勒共进晚餐，约翰·泰勒看着这两位政治要人吃甜点。当杰斐逊看到两份葡萄干布丁摆在面前时，便问约翰·泰勒是否要得到"非常待遇"。泰勒应承道："嗯，这是一次破例场合。"

约翰·泰勒在里士满闲暇的时候就外出交朋友，并加入了一个文学组织，组织成员时不时地聚在一块儿谈论社会和政治问题，操练他们的演讲技能。这类团体在大学校园和城市里那些向往律师职业或从政的人群中非常普遍。约翰·泰勒在加入这个文学组织之后，与阿贝尔·P. 阿普舒尔成了好朋友，阿贝尔后来成了泰勒总统任期内的国务卿。

与此同时，泰勒继续学习法律。他父亲由于担任州长职务工作繁忙，无暇专心给他儿子进行法律培训。约翰·泰勒开始跟随律师埃德蒙·伦道夫工作，伦道夫曾是乔治·华盛顿总统的司法部长和国务卿。约翰·泰勒在里士满期间还跟随其他律师学习，如约翰·马歇尔，他是联邦最高法院的院长，还有威廉·维特，他很快成了詹姆斯·莫尔总统的司法部长。

约翰·泰勒在 19 岁时通过律师考试。根据弗吉尼亚的法律规定，他还需两年才达到从事律师工作的年龄，但考官显然是没有问及他的年龄，因而他被许可当律师了。不久，约翰·泰勒就建立了繁忙的律师业务。他被誉为杰出的律师，说话充满激情。他也是公认的表达清楚有力的律师，他能够左右许多陪审员的情绪，让他们相信他的当事人实际上是守法公民，只是之前受到了无根据的不当指控。

在里士满期间，约翰·泰勒认识了利蒂希娅·克里斯蒂安，她是弗吉尼亚新肯特县一个富有的种植园主的女儿，他们于 1813 年结婚。在那时候，约翰·泰勒的政治生涯也正起起落落。1811 年，约翰·泰勒作为查尔斯市的代表入选弗吉尼亚州议会。1812 年英美战争中，他在一个自愿者组织中短暂服务过一段时间，准备抵御英国入侵里士满，但是在战争期间，对里士满没有构成威胁。战争结束后，他获选进入联邦众议院，担任弗吉尼亚州州长，并于 1833 年当选为联邦参议员。他当时已经是民主党人，但他与党派分裂，并加入辉格党，他认为他们是州政府权力的护卫者，不过后来他发现自己那种看法是不对的。

当时，威廉·亨利·哈里森将军成了民族英雄，因为他在 1811 年的蒂帕卡怒战役中平定了印第安人的暴动。哈里森也是在弗吉尼亚的种植园里长大，离约翰·泰勒家的格林维庄园并不远。实际上，哈里森的父亲本杰明·哈里森长期以来是老约翰·泰勒的政敌，因此这两家从未亲近过，而 1840 年辉格党让约翰·泰勒参选副总统，得票多于哈里森将军这的确是一种嘲弄，哈里森当时住在俄亥俄州。

辉格党通过把对手（现任的马丁·范·布伦）描绘成是不知普通老百姓疾苦的"杰出人物"，而为年迈的哈里森将军赢得总统宝座。所谓的"简单苹果汁和小木屋"宣扬非常奏效，这句话是美国历史上最熟悉的政治口号之一，还有打趣的一句话是"蒂帕卡怒和泰勒都一样"。

哈里森总统在就职那天得了肺病，一个月后就去世了。据说约翰·泰勒听到总统去世的消息时惊呆了——他未曾知道哈里森得病了。有报道说当官员到达约翰·泰勒家，通知他国家总统已经去世时，官员们发现这位副总统正在与他的孩子们玩弹子游戏。无论如何，当哈里森成为第一个倒在白宫的总统时，根据宪法规定的总统继任条款，约翰·泰勒也就成了第一个副总统登上白宫总统宝座的人。

约翰·泰勒很快失去辉格党的支持，他只担任了一届总统。他是一个虔诚的南方人，在白宫期间一直捍卫州的权力。他与辉格党内威望的参议员亨利·克雷不和，克雷希望建立一个强有力的国家政府。克雷还支持建立国家银行，但泰勒反对，因为他信奉自由经济，并且认为国家银行会阻碍各州制定各自的经济政策。克雷两次促成立法建立一个国家银行，而泰勒两次反对。1844 年，辉格党不再提名泰勒继续担任总统，转而提名克雷作为辉格党的候选人。那年秋天，克雷被詹姆斯·K. 波尔克击败。

泰勒离开白宫之后，回到弗吉尼亚的庄园里。他自始至终坚持州的自治权，在 1860—1861 年支持南部各州脱离联邦。不久后发生了国内战争，他被选为南部联盟会议代表。不过他在南部联盟中工作时间不长，因为他于 1862 年 1 月 18 日便去世了。

第十一章

詹姆斯·诺克斯·波尔克
（James K. Polk）

哈尔·马科维奇

由于出生于农村，因此，在 1815 年 1 月，当年幼的詹姆斯·诺克斯·波尔克到达查培尔山时，他认为他以前发现的只是一小片天空。的确，北卡罗莱纳镇很小，只比一个由 13 所房子、两家商店和一个客栈组成的村庄大一点点。唯一的一条泥土街道穿过查培尔山，镇上的主人们乐观地称之为光辉大道。波尔克沿着光辉大道北出查培尔山不到四分之一英里的地方，他就来到北卡罗莱纳大学的校园了。

波尔克到这所学校上学时，学校才 20 年的历史。不过，由于这所学校是美国第一所州立大学，因而发展也非常之快。波尔克到达该校时，该校有三幢大楼。教室、寝室、图书馆、小礼拜堂以及会议室全都在这些建筑物里，而学校的两大竞争性的学生文学社团——辩证社与博爱社经常在会议室聚会。

该校位于北卡罗莱纳风景最美的地段。学校的创始人将校园布局在山脊上面，这样可以让学生们一览北卡罗莱纳树木丛生的景象。学生向东南望去，可以看到从 30 英里外罗利市的烟囱中升起的烟雾弥漫在湛蓝色的天空中。

波尔克很顺利地就适应了大学生活。他很快成了校园中的佼佼者，成了同学中间的头目。波尔克加入了辩证社，积极参加组织的辩论活动。在 19 世纪，大学里文学社团不只是学生用来交流读后感、朗诵散文或演练第二天修辞课上要学的东西的地方，这些社团也是探讨政治思想和发表社会评论的地方。

19 世纪早期，美国许多大学教授还是新教牧师或者神学研究者，他们是在严格的道德准则下培养出来的，因而他们非常虔诚地信奉《圣经》宣扬的教义。很少有教授愿意接受学生们那些激进的思想，而在北卡罗莱纳州更是如此，高年级的学生沉迷于他们的人生哲学之中，旗帜鲜明地鼓励同学们按自己的想法去度过余生。

北卡罗莱纳大学的校长罗伯特·查普曼牧师曾经模仿新泽西学院（现在的普林斯顿大学）建立长老派的学校。在北卡罗莱纳，查普曼坚持将祈祷和学习《圣经》作为大学课程的一部分。每天在学校的小教堂以神圣的祈祷开始，在午饭前也要做祈祷。星期六，学生和老师都要穿上黑色的长袍参加公众的礼拜仪式。

由于校长查普曼遵循严格的宗教信仰，因而他与学生之间偶尔会有气氛紧张的詹姆斯·诺克斯·波尔克是1815年进入北卡罗莱纳大学。学校有一个校长，一位教授，三位助教，还有约八十个学生。学校附近是小小的查培尔山社区。长老派在这占主要地位。的确，校长和唯一的一位教授都是长老派牧师。学生每天做两次礼拜，在星期六还需要穿上黑色长衫参加礼拜仪式。任何学生如果质疑上帝的存在，那么他将被开除。傍晚祈祷之后，学生们要回到他们自己的房间学习。学费是10美元，后来涨至15美元，另交1美元住宿费。

詹姆斯·诺克斯·波尔克由于在严格的入学考试（考试涵盖英文、拉丁文和希腊文）中成绩优异，被安排在二年级下学期。波尔克的一位同班同学说他从不会错失一次背诵课文、回答问题的机会，也不会放过任何学习任务。这位未来的总统在大学期间与约翰·Y.马森结下了一生的友谊，马森后来进入了波尔克的内阁，先是担任司法部长，后来担任海军部长。波尔克于1818年以优异的数学和古典文学成绩毕业。1847年6月，波尔克总统在马森的陪同下，重返查培尔山参加母校的毕业典礼。

这里提供的是1818年1月7日北卡罗莱纳大学的学生档案和老师报告，其中详细记载了该校在1817年末举行的学生考试。波尔克的名字在12位高年级同学当中，他们考试的科目有《圣经》、道德和自然哲学、修辞学和英语语法。

这些关于波尔克的教育经历的主要资料是独一无二的。它们都保存在查培尔山的北卡罗莱纳大学的档案馆里。大部分南方大学档案馆连同学校都在国内战争期间被毁。1864年，当威廉·T.谢尔曼将军带领的盟军来到查培尔山时，北卡罗莱纳大学的校长前去面见这位将军，恳求放过该校。谢尔曼同意了，不过要求将学校作为他的军营。随后，这位盟军的总司令与大学校长的女儿结婚了，这在当时的确是一件不太像话的事情！

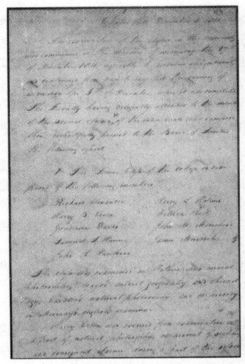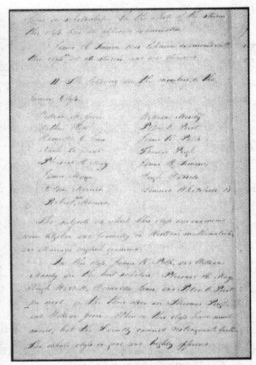

　　每年，北卡罗莱纳大学的老师要对学生进行测试。1816 年 11 月末，波尔克所在班级的 15 名大学三年级学生进行了代数、几何和英语语法考试。最后的批语是："在这个班级中，詹姆斯·诺克斯·波尔克和威廉·莫斯利是最好的学生。"波尔克和莫斯利在校同住一个房间，莫斯利后来成了佛罗里达州的州长。多年后，这两位好友常回忆起在大学三楼的房间里共度的"漫长而勤勉的时光"，那时只想欣赏西塞罗和休谟的著作，而对二次方程式和圆锥形没什么兴趣。

　　在这个年级中，詹姆斯·诺克斯·波尔克和威廉·D. 莫斯利是最好的学生。

　　时候，双方还有政见上的差异。查普曼牧师是忠实的联邦党人，联邦党早期在政治上占统治地位。不过，到 1816 年时，联邦党人数下降，许多美国人拥护托马斯·杰斐逊的共和党的思想。校园里的大学生是对共和思想抱有最高热情的群体，他们坚信共和党必定会领导国家。查普曼牧师并不这样看，他在校园内劝阻学生对杰斐逊的追随。到 1816 年 9 月，查普曼与学生之间的关系正在朝对抗方面发展，一些学生明确地反对校长。

　　詹姆斯·诺克斯·波尔克发现自己已经完全卷入其中了。虽然他到北卡罗莱纳大学才九个月，但是其他学生都已经信服他的智慧和镇定了，都希望他能作为学生们的领导。当波尔克提议辩证社成员中他的追随者们勇敢地站在教授面前，说出他们的想法时，这着实让查普曼校长生气了。这位未来的美国总统是这样对他的同学说的："不要为了迎合老师的喜欢而歪曲真理，这样，你的思想意识就会得到升华。"

　　波尔克在做这番讲话的前几年，他并不是一个博学的年轻人。他生长于田纳西州的农村，当时几乎没有正式的学校教育，他接受过一个农家男孩的典型教育。波尔克在政坛出名之后，他以前的邻居回忆起过往的情景：孩提时代的波尔克光着脚丫子在泥泞的路上跳来跳去，裤脚挽得老高，肩上背着书包。19 世纪民主党人图谋将这种故事公布于众，羞辱波尔克的卑微出身。不过，18 岁的波尔克并没有否认这种事情，坦然自若地讲述它。他孩提时在边远地区这种成长经历，使他拥有健康的体魄，这才可能来查培尔山立足的。

　　1795 年 11 月 2 日，詹姆斯·诺克斯·波尔克出生于北卡罗莱纳州梅克伦堡县。他的父亲是山姆·波尔克，他的祖先是 17 世纪晚期移民到美国来的，祖上是苏格兰和爱尔兰血统。他们最先定居在马里兰州，到了 18 世纪中期，波尔克家族决定搬迁到南方去，因为他们认为马里兰会越来越拥挤。詹姆斯·诺克斯·波尔克的父母是在他出生前一年结婚的，母亲简·诺克斯是詹姆斯·诺克斯上尉的女儿，诺克斯上尉是一位富有的革命战争英雄，但不幸于他的女儿结婚前几个星期去世了，他的庄园留给了这对夫妇，这足以应对他们将来可能遇到的艰苦生活。

　　不过说实话，即使没有简继承的遗产，他们一家也会生活得很好。山姆的父亲伊齐基尔·波尔克是北卡罗莱纳一位富有的农场主，他有勘测员的天赋，这使得他知道如何对土地进行投资，以获得丰厚的回报。在田纳西中部一块地方的投资就是其中之一，那里位于波尔克在梅克伦堡的家园西边约有五百英里的地方。1805 年，这块土地突然开发为居民地，印第安人中的彻罗基族和契卡索族签订协议放弃这块领地。数年前，伊齐基尔·波尔克就已经测量过这块地方，他知道那里值得他投资。几个月内，伊齐基尔·波尔克买下了杜克河附近数千亩土地，这后来成了有名的莫里县。到 1805 年末，伊齐基尔·波尔克已经搬迁到田纳西州。一年后，在伊齐基尔几百亩肥沃的河边低洼地的诱惑下，山姆和威廉两兄弟离开了梅克伦堡，也在田纳西州开始新的生活。这时詹姆斯·诺克斯·波尔克已经 11 岁，他是山姆与简的五个孩子中的老大。

　　山姆与简搬进一间小木屋里，并开始种植烟草。这里的土地大部分都未经开采，伊齐基尔·波尔克发现需要做大量勘测工作。进入杜克河沿岸的荒野地勘测通常需要数日或数周，伊齐基尔通常会召集他的两个儿子以及他的女婿、堂兄弟、侄子和孙子一块儿去那些地方。小小的詹姆斯·诺克斯·波尔克非常喜欢随大人们一块去做这样的事情，不过他是一个体弱的男孩，很容易疲劳，他常常跟不上大人们的步伐，甚至跟不上其他同龄男孩。最后，小詹姆斯只好留在帐篷里照料马匹，而其他人则在树林里干活。

　　小詹姆斯除了缺乏体力之外，他还常常经受剧烈腹痛之苦，时常发烧。最终，他的病被诊断为结石。由于在边远地区医疗条件差，这种病得不到治疗，1812 年，山姆·波尔克得知肯塔基州有一位医术高明的外科医生。经过 230 里马背上的长途颠簸，詹姆斯·诺克斯·波尔克来到伊弗里姆·麦克唐纳医生这里做手术。在当时没有麻醉技术，17 岁的詹姆斯只能用白兰地酒来减轻手术切口的痛苦。他的手术是成功的，经过一段时间恢复后回到莫里县，他还常炫耀麦克唐纳医生从他内脏里取出的小石子。

这次手术治愈了他的腹痛，但詹姆斯的身体仍然虚弱，不能从事繁重的农活。山姆·波尔克想让他的儿子去学做店小二，于是在哥伦比亚附近镇上的小店为詹姆斯找了一份工作。詹姆斯发现自己并不喜欢这份工作，他有自己的追求目标，而在小镇做小买卖不在其列。此时 18 岁的詹姆斯告诉他的父亲，他想要去上学。

在哥伦比亚正南边，长老教派的牧师罗伯特·亨德森办了一所学校。詹姆斯·诺克斯·波尔克进入这所学校时，他几乎认不了书上的字。在很短的时间内，亨德森教他读古罗马和古希腊的著作。亨德森对这个农家孩子的学习进步感到吃惊。一年后，亨德森告诉山姆·波尔克，他已经将他所有能教的都教给他的儿子了。亨德森说詹姆斯·诺克斯·波尔克在他的学生中是很勤奋的，并且他的行为品德也是完美无缺，堪称典范。

詹姆斯·诺克斯·波尔克第二年到哥伦比亚东北边约五十英里处的布拉德利学校就读。他在塞缪尔·布莱克这位长老派牧师的指导下学习，他学习希腊文、拉丁文、数学、地理、哲学、天文学、文学和逻辑学。詹姆斯·诺克斯·波尔克在校期间读过古罗马作家卢西恩的作品，内容大多是具有讽刺意味；他还读了历史学家萨卢斯特的作品，而布莱克先生可能用这书中罗马的腐败和凯蒂林背叛的阴险来教育学生要讲道德。朱利叶斯·凯撒那些描写战术的作品，詹姆斯·诺克斯·波尔克也读过，他还读过古罗马诗人维吉尔的作品。维吉尔的《埃涅伊德》讲述了一个勇士流浪的故事，而他的子孙最终建立了罗马，这种读物对未来的军队司令官是有很大影响的，这使他后来能让墨西哥威风扫地，并扩大了美国疆域。

更为重要的是，詹姆斯·诺克斯·波尔克在布莱克先生的教育下，去掉了许多农家孩子的气息，并增添了几分书生气，这可能有助于他吸引萨拉·蔡尔德雷斯的注意，萨拉是他在进入布拉德利学校时遇到的一位富家女孩。他们于 1824 年结婚。

在布拉德利学校读了一年后，布莱克先生说詹姆斯可以上大学了。山姆·波尔克对儿子的进步感到惊奇，也盼望他能继续接受教育。詹姆斯选择大学就读很简单，因为山姆的堂兄威廉·波尔克是北卡罗莱纳大学的监事会成员。该校原来的学费每年为 10 美元，在詹姆斯入学那年涨至 15 美元。

虽然布莱克和亨德森都认为詹姆斯是最聪明的学生，很少有学生具有他这样的智力或上大学的抱负，因此当他于 1816 年 1 月来到北卡罗莱纳大学时还是有几分紧张的。他必须经过严格的入学考试。考试是由老师组成的考核小组执行，考考他阅读英文、拉丁文和希腊文的能力，詹姆斯·诺克斯·波尔克轻松地回答了他们的问题。他的确学得很好，老师们在简短的商议之后评定他的能力已经超过新生水平，因此他可以作为二年级的学生入学。

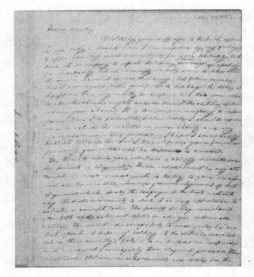

　　早期的美国大学为各种文学社团提供了重要的学习场所。学生们定期聚集在一块儿讨论公共事务。北卡罗莱纳大学的学生们要么是辩证社的成员，要么就是其竞争对手博爱社的成员。波尔克在第一学期就加入了辩证社。每个社团每周聚会一次，共同探讨某个预先准备好的主题。成员都要求参加这些讨论，并呈交书面文章。最好的文章会归入该社团档案里。波尔克有八篇文章收录其中，仍有两篇保存完好。

　　波尔克其中一篇文章是《关于美国政府机关任用外国人》，他担忧移民可能对美国社会产生不利的影响，包括他们的政治派别和政党形式。波尔克成了民主党坚定的支持者，不过在1817年这篇文章写成时，许多人仍然认为政党是不必要的。在另一篇文章《发明的力量》中，波尔克表达了他对人类通过推理取得进步的强烈信念。

　　辩证社的藏书甚至多于学校的藏书。波尔克曾捐献了许多册图书，包括1817年版的《安德鲁·杰克逊传》，还有多册爱德华·吉本的《罗马帝国衰落史》。该社团严格执行其规矩，波尔克偶尔也要为错过聚会而解释事由。

　　波尔克是一个活跃的分子，他担当起社团的出纳、秘书和执行委员会的主席，他还担任了两期社长——这是前所未有的荣誉。上面展示的3页是1818年5月20日波尔克在社团聚会上发表的演讲，他感谢所有成员选他担任第二期社长。

詹姆斯·诺克斯·波尔克入学那年，北卡罗莱纳大学约有80个学生。学校除了专横的查普曼牧师之外，当时另外唯一的一位教授就是约瑟夫·考德威尔牧师，他教数学和哲学，另外的助教负责其他课程。

詹姆斯·诺克斯·波尔克直到大学三年级才上考德威尔的课。从那时开始，他与考德威尔教授建立了紧密联系。波尔克数学成绩优异，他很快掌握了高级的几何概念，这对曾经的数学只限于在小商店里计算盐和糖的多少的男孩来说的确是不容易的事情。考德威尔还教哲学，哲学是他曾在著名的新泽西大学时学的。那时新泽西大学的校长是约翰·威瑟斯潘，他丰富了新泽西大学的课程设置，增添了18世纪的文学和修辞学，并且更加重视自然科学。威瑟斯潘也认同英国哲学家约翰·洛克的理论，洛克捍卫人权和自由的思想可能在威瑟斯潘参与大陆会议和决定签署《独立宣言》方面起了很大作用。

上图是1813年查培尔山的北卡罗莱纳大学的剪纸图。

北卡罗莱纳大学位于一个山脊上，从那里可以穿过树木丛生的小山看到约三十英里外的州首府罗利市。新校舍（后来称南楼）是图右边的三层楼建筑，其中包括娱乐室、图书室、文学社团会议室和寝室。上图左边是最初的二层楼房。从学校教学楼出发，沿着一条泥泞的小路大约三百公尺远的地方就是查培尔山的小村庄。

威瑟斯潘也将这些价值观传递给了考德威尔，而考德威尔又将这些传授给了波尔克。波尔克在进入北卡罗莱纳大学之前，他就已经关注到杰斐逊的政治思想壮大和随后联邦党的自毁。回到家中，波尔克家族所有人（包括詹姆斯·诺克斯·波尔克在内）都是安德鲁·杰克逊的热情支持者，杰克逊与山姆·波尔克非常熟悉。作为一名大学生，詹姆斯·诺克斯·波尔克发现自己很关注新奥尔良战役中正在崛起的民族英雄气概。

詹姆斯·诺克斯·波尔克写的论文就反映了18世纪正在前进的民主党。其中一篇题为《美国录用外国人担任公职》的文章中，他反对外国移民把持选举工作，他认为他们会给当时唯一的真正民主社会引入旧社会的上帝一体论政府。在这篇文章中，他称联邦党人亚历山大·汉密尔顿是"贵族统治阶级的朋友"，并警告那些"已经习惯于向欧洲专制君主阿谀奉承的人"。

詹姆斯·诺克斯·波尔克的大学论文大多数都是大胆表露爱国情怀的。他极度信赖美国人的智慧，并常用本杰明·富兰克林、本杰明·威思特和罗伯特·富尔顿这些发明家和艺术大师来证明自己的观点。他声称只有在一个自由民主社会，这些"布衣天才"才能得以施展才华。詹姆斯·诺克斯·波尔克离开查培尔山的北卡罗莱纳大学时，他已经是一位忠实的杰斐逊支持者了。

亨德森和布莱克曾经开阔了詹姆斯·诺克斯·波尔克的学识眼界，考德威尔则能开发他的智力，考德威尔教他如何利用他所接受的教育。在北卡罗莱纳大学的三年中，詹姆斯·诺克斯·波尔克两次当选为辩证社的社长，这在当时是史无前例的。他与同班同学威廉·D.莫斯利建立了亲密的友谊，他们在校园的学习和后来的政治发展方面都很般配。莫斯利最终担任佛罗里达州的州长职务。

考德威尔在詹姆斯·诺克斯·波尔克入学第一年临近结束时接替查普曼担任校长，并开始实施威瑟斯潘那套大学管理方法。不过在这第一年里，大多数时候还是独断专横的查普曼说了算。

1816年9月的一个傍晚，当博爱社的成员威廉·B.谢帕德在礼拜堂公开抗议查普曼的命令时，矛盾最终激化了。学生与老师双方言语争论激烈，互相大声吼叫，礼拜仪式被迫中断。那天晚上，整个校园笼罩在紧张不安的气氛之中。第二天早上，博爱社的成员再次聚会，计划他们的下一次行动。不过，他们受到了老师的阻挠，老师宣布如果有任何人不签字取消抗议行动就会被勒令休学。

这使得每个在校学生都惴惴不安，即便是与谢帕德的反抗完全无关的辩证社的成员也为这种局势感到不安。博爱社指责辩证社没有出来支持他们，这种指责被詹姆斯·诺克斯·波尔克一番强有力的话驳倒。一些博爱社的成员拒绝取消抗议，查普曼以勒令他们休学为对策。博爱社的成员迅速减少到13人。

当一个炸弹在助教的门前爆炸时，学校的监事会感觉到必须采取措施了。事情发展对查普曼不利。监事会的一些成员是北卡罗莱纳大学在读学生的家长，毫无疑问，他们早就听到对这位脾气不好的"独裁者"的抱怨。查普曼被撤去校长职务，而考德威尔顶替了他的位置。对学生来说，他们也受到了损失，谢帕德和另一位博爱社的头目乔治·德罗谷尔被开除了。不过，这一别并非是詹姆斯·诺克斯·波尔克与他们的最后一次见面。数年后，波尔克与谢帕德及德罗谷尔同在美国众议院工作。1835 年，波尔克作为发言人，其领导能力得到众议院的认可。

1818 年 5 月，12 位校监事会成员到达查培尔山，花了一周时间与高年级学生面谈。波尔克的渊博知识令询问者很是惊讶。他被称为是最好的学生，并指定他为毕业典礼致词。波尔克和其他毕业生沉浸在这一周的校园庆祝活动中，活动最末是毕业典礼。毕业后，波尔克打算从事律师职业，尽管他知道他真正的目标是从政。

1847 年，詹姆斯·诺克斯·波尔克总统访问北卡罗莱纳大学时，帮助落成了约瑟夫·考德威尔的纪念碑。当这所欣欣向荣的州立大学的学生和老师们围在总统前时，波尔克说："我在这里度过了将近三年的美好时光。我也在这里得到我的人生教诲，我后来人生中的成功或前进主要都归功于它。"

第十二章

扎卡里·泰勒
(Zachary Taylor)

哈尔·马科维奇

扎卡里·泰勒在 23 岁时，获得了美国军队授予的中尉军衔。泰勒认为这是作为一个军人的梦想，因此立即坐下来给军长亨利·迪尔伯恩写了一封感谢信。泰勒中尉信中的拼写和语法在任何高中或大学英语老师看来都会认为是苍白无力的。然而，事实上扎卡里·泰勒从未上过大学，甚至可以说他几乎没有接受过正规的学校教育。他还是个小男孩时，他只在边远地区的一所简陋的小学校里接受过简单的教育。到 1808 年扎卡里得到授命时，这第 12 位总统很长一段时间都是在自家广阔的庄园里学农技，而非战术。

将近四十年后，扎卡里·泰勒领军与墨西哥作战。到那时，他已经获得了准将军衔，并因此负责书写大量信函，还要在战场上与上司和下属进行其他沟通，其中有些信函长达数十页，需要讲明复杂的军事战略部署。

在一封信中，泰勒力劝他的上司在冬季进驻得克萨斯州，他认为这时候的天气比夏天有利于军队作战。下面是摘录于 1845 年美国与墨西哥之战的信件：

> 如果早在边境驻军，并随后建立固定的边防哨所，我不会太强烈地要求在温暖季节到来之前必须驻在那些哨所。我担忧要预防大量感冒发生，不过我得到的信息让我坚信，夏季行动在健康和生命上会付出更大代价。因此像佛罗里达州一样，冬季是得克萨斯州最好的作战时机。
>
> 敬上
>
> 你忠实的下属
> 扎卡里·泰勒

我们可看到这封信没有拼写错误，句子完整，语法正确，标点符号使用得当。难道自从获得军衔开始，扎卡里·泰勒就彻夜在帐篷里学习拼写和语法了？没有的事，这位军官哪能花时间来做这种事情。如果他不在军中，他就会在路易斯安那种植园里看看他那些满园蔓生的植物。

这封信与之前他写给迪尔伯恩的感谢信有所区别了，他可以简单地口述得克萨

1808 年 5 月，扎卡里·泰勒被授予美国军队的中尉军衔。一个新军团第七步兵团经国会批准成立，肯塔基州的国会代表推荐泰勒担任军中职务。还有，国务卿詹姆斯·麦迪逊与泰勒家是世交，当然也为这个年轻人说情。

这页图所示为泰勒最早的书信，这是 1808 年 6 月 6 日泰勒写给军长的。在信中，他表示接受军队授命。

斯州不适合夏天作战，然后由秘书去补充组织语句。长期跟随泰勒的副官是威廉·W. S. 布利斯上校，布利斯17岁从西点军校毕业，能说六种语言，他是康特和歌德的得意门生，他也是泰勒的女婿，大多数信件和其他来往文件都由泰勒将军签名。泰勒说布利斯是可以信赖的，因为他能提供可靠的信息，能给予忠诚而恰当的建议，还能给报告进行适当的补充和删减，并做必要的解释，会忠于事实本身。扎卡里·泰勒如此信赖这位上校，以至于称他为"完美的布利斯"。

1784年11月24日，扎卡里·泰勒出生于弗吉尼亚。泰勒将成长为总统，不过他不会加入许多总统称弗吉尼亚为家乡的行列，其中如华盛顿、杰斐逊、麦迪逊和门罗。事实上，泰勒的父母当时离开弗吉尼亚，在肯塔基州开始新的生活，当他们去拜访一位在蒙特贝罗的亲戚时，他的母亲萨拉分娩生下了他。

确实可以说扎卡里·泰勒出生在一间小木屋里。因为当天在主人家没有足够的房间容纳所有客人，主人安排泰勒的父母住在远一点的木屋里，那是一间平常佣工住的房间。

泰勒出生在小木屋里，不过他的家庭并不贫穷。泰勒祖上17世纪30年代从英格兰移民过来，定居在弗吉尼亚，当时詹姆斯敦殖民地刚建立30年。到了泰勒的父亲出生时，泰勒家族已经是弗吉尼亚富裕而有影响力的种植园主了。事实上，扎卡里要称呼詹姆斯·麦迪逊为曾祖父。

扎卡里的父亲查理毕业于弗吉尼亚的威廉玛丽学院，他参加了独立战争，并在华盛顿将军的带领下参与白兰地之战。查理后来就职于弗吉尼亚州议会。

查理·泰勒也是一名真正的先驱者。在战前，他就与他的弟弟翰库克·泰勒来到南方，细察美国人通过与印第安人签订协议获得的土地。在此途中，查理获得路易斯维尔小山村东边的一些土地。在1784年秋天，他的妻子准备要生他们的第三个孩子了，夫妇俩前往肯塔基经营那些土地。

扎卡里出生后，他妈妈萨拉仍带着他在弗吉尼亚住了几个月，而查理则忙于农活。在肯塔基，查理建立了野兔林种植园，种植园最终面积达到一万亩，覆盖四个县，雇了26个劳动力。尽管在开始时，这个家庭生活在小木屋里，但是查理沿着贝尔格拉斯河建立了自己的庄园，很快小木屋就发展成一座宏伟的宅第。

查理·泰勒是一位受过教育且富有之人，他足以送他的儿子上美国最好的学校。萨拉也受过良好的教育，她也属于弗吉尼亚种植园主阶层，抚养她长大的叔叔请来欧洲的家庭教师教她。不过，扎卡里和他的兄弟姐妹们所受的教育都不及他们父母的。

泰勒一家早期在荒无人烟的肯塔基是充满艰辛和危险的。怀有敌意的印第安人会潜伏在树后，熊、狼和其他野兽时有出没。扎卡里儿时的伙伴托马斯·克利兰回忆说："我们住在用密密的藤条编成的围栏边，每晚会听到狼群咆哮。而父亲已经外出六周多了，我们不知他的情况如何。整个家庭都处在担忧之中。泰勒一家大小都对我们非常友好和热情。威廉、翰库克和'小扎卡'（后来的泰勒将军）都是我的玩伴。查理·泰勒夫人对我母亲非常好，像对待姐妹一样。"

不久后，一位流动教师伊丽莎·艾尔斯来到贝尔格拉斯，查理便请他来教自己的孩子一些阅读、写作和数学的基础知识。艾尔斯是北方的康涅狄格州人，不过他不是一位勤奋好学之人，行为粗俗。他在南方边远地区骑着一头骡子从一个镇流浪到另一个镇寻找工作。贝尔格拉斯的居民为艾尔斯建立了一间校舍，并送他们的孩子来上学。艾尔斯擅长的是数学。

另一位老师是肯塔基山民刘易斯·韦特塞尔，他教给孩子们更多实用知识，他曾数次与印第安人决斗。韦特塞尔向扎卡里及其伙伴们示范如何直线射击，这种技能在荒芜的贝尔格拉斯地区是很受用的。

艾尔斯后来回忆说："肯塔基人都好战，侠义，他们经常与印第安人进行小规模的进攻性或防御性的冲突。在距离学校不远的林子里有许多印第安人，有时会射中一个穿着英国制服的。他们在北部边境对美国人的敌对行动受到英国当局的鼓舞和支持。"学校附近的韦特塞尔先生曾被三四个印第安人追击，但他一边跑一边装上自己的步枪，成功地射倒对方。这次英勇之举令韦特塞尔名声大振，因而成了年轻男子和孩子们边跑边开枪的指导员。在他的学生中，当然有年幼的扎卡里·泰勒。

伊丽莎·艾尔斯回忆起教泰勒时的情形，他说这位未来的总统接受知识很快，并且很勤奋。对艾尔斯来说，他的流浪癖致使他在肯塔基山区骑着他的骡子到处流浪。这样，基恩·奥哈拉顶替艾尔斯担任扎卡里·泰勒的老师，奥哈拉是一位非常敬业和有教养的老师。这位勇敢的开拓者来到肯塔基安家，在19世纪早期这里很难找到学识可与基恩·奥哈拉媲美的人。奥哈拉是一位古典文学学者，在1798年爱尔兰革命中处于败方，因而背井离乡。肯塔基州州长艾萨克·谢尔比邀请奥哈拉来该州教学，该州是六年前归入联邦政府的，急需合格的老师。奥哈拉在靠近列克星敦的丹维尔建立了一所学校，后来搬到路易斯维尔，在这里扎卡里·泰勒就是他的学生之一。

后来，奥哈拉的儿子西奥多·奥哈拉成了美国大诗人。事实上，他参与了扎卡里·泰勒将军指挥的美国—墨西哥战争，并为布耶纳维斯塔战役中战死的肯塔基男子写了一篇名为《死亡之营》的颂歌，深情表达了为战争付出的牺牲。不过，有点讽刺意味的是，这场战争是泰勒将军最大的胜利，这在很大程度上促使他成了民族英雄，并成为总统候选人。1848年6月，就在布耶纳维斯塔战役结束一年后，来自肯塔基州的辉格党参议员约翰·J.克里坦登在他的家乡为扎卡里竞选总统发表演讲。在这演讲期间，克里坦登坚持说泰勒受过良好的教育。他说："扎卡里·泰勒没有上过大学，但他勤奋好学，能从别人身上和书本上学到丰富的实用知识。他的阅读广泛深入，无论古代、现代历史，还是关系到生命、国家和军事的各种实际事务，他全部涉猎。他很了解古希腊传记作家和哲学家普鲁塔克，他本身也是一个普鲁塔克主义者，他的聪明才智也使历史增色。"

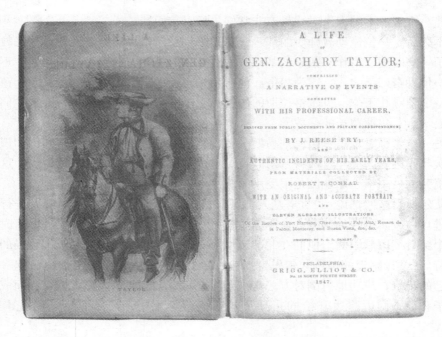

　　扎卡里·泰勒将军在 1846 年的蒙特雷战役和 1847 年的布耶纳维斯特战役中击败墨西哥军队后，成了美国一个新的军事英雄。一个个城市欢迎泰勒将军这位英雄。很快，出版了几本传记。其中罗伯特·T. 康拉德所写的传记可能对泰勒的教育做了最好的研究。康拉德是费城知名的律师，也是个历史迷，他曾去肯塔基采访那些曾熟悉泰勒的人。康拉德将他整理的资料交给一位出色的记者 J. 里斯·弗里，弗里然后在 1847 年完成了泰勒的传记。后来的泰勒传记都依托康拉德/弗里描述的泰勒教育经历。上面描述的"泰勒的最初战术学习"是根据那些采访得来的，也是最早的关于"年幼"泰勒的刻画。这里复印的页面是 1847 年出版的《扎卡里·泰勒将军传》（弗里和康拉德著）。

　　当然，当时辉格党的代言人大量采用这种强有力的辞令。如果克里坦登所言真实，而且泰勒确实曾读过普鲁塔克的著作，那么毫无疑问，泰勒将军是受到基恩·奥哈拉的鼓舞。而他会从普鲁塔克身上学到什么呢？一个梦想成为军人的肯塔基农家男孩对普鲁塔克笔下的十五位希腊英雄的生活着迷了，特别是其中的军队领袖和胜利征服者。例如，普鲁塔克讲述了一位勇敢的希腊将军的故事，这位将军如最年轻的人那样善战，也具有最年长者那样的判断能力，因此成了战场上最好的士兵和司令。普鲁塔克还写了领导底比斯人战胜强大的斯巴达人的伯罗庇达斯。普鲁塔克是这样描写 16 岁的非凡征服者亚历山大的：

　　　　希腊附近的国家和城市都反抗马其顿王位上的男孩统治。亚历山大的大臣劝他放弃征服希腊人，并集中精力管理好北部未开化民族。他们建议友善对待希腊人，那样就可消除他们的反叛念头。但是，亚历山大不接受这种建议。如果在他的政府开始发现任何软弱的迹象，那么每个人都要去指责它，因此只有勇敢才是他们的守护神。

　　普鲁塔克描写的战争荣耀感很容易激励所有农家男孩梦想有一天能够从军。
　　基恩·奥哈拉对扎卡里·泰勒的影响是短暂的。因为这年纪轻轻的扎卡里需要帮助他父亲打理庄园，他的孩提时代的后期就全力奉献给了他家广袤的种植园了。
　　与泰勒家平静而牧歌式的田园生活相去甚远的是，美国与它的旧敌英国之间的紧张局势持续升级。1806 年，泰勒加入了肯塔基志愿军，匆忙应对阿伦·布尔明目张胆掠夺西部土地的背叛行径。两年后，泰勒终于得到机会获得军衔。
　　不幸的是，他发现这个机会是以他的兄弟威廉·泰勒的死换来的，威廉已经获得美国第七步兵团的中尉军衔。1808 年初，威廉在路易斯安那与印第安人的冲突中牺牲。查理·泰勒召集他在肯塔基政界有影响力的朋友，要求让他的儿子扎卡里去顶替这个空缺。1808 年 5 月 3 日，迪尔伯恩军长代表扎卡里发函，宣布任命扎卡里·泰勒加入美国第七步兵团。而后近四十年，扎卡里都在军队服役。
　　最初几个月里，他帮助招募新民兵，然后随同第七民兵团驻扎在新奥尔良，忍受路易斯安那多年来最热的夏天的煎熬。军队选择了沼泽地作为第七步兵团的露营地，因此许多人染上了黄热病，泰勒也未能幸免。泰勒被送回肯塔基老家休养了两年时间，然后再回到军队。
　　当他再入第七兵团时，他已经是上尉军衔了。他在休养这两年间结了婚，他的妻子玛格丽特·麦凯尔·史密斯来自肯塔基州有名的杰斐逊县。

泰勒返回军队参加了1812年美英战争。战争结束后，他被派往威斯康星州、明尼苏达州、密苏里州和路易斯安那州平定美国土著部落的叛乱。1837年，他击败了佛罗里达州的塞米诺族印第安人，这使他获得准将头衔。在与塞米诺族的战斗中，泰勒的军队给他冠以"顶用的大老粗"的绰号，赞赏他坚毅地领导他们通过泥泞的沼泽地的硬汉性格以及他朴素的制服着装。

然而，泰勒最大的胜利是在1846年。他率领2300名士兵与人数多达三倍的墨西哥军队作战。一年后，在布耶纳维斯塔，他又率兵战胜一支强大的墨西哥军队。这一战有效地征服了墨西哥军队，结束了战争，并使得克萨斯州归并入联邦政府。扎卡里·泰勒这时也成了民族英雄。

在泰勒的整个从军生涯中，布利斯一直是他可靠的支持者。在美国墨西哥战争期间，嚣张的桑塔·安那传达信息给泰勒，警告他除非投降，否则将他的人马碎尸万段。据说当时泰勒火冒三丈，感觉很受威胁，但布利斯出面写了一封外交回函，用简短的三言两语说美国军队懒得理会空洞的威胁，这有力地反击了桑塔·安那的嚣张气焰。由泰勒将军签署的这份简单回函是这样写的："关于你要求我军自行投降之事，恳请我说拒绝答应你的要求。"

1848年，辉格党提名泰勒为总统候选人。当时许多善于辞令的辉格党人通常为泰勒说话，像参议员克里坦登、乔治亚州的议员亚历山大·史蒂芬斯和来自伊利诺斯州的年轻国会代表亚伯拉罕·林肯。在当时，竞选者积极进行竞选活动是非常罕见的事情。布利斯仍然着手帮助泰勒竞选事宜，当他的岳父当选为总统时，他也随同一齐进入白宫，作为总统的可靠助手。

泰勒总统的就职演说比较简短，只有一千多字。在演讲时，坐在泰勒旁边的是詹姆斯·诺克斯·波尔克总统。后来，波尔克说泰勒说话声音很低，他的发音和仪态也很糟糕。

扎卡里·泰勒总统的任期很短。尽管泰勒自己是南方人，而且拥有奴隶，但他反对任何加入联邦的新州允许奴隶制。在他短暂的任期内，参议员亨利·克雷起草了妥协协议，允许加利福尼亚州以自由州进入联邦，其交换条件是接受《逃奴法案》，该法案规定南方人有权在北方追捕逃跑的奴隶。泰勒反对这种妥协，并扬言要否决《逃奴法案》，不过该法案一直未送至他的桌前。1850年7月4日，泰勒刚就职一年半时间，他参观了正在建设的华盛顿纪念碑。当时首都华盛顿的天气又热又闷，泰勒因此生病。当晚他得了霍乱，五天后就去世了。

第十三章

米勒德·菲尔莫尔
(Millard Fillmore)

哈尔·马科维奇

米勒德·菲尔莫尔 15 岁那年，他的父母送他到附近的斯巴达村庄学习整理毛线的活儿。米勒德以前在学校是一个好学生，但他的家境很贫困，小小的农场几乎颗粒无收，他们急需孩子去当学徒，赚取几个美元来贴补微薄的家庭收入。米勒德的姐姐奥利弗虽然比他大，但她做不成学徒，而他还有一个弟弟，因此，在他还小的时候就被送去学艺了。

米勒德在本杰明·汉格福德手下当学徒，汉格福德与米勒德家是世交，他有一家整理毛线的工厂。整理毛线就是在纺纱前去除毛线原料中的脏东西和其他杂质。多年来，整理毛线通常是由女孩子和他们的母亲用手工完成的，她们用坚硬的金属刷子花很长的时间来梳刷毛线，直到把它们理顺可以用于纺织。1797 年，马萨诸塞州的一位老板阿莫斯·维特莫尔发明了一种可以梳理毛线的机器，这种机器梳理毛线的效率相当于 12 个工人。

米勒德·菲尔莫尔答应去汉格福德那里工作还是有点不太情愿。那是 1815 年，美国与英国的战争刚刚结束。米勒德曾因为年龄太小不能入伍，但他一直怀有成为一名士兵的梦想。不过，米勒德的父亲纳撒尼尔还是说服他去学手艺，这样，年幼的米勒德就前往斯巴达去汉格福德那里当学徒了。

威廉·斯科特是汉格福德工厂的领班，他很快成了米勒德的好朋友。斯科特后来回忆起米勒德进工厂时给他的第一印象时说："他身着一套手织的灰色羊毛外套和裤子，戴个毛线帽子，一双结实的牛皮靴子。他留着长发，圆乎乎的脸，他就是那种聪明、品质好的小伙子的样子，非常沉着，他的动作相当慢，仿佛在深思熟虑，我注重这些。"

米勒德只做了几个月的学徒。他在这儿的主要任务不是学习梳理毛线的技术，而是每天徒步去树林里砍柴，供工厂火房使用。米勒德对这份苦差很是恼火，最后当面与老板汉格福德说，他离家来这不是学如何砍柴的。汉格福德命令米勒德听从安排，回到柴堆旁边去。他同时还威胁米勒德说："你敢违抗，我要惩罚你。"在当时，惩罚就可能是要遭受鞭打的。

米勒德拒不退步，相反，他扬起斧子，大胆地说："你别想打我，如果你靠近

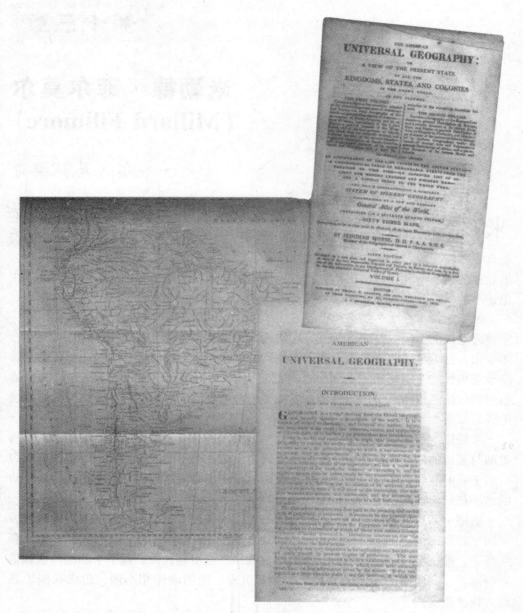

　　米勒德·菲尔莫尔出生于 1800 年，在他的自传里描述了他的父母亲在纽约建立的那个小小的拓荒者之家，深受边境生活的穷困和艰辛之苦。米勒德在他父亲的农场干活，又在一家整理毛线的工厂做学徒，还偶尔断断续续地上学。不过，他第一次看到杰德迪亚·莫尔斯的《美国普通地理》的一副地图后，他对地理着迷了。一直到美国国内战争，大多数美国人的地理知识和地图都来源于莫尔斯的书籍。

　　杰德迪亚·莫尔斯（1761—1826）是著名的美国地理之父。他由于不满当时英文教科书中对美国的描述，他着手作了一系列"地理讲座"，并在 1784 年出版了美国第一本地理书。到 1820 年，这本著名的教材经过 25 个版本修订。首次努力获得如此成功，莫尔斯便更加投入，他在 1789 年出版了《美国地理学家》，后来出版《美国普通地理》。这一著作在美国至少经过七次修订，在欧洲也差不多有这么多版本。莫尔斯在这方面的贡献处在独一无二的地位，他还为美国第一版《大不列颠百科全书》（1790）写了题为"美国"的文章。1795年，莫尔斯出版了孩子们使用的《地理入门》，这本薄薄的书有许多版本。他的儿子塞缪尔·莫尔斯是著名的"电报之父"，是莫尔斯电码的发明者。

米勒德·菲尔莫尔在他的自传里写道，他上遍了周围的学校，因而他学会了阅读。不过，可以肯定的是，在那些学校里，除了《圣经》和为数不多的识字拼写类书籍外，几乎没什么了。多年后，他描述家庭书房就是一本《圣经》、一本圣歌书和一本历书。

在殖民统治时期，历书是一本重要的刊物，它根据自然中费解的现象而作出的长时间天气预报。开始时这是作为天文信息的来源，后来历书很快成了农夫必不可少的书籍，书中从小常识到一些预言，无所不包。最有名的是本杰明·富兰克林的《查理历书》，最初

在1732年出版，它立即成了最受欢迎的读物，它不同于普通的东西和人类智慧。所有历书都是重要的读物，因为它们包含每个美国农夫所需知道的信息。1732年，费城有七本历书出版，似乎任何一本都难成功。然而，富兰克林富有新意，他觉得他的历书一定会成功。除了关于天气、潮汐、日食和药方这些常见信息之外，富兰克林还印上了一些箴言和简洁的话语，这些令他独树一帜而出名。富兰克林的历书每个版本的销量不断增长，每年印刷达一万多册，殖民地大约每百人就有一本。

富兰克林在1748年后停止编写历书，转而开始将大部分精力放在政府事务上了。不过，他的历书仍由费城知名的出版商和作家马修·凯里来发行。

我，我就要砍倒你。"

汉格福德站在米勒德面前，身体颤抖了一下，然后退回走开了。汉格福德不久就与米勒德解除了师徒关系，让他回家。多年后，米勒德成了美国第十三位总统，他谈及此事时说："我承认那是不合理的反抗，或者说至少我那种威胁是太过分了，我都担心我真会那样去做。我唯一的理由或想要辩护的是我天生就反对不公平和专横行为，那是我不能忍受的。"

1800 年 1 月 7 日，米勒德出生于一个非常卑微的家庭环境中，他也是首位出生于 19 世纪的美国总统。他的父母纳撒尼尔和菲比早在 1798 年离开佛蒙特州，来到纽约州中心定居，当时那里是奥内达加县，即现在的卡育加县。他们就在一间偏远的简陋小木屋里养活他们的孩子，他们最近的邻居都相隔有四里远。后来，米勒德描述他儿时的家与外界的文明和进步是完全隔绝的。

纳撒尼尔·菲尔莫尔发现很难在他那多岩石的农场里种好庄稼，养家糊口都不容易。1802 年，由于他的契约上有问题，他失去了这个农场。纳撒尼尔夫妇被迫离开家园，搬到十里外的地方租种土地，那里就是现今的奈尔斯。菲尔莫尔在他的自传中说："我的父亲租得一个永久性的农场，面积约 130 亩，当时土地全部没有开垦耕种过的，而且上面长满了树木。父亲建了一间小木屋，然后开始清理这块土地。在那里，经过这些事情，我最初领悟到生活的全部。"经过纳撒尼尔夫妇不断的辛勤劳动，这块土地很快就长出庄稼来了。

米勒德最初在附近的新希望村的学校上学，学校只有一间校舍。他上学时大概 9 岁或 10 岁的样子，在此之前他很可能不知道认字和写字。此外，在深秋和冬天这几个月里，他的父亲不愿让他去上学。而在春天和夏天，纳撒尼尔又需要米勒德在农场帮忙干活。

米勒德的第一位老师是来自北方康涅狄格州的阿莫斯·卡斯尔，他发现米勒德接受知识很快。尽管米勒德已经落后于许多同学，但他进步很快，他的智慧和对知识的渴望给卡斯尔留下了深刻的印象。他借助诺亚·韦伯斯特在 1783 年编写的《美国人拼写手册》学会阅读。类似的蓝色手册通过将单词分成音节，教小学生如何去读和拼写。韦伯斯特的拼写手册历经一百多年，已经重印过六千多万份。

很显然，米勒德·菲尔莫尔证明了诺亚·韦伯斯特编写的手册很受用。几个星期后，老师卡斯尔就奖给米勒德一个奖状，祝贺这个农家男孩拼写的 224 个单词没有一个遗漏。

米勒德读过的第一本小说是威廉·鲁弗斯·切特伍德的《罗伯特·玻意尔船长的航海历险记》，故事讲述了一个神气活现的英雄，他一路上与海盗、奴隶贩卖者和各种其他恶棍作斗争。这本书以英语出版最早是在 1730 年，而后一个世纪大量重印。

春天很快来临，米勒德的父亲要他回来下地干活。晚上，尽管米勒德能自学一些简单的算术，并弄来一本《美国普通地理》自学。他在自家的小木屋里看书，了解到这个世界上的国家概况，并知道它们在地球上的位置。

这年冬天，米勒德进入威斯特先生开办的学校上学，他在那里学习语文和数学。不过，他又只上了几个月的学，然后被他的父亲叫回地里干活了。这种断断续续的学习和劳动模式一直持续到米勒德15岁那年，之后在本杰明·汉格福德那里砍柴，度过了几个月不愉快的时光。

米勒德从斯巴达回到家中后，他又想学会整理毛线的技术，这次是在一家名为新希望的工厂里当学徒，工厂老板契尼和凯洛格答应接收他学五年。这次，米勒德发现当学徒如意多了，契尼和凯洛格真正教他如何整理毛线，并让他负责一些事情。在很短的时间内，他就为工厂记财务账目了。

契尼和凯洛格付给他每年55美元的薪水。他与工厂协议，让他在必要的时候回家帮父亲料理农活，还有在冬天去上学，这通常是整理毛线的淡季。他对读书的渴望仍然非常强烈，他想办法获得各种书籍。大约在1817年、1818年的样子，米勒德花了两美元加入当地的图书馆，这样他就可以在里面选择一些书阅读。

他自己还买了字典，并把它架在工厂轰鸣的机器旁边，当他在机器旁边来回穿梭，给机器喂料和卸毛线锭子时，顺便瞟一眼单词及其解释。

1818年冬天，当工厂业务不景气时，米勒德在邻近纽约科特兰德的斯科特镇找到一份学校老师的工作。这份工作每月可得到10美元的薪水。据米勒德讲述，斯科特是"原始粗俗、没有受过教育的地方"，学校的孩子给老师制造麻烦是出了名的。的确，米勒德能获得这份工作，就是因为之前这些孩子们辱骂前任老师，并将他赶出该镇了。斯科特的孩子们很快也与米勒德·菲尔莫尔对抗起来，米勒德发现孩子们在直面考验他的权威。米勒德就拿拨火棒来威胁孩子，这才让孩子安定下来。不过，米勒德不久后得知家长们都为这位新老师拿拨火棒威胁孩子感到苦恼。于是他们召集会议，米勒德解释说他拿起拨火棒是自卫行为。家长们接受了他的解释，他继续履行他的老师职责。那年春天，这学年结束后，他在一家锯木厂找到一份工作，然后又返回到毛线整理厂。

到了冬天，毛线整理厂的工作又开始清淡了。这时，米勒德决定返回学校上学。尽管他已经19岁，早过了那种休学在家帮助干活或学艺的年龄，不过他还是决定要提高自己的知识水平。他进入了当地一所学校，在一户农家住宿，并给他们当伐木工人。

在这所学校，老师艾比盖尔·朴尔斯只比米勒德大两岁。在艾比盖尔看来，米勒德是一位非同寻常的学生。她在作为老师的这两年里尽其所能地教这些农家孩子，但是米勒德似乎要聪明得多，当然，他也是年龄最大的学生，不过他愿意向班上的其他同学学习。艾比盖尔很快发现米勒德尽管聪明，而且渴望学习知识，但他还缺乏儒雅之气。他是一个斯文的人，但在社交活动中不知如何应对。艾比盖尔成了他的私人老师，决定提高他的社交风范。很快，她也成了他的未婚妻。

1819年，米勒德的父母纳撒尼尔和菲比搬到蒙特维尔的一个新农场，他们在

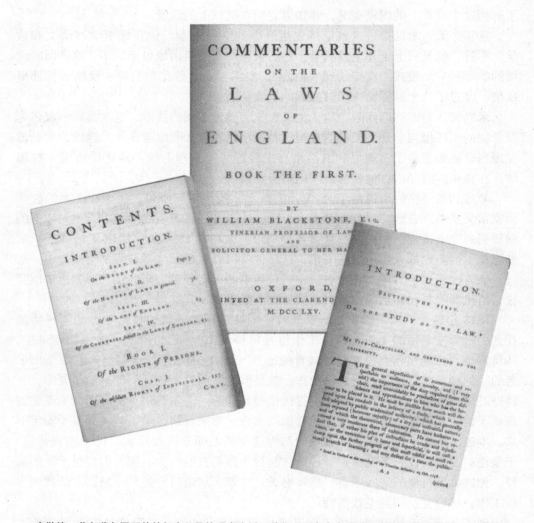

　　米勒德·菲尔莫尔写了他的佃农父母的艰辛生活，他们几乎每年都要在纽约州寻找更好的土地来耕种，不断迁徙。他 19 岁时，他的父亲说服其地主（一位上了年纪的县法官）让米勒德在他的律师事务所当两个月的职员。米勒德被父亲召回后，第二天早上来到伍德法官的办公室。这位满脸皱纹的老人与他打了招呼，并递给他一本布莱克斯通的法律书籍，并说："你在这上面花点心思，你会受益匪浅的。"

　　威廉·布莱克斯通的四本《英格兰法律注解》（1765—1769）为英国普通法形成统一合理的体系作了巨大贡献。布莱克斯通认为，自由权的维护需要全面了解英国法律制度。布莱克斯通的注解在法律书籍中占主导地位，也成了英国和美国大学（1860 年前）法律教育的基础。它也是用英语编写的最重要的法律专著。

　　上面是第一本书《人权》第一版的标题和扉页摹本。米勒德在读了两个月布莱克斯通的著作后，他承认读不懂这本书。

那里成了瓦尔特·伍德法官的佃农，伍德主管卡育加县法庭。由于这一地区纯朴的田园生活风尚，伍德法官也没多少公事可办。最多的时候他是被请去解决财产所有人之间的纠纷。在那时，很少有准确的契约和其他财产记录，这一点菲尔莫尔夫妇深有体会，毕竟，他们就是因为契约的问题而失去了他们第一个农场的。

　　纳撒尼尔·菲尔莫尔深知他的儿子一直都对书本和学习感兴趣。他事先没有告诉米勒德，自个儿问伍德法官是否可以收他儿子当个律师见习生。伍德同意了，在米勒德第一天去他办公室时，伍德法官递给他一本威廉·布莱克斯通的《英格兰法律注解》。

　　这位英国法学家威廉·布莱克斯通先生在 1765 年已经写过一系列的法律注解，尽管作者写的主要是英格兰的法律，但是美国的法律学生可以从中学到许多东西。布莱克斯通提倡的普通法律规定高于国王的权力这一思想激励着美国宪法制定者。布莱克斯通在著作中表示，公民有权利请求国王和议会矫正不公。25 年后，宪法的第一次修订确保了美国公民有权力请求政府矫正不公。

　　米勒德要作为伍德法官手下的见习生，他必须经过契尼和凯洛格的许可，因为他在他们的毛线整理厂还有一年的见习期。而这时米勒德对这两个合伙人来说已经是一个有价值的雇员了，因而他们都不同意米勒德走。他们最后同意以 30 美元的补偿终止与他的协议，米勒德承诺用将来赚取的钱偿还给他们。

　　契尼认为米勒德这样做是愚蠢的，契尼看到米勒德在街上后问一个朋友说："你看到那边那个年轻人吗？他虽是一个聪明的年轻人，不过正在做一件非常愚蠢的事情。他与我一块共事有一段时间了，他是我所见过的最好的学徒，也是我所见过的最好的工人。他对所有工作都很明白，然而他却放弃这份工作，要去学法律！"

　　米勒德住在伍德法官舒适的家里，而这将作为他帮助法官干活的补偿了。另外，他在蒙特维尔当老师可以赚取一份薪水，他将用这个来偿还契尼和凯洛格。在法官手下做见习生期间，他通常在早上开始上课前和傍晚下课后阅读法律书籍。他作为伍德的见习生的主要任务是测量土地，因为法官的大部分案子是解决土地纠纷，所以这是一项重要的任务。

　　米勒德跟随伍德法官这忙碌的两年内学会了许多法律知识，不过他很快发现自己对伍德指派给他的这种工作感到厌烦了。在见习期间，摩拉维亚镇的埃利阿斯·罗杰斯聘请米勒德为他在一件案子中陈述。米勒德替罗杰斯解决了这个案子，得到了 3 美元的小费。后来伍德法官得知米勒德替罗杰斯办案时，他非常气愤地斥责米勒德，因为米勒德事先没有与他商量。米勒德表明他只是想做这件事来赚几个钱，不过还是承诺未经伍德同意，不再去接应当事人。后来，米勒德说："我想伍德法官不知道或者认识不到当时 3 美元对我有多重要。"

　　因为罗杰斯的案件与伍德产生的不愉快，这促使米勒德提早解除伍德的聘用。他又一次要付钱给他的雇主了，因为他未到约定的见习期满。他商议以 65 美元偿付给伍德，这笔钱他将用今后当律师的收入偿还。尽管他与伍德法官的分离很难说友好，但米勒德一直会记得伍德给他的一点重要建议：如果你有志成为卓越的人，那么可以牺牲一切别的来取得成功，而法律是获此殊荣之路。

对米勒德来说，这条路指引他到了布法罗，这是伊利湖旁边的一座城市，他在亚莎·赖斯和约瑟夫·克莱利的律师事务所找到了一份法律职员的工作。在布法罗这样正在发展的城市里，米勒德还是不难找到工作的。几家律师事务所都堆积着大量案子，都急需聘请能干的职员来帮助律师整理案件。他在赖斯和克莱利的事务所工作没有薪水，他又不得不找了一份老师的工作。不过，赖斯和克莱利帮助米勒德准备他的律师考试，到了 1823 年 2 月，他之前所有辛勤和忘我的工作最终得到了回报，他通过了律师资格考试，可允许在纽约州从事律师职业。

米勒德·菲尔莫尔多年来的穷困会很快抛在脑后了。他在奥罗拉镇开办了自己的律师事务所，成了一位业务繁忙的律师，他的父母曾在这里买下了一个农场。1826 年，米勒德与艾比盖尔结婚，他在经过七年的辛苦奋斗后，终于迎娶了他的新娘。1830 年，他开始了他的政治生涯。两年后，他被选入州议会。他当选很大程度上依赖于他所属的政党，他负责起草禁止拘留债务人的法律部分。他也成了纽约辉格党报纸出版商和政治权力经纪人图罗·维德的门徒，图罗·维德引导米勒德进入纽约州议会，然后进入美国国会。1840 年，辉格党掌控了美国众议院，米勒德成了筹款委员会的主席。在此期间，他带头起草了保护主义者的 1842 年的《关税法案》。

维德还把米勒德推上纽约州州长的位置。1844 年，米勒德被赛拉斯·莱特打败（米勒德把他的失败归结为废除奴隶制和对外国人天主教徒的主张），莱特是前总统范·布伦的好朋友。三年后，米勒德·菲尔莫尔当选为纽约的审计长，这是该州最高的财务官。他只任职一年，就被辉格党推选出来参与总统竞选，他在总统选票上与扎卡里·泰勒联合。泰勒的总统提名激怒了北方辉格党人，因为泰勒是南方人，而且是奴隶主。米勒德·菲尔莫尔当选为副总统候选人，部分原因是他是北方人，这样可以带来地域平衡。他获得副总统的提名多亏亨利·克雷的影响，克雷对泰勒不满，拒绝接受马萨诸塞州的棉纱制造商艾博特·劳伦斯作为副总统的提名。克雷声称他不想"让选票两端都是棉絮"。米勒德·菲尔莫尔和泰勒直到选举结束后才见面，而他们见面后，发现有点势不两立，都不喜欢对方。

泰勒的总统任期很短，他死于 1850 年，当时国会制定的一部重要法案（《逃奴法》）还没有送达白宫。《逃奴法》是由参议员亨利·克雷起草，是著名的"1850 年妥协案"的一部分，该法给予南方的奴隶主较大的权力——抓回逃到北方各州的奴隶。作为交换条件，南方议员同意允许加利福尼亚州作为自由州加入联邦，而此地禁用奴隶。尽管泰勒是一个奴隶主，但是他想要维护联邦政府，他生前曾清楚表明不会签署该法案。然而，等到这部法案送达总统办公室时，已经是米勒德·菲尔莫尔主宰白宫了。米勒德·菲尔莫尔和他的内阁也想维护联邦政府，但他认为为了避免内战，还是签署了该法案。

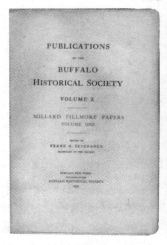

　　米勒德·菲尔莫尔于 1853 年离开白宫。当时，没有收集国家总统公开的和私人文稿的图书馆。在随后几年，米勒德是布法罗大学的第一位荣誉校长，还是布法罗历史学会的创始人和会长，布法罗医院的创办人，各种民众事务、教育和慈善事业的志愿者。

　　在他去世约 20 年后，布法罗历史学会的秘书弗兰克·H. 塞文拉斯收集了米勒德的私人文稿以及那些了解到的前总统往事。该学会曾在 1871 年请求米勒德·菲尔莫尔总统写自传。他只写了大约十五页，那都是关于他的青年时期生活和教育的。这些内容是关于前总统生活的重要资源。1907 年，在塞文拉斯的引导下，布法罗历史学会出版了上下两册《米勒德·菲尔莫尔文选》，其中包括米勒德·菲尔莫尔简短的自传。

　　当米勒德·菲尔莫尔签署《逃奴法案》时，辉格党中主张废除奴隶制的派系四处骚动。他们在 1852 年的选举中不支持他，拒绝提名他为辉格党的候选人。这也是辉格党参与的最后一次选举，该党在这一年选举失败后便解散了。许多前辉格党人加入了新党——共和党，参与 1856 年的选举。米勒德·菲尔莫尔加入了美国党，这是前辉格党和反对外国移民的狂热分子组成的联合党。他们的绰号是"一无所知党"，因为外界人士问及这些党员时，他们都只回答"我什么都不知道"。该党存续的时间很短。在 1856 年的总统选举中，米勒德·菲尔莫尔得票甚少，然后迅速退出政坛。

　　米勒德·菲尔莫尔退休后仍然十分活跃，最后他成了布法罗大学的第一任名誉校长——这是对一位自己的教育因幼年时的贫穷而受影响，但不懈努力取得成就的巨大奖励。

第十四章

富兰克林·皮尔斯
(Franklin Pierce)

丹尼尔·E.哈蒙

据富兰克林·皮尔斯的朋友纳撒尼尔·霍索恩说："富兰克林是一个笑容可掬，满头卷发，蓝眼睛的孩子。"年幼的富兰克林会成为美国最英俊的总统。从他的照片上看，略显严厉，不过他那薄薄的嘴唇、尖细笔挺的鼻梁、乌黑的卷发和浓密的眉毛极引人注目。他看起来就是一个有社会修养，聪明、机灵的人，不过他的脸上也流露出自身的痛苦。富兰克林是一位遭受不幸的总统，而且对强势的分裂主义准备不足。他虽有堂堂五英尺高，但身子虚弱，时常受肺病困扰，这也注定他不会长寿。或许这是一大幸事。1853年，富兰克林·皮尔斯成了美国最年轻的总统，直到16年后去世，他是越来越不受欢迎，失败、痛苦和悲伤萦绕着他。

1816年的一个周末，12岁的富兰克林似乎面临一个难以忍受的危险期——他非常想家。他的父母亲认为儿子应该比他们接受更好的教育，于是送他到离家约十五里外的新汉普郡的汉考克学校。这是富兰克林第一次离家，他一到汉考克便觉得不适应那里。星期天一大早，他就走回家去。他的家人从教堂回来，发现他正准备细数不去远处上学的理由。

令富兰克林迷惑不解的是，他的父亲一言不发地听他讲。本杰明·皮尔斯没有惩罚他的儿子，甚至都没有责怪他。晚餐过后，本杰明套好马车，拉上富兰克林。一上车，富兰克林又沮丧起来了，因为他们正在去汉考克的路上。到了半路，父亲把富兰克林放在路边，调转马车，静静地驶离开了。无望的富兰克林几乎没有选择，只好回到学校，并慢慢适应学校生活。

美国独立初期的生活通常都很艰辛，也让人印象深刻。人们乐观地称新汉普郡为"群山之地"，这里养育了像丹尼尔·韦伯斯特和约翰·斯达克这样的人。在富兰克林出生时，韦伯斯特已经24岁，他正准备从事律师职业，而这使他成了当地最有名的雄辩者。粗暴的准将斯达克则是革命战争时期一位最有名的司令，而这时已经退休，在他的农场颐养天年。

富兰克林的父亲本杰明·皮尔斯在今天几乎无人知晓，但当时在整个新英格兰具有很高的威望。他是靠自己努力而成功的人，他从一个贫穷的殖民地农夫成长为有声望的人。他没受过什么教育，但有坚定的信念，且有胆量。本杰明由他的叔叔抚养大，当殖民地人民与英国士兵在马萨诸塞州的列克星敦和康科德地区发生冲突（美国独立战争爆发了）这一令人振奋的消息传来时，据说17岁的本杰明当时正在耕地。那是1775年4月，他告别了农场，拿起武器，接下来的七年时间都投身于为自由而战之中。独立战争结束后，他当兵的微薄报酬够他在老家新罕布什尔附近买五十亩地。本杰明开始修整他的土地，在小河边建了一间木房子，并娶妻成家。他们结婚不到一年，他的妻子伊丽莎白·安德鲁斯便去世了。两年后，他与安娜·肯德里克结婚。随着他们的家庭成长，本杰明·皮尔斯在当地赢得了诚实、直率的良好声誉。他是新罕布什尔国民军中的一位军官，并入选新汉普郡议会。后来，他担任县警长和邮政局长职务。

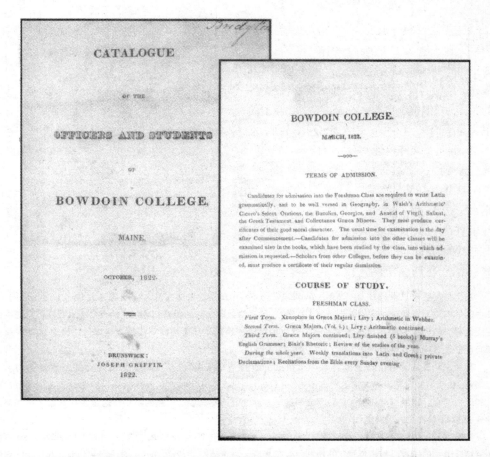

　　1820年10月，16岁的富兰克林·皮尔斯进入波登大学。为了录取，富兰克林必须能正确地书写拉丁文，并翻译西塞罗的《演说集》和维吉尔的《埃涅伊德》。入学第一年分成三部分。阅读的任务是希腊和拉丁文的古典文学，再加上每个学生必须掌控高等算术和英语语法。每个星期天的傍晚必须阅读《圣经》。

　　波登大学位于不伦瑞克的缅因海岸，该校于1794年批准建立。1802年允许接收第一批学生，1806年首次颁发学位。

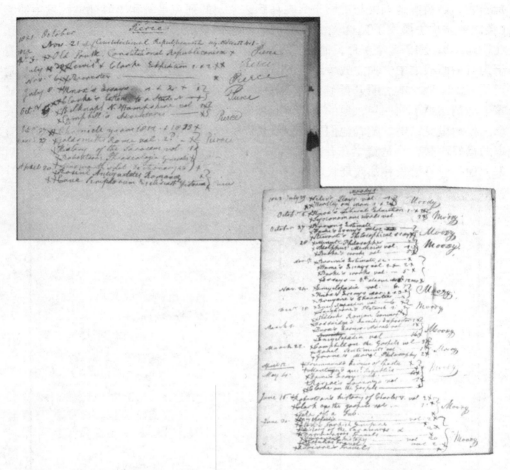

　　左上角的手写记录是 1821 年 10 月至 1823 年 4 月 20 日富兰克林·皮尔斯从波登大学图书馆所借的书。其中的书有刘易斯和克拉克的《远征》（两册），这是讲述在船长刘易斯和克拉克的命令下寻找密苏里源头的探险故事，他们在 1804—1806 年穿过岩石林立的群山，沿哥伦比亚河向下到达太平洋。1814 年的第一版是所有西征故事中最著名的。

　　富兰克林还从图书馆借了奥利弗·戈德史密斯的《罗马史》，从罗马城市的建立到西方帝国的消灭（1769）和西蒙·奥克雷的《撒拉逊人历史》（1718）。后者描述了古老的伊斯兰人，即撒拉逊人的战争、宗教和风俗习惯。富兰克林还借了用拉丁文写的一本全面介绍罗马手工艺品的书籍，这是由托马斯·德恩普斯狄理在 1743 年集成的权威之作。

　　西奥多·L. 摩德是富兰克林同住两年的室友。右边就是摩德自 1823 年 7 月 29 日至 1824 年 6 月 30 日在图书馆所借书的记载，他重复借了几次苏格兰哲学家大卫·休谟 1767 年在几个方面所写的散文和论文。摩德还续借了至少十次以上由英国政治理论家埃德蒙·伯克所著的书。这些手写图书馆记录已经保存了一百八十多年，我们不知今天的大学图书馆记录是否也能保持这么久。

　　1824 年，富兰克林所在班级有 13 人。除了每年 24 美元的学费之外，还有附加的图书费约 1.5 美元，食宿费大约每周 2 美元。每周三下午，所有学生都要参与一个指定主题的辩论会。

富兰克林出生（1804 年 11 月 23 日）不久后，这个家在新罕布什尔下游的村庄建了一所更大的房子。新的联邦政府给了人民兴旺的景象，而皮尔斯夫妇深知他们的九个孩子所需要的就是教育。当时，父母向他们灌输的都是 19 世纪早期的思想。他的母亲深信美国新教圣公会教，而他的父亲则更多的是以身作则——热爱国家和维持土地规律的重要性。据传记作家纳撒尼尔·霍索恩所说，年轻的富兰克林在旧时的新罕布什尔给人的印象是一个善良、诚实和非常可爱的人。同时，他也是一个典型的喜欢作乐的男孩子，他经常在林中漫步，冬天则在结冰的池塘里滑冰。他也是一名垂钓爱好者，这一爱好伴随他一生。

富兰克林 7 岁的时候，美国与英国的紧张局势又使两国卷入另一场战争。富兰克林的一个哥哥和姐夫都参与了 1812 年的美英战争。在新汉普郡的家中，这场战争是富兰克林对政治认识的开始。他观察他父亲对战争冲突和其他国家大事所作的公开发言和私下议论。本杰明·皮尔斯是忠实的反对联邦主义者，他支持托马斯·杰斐逊和羽翼未丰的民主共和党。富兰克林并不明白其中的冲突原委，但他开始明白，不同地区和经济利益冲突时，在一个民主国家里会出现令人困惑的复杂现象。

富兰克林在新罕布什尔学校上学到 12 岁，然后去读大学预科班，首先是汉考克学校，后来在弗兰西斯敦学校上学。他与其他同学相处融洽，并建立了深厚友谊。据说他曾利用课间休息时间帮助一位同学赶上功课。霍索恩后来描写了富兰克林性格和蔼并且热情，不过他也有喜欢搞恶作剧的美名，他经常与他的好朋友们一起嬉耍玩闹和打斗，有时还会弄坏公物。

在弗兰西斯敦学校，富兰克林的老师是严厉的西蒙·英格索尔·巴德，以传记作家罗伊·富兰克林·尼古尔斯的话说，这位老师是一本活字典，且严格要求学生遵守纪律。巴德通常严格考核学生的拉丁文、希腊文、化学、地理和算术，直到他们弄懂了为止。

富兰克林的哥哥被送往达特茅斯大学上学，不过后来觉得该校的管理制度和老师都不如他父亲的意。特别是当时达特茅斯大学主要是在联邦党的掌控下，丹尼尔·韦伯斯特也在其中。因此，本杰明·皮尔斯决定将富兰克林送往不伦瑞克的波登大学，波登大学是所新大学，富兰克林来上学时，该校建立还不足 20 年，不过它后来赢得了很好的声誉。富兰克林入学时，波登大学有两幢教学楼，一座简朴的礼拜堂，礼拜堂大约有校图书馆的两倍大。

1820 年秋天，富兰克林的父母亲坐上他家的两轮马车，亲自送他去不伦瑞克，并将他安顿好住宿。他是六个住宿学生中的新人，不过他并不害怕，他对大学生活充满期待。后来他回忆说：“我的情绪非常高，除了学校的管理约束之外，我远离家庭管制了！”

在他的班级里有 19 名同学，有五个将升高年级而离开。可爱的富兰克林很快结识了许多朋友。他人生中最重要的一个朋友是纳撒尼尔·霍索恩，霍索恩比富兰克林晚入学一年。霍索恩后来成了美国最有名的作家之一，著有许多书（如 The

Scarlet Letter, The House of the Seven Gables, Tanglewood Tales, Twice—Told Tales)。今天的美国人对纳撒尼尔·霍索恩著作的了解远远多过对富兰克林·皮尔斯总统传记的了解。在波登大学还有一些后来成名的同学，如亨利·沃兹沃斯·朗费罗，他是美国最受人民喜爱的诗人；约翰·P. 赫尔，他后来与皮尔斯总统在政治上针锋相对。

多年后，霍索恩写了一本富兰克林·皮尔斯的传记，以帮助他参与总统竞选。作者回忆起这位老朋友时说："他那时是一个年轻且活泼的小男孩，也具有男人气质，令人愉快的性情，身材修长，皮肤白皙，一头浅色的卷发。他开朗和愉悦的性情给人以阳光般的感觉，令人欣喜和温暖，与他在一起，你不用胆怯。"

波登大学的学生分成两大派，正如霍索恩对这两大团体的描述："可敬的保守分子"和"进步分子"。霍索恩和富兰克林都是进步分子。富兰克林在学校是一位老练的辩手，而且对政治抱有极度的热情，他对英国的哲学家约翰·洛克的著作也很了解。他加入了学校的两大文学社团之一——文艺社，还被选为波登大学新生军训的队长。霍索恩描写这个大男孩指挥具有老兵的仪态和风范，不愧为革命英雄的儿子。实际上，富兰克林在进入大学前，似乎曾认真考虑过以军人为职业。

富兰克林的一位亲密朋友蔡纳斯·考德威尔是年龄较大的学生，他心地善良，勤奋好学，对宗教信仰非常虔诚，睿智有远见，很有威信。考德威尔强烈的宗教意识也对富兰克林产生了深刻影响，在他们大学三年级的时候，共住一间房子，每晚在睡前跪下做祷告。

考德威尔是许多波登大学学生的典型代表，他们比富兰克林年龄大得多，并且与富兰克林不一样，他们要自己挣钱来付学费。自然而然，他们会比他更加认真地对待学习，尽可能多地学习知识。在头两年里，富兰克林在社交活动上比较活跃，而花在学习上的精力就相对少了。尼古尔斯是这样描述当时的富兰克林的："他无忧无虑，而且对自己有点不负责任，学习落后，如果他不能完成的学习任务，他就抄袭别人的。"至少有一次，他在课堂上向教授公开承认一个代数难题他是抄袭了同学的解答。

结果，富兰克林·皮尔斯的成绩落到了班级的最后一名。霍索恩略带同情地表示："要与这些学习非常认真的学生竞争成功，那不是件容易的事。"当富兰克林在第三年开学时看到学习名单上自己的名字在最后时，他气急败坏地退缩了，并发誓要退学。不过，在考德威尔和其他好友的鼓励下，他后来全力以赴地投入学习了。他的学习稳步前进，到毕业时，他的排名已经接近最前面的同学了。

富兰克林的爱国热情和圣公会教派的思想观念自孩提时起就已经根深蒂固了。霍索恩肯定地表示，富兰克林在波登大学的最后一年精力很集中，服从学校的纪律，全然一个最严谨的学生。

富兰克林很快开始认真考虑自己将来最适合做的事情。实际上，他重点考虑了献身社会工作。在考德威尔的请求下，富兰克林在大学三年级的寒假就去缅因州希布伦一所边远地区的学校当老师。他与考德威尔的家人在一起，他们对他热情周到。作为回报，他傍晚在火炉旁帮考德威尔的弟弟辅导学习，这个孩子想要上大学。也许富兰克林发现了自己最该投入的方向，他决定春天的假期不再回家，而是要留在学校里准备下学期的课程。

富兰克林必须能正确地书写拉丁文，并翻译西塞罗的《演说集》和维吉尔的《埃涅伊德》。

1823年5月，波登大学举办了每年一度的春季"展示会"，或者说是传统的演讲活动。富兰克林·皮尔斯被选为参与演讲。他用拉丁文写了一篇《罗马的成功》的文章，并用拉丁文宣读。从他的文字来看，他在演讲会结束时是非常宽慰的。

关于富兰克林·皮尔斯丰富多彩的大学生活，亨利·沃兹沃斯·朗费罗和纳撒尼尔·霍索恩都有描述。这两位作家写的传记都谈到19世纪20年代波登大学的学生生活。富兰克林与他的大多数同学一生都保持通信，信守"相互保持通信"的诺言。

LIFE

OF

FRANKLIN PIERCE.

BY

NATHANIEL HAWTHORNE.

BOSTON:
TICKNOR, REED, AND FIELDS.
M DCCC LII.

14　　　　　　　LIFE OF.

in aiding him in his lessons. These attributes, proper to a generous and affectionate nature, have remained with him through life. Lending their color to his deportment, and softening his manners, they are, perhaps, even now, the characteristics by which most of those who casually meet him would be inclined to identify the man. But there are other qualities, not then developed, but which have subsequently attained a firm and manly growth, and are recognized as his leading traits among those who really know him. Franklin Pierce's development, indeed, has always been the reverse of premature; the boy did not show the germ of all that was in the man, nor, perhaps, did the young man adequately foreshow the mature one.

In 1820, at the age of sixteen, he became a student of Bowdoin College, at Brunswick, Maine. It was in the autumn of the next year, that the author of this memoir entered the class below him; but our college reminiscences, however interesting to the parties concerned, are not exactly the material for a biography. He was then a youth, with the boy and man in him, vivacious, mirthful, slender, of a fair complexion, with light hair that had a curl in it; his bright and cheerful aspect made a kind of sunshine, both as regarded its radiance and its warmth; insomuch that no shyness of disposition, in his associates, could well resist its influence. We soon became acquainted, and were more

　　1852 年，民主党提名富兰克林·皮尔斯为总统候选人。在竞选过程中，富兰克林写信给他的支持者表示感谢，除此之外，他听从民主党中资历较老的人的建议，尽可能少做，并且对任何问题几乎不发表看法。经富兰克林的同意，他的大学好友撒纳尼尔·霍索恩写了一本"经授权的"竞选传记——《富兰克林·皮尔斯传》，共 144 页。到 9 月末印刷了 13000 本左右，纽约的民主党购买了 5000 本并立即分发。在总统竞选期间，富兰克林和霍索恩参加了波登大学 50 周年纪念活动。富兰克林新任总统时，第一次任命就是派霍索恩担任驻利物浦的美国领事。

两个世纪前的大学生活与今天是大不相同的，学生们必须遵守一些令如今的学生胆寒的规矩。在波登大学，学生们不能离开不伦瑞克附近地区，除非他们的父母要求他们离开，他们不能去池塘游泳，不能玩纸牌，不能参与不伦瑞克地区的任何娱乐活动或任何无聊的活动，不能大声喊叫或唱歌（这有失文人的身份），他们只能在允许的前提下去打猎和钓鱼。周末绝没有轻松时间。恰恰相反，波登大学规定：周六和周日傍晚，学生必须在他们的房间里，并且避开任何分散注意力的东西。如果他们做不必要的事情，访客或接受拜访，或外出闲逛，或参与娱乐活动及做其他事情，这便是亵渎了休息日，那么他们会受到警告，甚至会被休学。学生如果缺课或没有祷告，必须讲明原因。学生如果在礼拜堂没有坐端正和注意力不集中，那么会罚款50美分，这在当时是很重的罚款了，因为当时一个星期的食宿费用都只有两美元。

每周六天遵循同样的作息时间：八点半做祷告，九点上课一小时，十点学习一小时，十一点再上课一小时，然后两小时用来吃午饭和运动锻炼。除了星期六下午校长会上一堂课之外，学生下午的大部分时间是自学。课程包括算术、英语语法、拉丁文和希腊文翻译、历史和"辩论"（演讲/讨论），还有代数、几何、化学、宗教、哲学和矿物学。

学校住宿条件简陋，而在冬天非常寒冷。学生借着烛光看书，教室也很简陋。在寒冷的日子里，学生上课会尽早到，因为他们可以选择最靠近火炉的座位。图书馆每天中午开放一个小时。书籍在当时非常昂贵，因此借阅管理非常严格，比如，新生一次只能借一本书。

一学年分三个学期：从10月开始，到第二年9月初结束，冬天有六个星期的假期，春天有三个星期假期，秋天再有四个星期假期。每年的学费、住宿费和其他费用总计约两百美元。

尽管波登大学有严格规定，但富兰克林还是趁机去缅因州的海岸玩玩。他喜欢与朋友们在林子里散步，沿着安德罗斯科金河看看。他们在天气好的时候去游泳，采草莓，去河边钓鱼，捕捉松鼠和鸟儿。出于好玩，他们常去河边一位老算命先生的小木屋里坐坐，也常无视学校的规矩，经常光顾村庄的酒吧。

如今的大学生在校园里希望有自己的一辆车，颇为类似，富兰克林·皮尔斯就恳请他的父亲给他一匹马，在大学四年级的时候，父亲满足了他这个要求。

富兰克林在他的年级里取得了很好的成绩，因而被选为毕业典礼发言人之一。他最为失望的是他的父亲没来参加，他老人家去新汉普郡的朴次茅斯参加革命英雄拉斐特侯爵的欢迎酒会。

富兰克林1824年从波登大学毕业后，他连续在几个律师和法官手下当职员。在那时候，许多有抱负的律师都是从工作中学习法律知识，没上法律学校，而是在经验丰富的现有律师指导下"学习法律"。他们必须自己熟读威廉·布莱克斯通的《英格兰法律注解》，这是经典的法律文献，他们还要掌握自己州的法律细则和国家宪法。

富兰克林去马萨诸塞州的北安普敦上过法律学校。后来，经过两处以上的从业经历之后，他于 1827 年获得律师资格。他开始在新罕布什尔地区从事法律工作，不过这第一个案子却输了。用霍索恩的话说，那是现实中一次有益的挫折，这样可以激发他内在的潜能。

图为 1823 年约翰·G. 布朗所做的油画，波登大学校园。

波登大学是以美国独立战争时期的美国政治家詹姆斯·波登（1729—1790）的名字命名的，詹姆斯·波登也是建于 1780 年的美国艺术和科学学校的第一任校长。1794 年，他的儿子捐献了土地和资金建立了这所以他父亲名字命名的学校。波登大学的学生入学的第一周，他们依照惯例都要在同样的大学入学许可册上签名，当然霍索恩、朗费罗和富兰克林也不例外。

仅仅 23 岁的富兰克林就开始了引人注目的职业，这足以让他从新罕布什尔法庭上简陋的律师席上败阵，转而提升至华盛顿的白宫。这一年，他成了一名律师，他的父亲当选为新汉普郡的州长。本杰明·皮尔斯在州事务处理中的广泛影响力也有利于他儿子的职业发展。不过对富兰克林自己来说，他在波登大学练就的当众发言和辩论的才能为他将来的发展奠定了坚实的基础。他直率的性格很是讨人喜欢，他衣着得体，喜欢四处走动，喜欢让每个人高兴，他也很容易取得陌生人的信任。

24 岁的富兰克林·皮尔斯就入选新汉普郡州议会。四年后，他当选为国会代表。1836 年，他成了美国最年轻的参议员。

就在参议院的任期结束前，他辞职重操律师职业。他的确很想念他的妻子简，她是一位娇小害羞的女子，他们在波登大学相识并于 1834 年结婚。简·皮尔斯讨厌政治，在他的职业生涯中，她一直劝阻她丈夫不要从事政治。

19 世纪 40 年代，富兰克林成了新英格兰最有说服力的律师之一。远远近近的市民跑来聚集在他出席的法庭听他辩护。这也有力地证明了他很有潜力在十年后当选为总统。对国家政治来说，另一大无价资质便是从军史。尽管富兰克林在 1846—1848 年的墨西哥战争中谈不上英雄，但他成了受人欢迎的退役军人。

1852 年 6 月，在巴尔的摩民主党代表大会上，富兰克林并不是一位看好的总统候选人。在四位主要的竞争者多次都未能赢得大多数代表的选票之后，富兰克林作为折中的方案获得提名。在普选中，富兰克林击败了辉格党候选人温菲尔德·斯科特。

刚刚 48 岁，富兰克林就成了美国头号人物。但他的一生充满悲剧色彩，他和他的妻子所生的三个孩子都在年幼时夭折。他的第三个儿子贝宁亚就在他登上总统宝座前两个月的一次车祸中丧生。

大多数历史学家认为富兰克林·皮尔斯是美国最弱的总统之一。但最具嘲讽意味的是，他在任期间（1853—1857）的美国却非同寻常的繁荣昌盛。国家版图稳步向西拓展，铁路系统四通八达，工厂大量生产各种产品。

但是，南方和北方在奴隶制这个问题上存在严重的分歧。这样，总统就处在协调南北方差异的独特位置上。他作为一名新英格兰人，却与南方的政界有很深的政治交情。他坚持妥协和解，但在 19 世纪 50 年代那种政界骚乱的情况下，妥协只会加剧不和。毕竟，富兰克林是一个坚决维护宪法，维护联邦统一的爱国者。历史学家评判他直到最后在逐步升级的危机中费尽心机平息南方的动乱。他做了一些明显支持奴隶制的政治安排和决定。这样无疑失去了北方各州对他和对民主党的支持。他连任的希望注定要破灭的。四年后，他离开白宫，国家开始陷入内战。一些历史学家称富兰克林·皮尔斯是"被遗忘的总统"。

简·皮尔斯于 1863 年去世，她才 50 多岁。几个月后，富兰克林陪同他的老校友纳撒尼尔·霍索恩去新英格兰地区充满田园风光的怀特山。当时霍索恩身体日渐虚弱，他们希望那里优美的环境对他有所帮助。但事实并非如此，当晚霍索恩就在富兰克林隔壁房间去世了。在别人都背弃这位前总统时，这位波登大学的校友仍坚信他，而现在连这唯一的信任者也走了。

富兰克林·皮尔斯于 1869 年在新汉普郡的科康德去世。

第十五章

詹姆斯·布坎南
(James Buchanan)

哈尔·马科维奇

青年男子詹姆斯·布坎南得忍受着地理老师冗长的训话，没有一丝办法，只好以连夜狂欢痛饮这种令人厌倦的方式来消愁。其实并不是布坎南一人有这样厌烦的感觉，每个听罗伯特·戴维森博士讲课的学生都一样不喜欢他，他不仅在教室里给他们授课，而且还是迪金森大学老师中的带头人。

罗杰·B.陶尼也是戴维森的学生，他在后来回忆这位老师时是这样写的："他在与我们接触中不仅严厉、脾气古怪，而且苛刻、严肃和刻板，简而言之，他通常喜欢在课堂内外卖弄他的学问。"陶尼到迪金森大学上学比布坎南早14年。陶尼与布坎南一样，最终都谋得巅峰位置的公职，陶尼最后成了美国最高法院的院长。

布坎南、陶尼和其他所有听戴维森老师的课的学生都要求记住并诵读这位老师所写的一首诗，诗的大意是解释地球的神秘。虽然学生们认为做这样的事非常可笑，但他们还是记住了这首诗：

> *Round the globe now to rove, and its surface survey,*
> *Oh, youth of America, hasten away;*
> *Bid adieu for awhile to the toys you desire,*
> *Earth's beauties to view, and its wonders admire.*

陶尼回忆说："我认为，没有什么比戴维森博士的诗更加有损课堂尊严的了，同学们经常拿它当笑柄。"

布坎南对戴维森的教学方法的厌恶，相比陶尼是有过之而无不及。16岁的布坎南是迪金森大学有史以来最聪明的学生，他发现并不需要太多努力就可通过考试。他在夜晚不是钻研白天的课程，而是在宾夕法尼亚州的卡莱尔的酒吧里喝啤酒、抽烟，公然无视学校的规矩。他后来解释说："并不是本性有多大倾向成为闲荡之人，主要是受他人影响，模仿他人，并且为了让人觉得自己是个聪明且生气勃勃的青年，我就开始参与各种放肆的事，瞎胡闹。"

1807 年，詹姆斯·布坎南进入迪金森大学的三年级，该校位于宾夕法尼亚州的一个边陲小镇——卡莱尔。该校是在本杰明·拉什的努力下，创办于 1784 年，这位革命家认为西部的宾夕法尼亚州需要一所大学。布坎南发现这所学校没有"有效的纪律"，情况很是糟糕。他在迪金森大学的行为是很出格的。他后来坦言说，那时的他参与各种无聊闲荡的事，调皮捣蛋。1808 年他被开除，但在向他的牧师做出今后表现好的保证后，又重新返校。布坎南完成了四年级的课程，于 1809 年 9 月毕业。他后来说："虽然我离开了大学，但感觉还是依恋母校的。"

1807 年，迪金森大学有 42 个学生，其中 8 个是四年级生，布坎南所在的三年级有 19 名学生，其余的是新生或者是学拉丁文的预科班学生。整个教师队伍就三人，罗伯特·戴维森是长老派牧师，也是校长。他教历史、地理和哲学，戴维森特别喜欢天文学，他曾写过一些关于地理和天文的小文章，而他的每个学生必须购买这册子并记住那些押韵的文章。约翰·海斯负责教语言课，而詹姆斯·麦克科米克教数学。麦克科米克在他家为好几个学生提供食宿，布坎南也在其中。布坎南的一位同学后来回忆说："麦克科米克先生和他的妻子对我们非常好，仿佛他们是我们的父母亲。他有时看到考试中学生成绩不好时，他似乎非常痛心。"

布坎南在大学时的手写笔记本还保存有两本，都是 1808 年的，一本是关于三角学、测量和航海的课堂笔记，另一本是关于数学、天文学和自然哲学的问答。

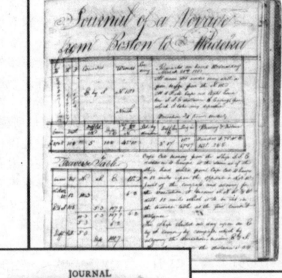

上面一页是 1808 年布坎南的笔记中关于航海的文章，是麦克科米克教授在课堂上要求的。下面一页是摘自天文学家纳撒尼尔·鲍迪许 1802 年的《美国新航海者》的内容。在 18 世纪早期的美国大学，死记硬背的教育方式极为普遍，这是一个例子。通常，课本短缺，只好要学生去抄写老师使用的几本新书，同时记住内容。

当布坎南在迪金森大学的第一年结束时，他轻松地通过了他的期末考试，返回邻近梅塞斯堡的家中，放松几个星期，等待冬季另一学年的开学。

9 月份是令人舒适宜人的夏末，有一天，布坎南却遭受了一个"晴天霹雳"。有人敲他家的门，他父亲应声而去，打开门，邮差递给他一封信。他的父亲打开信封，自个儿默不作声地阅读信的内容。从他的表情来看，这封信的内容很显然是非常糟糕的消息。他怒视了一下他的儿子，没有说一个字，把信扔给布坎南，自己甩头走出房间。

布坎南拿起信来看，信是戴维森博士写来的，告诉他的父亲，布坎南在学校空虚无聊度日，嘲讽老师，并常外出饮酒作乐，迪金森大学不欢迎他下学年再来上学了。事实上，戴维森早就想让布坎南退学了，但出于尊重他的父亲，一直没有那样做。布坎南后来回忆说："他们已经尽他们所能忍耐我到那个时候，不过他们不会再接受我了，而写给我父亲的这封信也是免得让我父亲送我去学校而被拒收挽回面子。我感到非常羞愧，于是立即决定要在学习上花工夫了。"

每个学校的孩子都熟知亚伯拉罕·林肯卑微出身的故事，比如说这第十五位总统出生在一间小木屋里，晚上借着火炉的余光学会认字读书，这便是美国流传的故事之一。其实，林肯在白宫的前任也出生在一间小木屋里，且在当时美国边境地区，只是没有林肯的故事那样众所周知。

1791 年 4 月 23 日，詹姆斯·布坎南出生于宾夕法尼亚州的盖普山谷，那里位于费城西边约一百四十里。当时，该山谷是通往美国边远地区的最后一个镇。该镇最繁忙的地方是约翰·汤姆经营的商铺和仓库。拓荒者、捕兽者、开垦者、士兵和其他前往西部的人都会在汤姆经营的店里歇歇脚。

汤姆的助手就是布坎南的父亲老布坎南，他是一位工作卖力的长老派教徒，1783 年他从爱尔兰北部受他叔父的邀请移民到美国来，老布坎南的叔父乔舒亚·拉塞尔在葛底斯堡经营一家客栈。1783 年夏天，布坎南的父亲到达费城港，与承诺照顾他的叔父相见。叔侄俩回到葛底斯堡，老布坎南并没有依靠他的叔父生活很久。这位聪明能干，有事业心的移民青年急于为自己寻找出路，很快就得知葛底斯堡西边四十里外的约翰·汤姆那里需要帮手。

老布坎南在汤姆那里工作了四年，在此期间，汤姆红火的生意日渐萧条。1787 年，勤俭节约的老布坎南以 142 美元的竞价拍下了汤姆的这家商铺和周围一百英亩的土地。

老布坎南以与心爱的伊丽莎白·斯皮尔的婚礼来庆祝自己的事业开端，伊丽莎白是他叔父的邻居。老布坎南夫妇搬进盖普山谷的一间小木屋，他们的第一个孩子玛丽在 1789 年出生后不久就夭折了。两年后，詹姆斯·布坎南出世。他成了这个家庭中十多个孩子中的老大，后来另一个女孩和男孩也在年幼时夭折了。不过，这个家庭的其他孩子都茁壮成长，他们令这位父亲很是自豪。无疑詹姆斯是他最大的儿子，也是最得意的儿子，因而给他取了与自己相同的名字。

幼年的詹姆斯·布坎南和他的弟妹们的早期教育都来自他们的母亲。伊丽莎白·布坎南博览群书，她喜爱的作家有诗人约翰·汉密尔顿、亚历山大·蒲柏和威廉·考珀，她给她的孩子们读这些作家的著作。小詹姆斯乖乖地聆听母亲的教诲。

　　这是从詹姆斯·布坎南 1808 年的笔记本中关于航海和数学的稿纸。布坎南觉得迪金森大学的课堂单调乏味，在他的回忆录中，他多半是贬低这所学校和老师的。

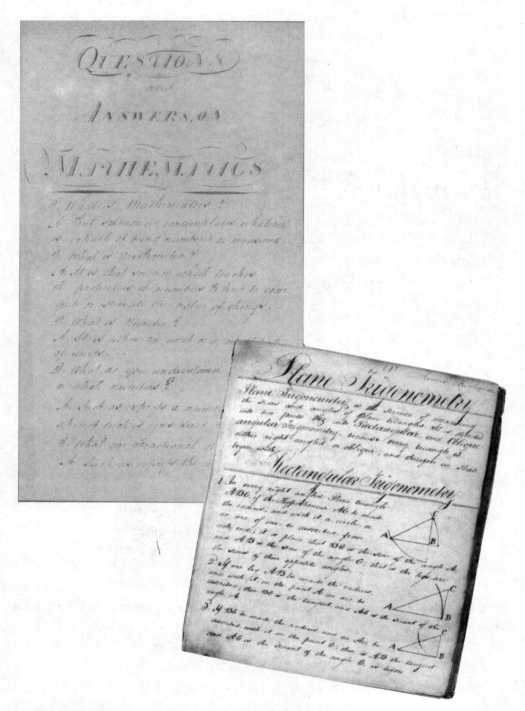

布坎南在 1808 年的数学练习本。

詹姆斯·布坎南无疑从密尔顿的话语中吸纳了关于善对恶的永恒斗争的观点，以及善终究会战胜恶的信念。对于考珀的作品，詹姆斯·布坎南喜欢上了他描述的田园生活，所以在总统任期结束后，布坎南在宾夕法尼亚州他那充满田园风光的"小麦庄园"享受晚年，几乎没有再跨进大都市一步。而蒲柏作品中的尖酸谩骂的话语可能触发了他的小聪明，这在后来与戴维森的辩论中找到了用武之地。这令他老师头痛的"才能"不过在他后来作为律师和法律制定者时都很管用。

伊丽莎白·布坎南也给她的孩子们念《圣经》，并告诉他们有关乔治·华盛顿的故事，而华盛顿成了小布坎南最崇拜的偶像。他的父母亲将他最小的弟弟取名华盛顿，他们也可能在 1794 年末华盛顿总统短暂停留在乔舒亚客栈时遇见过他。

詹姆斯·布坎南的另一个重要的早期老师是他的父亲。布坎南观察他的父亲里外打理商铺，关注记账，而他发现自己喜欢数字。老布坎南认为约翰·汤姆的失败可能是他的能力太差，不会算数所致。后来，小布坎南学会了独立算账。即便后来在白宫，詹姆斯·布坎南也保持着这种一丝不苟的记账习惯，他认真记录自己花了多少钱，赚了多少钱，具体到美分。

由于家庭成员的增多，再加上商铺生意也非常红火，布坎南的父亲决定搬出盖普山谷，搬进在梅塞斯堡主要街道上所建的红砖房子里，那里距离马里兰边境不远。他然后将儿子送到当地的旧石学校上学。布坎南上学那年才 6 岁，学校只有一间房子，由长老派牧师詹姆斯·R. 莎伦负责。在当时，没有法律规定要求家长必须送孩子上学的。尽管布坎南只有 6 岁，但他父亲仍可以让他在商铺帮忙，或者到地里干活。不过，老布坎南在爱尔兰时就由抚养他的叔父塞缪尔送他上过学，因此，他相信教育的强大作用，并且决定送他的儿子也上学。詹姆斯·布坎南在旧石学校上了 10 年学。

在莎伦牧师和其他老师的指导下，布坎南学会了希腊文、拉丁文和数学。布坎南轻而易举地成了学校最聪明的学生，不过值得一提的是，这所小小的学校的学生人数屈指可数。这位非常突出的小伙子很快吸引了约翰·金牧师的注意，这位长老派牧师在梅塞斯堡的权力之一就是监管学校。

金牧师是迪金森大学的监事员。詹姆斯·布坎南 16 岁时，金牧师劝老布坎南将他的儿子送到迪金森大学去继续接受教育，迪金森位于梅塞斯堡东北部约四十英里。伊丽莎白一直希望她的大儿子将来成为牧师，但她的丈夫有另外的想法。那时候，老布坎南已经是梅塞斯堡最富有的商人和农场主了。他认识到他不断增长的财产将来需要一位了解复杂法律的人来保护，他的儿子将以成为律师的目标去上大学，以便可以为父亲服务，并照顾好这个大家庭的利益。1807 年 9 月，布坎南与他的父亲驾着他们的马前往卡莱尔的迪金森大学。

该校是 1784 年由本杰明·拉什博士创办的，拉什是费城知名的医生，也是《独立宣言》的签署者，他认为这个年轻的国家在西部边境需要一所大学。虽然这所大学仅在费城西边仅一百英里，但当时已经是边境了。拉什向大量受人尊敬的居民游说，要他们为大学捐款，并在校监事会任职。这些人中间就有詹姆斯·威尔逊（他不久后成了最高法院的法官）、威廉·宾厄姆（费城最富有的人之一），还有伊弗里姆和罗伯特·布莱恩，他们是未来总统候选人詹姆斯·G. 布莱恩的先驱。

拉什还邀请费城人约翰·迪金森加入监事会。迪金森在特拉华拥有一个农场，并在大陆会议工作，后来也参与大陆军作战，亲历布兰迪维因战役。他的"费城农场主书"发表在1767年和1768年宾夕法尼亚州的报纸上，有力地攻击英国的税收政策并强烈抗议不公正的法律。他的文章为他赢得"革命作家"的美誉。当迪金森答应捐献坎伯兰县的五百亩地，并为该校图书馆捐一些图书时，拉什就很容易说服其他监事会成员以迪金森的名字为学校命名了。

到詹姆斯·布坎南来这里上学时，该校一直都几乎没有发展成它的创办者所期望的那样欣欣向荣。资金一直短缺，拉什博士经常发现自己勉强拼凑资金来维持学校运转。自从建校以来，学校一直利用卡莱尔自由大街上的一所旧小学的校舍作为主要教室。这些旧建筑一直到1806年才被新建成的教室所取代，不过，资金短缺的问题仍然存在。拉什在1807年给学校工作人员的建议书中说："我们将每年的学费提高10美元如何？教育在我们国家目前以集约方式栽培会被认为是奢侈的事情，只有让人在轻松的环境下就学。除非我们国家的就学者比例很快超过劳动者比例。我们应当推行简朴的教育，读、写和算术的教育应尽可能少付费，甚至对那些穷困学生免费。在一个共和制国家里，没有谁不识字会有选举权。"

詹姆斯·布坎南在这上学时，戴维森博士是该校三位教授之一。另两位是约翰·海斯和詹姆斯·麦克科米克，他们分别负责教语言学和数学。在这三位教授中，布坎南最钦佩麦克科米克教授。麦克科米克和他的妻子通常在他们家中为学生提供住处。麦克科米克与妄自尊大的戴维森不同，他非常有耐心，而且希望与他的学生开开心心地打成一片。如果他的某个学生考试成绩不好，他通常会感到非常不安，认为是他的教育失败。

开始，詹姆斯·布坎南学习刻苦。在迪金森大学要求学生阅读古罗马和古希腊文学大师的作品，比如休谟和西塞罗。布坎南对西塞罗的"凯蒂林之辩"特别感兴趣。这些演说集讲述了西塞罗如何利用罗马元老院揭露和指控叛徒卢修斯·凯蒂林。西塞罗那有力的辩论技巧对日后布坎南的政治生涯起了很大作用。

詹姆斯·布坎南也通读了该校第一捐献者约翰·迪金森所写的东西。毫无疑问，迪金森是该国最有奉献精神的爱国者之一。他的信激起殖民地人民的爱国热情，并清楚表明对乔治国王的不满，迫使国王纠正，不过他也劝告殖民地人民反对战争。在第三封信中，迪金森解释了他的公开信的目的。他是这样写的："这些信的用意是说服殖民地的人民，他们正处在最危险的时刻，并劝他们立即全体精神抖擞地武装起他们自己，以最坚定且最和平的方式来缓和这种危机。自由是非常庄严的理想，它会因骚乱和动荡而受损，因此我们应该保持一种适当的方式。那些为自由而斗的人应该镇定，但不乏热情，鼓励他们谨慎、合法、勇敢、有节制地采取行

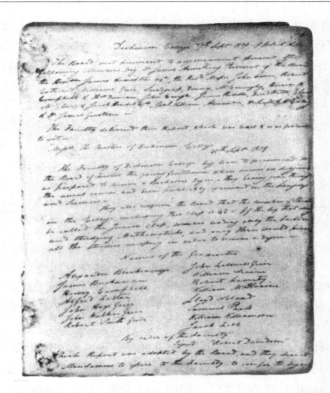

这是 1809 年 9 月 27 日迪金森大学校监事会会议纪要中的一页。这次会议正式投票批准授予 1809 年毕业班的 15 名学生文学士学位。获得学士学位的学生必须通过正常的课程考试，并公开考核语言课和自然科学课程。布坎南的名字在左边栏第二行。

这幅题为"1810 年迪金森大学"的画是根据布坎南的同班同学亚历山大·布拉肯里奇的素描而作的。

动，讲求人道和宽宏大量。"九年后，迪金森在大陆会议工作时，他参与了1776年夏天关于独立这一具有历史意义的讨论。当代表们为独立投票时，迪金森拒绝签署《独立宣言》。他认为独立将导致与英国发生战争，他是反对战争的。

约翰·迪金森是一个坚持他自己原则的人，他认为那样一定会导致战争，他拒绝跟随大多数人的意见。八十多年后，詹姆斯·布坎南总统也发现他自己面临类似问题。布坎南坚信美国宪法没有给予总统权力制止南方州脱离联邦，这事情发生在他任期的最后几个星期。可悲的是，当南北方的分歧日益严重时，他仍坚信他的信念，发生流血事件就势不可当了。

在接到戴维森博士寄来的开除信之后，詹姆斯·布坎南没有回到迪金森大学上大学四年级，他去请求金牧师出面说情。到那时，布坎南家乡的金牧师已经成了迪金森校监事会的会长。布坎南回忆说："他温和地告诫了我一番，然后提议，如果我能向他保证今后在学校表现好，不像以前那样，那么他会代表我向戴维森博士保证，他肯定戴维森会允许我重返校园。"

詹姆斯·布坎南自从回到迪金森大学后，他就信守自己的诺言。他晚上不再去卡莱尔的酒吧，而是在学校学习，在课堂上也管住了他那张爱嘲讽人的嘴。他加入了学校的一个文学社团——和谐达观社，并领导该组织积极辩论，他通常在镇上蹓跶时练习他的演讲技能。这一学年结束时，和谐达观社推荐詹姆斯·布坎南为毕业典礼致告别词的学生代表。而老师们仍然觉得布坎南上一年的行为表现让人难受，因而选择学校另一个社团的学生代表致词。

詹姆斯·布坎南得知后非常愤怒，他的大部分同学也表示不平，他们认为布坎南是最好的学生。学生强烈反对，表示无人接受致告别词的安排。最后，老师做出妥协：允许詹姆斯·布坎南在毕业典礼上发言，但不是作为致告别词的学生代表。布坎南勉强答应。1809年9月19日，这位未来的总统接受了迪金森大学的毕业证书。

毕业时的事情在布坎南心里产生了深远的影响。多年后，他说："社团中毕业班的其他成员曾要联合我拒绝在典礼上发言，但我不愿他们为了我而这样做，特别是因为其中几个同学计划将来要当牧师的。我自己坚持了一段时间，不过到最后还是同意接受教授们的善意沟通。我虽然离开大学了，不过，感觉还是依恋母校的。"

第十六章

亚伯拉罕·林肯
(Abraham Lincoln)

哈尔·马科维奇

1 809 年 2 月 12 日，亚伯拉罕·林肯出生于肯塔基州的一间小木屋里，而这美国的第十六位总统将领导美国经过动荡的国内战争时期（1861—1865）。亚伯拉罕小时候家境贫穷，只受了一点点学校教育，而他母亲又早逝。不过，亚伯拉罕自学成才，使得他能从他父亲的小木屋中走出来，走进白宫。

亚伯拉罕的父亲托马斯·林肯是一位有土地所有权的农场主，但他几乎没有收成。1816 年，托马斯·林肯卖掉了他的农场，举家搬迁到印第安纳州，在斯潘塞县的小鸽子河边建立了一个自耕农场。

对林肯家庭来说，在印第安纳前几年是一段艰辛的日子。第一年的大部分时间都住在一个三面遮挡的半敞帐篷里，几乎起不到什么实际的庇护作用。在帐篷外面得一直烧一堆火，在提供热量的同时，火焰也可防止狼群、熊和其他动物靠近。最后，托马斯凭自己的木工手艺建了一间小木房子。

那时候，食物也不够，林肯家就依靠托马斯打猎所得的猎物充饥。为了在他们的地里能够种上玉米和南瓜，托马斯和亚伯拉罕花了近一年时间来清理荒芜的土地。

多年后，亚伯拉罕写了一首诙谐的诗，题为"熊出猎食"，其中包括一节描写他孩提时家的情景：

> 我父亲当初在此安顿，
> 那时这是充满恐惧的前线：
> 黑豹的尖叫弥漫夜空，
> 熊则忙于捕食野猪。

这首诗表现了亚伯拉罕的文学才能，他的父亲和母亲南希都能读懂，也会写。亚伯拉罕小时候和他的姐姐萨拉在肯塔基的一间小学校里只上了几个月的学，那里的老师教他们字母表和简单的算术。当他们家搬到印第安纳的边远地区时，亚伯拉罕和萨拉还几乎不会读写。

　　诺亚·韦伯斯特的《美国拼写》很可能是亚伯拉罕·林肯学过的第一本书。在 19 世纪早期，小孩子通常都是通过这本书认字，然后才能阅读《圣经》的。在整本书中，采用标出发音符号的方式教语音。拼写练习从三个字母的简单单词开始，逐渐加大难度，发展到多达八个音节的单词。这本书有 168 页，有些页面有一百多个单词。在单词表后面还附加了一些教学生阅读的实用句子。

　　在这些要学会拼写的单词和阅读的句子后面是几篇图解阅读课文，其中大部分是寓言故事。这些课文后面是同音异义词、拼写和音节规则、罗马数字、外国派生词和标点符号。小孩子掌握了这本书可能会正确地拼写，但通常写得比较呆板。

　　诺亚·韦伯斯特最初在 1793 年出版该书，后来修订过几次，他称 1829 年版为《拼写入门》，如上图所示。韦伯斯特于 1843 年去世，在他去世前这些拼写书籍发行有两千多万册。售书所得收入为他编纂字典提供经济来源。在韦伯斯特去世后五十年里，估计他的拼写书和字典每年销量达百万册。

　　亚伯拉罕和萨拉再次上学是三年后的事情了。那时候，亚伯拉罕的母亲已经去世，他的父亲再婚，他的继母萨拉·布什·约翰逊·林肯是一位带着三个孩子的寡妇。她带了一些书籍来到林肯的小屋，并且坚持所有的孩子都要上学。亚伯拉罕十分喜欢他的继母，后来他称她为"天使妈妈"。

亚伯拉罕从 10 岁到 15 岁这段时间，他有三年的部分时间去上学了。成年的亚伯拉罕估计他上学的总共时间不到 12 个月。通常，他的父亲一次只允许他离开农场去上两三个月的学。

在印第安纳，有三个老师教过亚伯拉罕，他们分别是安德鲁·克劳福德、詹姆斯·斯华尼和阿塞尔·杜尔西。他们是那个时代具代表性的老师，他们到处游历，到达某个镇时作为学校老师，以自己有限的知识来教育学生。当地居民募集资金支付他们的薪水，并提供一间小木房子作为校舍。大多数老师在一年或两年后又走到另一个镇去。

在那些日子里，正如亚伯拉罕所说，对老师除了读、写和算术之外，没有别的资格要求。因此，如果一位懂得拉丁文的游历者恰巧到一个不懂拉丁文的地方旅居，那么他会被人看作是高手了。

在印第安纳的地区，亚伯拉罕曾上过学的只有一间校舍的学校叫"泄密学校"，因为学生要站着大声念他们的课程。如果学生出了差错，老师会打断他们进行纠正。老师采用这种教学方式是因为当时只有为数不多的几本过时书可用，因此阅读课本成了一件困难的事情。亚伯拉罕早年使用过的书分别是尼古拉斯·彼克的《算术新方法大全》和托马斯·迪尔沃斯的《英语新指南》。

迪尔沃斯的书最初在 1740 年出版，书中介绍了多达四个字母的单词拼写。1783 年后，许多学校用诺亚·韦伯斯特的《美国拼写》代替了这本书，《美国拼写》是第一本向低年级学生介绍如何将单词拆开成音节进行读和拼写的书。韦伯斯特这本书在一百多年里重印了近六千万册，但由于居住在小鸽子河边的人贫穷，因而当时只有几本《美国拼写》。这也许可以解释亚伯拉罕·林肯一生都在为正确拼写努力的原因了，他直到晚年，仍会习惯性地在拼写中出现少字母或错字母的现象。

亚伯拉罕很可能对彼克的算术专著更熟悉些，这本书最初出版于 1788 年，共有五百页，书中介绍了加法、减法、分数、体积、平方根和几何知识。后来，亚伯拉罕确实表现出数学方面的天赋，他在学习土地测量时自学了三角学。

亚伯拉罕·林肯经常表现出很强的求知欲，他告诉人们他不是一个博览群书之人，他甚至说他一生都没读过完整的一本小说。

这种吹嘘可能被看作是政界人物急于赢得选票时对自己的不足声明，在那个时代，并不是很多人可成为专注的读者。事实上，亚伯拉罕·林肯是一个劲头十足的热心读者，他几乎对他所能获得的任何书都感兴趣。他最喜欢阅读历史，特别受美国革命期间的开国元勋的故事鼓舞。尽管在 19 世纪 20 到 30 年代印第安纳的农村书本难得，但是亚伯拉罕仍设法收集文学经典的抄写本，其中包括《伊索寓言》、约翰·班扬的《天路历程》和丹尼尔·迪福的《鲁宾逊漂流记》。在孩提时，亚伯亚伯拉罕·林肯在孩提时开始阅读《圣经》。他说在他母亲 1818 年去世后的数月里，阅读《圣经》最能减缓他和他的姐姐的痛苦，他当时只有 9 岁。1860 年约翰·L. 斯克里普斯所写的助选传记《亚伯拉罕·林肯传》在出版前都是经过亚伯拉罕·林肯本人阅读和校正的，据说南希·林肯已经养成习惯在每个星期天向她的家人大声朗读部分经文，亚伯拉罕的弟妹们就是这样学会阅读的，他们很喜欢在星期天轮流朗读。

罗伯特·H. 布朗是美国国内战争时期的一名战士，他在亚伯拉罕曾经生活过的肯塔基住过很长一段时间。他整理了曾经了解林肯家庭的人的回忆，然后在 1907 年以《亚伯拉罕·林肯与他同时代的人》出版。布朗多次听到人们说亚伯拉罕·林肯的母亲在他只 5 岁时就教他读《圣经》。

亚伯拉罕·林肯几乎能够完整复述每页经文。虽然没有证据表示他曾是一个正统的基督徒，但他成年时似乎是一个达观的有神论者，他欣赏《圣经》中的智慧和文学表现手法。最重要的是，他看重其中的道德戒律。J. H. 斯潘瑟在采访过当地牧师和了解幼年亚伯拉罕·林肯的家庭后，在 1886 年写的《肯塔基浸信会教徒史》中是这样写亚伯拉罕·林肯的：

"他得走很远的路，而且通常是光脚走……很多时候，没有鞋子，也没有外套……他的智商中等，但很容易学会普通的英语单词，他的心是完全受过教化的，并且深受神的教诲，他是一个孜孜不倦传播福音的人。"

斯潘瑟所采访的大部分都是当时肯塔基州哈丁县人。在亚伯拉罕·林肯小时候，《圣经》是美国人阅读和拥有的首本书，当时美国至少有几十个圣经协会。1816 年，这些协会联合成立了"美国圣经协会"。该协会的目标是让每个家庭普及《圣经》，边境地区也包括在内。

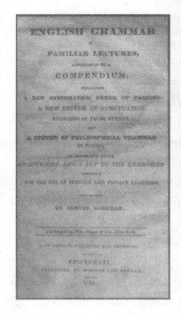

　　有人认为亚伯拉罕·林肯读的第一本书是托马斯·迪尔沃斯所编的《英语新指南》。这本书最初是1740年在英格兰出版，美国印刷商重印了这本书。这本书很快成了殖民地的入门教材之首，并且在美国独立革命后仍有一段时间发行。这是一本集拼写、阅读和语法为一体的综合课本。

　　历史学家也都知道亚伯拉罕·林肯自学掌握了塞缪尔·柯克哈姆更复杂的《英语语法》，这本书第一版出现在 19 世纪 20 年代初，然后几经修订，成了至少一代人的标准书籍。上图所示为1834年版。

　　柯克哈姆的书中定义都很清晰、简明扼要，在单词释义后面有很好的句子说明。还有一些问题来测试学生的识记和理解程度。如果学生掌握了柯克哈姆的语法书，那么就具备很好的语法知识，并能清楚地说和写了。

拉罕读过马森·威姆斯的《乔治·华盛顿传》。他从威廉·斯科特的《演说术》中得到最初的演说技能，他也开始了解莎士比亚。

亚伯拉罕·林肯一生中就是以这种自力更生的精神使自己不断进步。他还在17 岁时，开始对法律感兴趣了，他走到离家很远的约翰·彼契法官那里去阅读法官的法律书籍。他还跑到布恩维尔镇去，约翰·A.布拉肯里奇律师在那里开有律师事务所。布拉肯里奇是当地的检察官，还是印第安纳法律界的成员，他在法庭的雄辩深受人们尊敬。亚伯拉罕·林肯就常坐在布恩维尔法庭听布拉肯里奇处理案子，从中学会如何辩护。

亚伯拉罕在此期间也开始自己的事业，他在詹姆斯·泰勒的农场找到一份工作。泰勒的农场位于安德逊河边，距离印第安纳南部农村亚伯拉罕家约有十六英里。亚伯拉罕不仅帮泰勒耕地和播种，还帮泰勒开渡船，泰勒的渡船是沿着这河到达俄亥俄河。

在为泰勒工作的同时，亚伯拉罕建造了一艘驳船——靠杆推动的小舟，他用这一叶小舟将俄亥俄河中的内河船只上的乘客运送上岸，以此赚取额外的收益。尽管亚伯拉罕从未获得营业执照，但他却开始大赚钱了。有一次，一位乘客付给他一美元的船费，这对年轻的亚伯拉罕来说是一笔相当大的收入了，他还从未在一天内赚到这么多的钱。

不过，亚伯拉罕·林肯这种顺利的发展情景并没持续多久。约翰和林·迪尔兄弟也在俄亥俄河上开渡船了，而且他们瞧不起一个没有执照的摆渡人进入他们的行当。如果亚伯拉罕停泊在河中印第安纳这边，那么迪尔兄弟不会为难他，因为俄亥俄河中间是印第安纳和肯塔基两地的分界线。不过，依据肯塔基的法律，禁止没有执照的渡船在河上运送任何人，因此，当亚伯拉罕运送某名乘客到肯塔基那边去时，迪尔兄弟会急忙跑到当地的治安法官那里去抱怨他们的竞争对手亚伯拉罕。

肯塔基州港口的治安法官塞缪尔·帕特签发了一份拘捕亚伯拉罕的逮捕令，指控亚伯拉罕违反渡船规定。尽管亚伯拉罕可以通过支付一小笔罚金而免于上法庭，但年仅17 岁的他选择对抗这种指控。亚伯拉罕请不起律师，因此他决定自己担当自己的律师。亚伯拉罕虽然没有接受正规的法律教育，但他用自己的善辩在法庭上为自己辩护（而他这种天赋日后都可以震慑整个国家的）。他最终以充足的理由说服了治安法官帕特收回指控。

迪尔兄弟在法庭气急败坏地甩门而去。亚伯拉罕·林肯的辩护给帕特留下了深刻印象，于是他邀请这个年青人留下来。之后他们两个人畅谈法律数小时，帕特后来还邀请亚伯拉罕参观他的法庭。有好几个月，当河上的摆渡生意清淡时，亚伯拉罕就会下午去帕特的法庭，听那些经验丰富的律师们辩护，而这种真实的"课堂学习"是当时在美国最好的法律学校也学不到的。

由于经常观看法庭审理过程，亚伯拉罕的法律知识日渐丰富，不过他的生活条件仍然艰苦。那间18 英尺宽，20 英尺长的小木屋不仅要供托马斯·林肯一家人居

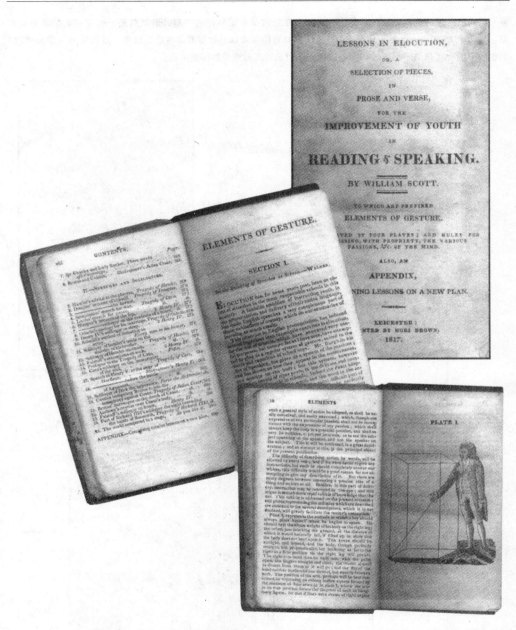

亚伯拉罕·林肯在十几岁时读过威廉·斯科特的《演讲课程》，还有用于提高青年人阅读和说话水平的散文和诗篇精选，这些都称之为《表达精要》。亚伯拉罕·林肯很可能读的是1805年版的，而这里出示的摘自1817年版。

斯科特的《演讲课程》全是选自众多作家的某些段落、散文或整首诗，其中包括约翰·汉密尔顿、亚历山大·蒲柏、托马斯·格雷和爱德华·吉本。不过，莎士比亚的《哈姆莱特》、《恺撒大帝》、《奥赛罗》、《皆大欢喜》和《亨利四世》占了最大比重。

斯科特这本四百三十六页的书里还包括一些不太知名的作者的文章。例如，亚伯拉罕·林肯经常引述威廉·诺克斯的"致青年学生"的内容，这篇文章就收录在斯科特的书里。诺克斯是一位不知名的苏格兰作家，他死于 1825 年，也写了一首诗，一些研究林肯的学者认为林肯非常喜欢这首诗。斯科特的《演讲课程》里也有节选自《表达精要》的内容，还有一些对说话声音调整和控制的建议。

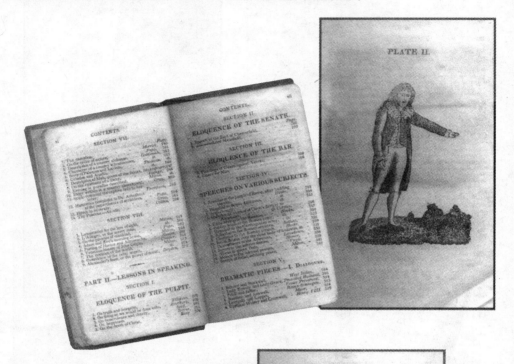

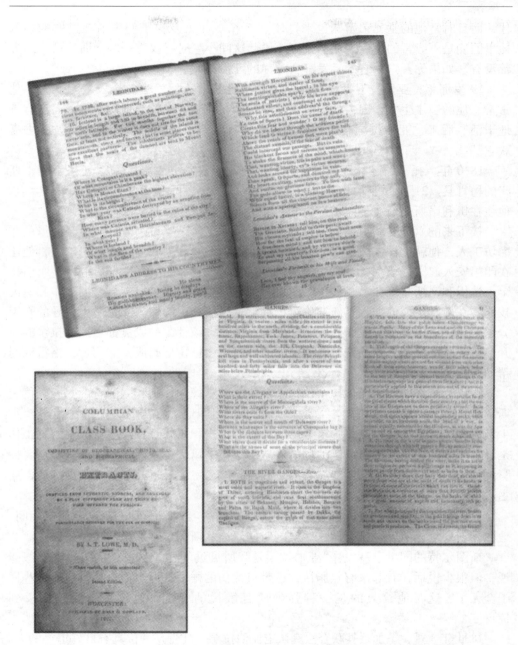

　　美国独立革命之前，殖民地的大多数教材都从英格兰进口。独立革命之后，新书如雨后春笋般涌现，比如《哥伦比亚教材》、《哥伦比亚演说家》和《美国教师》。这些书的内容选自美国和英国文学。

　　我们知道亚伯拉罕·林肯读过 A. T. 洛的《哥伦比亚教材》，因为当时这本书已经流传。第一版是在 1824 年出版，它是从古典历史书上摘录，并从美国和英国诗篇中节选而成。第一部分是二十页关于乔治·华盛顿的文章，接着是一些问题，比如："阿勒格尼山或阿巴拉契亚山脉在哪里?"或"什么河汇合成俄亥俄河?"关于俄国部分要求读者探讨"俄国的文学和文明状况"。

住，而且时常他的堂兄弟姐妹也来打住。13 个成年人及孩子们生活在这样的小木屋里的确是不寻常的。后来亚伯拉罕在说起这间小屋时感叹道："要训斥猫的地方都没有，如果你开口，它的毛发都会与你的牙齿相碰。"

19 岁那年，亚伯拉罕每天离开这间狭窄拥挤的小屋，去一个农场当工人。他常常惹他的雇主生气，因为他们时常发现他坐在树阴下聚精会神地看书，而没有下地干活。后来，亚伯拉罕略带挖苦地说："我父亲只教我干活，他从未教我去喜欢它。"

1830 年，托马斯·林肯最后放弃了他在印第安纳的农场，举家迁往伊利诺斯州的梅肯县。21 岁的亚伯拉罕在这新农场住了几个月，然后独自离家外出生活。他住在伊利诺斯州斯普林菲尔德西北约二十英里的圣加蒙县新塞伦镇。

接下来的六年时间里，亚伯拉罕从事了多种工作，当过邮差、店员、测量员和磨坊工人，他就这样一边谋生一边学习。他曾帮助一艘平底船开往新奥尔良，他还在印第安人起义（著名的黑鹰之战）期间参加了伊利诺斯军队。1834 年，亚伯拉罕入选伊利诺斯州议会。在这段时间里，他继续想方设法来提高自己的写作和演说技能。在新塞伦，他加入了新塞伦辩论社，这是一个由约翰·艾伦博士领导的知识分子团体，艾伦博士毕业于达特茅斯大学。不久，该社团的成员都被亚伯拉罕的公开演讲才能征服了。亚伯拉罕与该镇的老师门特·格雷厄姆成了好朋友，格雷厄姆帮助他提高语言水平。

在议会工作期间，亚伯拉罕认识了斯普林菲尔德的律师和立法者约翰·托德·斯图尔特，他鼓励亚伯拉罕学习法律，从事律师职业。在当时，美国法律学校很少，大多数青年人通过在律师事务所当见习职员来积累知识和经验。通常这种工作是没有报酬的，见习生可以读他们的雇主的法律书籍，也跟随律师去法庭，还要抄写诉状书、跑腿，在晚上还要照看火炉和清扫办公室。经过几年这样的训练后，雇主通常会向法庭律师推荐见习生进行实践。

亚伯拉罕没有打算离开议会而去经历这样的见习期。相反，在议会休会期间，他回到新塞伦，然后自己利用这些空闲时间研读从斯图尔特那里借来的法律书籍。

斯图尔特的同事亨利说："亚伯拉罕是我所见过的样子最古怪的人，他看似能说，但很少说话，看起来有点胆怯，还带点忧伤的样子，但当他真正讲话时这些样子全无了，这时他给人的是一种强硬而且敏锐的感觉。他越来越让我们感到惊讶。"

1834 年 3 月，圣加蒙县联合法庭认定亚伯拉罕·林肯是一位具有良好道德的人，这是作为律师首先需要的素质。半年后，亚伯拉罕参加了圣加蒙县的律师考试。这场考试比他原来预想的要容易得多，主要是几个关于法律的常识问题。亚伯拉罕请他的主考人吃晚饭来庆祝他的考试通过。1836 年 9 月 9 日，他得到了律师执业许可证。两天后，亚伯拉罕就踏入了圣加蒙法庭为一位当事人辩护。亚伯拉罕败诉了，不过他并没有气馁，不久后就与威廉·亨利·赫恩登合伙开办律师事务所。

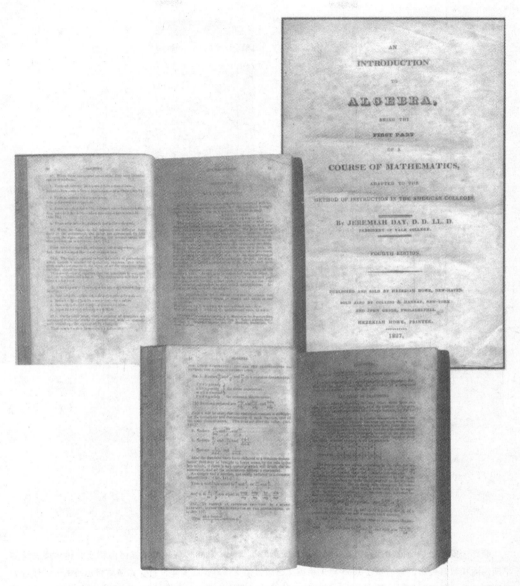

　　杰里米亚·德是耶鲁大学的校长，也是数学和自然哲学教授。他在 19 世纪上半期对耶鲁大学的发展产生了深远影响，从 1798 年到 1867 年他去世，他在耶鲁大学任职 69 年。不过，杰里米亚·德最知名的是他的教材。1814 年，他出版了《代数入门》。到 1850 年，这本薄薄的书已经出版 68 次，美国没有任何其他数学著作超过这个纪录。亚伯拉罕·林肯曾用过的《代数入门》还保存着。

　　随着职业生涯的发展，亚伯拉罕的个人生活也开始改观。1842 年，亚伯拉罕·林肯与玛丽·托德结婚，玛丽是肯塔基一位富家女。亚伯拉罕·林肯夫妇有四个儿子，但只有罗伯特·托德·林肯成年。

菲比·安·哈纳福德在亚伯拉罕·林肯被刺杀后写了第一本林肯传记。哈纳福德声称研究过林肯总统的早期生活和教育经历，她的书在 1865 年末用英文出版，德文译本也在同年发行。许多林肯总统的传记作者后来谈到总统的教育时都以她的素材为基础，因为她采访过亚伯拉罕·林肯母亲的亲戚约翰·汉克斯。哈纳福德这样写道："他是一副诚实的绅士样子，蓄着山羊胡子，比林肯先生大 7 岁左右，但看起来要令人肃然起敬得多。他既不能读书，也不会写字。他说他的堂兄丹尼斯·F.汉克斯教了他简单的几个字母。"

亚伯拉罕的政治生涯最终将他带到了华盛顿，他在这担任了一期美国众议院代表。他成了辉格党中有影响力的成员。1852 年辉格党在总统竞选中落败后，亚伯拉罕·林肯加入了新成立的共和党。1858 年，他参与美国参议院伊利诺斯州的竞选，与民主党人斯蒂芬·A.道格拉斯交锋。在参议员竞选中，亚伯拉罕·林肯断言国内战争必定会爆发，除非所有州都接受奴隶制或者都主张废除奴隶制。他说同室操戈，发生内讧肯定是不能安定的。

亚伯拉罕·林肯与道格拉斯的辩论令人精神振奋。亚伯拉罕·林肯那种轻松的，接近原始的方式很快赢得观众喜欢，他们聚集在小镇的活动场所周围听这两位大雄辩家辩论。在一次辩论中，亚伯拉罕·林肯对道格拉斯说："我不是语言大师，我没有良好的教育，我不能做一次辩证法的专题演讲；我相信你会说这些的。"

亚伯拉罕最终没有赢得这次选举，不过他得到了共和党的普遍认可。1860 年，共和党提名他为总统候选人。这年秋天，他打败了道格拉斯和另两位候选人，赢得了总统宝座。当亚伯拉罕·林肯于 1861 年 3 月宣誓就职时，内战似乎已成必然趋势，南方已经有七个州的议会投票表决从联邦退出。1861 年 4 月 12 日，南部联盟军在南卡罗莱纳的桑特尔开火。国内战争已经开始了。

这种残酷和血腥的战争持续了四年，最后以联邦军队的胜利告终。在战争期间，亚伯拉罕·林肯施展他的演说才能来抚平忧心忡忡的国民。他希望说服美国人民，为维护联邦统一和奴隶的自由，战场上流的血是值得的。亚伯拉罕·林肯于 1863 年的葛底斯堡演说和 1865 年连任总统时的就职演说都有一些非常重要的言辞。亚伯拉罕·林肯的第二任就职演说发表后只几个星期，南方联盟军就投降了，总统的发言有这样一些话：

"……不对任何人怀有敌意，宽容所有人，坚决捍卫权利，正如上帝让我们去领受这种权利一样，让我们为未完的事业继续奋斗，我们要'包扎好国家的伤口'，照看好遭受过战争痛苦的人，照看好遗孀和孤儿，去做这一切可能实现的事情，有望在我们之间以及与所有民族都保持一种持续公平的和平。"

1865 年 4 月 9 日，罗伯特·E.李向北方军队投降。五天后，亚伯拉罕·林肯在首都华盛顿的福特剧院观看戏剧时，他被支持南方的约翰·韦尔克斯·布思枪击，第二天早上（4 月 15 日）便去世了，年仅 56 岁。他是美国第一位被暗杀的总统。

多年后，曾与亚伯拉罕·林肯从事法律事务合作的威廉·赫恩登说林肯总统没有正式的教育倒是有助于他与美国人民沟通。赫恩登说："如果他曾上过大学，那么他就会失去在演讲、行为举止和说话方式上的强烈个性，他会以唯美的方式成为完美的人……如今势利、圆滑、乏味和无说服力的唯美文学如同潮起潮落，像海洋般宽广，也很肤浅……会磨掉他的粗野气。"

第十七章

安德鲁·约翰逊
(Andrew Johnson)

丹尼尔·E.哈蒙

安德鲁·约翰逊是美国第一位遭弹劾的总统（1868）。关于他，如果你只知道一件事情，那么极有可能就是这件事了。如果大致了解一下他的生平，你会发现他是在亚伯拉罕·林肯遇害之后立即上任的总统，这并非一件大快人心的事。你也许已经听说了，他无力驾驭一个满目疮痍的动荡国家度过战后最初四年的重建期——作为这个问题重重的国家的最高领导人，他固执地同战后的议会多数派进行徒劳的争辩。

当然，关于他的故事还有很多。美国历史上的总统很少有如第十七位总统那样让历史学家们头痛的了。对安德鲁·约翰逊的研究，我们会看到他矛盾的一面。例如：

- 作为在 1860 年至 1861 年南方诸州相继脱离联邦时期来自田纳西州的一位参议员，他积极反对分裂，极力主张保持联邦的统一。但是对于当时爆炸性的话题——奴隶制，他并不反对（并主张《宪法》允许奴隶制的存在），而且他本人也拥有奴隶。
- 除了在脱离联邦问题上的分歧之外，他赞同当时南方政局的多数观点。但是他又毫不掩饰自己对那些在很大程度上左右政治的富有种植园主的厌恶。
- 他支持被压迫民众，特别是从事耕作的农民和小本经营的生意人。作为一个商人，他经常贷款给穷人，但是他又歧视穷困潦倒的黑人。

安德鲁·约翰逊开创了多项总统"第一次"的纪录。比方说，你是否知道，他是历史上第一位也是唯一的一位离开白宫之后被选举为参议员的总统？你可曾听说，他是唯一的一位从未迈入校门的总统？事实上，小安德鲁·约翰逊的启蒙教育有点像个谜。这使得历史学家在著作中描述关于他的具体情况时不得不小心谨慎，也都不能持肯定的观点。有一种说法是，一位上了年纪的邻居教安德鲁认字母表。至于写作，可能是一个受过教育的女仆教他的。以上说法以及其他报道的准确性都有待考证。

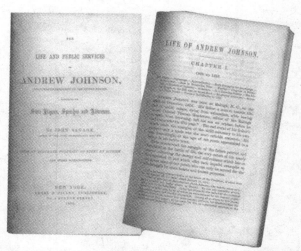

安德鲁·约翰逊的父亲多年来从事卑微但对家庭来说是有用的职务，他在北卡罗莱纳的罗利市担任一家银行的看门人和勤杂工。1812 年，安德鲁·约翰逊不到 4 岁，父亲就去世了。这个家庭陷入了赤贫状态，家里还有安德鲁的母亲和哥哥。在不到 10 岁时，母亲让安德鲁去当裁缝学徒。曾经，他被宣布为"逃兵"。1826 年，18 岁的安德鲁·约翰逊与母亲和继父搬到田纳西州，定居在格林维尔。就总统的家庭经济背景而论，安德鲁·约翰逊是最穷的。

1860 年，华盛顿的一位记者约翰·萨维奇写了一些可能作为总统候选人的传记文章。四年后，他进一步写了安德鲁·约翰逊，当时安德鲁·约翰逊是副总统提名人。1865 年，在林肯总统遭暗杀后，萨维奇出版了一本多达五百五十页的新总统传记。传记中为数不多的几页关于安德鲁·约翰逊童年生活和教育的描述成了后来写他的传记作家的主要资源。萨维奇在传记中列出了采访信息。

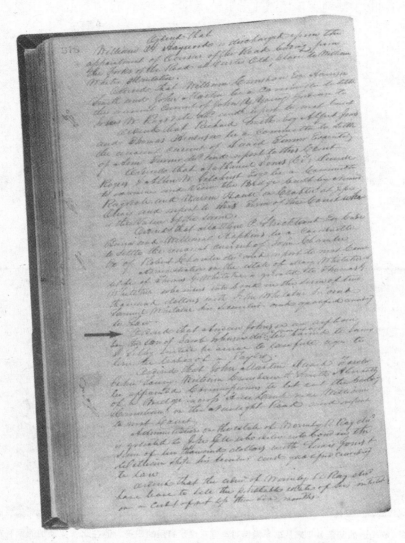

　　1818 年 11 月 8 日，安德鲁·约翰逊的母亲送他去詹姆斯·J. 塞尔比的裁缝店当学徒。契约规定他必须在塞尔比那里工作到 21 岁。这种师傅与学徒工的责任约定称之为"师徒契约"。约翰逊的实际契约直到 1822 年才在北卡罗莱纳维克县的法庭登记。这份资料重印如图，标有黑色箭头处即为安德鲁·约翰逊的契约。

　　学徒是指一个年轻人约定期限给师傅做工人，师傅以提供生活费用和教会手艺作为回报。在美国的殖民地，有自愿的和法庭约束的这两种学徒形式。穷苦的孩子都通过后者由师傅供养和学艺。1642 年，马萨诸塞湾殖民地的法律要求所有师傅教学徒工阅读，以及背诵宗教教义。这便是美国最初的义务教育法律。

　　"师徒契约"的条款在法庭上生效，逃跑者会被追回，并补上他们曾旷工的时间。在 19 世纪中期，由于机械设备生产、技工学校和工会组织的蓬勃发展，师徒契约很快终结。

　　让我们回到大约两百年以前的历史，回顾一下我们手头已知的关于安德鲁·约翰逊的成长历程，了解他学做生意以及学习"书本知识"的事迹。

　　他于1808年圣诞节后的第四天出生于一所小木屋内。约翰逊一家在北卡罗莱纳州罗利地区是"贫穷的白人"。他的父亲雅各布·约翰逊做过木匠、守门人、行李搬运工和普通劳动工人，家底微薄，未受过学校教育——但是他正直、勇敢。身兼数职的雅各布在不同时期还先后担任过罗利的治安官、民兵连队队长以及教堂司事（负责在规定时间敲响镇上的钟的小芝麻官）。

　　当安德鲁刚满3岁，他的哥哥威廉8岁的时候，他们的父亲在一个冬日一头扎入结冰的水池，抢救三名因小船颠覆落水的男子。最后，每个人都平安上岸，但雅各布筋疲力尽，并严重冻伤。在随后的日子中，他的健康状况日渐恶化，很快就去世了，扔下了妻子和孩子们在贫困线上挣扎。

　　罗利有大约一千名居民，被指定为南卡罗莱纳州的首府。尽管它没能给前来旅游的老兵们留下深刻的印象，但在一定程度上来说，它也算得上一个商业中心。它吸引了一大批律师、联邦立法者定期前来，还有商人和农民在此买卖物品。安德鲁同他的亲朋好友一起，满眼渴望地注视着这些来来往往的人群和车辆。由于阶层等级的差异，他们只能远远地看着。他们是"穷困的白人垃圾"，长大了成为法官和政治家的理想离他们很远，甚至不敢奢求成为一个出色的商人。所以，他们满足于那种在罗利肮脏的街道上你追我赶，在沙地上运动打闹，在镇上的水池中游泳嬉戏的生活。在镇上年长居民的印象中，安德鲁·约翰逊总统曾是一个"莽撞冒失的"年青人，老是闯祸，他多次因为攀越栅栏而把衣服刮破。

　　安德鲁·约翰逊的母亲原名玛丽·麦克多诺，在罗利，大家亲切地叫她"织工玛丽"。她靠纺纱、织布挣取微薄的薪水。她也帮北卡罗莱纳州的高级法院的法官们清洗家中的亚麻制品以贴补家用。对于一个未来总统的母亲而言，这种生活也许看来极不光彩，但她却为一家人餐桌上的食物提供来源，而这正是最为重要的东西。甚至在几年之后，玛丽再婚，一家人的经济状况仍没好转。有人描述她再嫁的丈夫是一个"一文不值、一事无成的傻蛋"。

　　在那个时候，罗利地区没有公立学校，家里也没有闲钱聘请一位高薪的家庭教师。对于像安德鲁一样等级低的年青人来说，学习一项谋生技能远比学习单词和数字更为紧要，阅读书籍或者写信远远比不上做个生意人挣钱来得重要。

　　尽管如此，安德鲁开始了入门教育，并产生了获取更多知识的热望。在罗利的裁缝店中，店主詹姆斯·塞尔比聘请受过教育的居民为工人们朗读。在公共教育之前的年代，和塞尔比一样的生意人有义务为他们的学徒提供基础教育。而这个行业的特征——缝缝补补，剪裁布料——允许裁缝学徒在工作之时腾出耳朵来听朗读。朗诵的人带来可能找得到的各种类型的出版物，或许是一个月前的旧报纸，或是诗歌，甚至还有国会上的报告。安德鲁经常去塞尔比的裁缝店玩耍，他和聚在那儿的人们一起聆听朗读，有时加入大家的政治讨论。与此同时，他对裁缝手艺有了一些基本的了解。

为了求生存，玛丽别无选择，只有把威廉和安德鲁兄弟俩送往塞尔比的裁缝店当学徒。他们成了契约仆人，即"受约束的男孩"，这就意味着如果没有塞尔比的许可，他们就不能到其他地方工作（要得到塞尔比的许可必须先支付一笔天文数字的巨款）。从某种意义上说，学徒就是儿童奴隶。在大多数情况下，他们的整个青少年时期都必须奉献给雇主，每天工作 12 个小时。一旦这些近乎免费的劳工成为精通手艺的工人（这个过程也许只要几个月的时间），主人就可以坐享其成了。

对于罗利的政治上等阶层来说，安德鲁和威廉兄弟俩以及像他们一样的白人男孩的社会地位只不过比那些非洲裔美国奴隶稍微高一点点而已。他们受到歧视，甚至有时候被虐待。安德鲁在以后的人生中，对于富人总是满怀憎恨。同时，成长的经历在他的脑海中形成了这样一种观念——白人，即使是那些和他自己一样又脏又穷的白人都比黑人更优越。

安德鲁去塞尔比店里工作时还不满 10 岁。根据契约，一直到 21 岁，他都得在这店里当学徒。但是他的"奴役生涯"仅仅持续了几年。1824 年 7 月，安德鲁、威廉，还有一两个伙伴逃离罗利。至于其原因，有这样一个版本：此次逃亡源于他们在一个夜里的出格行为。这些男孩为了吸引罗利当地的几个年轻女孩的注意，向她们所住房子的窗户扔木屑，结果不幸被女孩们的母亲发现，她威胁说要告他们。这几个男孩吓得一口气逃到了五十英里以外的一个名叫迦太基的小镇上。

安德鲁作为一个在逃学徒，被悬赏十美元捉拿。他因此流离于南北卡罗莱纳州和田纳西州的边远小镇，靠裁缝手艺挣一点点钱谋生。到那时为止，他明显已经具备了阅读和写作的能力。安德鲁在南卡罗莱纳州的劳伦斯的一家裁缝店里工作了将近两年。他在此期间结识的一位朋友后来透露，安德鲁当时经常利用业余时间读书。

安德鲁也迎来了他的浪漫史。在费尽心思的一番追求之后，那位劳伦斯当地的女孩拒绝了他的求婚，令他心碎不已。据说这个年轻女孩的母亲不能接受一个穷困的裁缝伙计当女婿。这个痛苦的打击无疑加深了安德鲁对于上等阶层的憎恨。

在四处流浪的那些日子里，他也曾去过罗利一趟，试图同他的旧主人塞尔比寻求和解，不过没有成功。除非安德鲁和塞尔比达成一致协议，不然的话，只要他待在南卡罗莱纳，他就将受到合法契约的约束。但是，塞尔比开出的天价解约费令安德鲁无计可施。

1826 年，安德鲁偕同父母把他们的所有家产装进一辆小马车，驱车离开罗利前往西部边境。他们在穿越蓝山的途中惊险重重，与很多野生动物短兵相接。一家人一路到了田纳西州的东部小镇格林维尔。安德鲁很喜欢这个地方，对其他边境社区进行一番粗略的考察之后，他回到了格林维尔，开了自己第一家裁缝店。在穷困中长大的安德鲁很快就品尝到了经商的甜头。此时的他仍然稚气未脱，而且受过的教育十分有限，不过经营裁缝店取得了一定程度的成功。更幸运的是，格林维尔之

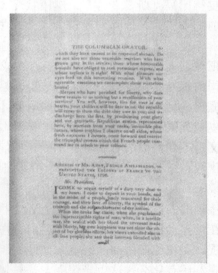

在 1865 年安德鲁·约翰逊的传记中，约翰·萨维奇描述了那些有爱国心的人，他们反对师徒契约的方式，来到塞尔比的裁缝店当学徒工朗诵。我们说过，安德鲁·约翰逊非常认真地听诵读，因为他决定以此来获得教育。反复朗诵的文章选自《哥伦比亚演说家》（1797）。其中包含英国和美国一些著名的政治家的演说，约翰逊都能记住他们。其中一位朗诵者对安德鲁·约翰逊印象深刻，因而送了一本书给他，而安德鲁·约翰逊一生都保留着这本书。

喀利勃·宾厄姆是一位教材编写的先驱。他在韦伯斯特的语法书出版一年后出版了美国第二本英语语法书。1797 年，宾厄姆出版了《哥伦比亚演说家》。这本书在十四年间经过十一次修订。内容有宗教的和非宗教的，许多章节饱含爱国情怀，表达了对年轻的美国的热情。在这些出版物出现之前，小学的读物主要是圣经和赞美诗。

此页图片摘自 1811 年版的《哥伦比亚演说家》。

前唯一的裁缝在安德鲁到达该镇上之后不久就退休了。

虽然安德鲁从未迈进校门，但是他在罗利市当学徒期间，在裁缝店工头詹姆斯·利芝佛的帮助下，掌握了基本的阅读和书写。对学习满怀热情的安德鲁抓住一切机会充实自己，他经常和工人们一起聆听威廉·希尔博士朗读《哥伦比亚演说家》(The Columbia Orator)（也称 American Speaker）上的经典历史性演讲。这种学习方式不仅让安德鲁学会了阅读，他心中对政治和公开演讲的热情也正是在那时候生根发芽的。

安德鲁早期崇拜的政治英雄人物包括英国人威廉·皮特和查尔斯·詹姆斯·福克斯。这两位政治家曾经代表美国殖民地居民的利益，于革命战争前后在议会上发表大胆的演说。福克斯在战争开始时仅二十余岁，他警告同事们说：美国人具有"一种无法征服的精神"。《哥伦比亚演说家》里重印了他的一篇演说，福克斯在演说中指出：要战胜大西洋彼岸这些群情如此激昂的敌人是非常困难的。"只要美国大地上还有一个人，一个像我们一样的人类，他就会站在这块土地上与你对抗。"

皮特比福克斯要老得多，健康状况欠佳，他在革命战争结束两年后去世。在战争之前的十年间，他强烈建议大不列颠要留意殖民地居民的不满和抱怨。在 1766 年谴责印花税法案的演说中，他开篇说道："美国人一直遭到不公平的对待，歧视已经把他们逼得发疯了。"1775 年，在战争一步步逼近之时，皮特直截了当地对那些英国的领导者们说："最终，我们将被迫去撤销法案；让我们在尚有回旋余地的时候撤销，而不要等到迫不得已的时候才那样做。"1777 年，也就是他去世的前一年，皮特无限哀伤地对议会说："即使你们征服了（那些美国人），又能怎样呢？你们又得不到他们的尊敬，也不能让他们穿你们做的布料。你们只会在他们的心中种上仇恨，一种无法克服的对你们的仇恨。"所有的这些演讲都被收录在《哥伦比亚演说家》中。

年轻的安德鲁一定深深地迷上了这些闹独立的贵族人物历史性的话语。想象他们站在世界上最强大的立法机构面前，在如此神圣的房间，顶着愤怒的对手们的怒目而视，无视他们扭曲的怒容，如此大胆地表述自己心中的观点……有什么比这更高尚呢？还有什么比这更光荣呢？

安德鲁·约翰逊 18 岁时娶了一位格林维尔的女孩，她是 16 岁的依莱扎·麦卡德尔。妻子受过更好的教育，在她的帮助下，安德鲁的阅读和写作技巧得到了一定程度的提高，不过他的拼写几乎没有进步。（安德鲁和当时很多人一样，拼写十分糟糕。有一次，他把自己的名字拼错了，秘书给他指出来，他反驳说："如果一个人只会用一种方式拼写自己的姓名，说明他缺乏想象力。"）用传记作者汉斯·L.特里福斯的话说："他阅读每一本能找到的书籍，基本上都是政治和讲演术方面的作品，由此他熟读了一些脍炙人口的古老传说和故事，后来他将这些作为演讲论据，反复引用。"

安德鲁在格林维尔结识了一个好朋友布莱克斯顿·麦克丹内尔，两个人都对边境的政治事务感兴趣。由于意见老是存在分歧，于是他们经常进行友好的公开辩论。最终，他们在当地组织了一个辩论组织——在当时的小镇中，公开辩论是一种非常普遍的公共娱乐方式。安德鲁还是格林维尔两个大学生辩论社团组织的成员，他积极参与其中的活动，进一步培养了自己出众的公众演讲才华。此外，他还加入了格林维尔学院的辩论者社团。每周五晚上他步行四英里去参加一个文学社团（Philomathean Literary Society）在塔斯库勒姆学院举行的聚会。每周六晚上，塔斯库勒姆的学生会蜂拥而至约翰逊的裁缝店，继续前一天晚上的辩论。根据历史学家乔治·福特·密尔顿记载："尽管格林维尔的私立图书馆藏书很少，质量有限，他经常从这些图书馆中借书，未曾中断过。他还养成了寻根究底的习惯，喜欢连珠炮似的发问和辩论。"

他不仅仅继续个人的深造，而且还为那些在自己店中工作的人提供教育机会。据说，安德鲁·约翰逊每天付给一个上学的小男孩五十美分——在那时候这是一笔很高的费用——让男孩到这个低下的工作场所为他自己以及所有的工人大声朗诵书籍。密尔顿写道：这些边境地区的小裁缝们，倾听埃利奥特的辩论，杰斐逊的言辞，还一遍一遍反复聆听美国宪法。

于1829年就任总统的安德鲁·杰克逊也是个出身卑微的卡罗莱纳移民，他后来成了全国战争英雄。他的成功极大地激发了约翰逊对政治的兴趣。格林维尔的居民定期聚集在约翰逊的裁缝店讨论政治和时事，这些人大部分都是杰克逊的拥护者。约翰逊的演讲深深地感染了人们。他们选举年仅20岁的安德鲁·约翰逊担任镇上的市府参事（即市议员）。在随后的几年，约翰逊先是担任格林维尔的市长，然后是州议员，34岁时，他成了美国国会议员。随着政治生涯的步步高升，约翰逊进一步磨砺了自己的演说技能。虽然语法不是他的强项，但是他吐词清晰，而且他总能让选民轻而易举地明白他的观点。

1853年，安德鲁·约翰逊成功当选田纳西州的州长。四年后，他赢得了国会参议院的一个席位。1860年，在选举如火如荼进行之际，田纳西州代表团在民主党全国会议上提名安德鲁·约翰逊为总统候选人。当时的民主党仍处在全国危机的漩涡中尚未脱身，内部四分五裂。虽然它选择了斯蒂芬·A.道格拉斯作为总统候选人，南部的民主党人又把在任的副总统约翰·C.布雷肯里奇推向了总统竞选的舞台。约翰逊不得已只有支持布雷肯里奇，但是他积极劝说民主党重新联合。

林肯轻易赢得了这次重大的选举。随着南部诸邦开始脱离联邦，安德鲁·约翰逊感到十分惊骇。令他沮丧的是，田纳西州加入了南部联邦。与此同时，约翰逊成了南部唯一一个宣称效忠联邦的国会议员。作为回应，林肯于1862年任命他为田纳西州军事总督。两年后，林肯与约翰逊联手以共和党联盟的身份成功获得连任。

林肯希望不仅仅战争能取胜，而且还能让分裂的国家重新统一。但是，安德鲁·约翰逊在政府中担当的角色让那些坚定地反对奴隶制的领导层人物十分恼怒。在国内战争之前，约翰逊做生意成功时，买了几个（也许多达十个）奴隶在家里当仆人。显然，他对待这些奴隶十分和善，满足了他们全部的物质需求。在战争中，作为田纳西州军事总督，他已经认识到了奴隶制的错误，也宣告解放州中所有的奴隶，但不管怎样，他从不接受黑人和白人是平等的观念。（后来当上总统后，他反对给予黑人以选举权，也不让联邦向获得解放的黑人奴隶提供帮助。）北部政治家基本上对他持怀疑态度，甚至有些人公开蔑视他。

1865 年 4 月林肯遇害后，安德鲁·约翰逊继任总统，他立即采取行动试图将南部诸州拉回联邦。他特赦了大部分南方人，还对背叛的州施加压力，在议会中重新任命各州的代表。这一系列事件，加上总统迟迟没有采取措施保障新解放的奴隶的权利和福利，造成了北部政治领导层对他的渐渐疏远。在一群共和党激进派人物的领导下，约翰逊的反对者在 1866 年的国会选举中赢得了主动。新的国会在战后重建时期通过了一系列的措施，试图以此来限制总统的权力。最终，国会试图弹劾他，不过以一票之差失败，没能把他赶下总统宝座。随后的 1868 年，约翰逊失去了参加竞选总统的机会；他自己的政党在会议上拒绝提名他为总统候选人。

安德鲁·约翰逊一直是个敢于和陈规旧俗公然对抗的人。即便在生命即将走到尽头之时，他同样展示了自己从反复的失败和巨大的打击中振作的能力。1869 年春，也就是他卸任后的那一年，他病得很厉害，媒体弄错了，在报纸上宣称他已去世。之后不久，他的一个儿子死了。同年，他竞选美国参议员失败。1872 年，他竞选国会议员也没能成功。1873 年的经济恐慌让他的个人财富付之东流。接着，他又染上了霍乱，在同疾病作斗争的过程中差点丧命。

尽管前路荆棘密布，麻烦重重，他都挺过来了。1875 年 1 月，他获得田纳西州议会的支持，当选为美国议员。他振奋精神，做好应战即将在华盛顿遭到仇恨和憎恶的准备。孰料，他却发现桌上铺满了鲜花，当他上任时，迎接他的是大家发自内心的掌声。有些在 1868 年投票支持弹劾他的议员如今走上前来同他握手。

最后他得到了宽恕，但几个月之后，由于数次中风，安德鲁·约翰逊去世了。遵循他本人的遗愿，他的遗体用美国国旗裹起来，还在头下放置了一本美国宪法。他被葬在田纳西州格林维尔附近。

安德鲁·约翰逊一生中从未对自己卑微的身世感觉羞耻。他相信，自己受教育的方式（基本上都靠自己，没有被老师悉心教导过）是让一个人真正学到知识的唯一方式。同样，他也为自己所从事的裁缝行业感到自豪。

有趣的是，这位"未受过教育的总统"为推进普通民众的教育做出了积极的努力。他让自己的孩子们在接受基本的学校教育之余，参加各种培训。1853 年他任田纳西州州长时，提出了一项特别的税收，为学校的改造提供资金。他当上总统后的第七周，他对一群前来白宫参观的孩子们强调说：他们最终要对自己的教育负责，不能把上学当作接受教育的唯一方式，家长和老师只能在一个有限的层次上帮助他们。他告诫这些年轻人，只有当他们自己主动寻求知识时，他们才能够受到真正的教育。

第十八章

尤利塞斯·辛普森·格兰特
(Ulysses S. Grant)

丹尼尔·E.哈蒙

19 世纪 30 年代，俄亥俄谷属于边境地区，交通不便，路途相当危险。不管是农民、律师、医生，还是郊区的住户，都害怕进行长途旅行。肮脏的道路坑洼不平，前路阴森黑暗的山洞中还可能躲藏着强盗。洪水过境之后，在河流交汇处，水流湍急，深不可测，要穿山越水，极其危险。并且随处可见散乱的马车残骸，犯罪案件、意外受伤甚至死亡屡见不鲜。

俄亥俄州西南部坐落着一个名叫乔治敦的小镇。途经小镇的人们都是搭乘一个名叫海勒姆的小男孩驾驶的小马车——他不到 13 岁，连青少年都算不上。人们还会劝告那些不认识小男孩的游客要信任他，因为他一定会把大家安全地送往目的地。确实，小男孩始终如一圆满地履行着自己的使命。每次到达目的地，结束旅程的乘客跳下马车之时，总会感到全身僵硬，肌肉酸痛，但是他们对于驱车者高超的水平赞不绝口。

人们更习惯叫海勒姆的另一个名字——尤利塞斯，这是他长大后在内战时期担任将军时用的名字，后来担任美国第十八任总统时也用的是这个名字。

少年尤利塞斯对成为一个军事领袖几乎没有兴趣。虽然，他拥有从事这项职业的优良血统。他的祖父据说曾经在邦克山参与了美国解放战争（不过尚无正式的官方记载来证实这种说法）。更早以前，他的先辈在法国和印第安战争（1754—1763）中牺牲了，其中一个还是国民自卫队的司令。

1822 年 4 月 27 日，尤利塞斯出生于俄亥俄州波因特普莱森特的一所小木屋中，那里紧邻俄亥俄河。他排行老大，下面有五个弟妹。父亲杰西·格兰特是个制革匠，能读会写，但是教育程度不高。海勒姆的母亲，汉娜·辛普森·格兰特在农场中长大，也能识文断字。他们给第一个孩子取名海勒姆·尤利塞斯·格兰特。小男孩懂事之后不喜欢自己名字的首字母 H.U.G.（意为拥抱——译者注）。最终，一位议员推荐海勒姆进入西点军校学习时，将他的名字错误地写作"尤利塞斯·辛普森·格兰特"。尤利塞斯没能说服西点军校的文书把名字更正过来，只有接受了这个新名字。

波因特普莱森特只是个小村庄，位于辛辛那提上游约二十五英里处。一年后，尤

　　1838年冬天开始直到第二年初，杰西·格兰特为儿子申请位于纽约的美国西点军校的军事学院，并收到了录取通知。这个喜讯没有在16岁的海勒姆心中激起丝毫热情。到达西点军校之后，年轻的尤利塞斯被告知，自己的名字被录取他的那位议员记录成了尤利塞斯·辛普森·格兰特。他申请修改名字，但没有得到许可。同时，因为担心自己的真实姓名开头的字母H. U. G.（Hiram Ulysses Grant）会成为大家取笑的目标，他还是接受了自己的新名字。

　　尤利塞斯·S.格兰特在西点军校的四年求学生涯中成绩并不突出。他在1843年三十九位毕业生中名列第二十一位。所有课程中，他只有数学成绩优秀，高于其他同学。在骑术方面，格兰特的同学无一是他的对手。但是下了马背，他是一个安静、谦逊的学生。"山姆"格兰特不逐盛名，不求声望。他不想留在部队里。这位日后的战争英雄在回忆录中这样写道："如果我能够从西点军校逃跑而不会给我的家人丢脸的话，那么我早就那么干了。"

　　上校希尔瓦诺斯·萨尔曾在西点军校的军事学院担任负责人十六年，1833年，他辞去了主管的职务。萨尔是真正的"军事学院之父"。萨尔执掌之初，军事学院和一般的中学相差无几，但在他离职之时，学院邀请到了一大批德高望重的教授担当教师。萨尔把学生分为若干分队，每队从中选出一个队长来指挥。他还任命一个军官作为所有学生的指挥官，负责学生的军事指导和训练。萨尔还公布了一系列严格的规章制度约束学生生活的每一个细节。萨尔开创的改革和他引发的众多习惯仍然影响着后来者。

　　西点军校这所美国军事学院位于纽约，是根据1802年的议会法案建立的。学院最初的目的是为美国军队培养军官。自1812年战争开始，每一次战争中都有西点军校的毕业生们为国效力。

　　1827年，乔治·卡特林（1796—1872）到西点军校参观。卡特林以其众多描绘美国土著的绘画而闻名，他无数的绘画和素描成为记载美国土著文化的珍贵历史资料。但卡特林在1827年接到命令——那时，他还没来得及动身去美国土著部落旅行——为纽约市的市长德威特·克林顿以及纽约州议会成员画肖像。应克林顿市长的邀请，卡特林同来自阿尔巴尼的市长一起参观了西点军校，并完成了两幅西点军校景观雕版图。这两幅图是军事学院当时景物的生动的历史见证。

　　左图为"炮兵在操场上训练"，图的后面部分展示了南北营房以及教学楼（学院的原始构造），右图为"阅兵场——西点军校"。

　　塞斯·伊斯门（1808—1875）毕业于西点军校，尽管时至今日在人们脑海中他是个著名的画家，他在美国部队中的戎马生涯同样相当地成功。他所绘的东部景色的图画被公认为哈得逊河山谷风景画的先驱。这幅出自他笔下的图画绘于 1834 年，名为"从哈得逊河山谷看军事学院"，此图为复制品。

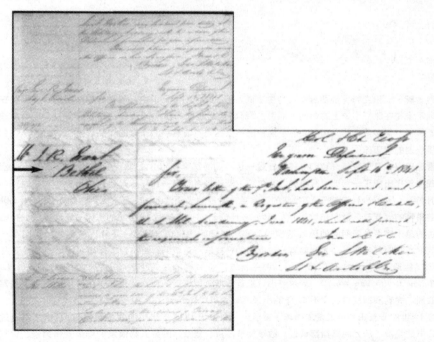

　　1839 年至 1843 年期间，尤利塞斯·S.格兰特在西点军校就读。他的父亲每个月都能收到西点军校主管寄来的报告，说明他儿子的学习和出勤情况。有一次，报告隔了几个月迟迟没有寄到杰西·格兰特手中。1841 年 9 月 7 日，这位父亲气愤地要求军事总督寄给他一张在校学员的名单，让他确认儿子仍然是西点军校的一名学生。

9 月 16 日，西点军校主管寄了一份学生花名册给杰西，让他放心，他儿子仍然在西点军校上学。

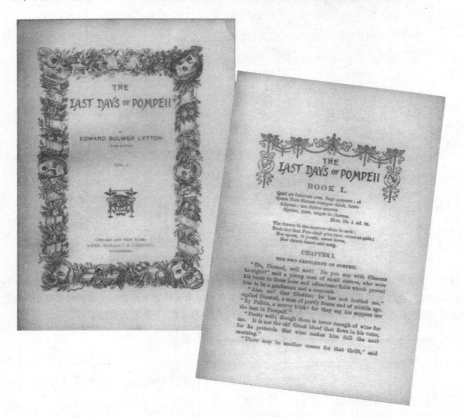

　　尤利塞斯·S. 格兰特发现西点军校的生活很无聊。在他的回忆录中，他说在校的期间，自己花在课本上的时间远不及花在流行小说上的时间。他说："那时候出版的布尔沃的所有著作我都看过，还看库珀、马里亚特、斯科特、华盛顿·欧文和利文的小说，还有很多记不清名字的作家的作品。"这六位是 19 世纪三四十年代最受欢迎的英语作家。

　　弗雷德里克·马里亚特（1792—1848）是一位英国海军军官和小说家，他利用自己丰富的航海经验在 19 世纪三四十年代出版了一系列冒险小说。瓦尔特·斯科特（1771—1832）是伟大的历史小说家之一。斯科特的《伊凡好》（*Ivanhoe*）着眼于 12 世纪的英格兰，这是他最受欢迎的作品。尤利塞斯不仅读过《伊凡好》，还读过斯科特的《昆廷·杜尔伍德》（*Quentin Durwood*），这是描写 15 世纪的法国，还读了《候补陪审员》，这本书讲的是十字军东侵期间的巴勒斯坦的故事。詹姆斯·库珀（1789—1851）被称之为美国第一大小说家，他的书在当时是畅销书。尤利塞斯读过库珀的一些描写边境的冒险小说，比如《最后的莫希干人》、《拓荒者》和《探险者》。华盛顿·欧文（1783—1859）是知名的短篇小说作家，其代表作有 *The Legend of Sleepy Hollow* 和 *Rip Van Winkle*。爱尔兰小说家查尔斯·詹姆斯·利文（1806—1872）的书主要描写拿破仑时代的欧洲。尤利塞斯读过利文 1841 年的小说 *Charles O' Malley*。

　　也许 19 世纪最畅销的小说是爱德华·布尔沃－利顿于 1834 年出版的《庞贝末日》，这本书经过多次重印。这套书的全部三册尤利塞斯都读过。故事情节曲折、复杂，围绕人物浪漫的神奇爱情力量、背叛和英雄主义展开。故事背景是意大利维苏威火山于公元 79 年爆发，将古城庞贝埋葬于废墟之中。插图是 1899 年版设计考究的标题页和开篇页，这是首次使用有光泽的照片。

利塞斯举家迁往大约二十英里以外的乔治敦，他们用砖砌了一座房子。尤利塞斯在乔治敦只有一间教室的学校里开始了他正式的求学生涯。

年幼的尤利塞斯暗下决心，他宁愿从事农场工作，也不要同制革业打交道。他种庄稼，劈柴火，做家务。需要的时候，他就帮助父亲制作皮革，但是他讨厌看到血淋淋的动物皮毛。用当时边境的标准来衡量，他的父亲杰西·格兰特是个成功人士——他甚至还担任了一期乔治敦的镇长——但是制革的地方那种残酷、腥臭场景，尤利塞斯一直都没能习惯。血腥的场景让他作呕；在他一生中，他都无法忍受烹饪生牛排，连看一眼都不行。他明确地告诉父亲，他不想继承制革的家业。

但是马引起了他极大的兴趣。他就是在马的簇拥中长大的。尤利塞斯在不到2岁的时候就拥有了第一次骑马的经历，8岁时他能驾驶马车队，9岁时买了属于自己的第一匹小马并将其驯服，11岁时他赶着马儿犁地。11岁的尤利塞斯开始他的马车运输生意，他赶着马车把人们或者货物运到乔治敦方圆数里外的目的地。马车旅行逐步培养了尤利塞斯勇敢大胆的个性，也开始向这个好奇的年青人展示了小镇之外的广大世界的一角，让他憧憬去见识更广阔的天地。同时，他也因为善于驯服野马获得了驯兽员的美誉。尤利塞斯的身材并不高大——他最后也只有五英尺七英寸高——但是孔武有力，年少的他已经十分健壮。体力上的优势仅仅是帮助他驯服动物的次要因素。最重要的是，他似乎理解动物的思想，能够赢得它们的信任和尊重。

杰西·格兰特对政治相当感兴趣，他经常在乡村报纸上发表自己的观点。他喜欢夸耀儿子的天赋和潜力，这使得小男孩十分尴尬。除此之外，格兰特一家人显然不属于感情外露的类型，不管在公共场合还是私底下。历史学家们一定会留意到，格兰特多次这样评价母亲，他说自己从未见过母亲哭泣。作为西点军校的年轻学员，尤利塞斯获得的第一次休假许可时已是入学两年后。据说，一句客套的寒暄"你好吗？"就是他回家探亲时收到的亲人的问候——或者说他的期待也就仅此而已。

尤利塞斯5岁的时候，在乔治敦的一所小小的"集资学校"念书。学校的经费直接来自那些想让孩子接受教育的家长。学校在冬天开课，持续十三周（年长一点的孩子在气候温暖的季节要帮家里干活）。每人每个学期的学费为1.5美元到2美元，或者给学校送同等价值的麦子、玉米或者烟草。尤利塞斯和其他年纪大很多的同学（有些同班同学已经成年了）一起学习基本的文化知识：阅读、书写和算术。他轻而易举就学会了数字，据说在6岁时他就能阅读成人水平的书籍。父亲拥有数量可观的藏书，约有三四十本，他鼓励儿子博览群书。很明显，家庭中年纪最长的这个男孩从很小的时候就被寄予厚望，希望他接受高等教育，提升自己，以获得比制革工人更高的社会地位。

尤利塞斯是个安静、谦逊、情绪不易激动的男孩，待人友善，但不好交际。很多年之后，他的一个校友回想从前，觉得"他总是每一句话都说得很简短"。在同乔治敦的其他男孩玩耍时，他没有显示出任何领导者的天性，仅仅只是加入大家，一起活动。少年时期的尤利塞斯性格温和，敏感细腻。据说，他从来不说粗话，也从不讲下流的笑话。据他自己回忆，他从来没有因为做错事而遭到父母严厉的惩罚，他们甚至从来没有严厉地斥责过他。

在学校目睹的严格戒律让他感到很诧异。老师们时刻保持警惕，纠正学生们违背纪律的行为，不管是亲眼看到的，还是主观臆想的。后来他回忆说："学校旁边是一座山毛榉小树林，犯了错等待惩罚的男孩要到树林中捡木棍。经常一捆木棍一天就用光了。"

1836 年至 1837 年，父亲把尤利塞斯送往一所"神学院"，让他接受进一步的教育。学校在河对岸，位于肯塔基州的梅斯维尔。14 岁的尤利塞斯感到无聊，因为他已经掌握了学校所教的大部分课程。但是，有一样事物引起了他的兴趣：辩论会。加入该组织之后，安静的尤利塞斯开始培养了一些公众讲演的技巧，为他日后成为一个全国性的政治人物奠定了基础。随后，他进入位于俄亥俄州瑞普勒夫的长老会学院学习。他再一次发现，自己已经知道老师所教的大部分内容。

把尤利塞斯送进西点军校上学是父亲的心愿，学费由政府出资可能也是部分原因。1839 年，尤利塞斯此时 17 岁，西点军校的正式录取通知书经由议员到达父子俩的手中。父亲很高兴，儿子却很沮丧。虽然西点军校是一所军事学校，当时的大部分学生希望谋求文职。军事学院尤其以培养土木工程师而闻名。在 19 世纪早期，大部分毕业生履行完军事官员的职责后，最终会从事和军事无关的职业（尤利塞斯·格兰特进入西点军校之时，他们在军队服役的期限为八年）。这个年轻人甚至不清楚父亲何时提出的入学申请。疑虑重重的尤利塞斯担心自己达不到西点军校学员的要求。他后来回忆，当时他"虽然要在学校坚持到毕业，但是我并不期待，因为我一点都不想留在部队"。他的职业理想是种地，或者当一个商人，在河流两岸做买卖。他并不反对去大学里念书，但是他从未想过去念军事学院。

郁郁寡欢的尤利塞斯看到了光明的一面，至少他有机会去见识一些东部的大城市。他特别感兴趣的是费城和纽约。至于他预想中的军校学员生涯，则是不愉快的。刚一进入学校，他的料想就得到了证实。他在学校给亲友的信件充满了黑色幽默。他在给表兄 R. 格利菲斯的信中这样写道："我的裤子太紧了，就像树皮紧紧地贴在树干上。如果我没有像军人那样走路，就是说，在我快速蹲下去或跑起来时，它们就会噼啪作响，声音大得如同信号枪一般，像在作报告一样。"不过，他并不是对军队全无好感。在给格利菲斯的信中他这样写道，西点军校"绝对是我见过的最美的地方"。他还称赞附近的哈得逊河"水面上散布着成百上千的船只，扬着雪白的风帆"。第一年的学业结束之后，他得出的结论是："有很多讨厌之处，但更多的是令人喜欢的地方。如果可以的话，我打算努力学习，好好待下去。"

同年级的大部分学生要比他年长很多，有些甚至在接到入学通知以前就念过大学了。事实上，这个来自俄亥俄州的男孩身高刚好够上西点军校的入学条件。学员最低身高要求为五英尺；刚入学的尤利塞斯身高只有五英尺一英寸。他体重为一百一十七英镑。四年之后，在毕业之时，他长到了六英尺，但体重还维持在刚入学时的水平。

西点军校的同学们被他名字的开头字母"U.S."逗乐了，他们开玩笑地给他取名叫山姆大叔格兰特，通常大家直接管他叫山姆，这个名字可能让他十分苦恼，因为他的一个弟弟就叫做塞缪尔（昵称是山姆——译者注）·辛普森·格兰特。尤利塞斯不太喜欢大家给他取的外号。他更喜欢自己的本名，海勒姆。

此图为尤利塞斯·S.格兰特晋升为美军第四步兵部队少尉时的雕版像，制作于1845年前后。

1843年7月尤利塞斯毕业，这位昔日西点军校最优秀的骑士要求委派到骑兵营。因为没有职位空缺，最终他被派到第四步兵部队。在密苏里州和路易斯安那州服役两年之后，格兰特于1845年9月被派到扎卡里·泰勒将军的部队任职，这个位于得克萨斯州科珀斯克里斯蒂城的军队规模虽小，战斗力却很强。随后，部队迁往墨西哥战争的发生地里约格兰德河。

尤利塞斯·S.格兰特虽然对墨西哥战争从心里不支持，但不管怎样，他积极参与了泰勒将军的几乎所有战役，只缺席了一场布埃纳维斯塔战役（1847）。在蒙特利战役（1846年5月/6月）中，格兰特是唯一一位骑马指挥作战的军官。在墨西哥战争中，格兰特晋升为中尉和名誉上尉，不过这丝毫没有减轻他一直以来对于军旅生活的厌恶。

学生们都住在没有暖气的寒冷小房子里。隆冬时，他们必须到户外的井中打水。学生们拎着水桶匆忙地穿梭，桶里的水溅到台阶上结成冰，弄得营房前的台阶十分滑溜。学生们五点钟就被轰出被窝，每天的生活执行严格的作息制度。令尤利塞斯苦恼的是，他对韵律一窍不通——据说，这导致他成为学院里跟不上行军节奏的最可怜的学生之一。

西点军校的学生修习的课程系统地分为八个部分：数学、工程、哲学、历史/伦理学、科学、绘画、战略以及法语。科学课程包括化学、地质学和矿物学。"伦理学"这个名字和内容不太相符，包括写作、语法、口语和地理。19世纪时，法语在美国大学中特别重要，因为最初的"国际关系"就意味着同英国和法国的关系。

尤利塞斯数学成绩突出，而数学正好是西点军校最重要的学科，他在绘图方面也很出色。学员们要掌握基本的绘画技巧，以备上战场的时候精确地描绘战争地图的需要。西点军校的绘画老师是著名画家罗伯特·沃尔特·韦尔。如今保存的几幅尤利塞斯当初的作品显示了他在绘画方面拥有惊人的天赋，但是很明显，他后来并没有往这方面发展。

相反，他的英语、法语、科学以及战场战略表现糟糕。他在回忆录中提到，他"很少一篇文章读两遍"。但是，他对文学兴趣浓厚，被选为西点军校的文学社团——辩论社的社长。除了花少量时间在课本上，他如饥似渴地阅读所谓的"通俗小说"。他后来回忆道："学院拥有一座很好的图书馆，学生们能够从里面借书出来看。我在这些课外书上花的时间比花在正式课程上的时间还多。大部分时间，不好意思说句老实话，都用来看小说了……那时候出版的布尔沃的所有著作我都看过，还看库珀、马里亚特、斯科特和华盛顿·欧文的小说，还有很多记不清名字的作家的作品。"

历史学家们已经留意到了军事学院一个显著的缺陷。在内战之前，西点军校的学员学到的军事战略知识，即所谓的"战争的科学"十分有限。也就是说，他们学习战斗的战略，却不知道在开战前和战争过程中如何调兵遣将，把大部队人马调往有利的位置。他们学到的战术是以法国人亨利·约米尼男爵的著作为基础的，书中分析了拿破仑·波拿巴在系列欧洲战争中的表现。在当时，约米尼的理论极具智慧，但是到19世纪中期为止，战争方式发生了极大的改变。到美国内战的时候，步兵们携带的来复枪比起拿破仑时代的前装炮，上膛速度更快，射击精确度更高，射程更远。这就使得近距离的刺刀拼杀——以前的很多战争赖以取胜的一种野蛮方式——几乎过时了。此外还有，约米尼的战争策略其构想的年代尚无铁路和电报，而铁路的修通为轻易运送大批兵力提供了可能，电报线路则为指挥者更加快捷、可靠地相互传递信息提供了便利。

尤利塞斯没有欣然接受约米尼的全套军事战略思想（他后来说，他甚至没有读过约米尼的作品）。后来的事件证明了，他在学生时期忽视课本对他产生了有利的影响。内战时期，对阵双方的将领均是依照约米尼的教条部署战略。中途，尤利塞斯及几个美国将军总结激战的经验，开始明白广为接受的理论并不可行。他们有意把老军事家的教条扔在一旁，开始研究部署新的战略战术以赢得战争。

尤利塞斯·格兰特不喜欢军事学校学员生活的森严戒律。正如传记作家杰弗里·佩雷特所写的那样："即使是数学奇才，只要他忘记正确地扣上大衣纽扣或者系鞋带的方式令某个严格的老师感到不满，这个学生的缺点就足以抵消他天赋的光芒。"尤利塞斯偶尔上课迟到，有时不去做礼拜，着装不甚讲究。虽然学员们不允许去镇上的酒吧，但他违反禁令，至少去过两次。

尤利塞斯·格兰特对于当领导者没有兴趣。在军校上学的第三年，他被提升为军士，但是因为种种过失，他失去了这个军衔，恢复了原先的身份。传记作家劳埃德·刘易斯评价说：西点军校的教官对尤利塞斯·格兰特下的结论是"一个天生的士兵"。同样地，他对西点军校的社会礼仪不感兴趣。他不跳舞，也很少有试图吸引年轻女子注意力的举动。他的一个军校同学后来评价格兰特，说他"完全和高雅绝缘"。

简而言之，尤利塞斯·格兰特在西点军校颇受煎熬，他渴望迎来人生的高潮。一位教授回忆起这个年轻人时，说他"总是思路清晰，学习踏实勤奋"。但是数年之后，在尤利塞斯·格兰特担任美国总统期间，他有段时间情绪激动，牢骚满腹，吐露了卸下总统之职的心愿，认为这"可能是除我离开西点军校的那一天之外，我人生中最快乐的时刻"。1843年毕业时，他的成绩在班上排名居中，成绩一点都不抢眼。但是，在骑术方面，格兰特无人能敌。他最光荣的时刻就是在毕业典礼的那一周。学院的骑术教练设置了六英尺多高的障碍栏，然后把格兰特从阅兵的毕业生队列中叫出来。格兰特跨上一匹名叫约克的红棕色骏马（他上马的方式在学院中是独一无二的），他骑着神骏非凡、轻快敏捷的约克冲向骑术大厅远远的尽头，然后转身掉头，用马鞭驱使约克往前疾驰。在一段如雷声般轰隆、如风驰电掣般急促的飞奔之后，约克漂亮地跨过了障碍栏。格兰特的这一跨越刷新了西点军校四分之一个世纪以前创立的最佳纪录。

和格兰特同期上学的西点军校的学生中有很多人在20年之后成了内战中南北方的著名将领。他们中包括威廉·T.谢尔曼、绰号"石墙"的汤姆斯·杰克逊、乔治·B.麦克莱伦、威廉·S.罗斯克兰斯、乔治·E.皮克特和A.P.希尔。他在学校结交了一个来自乔治亚的朋友，是个身材高大魁梧的小伙子，名叫詹姆斯·隆史崔特。战时，两位好朋友分别作为南北方的指挥官，成了对垒作战的敌人。

对比西点军校的俗套礼仪、拘泥形式的一套，尤利塞斯·格兰特更喜欢做个简单的士兵，他希望把自己的八年军旅义务生涯奉献给骑兵。结果，他未能如愿，被派去当步兵少尉，这令他大失所望。1843年夏天在家中休假完毕，这位肺病康复的年轻军官被派往密苏里州圣·刘易斯附近的陆军部队任职。在该地驻扎时，他遇见了一位名叫朱丽亚·登特的年轻女孩。过了一段时间，两个人结婚了。但是在此之前，他品尝了战争的滋味。在1846年到1848年的墨西哥战争（他从个人角度上不赞成这场战争）中他的表现十分出彩，1853 年被提拔为军队上尉。到达这个高度之后，他的事业突然停滞不前了。1854 年，他被指派到遥远的大西洋西北部任职，在公共场合喝得醉醺醺的尤利塞斯被迫辞去职务。饮酒过度成了纠缠他一生的恶习。

这位前上尉军官经营农场失败后，只得降格回到父亲的皮革铺。1861 年 4 月内战开始时，他在父亲位于伊利诺斯州加利纳的皮革铺中当店员。尤利塞斯接到一道新的军事命令，然后迅速地升至陆军准将。在赢得一些重要的中西部战役之后，亚伯拉罕·林肯总统指派他为盟军的总司令。

1865 年 4 月，南部盟军的罗伯特·E. 李将军投降，而尤利塞斯·S. 格兰特成为美国最重要的战争英雄。在 1868 年的共和党全国代表大会上，他以压倒性的优势成为总统候选人。他击败了民主党人霍雷肖·西摩当选为总统，并连任两届。他在第一次就职演说中说道："我得到了总统之职，但是我从没有刻意追求过。"当尤利塞斯进驻白宫的时候，灾难性的内战已经结束，重建联邦的进程开展得如火如荼。摆在尤里塞斯政府面前的一个迫切任务就是振兴国家经济。

在后人眼中，尤利塞斯·S. 格兰特几乎就是个甩手总统。担任军事司令官时，他依赖自己信任的下属，让他们去执行任务，而自己尽可能不干涉。乃至当上总统之时，他以为还能采用同样的方法。他希望国会制定公共政策，而他以及内阁头目只要等着监督执行就可以了。他所起的作用更像是国家仲裁人，而不是一个国家领导者。正如一个政治观察员猜想的那样，总统没有"他自己的政策"，希望民主党能帮他制定政策。但是，民主党由于保守派领导和改革派之间的明争暗斗而伤痕累累。尤利塞斯平息两派之争的调解在当时几乎没有得到任何政治领导人的响应。当他第二次登上总统宝座时，他试图推行更明确的发展方向，然而他的努力总是徒劳无功。无数的丑闻将他的政府破坏殆尽。不过，在关键问题上，格兰特即使面对咄咄逼人的政治对手，也表现出了坚定的魄力，他总能做出正确的决定。尽管如此，历史学家认为，在大部分问题上，格兰特总统表现平平，远远不及他担任军事司令官时的精彩表现。

有些人认为尤利塞斯·S. 格兰特是个智商平庸的总统，对待教育无动于衷。从一定程度上来说，这种想法多半源于总统所著的诚实的回忆录，在书中他幽默地说自己是一个对学习不感兴趣、好动坐不住的学生。他提到在西点军校的日子时他这样写道："我没有刻苦学习的习惯，可能我在学校学到的有限内容对不住我食宿所花的费用。"事实上，完全有理由说，他是最聪明的美国人之一：从边境村庄的小男孩成长为举世闻名的大人物。尤利塞斯·S. 格兰特于 1885 年在纽约麦克雷格山因喉癌去世。

第十九章

卢瑟福·B.海斯
(Rutherford B. Hayes)

哈尔·马科维奇

年轻时候的卢瑟福·B.海斯（"卢德"）活泼幽默，这来源于姐姐法妮——一个顽皮的假小子的潜移默化。童年时期，法妮领着弟弟到附近的小树林中去探险。她还教会了年幼的弟弟一些启蒙课程，她了解弟弟的脾性，知道如何通过轻松的戏谑让弟弟达到最佳状态。比如说，卢德在进入俄亥俄州凯尼恩学院的第一年，破天荒地患上思乡病，情绪低落，法妮针对母亲在前段时间给弟弟所写的信自我解嘲，让弟弟高兴起来。索菲亚·海斯在信中抱怨法妮马上就要结婚了，当然，这就意味着她即将离开"娘家"。法妮为振奋弟弟的精神，写了一封信给他，开玩笑地说"女儿要离开娘家真是无耻下流、忘恩负义，不过我也不失为一个大大的好人。"

卢德情绪好转，坚持念完了大学的第一年。在凯尼恩学院第一年的学习生涯为年轻的卢瑟福·B.海斯日后进入哈佛大学法学院打下了一定的基础；他后来从事与法律、军事以及政治相关的事业，乃至到他人生的顶峰——美国总统选举都与这段时期的教育息息相关。1875年，也就是在他击败塞缪尔·蒂尔登的前一年，卢瑟福·海斯在日记中憧憬自己即将成为总统候选人。海斯写道，年近50岁的他时不时还是会头晕目眩，"太疯狂了！我们的命运多么奇怪啊！"

卢瑟福·B.海斯学会在所有事情面前微笑，这不失为一个奇迹。他的父母为了寻求幸福的生活，于1817年离开新英格兰。这对夫妻在佛蒙特州的达默斯顿拥有一家商店，但是1812年战争之后生意日渐冷清，于是夫妇俩决定到其他地方碰碰运气。他们选择了哥伦比亚北部俄亥俄州一个名叫特拉华的小村子，在那儿，他们买了一个面积为一百二十五英亩的农场。

在俄亥俄等待一家人的不是好运气，而是心痛。夫妇俩的第一个孩子胎死腹中；女儿莎拉后来生病夭折了，儿子洛伦佐有一次在结冰的湖面上溜冰时掉进冰窟窿里被淹死。最后，卢德·海斯成了遗腹子。卢德于1822年10月4日出生，他的父亲在此之前三个月患上斑疹伤寒去世了。

母亲索菲亚只得独自承担起抚养卢德和法妮的责任。当然她并不是一无所有，她把当初夫妇俩购置的田地出租给佃户，利润十分可观。而且，她的弟弟萨迪斯·

伯查德随海斯一家迁来俄亥俄州，成为当地一名富有的商人。萨迪斯一生都没有结婚，他为姐姐提供一些生活费，并帮助支付外甥女和外甥的教育费用。

法妮姐弟俩的启蒙教育是在家中进行的。因为疾病和意外，索菲亚痛失丈夫以及三个孩子，她不愿意让卢德和法妮走出自己的视线。在儿童时期，姐弟俩一起玩耍，一起学习。法妮比卢德年长两岁，她为小弟弟朗读威廉·莎士比亚和沃尔特·斯科特爵士的作品。后来，她还教他法语。

1837年，15岁的卢瑟福·B.海斯进入艾萨克·韦伯在康涅狄格州的米德尔城开办的大学预科班。韦伯以前是耶鲁大学的导师，他只接收二十位"好品质的聪明男孩子"，在此进行"全面的学习、可靠的教导和严格的管束"。学习时间分成九点到中午，下午一点到四点，晚上六点到九点这三部分。海斯写信给家里说："我只学习九小时，我以前所未有的速度学习。"韦伯学校的学费、食宿费用每月为250美元，这对当时工薪阶层每天大约一美元收入的状况来说，的确是相当昂贵的费用。

1838 年，16 岁的海斯开始写日记。在他一生中，他定期记录生活中各方面的事情。大量的日记为了解海斯、他的大家庭和他在任时的政策提供了很多的资料。美国有三位总统一直保持着从年轻时养成的写日记习惯，他们是约翰·亚当斯、约翰·昆西·亚当斯和海斯。

海斯写道："在我开始写日记时，我就已经有几个目标，主要是：第一是提高写作……第二，学会流畅地表达自己的思想……第三，完善决策。通过记录下我的解决方案，我将会更加谨慎去做决定，并且当决定形成时，我会更认真地坚持它们。第四和最后，我希望在日后阅读我最初幼稚的预测、考虑不周的决定、抱负、希望、不切实际的欲望和不成型的观点时能从中受益，或完善它们。"

卢德 8 岁的时候，特拉华开设了一所私立学校。索菲亚把孩子们送进学校，姐弟俩在里面度过了几周悲惨的学习生活。他们的老师是蛮横的丹尼尔·格兰杰，据说，他会鞭打行为不端的学生。有一次，他在上课的时候发现一个学生窃窃私语，竟然冲着那个小孩挥舞小刀。听到这些故事，索菲亚同意了孩子们的要求，把他们从格兰杰的学校领了回来。

他们在特拉华另外一家私立学校的求学经历相比之前的学校要愉快得多。学校的校长是琼·希尔斯·默里。在默里的学校，卢德第一次接触了美国历史。他阅读帕特里克·亨利、丹尼尔·韦伯斯特以及亨利·克莱的演说，并且能够很快地把它们背诵出来。他最喜欢韦伯斯特的"对罗伯特·Y.海恩的回复"，这篇演说的结尾是"自由和联盟，现在和永恒，个人和密不可分的团体"。他也是学校里拼写掌握得最好的学生。

卢德在琼·希尔斯·默里的学校待了五年。到他 13 岁的时候，姐姐已经转到俄亥俄州普特南附近的一家女子学校上学了。法妮很聪明，丝毫不逊色于弟弟，她是学校里最棒的学生，但是在 19 世纪，几乎没有对女性开放的工作。对法妮来说，继续深造就没有多大意义了。

应该去上大学的是卢德。但是，问题出现了：卢德不想继续上学了。他想和舅舅萨迪斯一起做生意，舅舅没有受过大学教育，但是生意做得有声有色。卢德在回新英格兰探亲时，同 19 岁的表兄霍雷肖·诺伊斯相处了一段时间。这位在耶鲁大学念书的表兄向他描述了在纽黑文的大学生活，卢德对表兄的故事感到心驰神往。萨迪斯愿意为外甥支付学费，他希望卢德也能去耶鲁大学深造，但是他不确定外甥是否已经做好了进入大学的准备。至于卢德，他仍然坚持己见，反对深造。母亲索菲亚一点都不赞成儿子的选择，她给萨迪斯写信说："一个像他那么大的男孩如果中断学业，就可能会失去理想。"

舅舅为卢德在俄亥俄州的诺沃克找了一所学校，这所学校离萨迪斯在桑达斯基下游的住址很近。卢德到诺沃克神学院学习，校长是尊敬的卫理公会派牧师乔纳森·E.卓别林。萨迪斯的朋友兼邻居埃比尼泽·莱恩法官也把孩子送进了这所学校。后来，卢德和威尔·莱恩成了好朋友。

卢德进诺沃克神学院的时间是 1836 年。卓别林的课程重点强调演讲和写作。开课后不久，卢德写了一篇关于英国政治家威廉·皮特的文章，并在班上演讲。这是他第一次在观众面前演说。他在给母亲的信中写道："我没有像大多数第一次作演讲的男孩那样战战兢兢。"

卢德在诺沃克待了一年，然后于 1837 年初学期结束后回到家。卢德再一次提出退学，表示要跟随舅舅萨迪斯学做生意。索菲亚又发怒了。连卢德一向脾气很好的姐姐法妮这一次也反对弟弟放弃学业的决定。在那时，法妮刚刚完成在普特南的学业。在一封写给卢德的信中，法妮大发雷霆："在这个冬天，有多少次我祈祷自己处于你的位置，这样我就能上大学了。"

索菲亚建议把卢德送到俄亥俄州甘比尔的凯尼恩学院，这所学校位于他们在特拉华的家以东大约四十英里处。萨迪斯觉得卢德还没有做好上大学的准备。在诺沃克，外甥是一个很聪明的学生，但是他常常表现出懒惰的习性。萨迪斯认为卢德可以先在预科班学习一年。他再一次向朋友莱恩法官咨询，后者告诉他自己正准备把儿子威尔送到艾萨克·韦伯在康涅狄格州的米德尔城开办的预备学校里。萨迪斯决定把卢德送进同一所学校。卢德听到舅舅的计划抱怨说："我不会说不去，但我的确不想去。"但是当得知威尔·莱恩会去同一所学校，他的抵触情绪就没那么强烈了。

事实证明，韦伯的学校对卢德这样一个喜欢偷懒的男孩来说是最正确的选择。韦伯以前是耶鲁大学的导师，他每年只接收二十名男孩。学费数额惊人，每年每人二百五十美元。萨迪斯支付了高额学费，得到的承诺是他的外甥将接受"全面的学习，可靠的教导，严格的约束"。

卢德 1837 年 10 月进入艾萨克·韦伯的学校学习，他很快就发现自己很少有机会偷懒。12 月时，他给叔叔写信："我们六点半起床，七点吃早饭，然后做晨祷，九点开始上课；十二点吃午饭；学习时间从下午一点到四点，然后是六点到九点。我真的非常喜欢这所学校。还从来没有一所学校能让我如此喜欢。所有的学生都非常喜欢我们的学校，这一点对于大多数学校来说是无言的赞美。我们都很喜欢韦伯先生。我觉得他太适合照管一大帮类型各异的男孩了，因为大家很快就发现他不是那么好糊弄的，而且只要你听话，他的态度十分和蔼可亲。"

在紧张的学习生活中，卢德尽力保持自己的幽默感。他在信中提到自己的法语老师"是一个激情澎湃的老头。他看起来像一个圆乎乎的褥垫，比我见过的所有东西都要像"。

卢德很受欢迎，很多人被他的好脾气吸引，都和他成了好朋友。他有个外号叫"查理·贝茨"——查尔斯·迪根斯所著《奥列佛·退斯特》中的一个无忧无虑的角色。

在米德尔城，卢德对政治产生了兴趣。舅舅萨迪斯是一名狂热的辉格党人，现在卢德步其后尘也成了辉格党中狂热的一员。1836 年，辉格党在总统竞选中失利，败给了民主党人马丁·范·布伦。1840 年，卢德和众多的赞同辉格党的人怀着巨大的期望等待总统竞选的结果，认为总统之位尽在辉格党的掌控之中。1837 年，在辉格·亚伦·克拉克赢得纽约市附近的竞选时，卢德饶有兴致地写道："纽约市在热烈欢庆辉格在这个城市的成功。整整一天几乎都在庆祝的隆隆炮声中度过，晚上放的焰火价值三百美元。"卢德对于辉格党人的崇拜可能来源于艾萨克·韦伯的推波助澜，韦伯也是一名辉格党人，他在米德尔城还担任了一个小小的官职。

1838 年春天，卢德完成了在米德尔城一年的学业。到此为止，15 岁的卢德已经做好了上大学的心理准备，他告诉舅舅以及母亲，自己希望到耶鲁大学去上学。艾萨克·韦伯认为卢德的准备工作还不够，建议萨迪斯让他在自己的学校里再学一年。但是索菲亚希望儿子离家里近一点，坚持让卢德去凯尼恩学院上学。她在写给弟弟萨迪斯的信中这样说："如果卢瑟福在这边生活，他就会成为一个西方人。"索菲亚坚持己见，最后，卢德·海斯在 1838 年 11 月 1 日踏进了凯尼恩学院的校园。

海斯于1838年进入位于俄亥俄州甘比尔的凯尼恩学院学习。凯尼恩学院是一所自由开放的文科学校，创始人是菲兰德·蔡斯——俄亥俄州第一位新教圣公会大主教。主教于1824年创办凯尼恩学院的目的是为居住在阿来干尼以西的年轻人提供教育机会。在以藏书量作为大学图书馆排名最重要因素的时代，凯尼恩学院的图书馆声名赫赫。

这是海斯1838年笔记本上的一页。大学生普遍的一项作业就是抄写课本上的段落——然后背诵下来。

照片为1839年，17岁的卢瑟福·B.海斯。

1842 年 8 月 5 日，海斯在自己离开凯尼恩学院的毕业典礼上发表了告别演说。仪式从早上一直持续到黄昏。首先是八位同学轮流上台讲话，然后是两首诗歌朗诵及八幅音乐作品表演完毕，海斯开始了关于"大学生活"的演说。他建议在校的学生"掌握渊博的知识，攻克难关"，还要通过自觉艰苦的学习"发掘潜力"。晚上，他在日记中记下了自己的想法："我感觉自己没有改变，让我感到震惊的是我还是'同一个老卢德'，我没有长高，也没有变胖，相反，如果说有改变的话，我觉得自己变得比平时更瘦削、更憔悴，就好像卸下了胃里面的一个重担。"

　　韦伯为卢德的大学生涯作了充分的准备工作。在正式成为大学一年级新生之前，海斯参加了很多考试，考核他对拉丁文、希腊文、数学和语法的掌握程度，结果他轻而易举地通过了所有考试。他发现大学课程没有什么挑战性；确实，比起在韦伯手下接受的严格培训，这些知识要简单得多。而且，无忧无虑的卢德·海斯对于凯尼恩学院众多的条条框框十分反感。比如，学生在房间里吃奶油蛋糕这点小事也被视为违纪，将受到惩罚。当收到法妮的来信，劝他尝试去喜欢自己的老师时，卢德回复道："嗯，我会喜欢他们的——不过那将是很久很久以后的事情。"他对学校的食物也颇有微词。

　　不管怎样，法妮的来信令他十分高兴，他最后愉快地念完了大学一年级。在开始念二年级之前，海斯已经慢慢喜欢上了这所大学，并全心全意地投入到学习中。他加入了学校的一个文学辩论社团（Philomathesian Society）。很快，他就成了社团里最优秀的辩手之一。1840 年春，海斯迷上了期待已久的总统竞选，这场竞选实际上已经成为马丁·范·布伦总统和辉格党提交的候选人——老战斗英雄威廉·亨利·哈理森——两个人之间的竞争。年仅 18 岁的海斯围绕"1840 年总统竞选的渊源"写了一篇文章，在文中他对于谁将获胜表明了自己的鲜明立场。

　　11 月 5 日，海斯写道："长期以来的苦难历程结束啦，这场'旋风'已经席卷了整片大地，哈理森将军无疑将当选为总统。我一生中从来没有像现在这么兴奋过。他得到了俄亥俄州多数选票……大约两万三千票。肯塔基州和其他每一个地方进展都很顺利。万岁！"

　　在肯塔基的第三年临近结束时，海斯全心全意投入了学习。他被选举成为社团的社长，并组织开展了有关政治话题的激烈辩论。在他担任社长期间，辩论涉及的话题包括得克萨斯州成为联盟的一部分，以及总统的否决权。海斯也对凯尼恩学院另一个文学社团纽派卡帕社（Nu Pi Kappa）伸出了援手。这个社团一直以来的成员是来自南方各州的男孩，因为到 19 世纪 40 年代为止，很多南方家长不再把孩子送到北方的大学就读，于是社团日渐衰落，摇摇欲坠。为了支持纽派卡帕社的发展，海斯促成两个社团通过了一个协议，即地理因素不再成为甄选成员的条件。

　　海斯开始和朋友交流，透露了他想要从事法律相关工作的想法，并希望能借此步入政坛。在大学三年级即将结束时，海斯在日记中表达了自己准备在大学四年级大干一场的愿望："我希望成为逻辑学的高手、雄辩的演说家，把历史学好。要实现这些目标，我愿意努力学习。我相信，只要努力，我就能做到，至少能够在辩论方面取得一定的成绩。我还有一个想法，就是一旦开始了我的人生，不管我的能力如何，归宿在哪儿，我都要坚持原则，做一个诚实、善良的人；如果有一天，我成了公众人物，我绝对会坚守作为一个忠诚的朋友、良好的市民的守则。"

　　在开始第四年的学业之前，海斯已经打定主意要做一个律师。他现在是校园里在哲学、数学和化学方面学问顶尖的学生。但他还不够认真，他必须放弃自己在班上专门插科打诨的名声。他参与组织了一个名叫斐捷塔的大学生联谊会。每个会员都携带一根顶部镶银的手杖在校园里闲逛、狂欢，向同学炫耀他们花哨的棍子。海斯多次在寄往家里的信件中对母亲夸耀自己的狂饮作乐，不过，索菲亚清楚地知道儿子在开玩笑，因为她本人是一个忠实的禁酒运动的拥护者。

　　然而，这个家庭遇到了麻烦。法妮在海斯上大学一年级的时候结了婚，后来她产下了一个女婴，取名叫莎拉。不幸的是，莎拉 2 岁的时候夭折了。女儿的去世使法妮患上了严重的抑郁症，在海斯上大学四年级的时候，她的精神病严重恶化，到了不得不到专门机构进行治疗的程度。在为毕业做准备之时，海斯很清楚，以姐姐的病情不可能去参加自己的毕业典礼，也没有机会去看他发表告别演说。

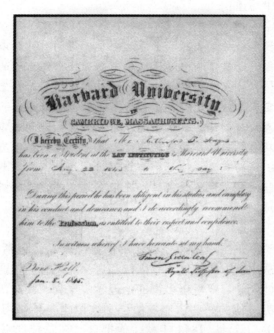

　　从凯尼恩学院毕业后，海斯花了几个月时间阅读威廉·布莱克斯通的评论，内容是评价斯派洛及马修斯任期内英国在哥伦布施行的法律制度。他认为，掌握好法律将是"引领我走上命运之途的通行证"。他下定决心"更加专心地"学习，不看报纸，早上六点起床，花六个小时阅读布莱克斯通的书籍，然后"学习两个小时的推理和逻辑，两个小时的德语，晚上十点睡觉"。1843年，在"令人心烦、单调乏味"的几个月之后，海斯进了哈佛法学院，并于1845年毕业。在哈佛大学，他师从约瑟夫·斯托里和西蒙·格林里夫，这两位法理学家在全国享有极高的声誉。海斯在日记中记下了自己看见约翰·昆西·亚当斯和丹尼尔·韦伯斯特的欣喜心情。此外，他还有时间接触戏剧，广泛涉猎拉丁文和法语书籍，还能阅读哲学著作。在哈佛，他发现自己"主要的缺点"是"孩子气的行为"，缺乏"更温和与亲切的气质"。

　　海斯在凯尼恩学院的毕业典礼于1842年8月5日举行。索菲亚和萨迪斯赶到甘比尔观摩卢德接受最高荣誉。到这时候，他已经长成为一个高大、英俊、红头发的小伙子，并殷切盼望踏出人生下一步。

　　海斯决定到哈佛大学法学院继续深造，不过入学前，他在俄亥俄州哥伦布的杰出律师汤姆斯·斯派洛的指导下，花了几个月的时间阅读法学书籍。

　　海斯在斯派洛的事务所度过了艰苦的十个月——当差跑腿、收拾打杂，每天还要看六个小时书。海斯在事务所的经历有一个很大的好处，就是他能够近距离地研究政治。哥伦布作为俄亥俄州的首府，是该州政治的温床。

　　最终，卢德于1843年8月迈进了哈佛大学位于马萨诸塞州坎布里奇庄严神圣的校园。他的老师包括西蒙·格林里夫——一个颇负盛名的法律方面的学者，还有约瑟夫·斯托里——美国最高法院的一个助理法官。对于凯尼恩学院的老师，海斯是"很久很久以后"才会喜欢，他对待这两位导师的态度截然不同，除了赞美还是赞美。他在日记中写道：

> 斯托里教授和格林里夫教授上课时会举例说明，并加以解释。格林里夫先生观点透彻，逻辑清晰……他从来不会因为介绍自己的经历，而扰乱了上课的思路。斯托里法官恰好相反，他对学生提问时宽宏大量，只要你懂得如何说肯定和摇头表示否定，你都不用瞥一眼教科书，就能回答出他的问题。他很喜欢扯闲话，常常跑题，讲述好玩的奇闻逸事、有关法律的传奇故事，以及自己一些有趣的经历。大体上，他是个很有意思的人，经常滔滔不绝……简而言之，他是个与众不同的讲师，一点都不像大家想象中的年迈的显赫法官；他不仅很棒，还很有趣，喜欢讲好听的故事。他的知识惊人地渊博。

海斯在哈佛大学不仅学习法律，他还阅读哲学书籍，包括詹姆斯·贝蒂和约翰·洛克的作品，从中汲取了他们尊重人权和道德的思想。他通过研究西塞罗，领略了雄辩的力量，他还学习亚里士多德的伦理学。亨利·沃兹沃斯·朗费当时在哈佛大学任教，海斯听过他的一些讲座。法语和德语也是他学习内容的一部分。此外，他当然也不忘关心政治。1844 年秋，他把自己在总统选举中的第一张选票投给了辉格党候选人——亨利·克莱。对海斯来说，这是忙碌的两年。

他于 1845 年春毕业。在课程即将结束时，海斯在日记中这样描述自己的未来：

> 我一直不懈地训练思维，丰富思想。今年，将是这个人，这个完整的男人得到关注的时候了。我将努力使自己在行为方式、道德品行和感情上成为一个真正的绅士。必须抛弃学生时代的粗鲁行为，培养绅士般的稳重、男子汉的风范——不仅仅是套上一层外壳而已，要身体力行地使之成为自己的一部分。我相信，我了解真正的礼仪和良好的教养的真正含义。让我按照自己内心所想的方式生活吧，在此我敢自负地说一句，我身上将会拥有你认为重要的所有品质。

他后来在辛辛那提开始了法律实践和政治生涯。内战爆发的时候，海斯加入了联盟军队，参与了盟军对斯通维尔·杰克逊和犹巴·厄尔利的战斗。在内战结束之时，他拿到了少尉军衔。战后，他转投民主党，参与内战的经历帮助他赢得了国会的一个席位。稍后，他任了三期俄亥俄州的州长。1876 年，海斯接受共和党的提名，成为总统候选人。

卢瑟福·B.海斯于 1877 年 3 月 3 日开始担任总统。之前的选举漫长艰辛，直到选举结束的那一天才分出胜负，海斯击败了塞缪尔·蒂尔登。1876 年 11 月份选举开始后不久，竞争的重心转移到南卡罗莱纳、佛罗里达、路易斯安那和俄勒冈四个州颇具争议的总统选举团的票数上。争议延续了几个月之久，直到海斯承诺南方各州撤回内战之后驻扎在那里的维系和平的联邦军队，竞选才决出结果。海斯的举动使得南卡罗莱纳、佛罗里达和路易斯安那总统选举团站在了他的一方，最终他以185 票对蒂尔登的 184 票宣布赢得总统竞选的胜利。

海斯的四年总统任期结束后，他之前做出的撤回联邦军队的决定对数百万的美国人的生活产生了深远影响。军队驻扎在南部之时，南方的黑人新近获得自由的努力生活和权利都有一定的保障。失去了军队的保护，南方的黑人在接下来将近一个世纪的历史中，惨遭仇恨和歧视，他们还被剥夺了公民的基本权利——甚至常常连生存的权利都没有。这个派生的影响是无忧无虑的卢德·海斯始料未及的。

第二十章

詹姆斯·A.加菲尔德
(James A. Garfield)

丹尼尔·E.哈蒙

可以毫不夸张地说，詹姆斯·A.加菲尔德是一个天生的学生和教师。他从小失去了父亲的监护，是一个从边远荒凉的俄亥俄州乡村地区成长起来的穷孩子。事实上，在他的前半生，既缺少机会的眷顾，也同财富完全无缘。尽管如此，从很小的时候开始，他就认识到学习对于个人的重大意义，而后来助他平步青云，入主白宫的正是阅读。

詹姆斯·A.加菲尔德于1831年11月19日出生于俄亥俄州的奥林奇，这个镇区从最初的偏远边疆一步步稳步发展成为农业发达的小镇。加菲尔德家中一共有五个小孩，他年纪最小，他也是美国历史上最后一位出生于小木屋的总统。父亲艾布拉姆以前在纽约州居住。母亲原名伊莱扎·巴卢，一直住在新罕布什尔州。夫妇俩人在詹姆斯出生之前就搬到了俄亥俄州，首先把家安在了伊犁河附近的库雅荷加河的岸旁。那个地区属于西部保护区，十分落后。他们住在一间粗糙简陋的木屋中，地板脏兮兮的（天气潮湿时，马上会变得泥泞不堪），还装了带烟囱的壁炉。冬天的时候，屋中寒冷难挡，但是天气转暖时，又会带来瘴气以及其他的热病。

艾布拉姆·加菲尔德是一个身材高大，强壮有力的男人，他没有读过多少书，只有依靠在俄亥俄州这个穷乡僻壤出卖自己的劳力来养家糊口。他参与修建了多条运河，还是大家熟知的无人能敌的摔跤高手。1829年，他在奥林奇镇区的柴葛瑞河附近买了一块地，并建造了一间小木屋——这就是詹姆斯出生的地方。艾布拉姆和妻子伊莱扎加入了耶稣门徒教，热心于去教堂做礼拜。

詹姆斯不到2岁的时候，父亲因一次捕灭森林火灾而患病去世。伊莱扎和孩子们靠着三十英亩农田维持着生计。詹姆斯的哥哥和姐姐们都在地里劳作，每天不停地做没完没了的杂事。小詹姆斯因为年纪太小，帮不上什么大忙。而且，如母亲后来所言，他"相当懒惰"。

母亲是詹姆斯的启蒙老师。晚上的时候，她为所有的孩子们朗诵，讲故事，还唱歌给他们听。哥哥汤姆斯因为要帮忙操持农场，不得不放弃上学。詹姆斯和哥哥不一样，他3岁的时候就进了当地一家学校就读。很快，他就能够借着壁炉的光亮为家人朗读《圣经》了。詹姆斯热爱书本，很小的时候他就下定决心要进大学学习。

　　詹姆斯·A.加菲尔德的总统任期在美国历史上排名倒数第二——一共只有两百天，其中有八十天他行动不便，尚且不能自保。1881 年他被枪击后失去了行动能力，国内对总统的瘫痪和继任问题展开了辩论。

　　加菲尔德是最后一名出生在小木屋内的国家最高执行官。他的先辈至少有六代是土生土长的美国人，1630 年他的一个先祖跟随约翰·温思罗普移民到了马萨诸塞州的海湾殖民地。

　　1827 年，詹姆斯的父亲艾布拉姆·加菲尔德偕妻子伊莱扎·巴卢以及三个孩子从纽约州中部迁到俄亥俄州。艾布拉姆的工作是修建俄亥俄运河。但是，他辞职到俄亥俄州的库雅荷加郡去开垦荒地。詹姆斯生于1831 年，在家中排行老么。艾布拉姆·加菲尔德在小儿子不到 2 岁的时候去世。

　　詹姆斯·A.加菲尔德在童年就尝到了劳动艰辛的滋味。开春的时候，幼小的他到俄亥俄运河帮工，负责把运输到克里夫兰伊利湖港口的木材扎成捆，堆成垛。詹姆斯在少年时期即皈依宗教，和父母一样成了耶稣门徒教的成员。耶稣门徒教是新教派的一个分支，起源于 19 世纪初期在美国边境地区盛行的复兴运动。加菲尔德进了当地乡村的一所学校——综合学院（Eclectic Institute，即后来的海勒姆学院），这所由耶稣门徒教创立的新学校位于俄亥俄州东北部的"西部保护区"内。随后，他又坚持在威廉斯学院学完了两年的课程。1856 年毕业后，他回到综合学院，先当了一年的老师，接着担任了多年校长。期间，他对于宗教和学习的兴趣得到了充分的发展，丝毫没有受到宗派戒律的影响。

　　詹姆斯·A.加菲尔德从政之前的活动局限在西部保护区综合学院及周围区域。上图所示建筑物和学生的照片摄于 1858 年，加菲尔德担任校长期间。学校由耶稣门徒教于 1850 年创建，虽然没有公开的宗派之分，但是很明显的倾向遵守耶稣门徒教的宗教信条。学校的主要目的是为耶稣门徒教培养新一代的牧师，接替教派中上了年纪的长者领袖。教学的重点放在《圣经新约》的字面翻译上，着重培养学生高尚的道德品质，特别是戒酒和禁欲。加菲尔德于 1851 年至 1854 年间在此就读。

男女同校的西部保护区综合学院位于与世隔绝的郊区——最近的公共马车线路在学校五英里以外。在耶稣门徒教德高望重的长者眼中，这个位置再合适不过了。他们担心，同外界的接触会把学生置于城市里的种种诱惑之下，尤其是酒精和性欲的吸引。综合学院的名册上开篇陈词是："与其让我们的孩子们感染腐化的道德风气，败坏他们的修行，不如让他们接触瘟疫病毒，去亲身感受亚洲的苦难。"

综合学院没有捐赠的基金或财产，它的运营经费完全依赖于大约二百五十名学生缴纳的学费。债务临头或者学生欠费时，学校只有靠解聘教师来支付书本费。学校的课程同俄亥俄州其他学校的相似：算术、历史、地理、科学、古典文学和宗教科目。

詹姆斯·A. 加菲尔德离开综合学院后进入威廉斯学院继续学业，求学完毕后，他以经验丰富的耶稣门徒教牧师的身份回到海勒姆地区，因为是从东部的大学毕业学成归来，所以颇有声望。短短几年，加菲尔德就成为俄亥俄州东北部最负盛名的门徒教牧师之一。虽然耶稣门徒教避免参与政治事件，加菲尔德明确表达了自己对奴隶制的鄙视。因此，在1856年的总统竞选中，他热情地支持新近成立的民主党，因为它的政纲条目反对奴隶制扩展到联邦新的殖民地。1859年，加菲尔德当选为俄亥俄州参议员，随后以民主党人的身份进入国会。1861年内战爆发之时，他帮助召集组成了俄亥俄州步兵第四十二志愿军团，其中有很多士兵是他在海勒姆所教的学生。

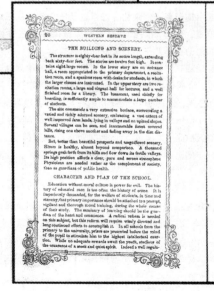

但是，他意识到大学教育明显超出了自己家庭的经济承受能力。

在边境地区，书籍是稀罕物。因此，詹姆斯非常爱惜自己的书本，还从邻居那里借了不少读物。历史是他最喜欢的科目。他把塞缪尔·古德里奇的《美国历史——学校和家庭用书》读了一遍又一遍，能整篇背诵其中的一些段落。他还喜欢看小说，他对于小说的热情多多少少是受到母亲当时给他们唱的民间歌谣的影响。书籍把他带到了遥远的地区和领域。最令他神往的是关于海洋的故事。住在附近的表兄哈里特·博因顿和詹姆斯一样痴迷小说，他们常常一起看书。

青少年时期的詹姆斯经常不修边幅。他还是个心不在焉、行动笨拙、容易闯祸的小伙子。"很多时候他是个浮躁笨拙、粗心大意的男孩"，很多年后妻子提及他小时候，这样写道，"有一次他马大哈地拿着斧子瞎摆弄，差点就要了表兄赛拉斯·博因顿的小命。还有一次，他头冲下一头扎进了研磨机，只有毫发的距离，差点就完蛋了"。年轻的詹姆斯·A. 加菲尔德爱做白日梦，而且喜怒无常，他渴望远离周围艰苦、单调的生活环境。出于这个原因，他干活老是缺乏热情，三心二意，不管是在家里的农场劳动，还是为帮妈妈多挣点钱养家在邻居那里打零工的时候。

用一个历史学家的话说，詹姆斯·A. 加菲尔德在大伙眼中是个问题男孩——不是说他吝啬或者不诚实，而是他性格敏感、脾气暴躁，而且他干活不够勤快。加菲尔德听到其他男孩的嘲笑很不自在，他感觉自己因为没有父亲、家境贫寒、衣着朴素而被人鄙视。结果，一旦他觉得别人说的话含有讽刺的意味，马上就找人打架。

有一件事情体现了年少的詹姆斯·A. 加菲尔德对于平等和自由的热烈渴求。他在邻镇一个农场里当工人，主人解决食宿，为他提供一间住房，还有一日三餐，每个月付给他九美元，他的工作就是把木柴灰烬提炼成粗苏打——边境生产的一种清洁用品。作为额外的福利，主人一家准许他晚上阅读摆放在起居室的家庭藏书。但是有一个夜晚，为了方便女儿同她的求婚者在小小的起居室单独相处，女主人把詹姆斯从房间里轰出来了。对于这个安排本没有异议的詹姆斯被女主人一句轻率无礼的话语激怒了，她说"下人"必须回避，到床上睡觉去。詹姆斯接受自己是个卑微的工人的事实，但他不认为自己是个下人。第二天一早，他就辞职回家了。

到此时为止，加菲尔德一家人仍然住在小木屋里。詹姆斯知道，这种生活不是他要的。一有空，他就会到附近的克里夫兰码头，听运河上的船员讲故事，欣赏伊利湖中来来往往的帆船。詹姆斯一边想象着帆船越过地平线之后的情景，一边根据自己所看小说中的描述在心中描画一个理想化的世界，对于西部保护区之外的世界，他一无所知。传记作家亨德瑞尔克·布雷姆·V. 这样写道，"他对于外面世界的观念常常过于理想化或者将其扭曲了，他只知道自己漏掉了一些东西——但是不清楚漏掉了什么"。

西部保护区的校舍同当时农村地区的其他学校的建筑没有多大区别：有矮小、简陋的木屋，也有墙壁很薄的小棚屋，也不乏在办公或者做礼拜的区域搭建的临时住所。在詹姆斯十六七岁的时候，附近建了一所新的校舍，站在家里的农场上就能看得到。新校舍只有一间房，房子中间有长凳，绕墙四周摆着课桌，年纪小的孩子们坐凳上，大一点的则坐在桌上。老师的讲桌摆放在房子前部，旁边还搁着一个木头炉子。

　　夏季通常由一个女老师负责教年幼的孩子们，年长一点的学生在家劳动。冬季，不用干活的孩子们也到学校来上课，课程持续两到三个月，时间是从周一一直到周六。各种年龄段的学生（最小的 4 岁，最大的 20 岁出头）纷纷加入冬季班。很多年纪稍大的学生对学习不感兴趣，他们无视纪律，扰乱课堂，所以学校官员找了一个男老师教授冬季课程。在很多学校，老师们的教育程度没有比学生高多少。他们也许只是在附近的大学或学院（大学预备学校）进修过，正缺钱花，或者是随便在村里挑选的一个年轻小伙子或年轻姑娘来担任老师一职。

　　年复一年，学生们研读约瑟夫·雷的《算术起步》和杰迪蒂娅·莫尔斯的《地理》，阅读《麦考菲读者》上的文章，背诵诺亚·韦伯斯特的《识字课本》。詹姆斯和其他宁愿干活不想读书的男孩不一样，他喜欢学习。这也让他无法忍受一个不合格的老师。1848 年 1 月中旬，他和其他一大帮学生认为学校老师"没有资格教书"，并说服了家长相信这一点，然后他们一起退学，开始不辞辛苦、长途跋涉到另一所学校上学。

　　每年冬天的晚上，村里都会在校舍举行几次拼写竞赛，或者是拼写训练。有时候，当地的学生同学校附近区域的学生展开竞赛，每一个人都可以向镇中的学者挑战——在这些场合中，詹姆斯作为出色的拼写者，成了奥林奇镇区的骄傲。他还喜欢在冬季定期举办的歌唱夜校培训。四处游历的歌唱家用一本名叫《圣乐》（*Musica Sacra*）的古典赞美诗集作课本，教大伙节奏、音乐符号以及和声。

　　17 岁的詹姆斯·A.加菲尔德被自己内心的骚动俘虏。他离开家，打算到五大湖地区当一名水手。但是，当他试着登上一艘货船时，船长对他劈头一顿辱骂，把他赶下船。遭受羞辱的年轻人干起了导航工作，为沿着俄亥俄运河运输动物的拖船引航。他后来回想起这段日子，说自己不止十次掉进运河，因为不会游泳，差点淹死。很快，他的拖船生涯结束了，因为一次严重的疾病让他不得不回家卧床休养，战栗和发烧持续了三个月。最终在他身体好转时，母亲劝他继续学习，放弃运河的船夫工作。

　　詹姆斯·A.加菲尔德赞同母亲的建议，1849 年 3 月，他进入俄亥俄州切斯特镇的吉奥加神学院学习——这是一所大学预备学校，和现在的高中相似。加菲尔德与两个伙伴在当地合租了一间房。每到周六，他到一个木匠那里劈柴火，帮忙干活挣点钱。他在日记中写道，"经验无不是锻炼得来的"。

　　吉奥加神学院的学习大大鼓舞了詹姆斯·A.加菲尔德。像语法之类的课程令他很头痛，而代数和自然科学则令他着迷，激起了他极大的兴趣。他还迷上了公开演讲。尽管如此，他在第一个冬季学期结束后的漫长假期里不得不结束自己在吉奥

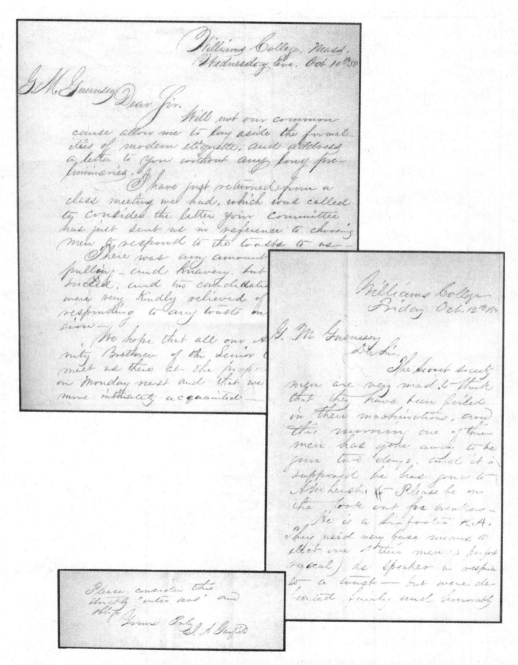

　　詹姆斯·A.加菲尔德字迹清晰，他留有许多文章和日记。他在大学期间许多富有表现力的文章还保存着，包括这些保存在威廉斯学院档案室的文章。他的大多数文章记载大学的活动，比如说辩论的主题、新的社团组织和他对秘密组织的反对。

CATALOGUE

OF THE

OFFICERS AND STUDENTS

AND

REGISTER OF SOCIETIES,

IN

WILLIAMS COLLEGE,

FOR THE ACADEMICAL YEAR

1855-56.

WILLIAMSTOWN, MASS.
1855.

FACULTY.

Rev. MARK HOPKINS, D. D., President,
PROFESSOR OF MORAL AND INTELLECTUAL PHILOSOPHY.

EBENEZER EMMONS, A. M., M. D.,
PROFESSOR OF NATURAL HISTORY AND GEOLOGY.

ALBERT HOPKINS, A. M.,
PROFESSOR OF NATURAL PHILOSOPHY AND ASTRONOMY.

Rev. NATHANIEL H. GRIFFIN, A. M.,
LAWRENCE PROFESSOR OF THE GREEK LANGUAGE AND LITERATURE.

Rev. JOHN TATLOCK, A. M.,
PROFESSOR OF MATHEMATICS AND LIBRARIAN.

Rev. ISAAC N. LINCOLN, A. M.,
PROFESSOR OF LATIN AND FRENCH.

PAUL A. CHADBOURNE, A. M.,
PROFESSOR OF CHEMISTRY AND BOTANY.

JOHN BASCOM, A. M.,
PROFESSOR OF RHETORIC.

ARTHUR L. PERRY, A. M.,
PROFESSOR OF HISTORY, POLITICAL ECONOMY, AND THE GERMAN LANGUAGE.

SENIOR CLASS.

SEMPER UBIQUE.

NAMES.	RESIDENCES.	ROOMS.
W. R. Baxter,	Cornwall, Vt.	9 E. C.
Stephen W. Bowles,	Boston.	1 E. C.
Henry Coon,	Cleveland, Ohio.	2 S. C.
Elijah Cutler,	Dorchester.	18 E. C.
Hamilton N. Eldridge,	Williamstown.	8 New St.
D. Maurice Evans,	New York Mills, N. Y.	16 E. C.
J. Edwards Fay,	Westboro'.	20 E. C.
James A. Garfield,	Hiram, Ohio.	23 E. C.
James Gilfillan,	Rockville, Ct.	4 S. C.
Charles S. Halsey,	East Wilson, N. Y.	18 E. C.
Abner Hazeltine, Jr.,*	Janestown, N. Y.	14 E. C.
James King Hazen,	Canterbury, Ct.	15 S. C.
Clement Hugh Hill,	London, Eng.	4 S. C.
Silas P. Hubbell,	Champlain, N. Y.	Mr. Morey's.
Ferris Jacobs, Jr.,	Delhi, N. Y.	7 E. C.
H. M. Jones,	Victory, N. Y.	16 S. C.
Henry E. Knox,	Rock Island, Ill.	5 E. C.
John E. D. Lamberton,	Ware.	8 S. C.
Charles W. MacCarthy,	Potsdam, N. Y.	4 Chapel.
E. Newell Manley,	Richville, N. Y.	21 E. C.
James McLean,	Glasgow, Scotland.	17 E. C.
Robert Jay Mitchell,	Great Barrington.	19 E. C.
George B. Newcomb,	Brooklyn, N. Y.	19 E. C.
Henry M. Newcomb,*	Detroit, Mich.	Mr. Hoisington's.

* University student.

1856 年威廉斯学院概况一览。

加的学习生涯，因为他没有足够的钱缴纳下学期的学费。他不顾一切地寻找工作，最后被一所乡村学校聘为教师。他教的学生中有一个年纪较大的男孩专门欺凌弱小，调皮捣蛋，前一个老师就是被他气得主动辞职了。詹姆斯·A.加菲尔德当众把这个棘手的学生狠狠地批评一顿，圆满地解决了此事。

　　拿着四个月的工资，共计四十八美元，他又回到吉奥加神学院继续学业。他的学习成绩十分突出，包括新增科目植物学和拉丁文他都学得很好。而且同学和老师都非常佩服他的演讲口才。不过，当他被老师们选中，让他在 1850 年 7 月的一个正式的学院仪式上发表演讲时，他感到很害怕。结果，他的演讲熟练精湛，展示了超凡的口才，赢得了大家衷心的掌声。后来，他在日记中夸耀："我现在不再是只畏首畏尾的替罪羊了，我决心一定要成为世界上的知名人士。"

　　但是，学校的管理模式越来越严重地干扰了加菲尔德的雄心。同时，他对自己贫穷的家庭背景也越来越感到羞耻。他在前一个冬天赚的钱没有支撑多久。他穿着满是补丁，陈旧褪色的衣服，而且食不果腹。他感觉到，其他同学嘲笑他赤贫的生活状态。在秋季课程结束后，他离开吉奥加神学院，当了一年的乡村教师兼木匠。

　　19 岁时，詹姆斯·A.加菲尔德做好了接受高等教育的准备。他进了俄亥俄州海勒姆镇的西部保护区综合学院学习。这是一所全新的学校，由耶稣门徒教创办——这也就是加菲尔德一家所信仰的宗教。有人形容学校是"在一块庄稼地中间矗立着一座坚实质朴的砖砌的房子"。年少时经常不去做礼拜的加菲尔德在学校上学期间接受了洗礼，洗礼仪式在寒冷的柴葛瑞河中举行。对于自己新接受的信仰，加菲尔德十分用心。他鄙视那些沉湎于说粗话、搞聚会、狂喝滥饮的人。在他早期的日记中处处显示了他对宗教的虔诚。

　　很快，他开始在附近的教堂以普通信徒（未经任命的牧师）的身份布道。在综合学院的三年给加菲尔德带来了很大的影响，他后来在担任牧师期间所作的精致完美的布道也许就是这三年的成果。他对于希腊文和拉丁文的理解，帮助他更加深刻地去把握英文，他把对英文的掌握最大程度地融入演讲技巧中，十分有效。他学习的时间比睡觉的时间还长，经常超额完成老师布置的家庭作业。当他学完了学校提供的所有希腊文和拉丁文材料后，他和另外一个学生，埃尔梅达·布斯一起阅读其他古典著作以作补充。

　　也就是在学校的这段期间，加菲尔德克服了自己的自卑感，在同学圈中获得了广泛的好感。虽然他仍然是一个贫穷的年轻人，耶稣门徒教虔诚的宗教信条对卑微的人一视同仁。同时，他是一个运动健将，身高大约六英尺。他成为一个有魄力的演说家，而且他的学习成绩几乎无人能及。其他的学生视他为领导者。加菲尔德对自己在辩论中的天生口才感到特别自豪。"我喜欢为不被大多数人接受的真理做辩护，当真理击败大家固有的错误观念时那种兴奋的感觉、过程中的调查研究以及过后那种荣耀和自豪都令我着迷。"他这样阐述自己的观点。在综合学院的第一年，詹姆斯打败了文学会，或者说辩论会，成了非正式比赛的冠军。而且，詹姆斯后来对待对手态度友好，这令大家对他的好感又多了一层。

因为家境贫穷，詹姆斯·A.加菲尔德无法从家人处寻求经济支援，他课余充当看门人和其他同学的私人家教，以此来积攒学费。但是，金钱并不是加菲尔德决定为同学补课的唯一原因。他已经认识到教育是必须传给下一代的东西。他的一个家教对象，卢克丽霞·鲁道夫（"克利特"）最后成了詹姆斯·A.加菲尔德夫人。

1854年，詹姆斯·A.加菲尔德从一个朋友那儿借钱到马萨诸塞州的威廉斯学院去上学。他再一次靠教书挣钱交学费。这一次他在佛蒙特一所学校里教冬季课程。同时，他的大学生涯进展顺利，得到了威廉斯学院的知名教授——马克·霍普金斯的赏识。加菲尔德在学校里新学了德文、自然科学、机械、逻辑和政治经济。在写给卢克丽霞的一封信中，加菲尔德这样总结自己在威廉斯学院第一年的日常生活："五点钟起床参加教堂里的晨祷，然后朗诵一个小时昆尼梯列安（Qunitillian）的作品。接着走四分之一英里去吃早餐。每周参加三次从九点钟开始的哲学讲座，十一点学习机械。下午四点开始学一个小时的希腊文，然后做祷告。除了这些，偶尔还会有座谈、辩论和演讲等练习。"

另一个给加菲尔德带来影响的人物是拉尔夫·沃尔多·艾默生。加菲尔德给朋友写信说道："必须说，他是我听说过的最有创意、最令人吃惊的思考者……听了他雷雨般滔滔不绝的想法，当晚我整夜不能入睡。"

霍普金斯教授坚持主张学生应该自己独立思考，他亲自教高年级学生的道德哲学。加菲尔德是他最喜欢的学生之一，他们俩经常在一起讨论相互感兴趣的话题。加菲尔德决定当老师就是受了霍普金斯先生的引导。后来，威廉斯学院的校长回忆起加菲尔德时说："他思维敏捷，性格率真，颇有男子汉气概，喜欢结交朋友，热爱学习，积极训练，总之大学要求每个年轻人要达到的目标他都做到了——他让自己成了一个男子汉。"

詹姆斯·A.加菲尔德在威廉斯学院学习期间还积极改进自己的辩论技巧。一个同学后来评价加菲尔德"无疑是威廉斯学院历史上最优秀的辩手之一"。加菲尔德勤奋用功地准备辩论，在辩论小组中成了一名出色的领导者。他也是学校的一个文学团体——语言学家社团的中坚力量。他还被选为学校文学杂志的编辑，以及一个神学社团的主席。

那时候，加菲尔德是威廉斯学院年龄最大的学生。他的渊博知识和强健体魄都令同学们印象深刻，同学都十分喜欢他。他富有幽默感，和大家相处融洽。加菲尔德以优等成绩从威廉斯学院毕业，成绩在班上四十五名学生中排名第二。在毕业典礼上，他做了"形而上学的演说"，讲述人类天性和精神层面的紧张关系。

詹姆斯·A.加菲尔德随即接受了综合学院的聘请，以教授身份教习希腊文和拉丁文。一年后，26岁的加菲尔德成了学校的校长。他每周日还以普通信徒的身份为耶稣门徒教布道。现在做好结婚准备的加菲尔德向卢克丽霞求婚。她出自一个重视教育的农民家庭，父亲曾参与创建综合学院。詹姆斯在威廉斯学院求学期间，

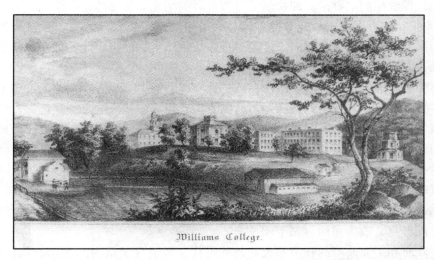

The Williams Quarterly.

Vol. III.   WILLIAMSTOWN, SEPTEMBER, 1855.   No. I.

EDITORS FOR THE CLASS OF 1856:
W. R. BAXTER,   HENRY F. KNOX,
J. A. GARFIELD,   E. CLARENCE SMITH.
                JOHN TATLOCK.

THE GEOLOGY OF LITERATURE.

TRUE ART is but the anti-type of nature—the embodiment of discovered beauty or utility. What the Arts are to the world of matter, Literature is to the world of mind. If a new element in nature is discovered, we may expect a new art will follow in its footsteps; and if, amid the world's changes, mankind gain new experiences and develope new thoughts and principles, we may expect that these will give a new color to Literature. The Literary man has ever been the delineator of the spirit and genius of his own age. An eminent writer has said, that "Every man is in some degree the mirror of his times. A man's times stand over him like the sun above the earth, compelling an image from the dew-drop, as well as from the great deep. The difference is, that while the small man is a *small*, the great man is a *broad* and *full*, reflection of his day." But the true Literary man is no mere gleaner, following in the rear and gathering up the fragments of the world's thought, but he goes down deep into the heart of humanity, watches its throbbings, analyzes the forces at work there, traces out, with prophetic foresight, their tendencies, and thus, standing far out beyond his age, holds up the picture of what it is, and is to be. We travel through the past as through a picture gallery, and see delineated in its Literature, all the phases which the human mind has assumed; or, to use another figure, in exploring the mine of Litera-

从 1855 年春天开始，詹姆斯·A.加菲尔德在威廉斯学院季刊当了三年编辑。

Williams College.

1854 年，加菲尔德决定到马萨诸塞州的威廉斯学院上学。这是一所公理教会学校，以其古典课程和道德氛围而闻名。学校里大约有 250 名男学生，主要来自新英格兰；大部分人毕业之后将进入牧师行业。虽然学校没有教派之分，宗教渗透在学校日常生活及其课程中。学生们必须参加每天早晨和晚上的教堂活动，每周日两次仪式也是强制性的。教学模式传统、僵化。学校图书馆的藏书满足不了人数众多的学生们的需要。马克·霍普金斯是学校的校长兼哲学导师，也是一名以苏格拉底教学方式著称的严格的加尔文教派牧师。数年之后，詹姆斯·A. 加菲尔德总统在威廉斯学院校友晚宴上一句无心之语后来成为美国教育的一条格言，其大意是：他脑子里的大学就如森林中的一根圆木，一头是学生，一头是马克·霍普金斯。

加菲尔德不满意自己在威廉斯学院接受的宗教教育。习惯了边境的耶稣门徒教们布道时自称"兄弟"而不是"牧师"，他鄙视学校强加在学生身上枯燥乏味的宗教讲座。在他的信件和日记中，加菲尔德提到自己经常在耶稣门徒教的各种信条上和同学展开激烈的争辩。他经常强调说，《圣经》编撰的故事同科学没有任何冲突。对于宗教的狂热促使他从学校跋涉相当长的距离到达耶稣门徒教的教堂，他还经常在礼拜上布道。在威廉斯学院求学的第一年，他写道："我全心投入干了几件事情，我想大部分都完成得很好。没有什么其他事情让我离开学校，很高兴我一直待在学校里。"但是，他经常去附近的耶稣门徒教教堂，并待在那里做礼拜，这个习惯一直保持到第三年。

1856 年，詹姆斯·A. 加菲尔德从威廉斯学院毕业，时年 25 岁。

她在俄亥俄州教书。他们于 1858 年成婚，最后育有七个子女。

詹姆斯·A. 加菲尔德在担任综合学院校长期间，他仍坚持继续深造。1860 年，他通过了俄亥俄州律师资格考试，并赢得了俄亥俄州参议员的一个席位。加菲尔德任州参议员时，极力反对奴隶制，并积极支持亚伯拉罕·林肯当选总统。1861 年内战爆发之时，加菲尔德接受军队的任命，出任陆军中校。到战争中期，他已经晋升为少将。

1863 年，詹姆斯·A. 加菲尔德从军队退役，接受美国众议院的一个席位，他实际上在一年前就成为众议员了。他在国会任职十七年，一步步跻身共和党领导层。起初，加菲尔德属于共和党激进派，呼吁绞死南方盟军首领，或者将他们驱逐出领土，没收他们的财产。加菲尔德对叛乱者的憎恶如此强烈，以至于他不太热衷林肯 1864 年的再度竞选；他觉得总统急切盼望国家重新统一，一定会在战争结束时对南部采取过于宽大仁慈的态度。不过在战争结束后的十年间，加菲尔德态度有所缓和，并成为党内派系之争的协调者。

1880 年，加菲尔德当选为美国参议员。在当年的共和党全国代表大会上，他带领一批俄亥俄州参议员约翰·谢尔曼的支持者提名谢尔曼为总统候选人。他在会上发表了一篇激动人心的演说，结果没有对宣传谢尔曼起到多大作用，反而加深了代表们对加菲尔德本人的印象。代表们由于对支持的候选人存在很大分歧，经过三十多轮投票仍然未见分晓，筋疲力尽的代表们转而推选加菲尔德作为折中候选人。在会议的第三十四轮投票中，加菲尔德获得十六票，接下来的一轮获五十票，随后以压倒性的 399 票获得共和党的提名。他接下来以微弱优势击败了共和党人温菲尔德·S. 汉考克，成为美国第二十任总统。

在政府和工业改革的呼声如火如荼的时代，激进分子认为加菲尔德软弱无能，容易屈服于大众的影响。另一方面，他命令对一起不合理的邮政运输费用的星形邮线丑闻（Star Route Scandal）进行全面调查，虽然他知道结果极有可能伤害到自己政治集团成员的利益。他用行为再一次重申了自己坚持一生的准则。他曾经说过："一个勇敢的男人，就要敢于和魔鬼正面对视，而且要告诉他，他就是一个魔鬼。"

1881 年 7 月 2 日，上台仅四个月的詹姆斯·A. 加菲尔德在首都华盛顿遭到枪击。伤口没有立即置他于死地。加菲尔德被送往新泽西州艾巴伦海滩疗养地治疗，于 1881 年 9 月 19 日在疗养地辞世。

第二十一章

切斯特·艾伦·阿瑟
(Chester A. Arthur)

丹尼尔·E.哈蒙

切斯特·艾伦·阿瑟于 1881 年 9 月 20 日宣誓就任美国第二十一任总统。他上台的日子没有节日般的热切欢腾,没有华盛顿整整一个昼夜不眠的狂欢,就职典礼于一个筋疲力尽、充满压力的深夜在他位于纽约市的宅邸仓促举行。詹姆斯·A.加菲尔德总统两个月前遇刺受伤,在全国人民的祷告祈愿中,总统在死亡边缘徘徊。副总统阿瑟希望奇迹出现,加菲尔德能够侥幸生还。全国人民都被这种悲剧气氛所笼罩,副总统心知他的继任也许永远得不到大家的拥护。记者和批评家对副总统的继任资格产生了质疑。他能否担当领导国家的重任?他的政治伙伴是否和这起暗杀事件有关?事实上,一些恶意诋毁者对于副总统有资格担当任何公职的想法都嗤之以鼻。尽管如此,在加菲尔德去世之后,阿瑟还是登上了美国总统的宝座,接过了这个令人胆战心惊的职位。

切斯特·艾伦·阿瑟于 1829 年 10 月 5 日出生于佛蒙特州北费尔菲德。他有五个姐姐,两个妹妹和一个弟弟。虽然在人们心目中,历史上的阿瑟富有、时髦和优雅,但他并不是天生的富翁。阿瑟的先辈也曾经历过种种艰辛:母亲的祖父尤赖亚·斯通参加过边疆战役,简陋的小屋在洪水中被冲走;母亲出身于世代辛勤务农的家庭,祖上有人当过牧师,还有人是教堂里德高望重的前辈。

父亲威廉·阿瑟由于童年时足部受伤,腿有点瘸。威廉是爱尔兰人,受过大学教育,他移民到加拿大,在那里教书。最后,他辗转到了美国学习法律。威廉在参加了一次新英格兰宗教复兴布道会之后,彻底改变了自己的人生轨迹。1828 年,他被任命为浸礼会牧师,接受了第一份使命,到费尔菲德的教堂任职。他的年薪只有 250 美元,所以仍然保留了教师之职,工作之余偶尔去其他城镇为会众布道。

在阿瑟少年时期,因为父亲在佛蒙特州和纽约附近的不同地点布道,经常举家搬迁。父亲威廉·阿瑟牧师争强好胜、固执己见,他的观点常常和很多会众及牧师的看法相冲突,这也是频繁搬家的一个原因。几年之后,牧师的年收入增加到 550 美元,但这个数目尚不足以支撑一个庞大的家庭。

牧师也许是年幼的阿瑟在学习和阅读方面的启蒙老师。不管他们在哪儿落脚,他都会把儿子送往当地的学校就读。阿瑟 9 岁时,一家人迁往纽约萨拉托加附近

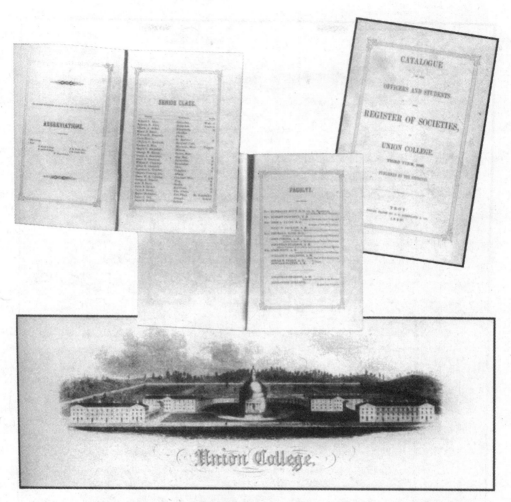

　　切斯特·A.阿瑟于 1848 年 9 月进入联盟学院大学二年级学习。联盟学院位于纽约州古老的日耳曼小镇——斯科内克塔迪镇，建校史可追溯到 1795 年。它是纽约州第一所设立大学董事会的学院。阿瑟入学时，校长埃利菲尔特·诺特是一位长老教派牧师，已经在此任职四十余年。诺特校长不仅是一个大胆革新的教育家，还是一个广为人知的发明家，他申请了三十项不同类型的炉子的专利，包括精巧的轮船锅炉。学校并无资料记载阿瑟具体学习了哪些课程，但是据已有资料显示，他选择了传统古典课程。在朋友的印象中，阿瑟是一个高大、英俊、瘦削的年轻人，留着时髦的长发，有一双棕色的明亮的眼睛。这位朋友写道："性格上，他非常亲切、友善，而且他虽然不是很用功，成绩在班上排名挺不错。"阿瑟大学四年级的时候，成功地入选学校优等生荣誉学会。

A brief universal history from the Deluge to the present time.

Moses being the only man that survived the distruction of earth's inhabitants by water, after living some length of time in the open air, set his son Nebudchadnezzar to build Solomon's temple. In the course of which happened the confusion of languages, and this was the cause why the temple was left unfinished. About this period Alexander the Great after a siege of some months, took the tower of Babel by storm, and put all the inhabitants to the sword. But soon after he was attacted with vertigo, and fell into the bullrushes, where he was found by Pharaoh's daughter, and taken care of.

While these things were going on in this quarter of the globe, Noah founded Egypt near the banks of the Amazon river, where the ruins are still to be seen. This place becoming powerful and renowned, principally by the great influx of Arabs, which literally crowded that fertile region, Napoleon Bonaparte fearing the consequences that might ensue from having so mighty a neighbor, here

在联盟学院，阿瑟有点小捣蛋。他经常去学校附近的火车站，在运行缓慢的火车上蹦上蹦下。有一次，他把学校的大钟扔进了伊利运河。还有两次，他在学校阴森的教学楼墙上刻上自己的名字。

有三篇阿瑟在联盟学院就读时的作文一直保存至今。一篇是风趣幽默的散文，题目很实在，就叫"从混沌时代至现代社会世界历史简述"。文章第一页如上图所示。

第二篇保存下来的阿瑟学生时代的文章是一篇严肃的、引人深思的论文，其中可以看出阿瑟对奴隶制的强烈反感。

的联盟村（即现在的格林威治）。阿瑟开始到詹姆斯·I.娄瑞校长管理的学校上学，在校长的记忆中，切斯特是个友好、诚实的年青人。

早在孩童时期，阿瑟就展现了天生的领导才能。当他和联盟村的小孩一起玩耍时——哪怕是在小河中建一座脏兮兮的水坝——年少的阿瑟都会仔细地观察全部过程，然后他会提出改进意见。联盟村的一个小伙伴长大后回忆起阿瑟的举动时说："很快他就会命令这个人去搬石头，那个人去捡棍子，其他人用草皮和泥巴筑水坝；而且他们都会按照他的命令去做，从不问这问那。"与此同时，阿瑟自己从来不亲自动手。但是，他很喜欢户外活动。钓鱼和打猎成了伴随他一生的消遣娱乐。

1844年，威廉牧师接到了浸信会的另一项任命，委派他到纽约的斯克内克塔迪镇的一家教堂任职，阿瑟一家再次搬迁。牧师和当地的大学——联盟学院的校长和老师成了好朋友，他还挤出时间继续深造。威廉牧师主修圣经和古典语言：希伯来语、希腊语和拉丁语。他成了一家杂志的编辑，这本月刊名叫《古文物研究者和综合评论》（*Antiquarian and General Review*），涉及的话题包括历史、科学、宗教和道德。有时，杂志会刊登一些夸张的故事，有些甚至是子虚乌有，以引起读者的情感共鸣——这是当时新闻业一种典型的模式。

阿瑟15岁时，追随父亲的足迹，开始接触编辑行业。他在利休谟预备学校上学时，担任校报《利休谟评论》（*Lycenm Review*）的编辑。阿瑟很早就对政治产生了兴趣，这一点也来源于父亲的影响。牧师公开坦陈自己对于奴隶制度的反感；他经常和一些主张废除奴隶制度的重要领袖人物在一起交流；牧师还是"纽约反对奴隶制度协会"的创建者之一。与此同时，儿子切斯特和其他同学一起投入1844年的总统选举，想方设法支持辉格党候选人亨利·克莱。不过，阿瑟虽然表达了对政治的浓厚兴趣，他仍然把重心放在学习上。1845年，阿瑟优异的成绩得到联盟学院的认可，允许他直接上大学二年级。

位于纽约斯科内克塔迪镇的联盟学院是19世纪40年代美国大学中的佼佼者。学院有大约250个学生，由知名的校长埃利菲尔特·诺特博士管理学校。学生可选的课程大致分为三类：古典科目、自然科学和土木工程，只要选择一类即可。切斯特选择了古典课程，或者说是传统科目，包括高等数学（代数学、三角法、几何学）、科学（地质学、植物学、化学、天文学、解剖学、矿物学、生理学）、哲学、修辞学、经济学和法语。所有课程的中心部分是希腊语。切斯特熟读了贺瑞斯、李维、荷马、修昔德底斯、希罗多德、色诺芬以及其他古典作家的著作，同时研究古代历史。

在诺特校长的领导下，联盟学院成了一所区别于同时代其他学校、具有先进观念的大学。诺特校长同意接收因为过错而被其他学校开除的大学生，这一点使得一些恶意诋毁者给联盟学院取了个外号叫"澳洲细羊毛湾"——这也是英国在澳大利亚的一个施行惩罚的殖民地名。诺特校长认为青少年和年轻的成人必须学会自律，而不能每一件事情都依赖于年长者的权威进行指导。

阿瑟和大多数青年人一样需要约束。他在大学里的恶作剧不计其数，包括把学校的大钟扔到附近的伊利运河中，在校园的教学楼墙壁上刻自己的名字，而且不去教堂做礼拜。但是，大部分时候，他被迫集中精力学习。每天清晨六点半开始早餐和祷告。然后是一整天的课程和诵读（学生在课堂上大声朗读和背诵），七点钟结束。接下来还要自习。

学生们需要频繁诵读，这是19世纪中叶大学里盛行辩论社团的一个原因。很多美国政治家都是在大学开始了他们的早期演说。联盟学院有两个辩论社团，切斯特当选为其中之一的社长。他还加入了学院的一个联谊会组织，名叫普西—宇普西隆。冬季学校停课的时候，阿瑟到附近的学校教书以赚取学杂费和住宿费。虽然他每个月只能挣得十五美元，但对于父亲来说意义重大，因为仅仅依靠牧师的薪水基本上不可能供一个孩子念完大学的。

总的说来，阿瑟是一名优秀的大学生。1848年，18岁的切斯特·艾伦·阿瑟从学校以优等生毕业，成绩名列前茅。当年剩下的时间，阿瑟继续教书，但是他已决定当一名律师。

在位于纽约鲍尔斯顿斯帕的法学院进行短暂进修后，阿瑟就在家中自学。他继续从事教学工作，在佛蒙特北波纳尔地区的一所规模很小，面向低年级学生的学校里担任校长。学院的教室就是一家教堂的地下室。在学生们心目中，这位未来的总统是一个很难应付的老师——但是他的个性温和善良。阿瑟接受了位于纽约科霍斯的一所中学的邀请，出任校长。调皮捣蛋的青少年学生使得这所学校声名狼藉。阿瑟希望在不开除任何一名学生的前提下，在学校中重建秩序，因此，他圈定了几个闹事的重点魁首，每次解决一个，逐个击破。然后，他告诉这些学生回到学校里专心学习，同他人和平相处。他的观点很明确，孩子们都明白。这个校长看起来是真诚地希望看到孩子们进步，但是如果谁破坏秩序，他会不惜采取任何措施。一个胆大妄为的学生后来写道："两个星期以后，教室里所有的学生无不乖乖地遵循老师的指示。"

1853年，阿瑟开始了法律实践，在纽约一位著名的律师伊拉斯塔斯·卡尔弗开办的事务所见习。这个时期，即使是在如纽约那样的大城市，法学院都寥寥可数。大多数有志从事法律行业的人都是在有经验的执业律师的指导下，通过阅读法学书籍慢慢熟悉律师业务的。第二年，阿瑟通过了纽约司法考试，成为卡尔弗律师事务所的正式一员。

同父亲一样，阿瑟律师极力推崇废除奴隶制。他热切地维护饱受欺压蹂躏的非洲裔美国人的利益。在执业之初，他作为非洲裔美国妇女利兹·詹宁斯的控方律师，起诉布鲁克林一家马车公司，这件案子为他赢得了持久的声望。他的当事人在乘坐有轨电车时，因为种族歧视原因被拒绝上车。他为詹宁斯赢得了这场官司，法院判给她五百美元——而这只是小小的物质补偿，重要的运动才刚刚开始。最终的结果是，纽约市的交通运输系统废除了种族隔离制度。年轻的律师不到30岁就已

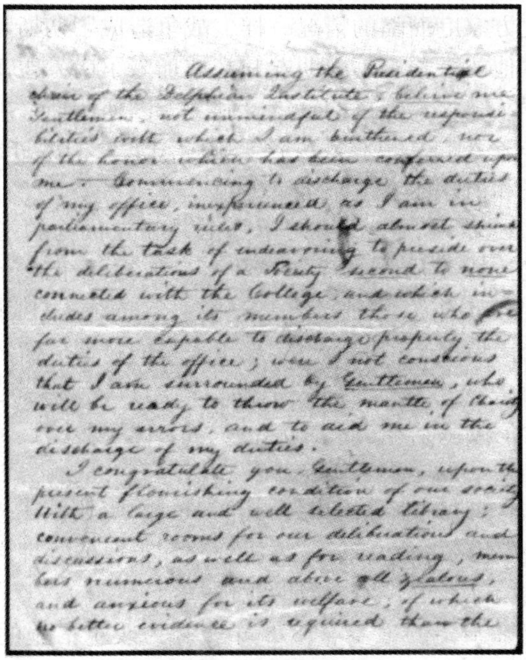

　　如上图所示，阿瑟第三篇保留下来的文章是他于 1847 年 5 月 8 日当选为联盟学院辩论社团——神谕社的社长时所作的任职演讲的部分演说词。

经在法律界取得了里程碑式的成功。

　　在另一件著名的案件中，卡尔弗的事务所帮助八名经美国境内运送的奴隶获得了自由。事件发生在 1852 年，但是经过了反复的诉讼和上诉，直到 1860 年才得到最终解决。

　　1856 年，切斯特·艾伦·阿瑟同亨利·D. 加德纳合伙，成立了自己的律师事务所。阿瑟很有当律师的天分。他风度翩翩，善讲故事，妙趣横生，而且他能够洞察事件的深刻起因。同年，他加入了年轻人弗里蒙特警戒委员会（Young Men's Frémont Vigilance Committee），旨在支持约翰·查尔斯·弗里蒙特作为新诞生的民主党的第一个总统候选人。四年之后，切斯特积极地支持亚伯拉罕·林肯竞选总统。

　　但是，阿瑟的兴趣并没有放在自己的律师事业上。1859 年，他同一个海军军官的女儿埃伦·刘易斯·赫恩登结婚。埃伦是弗吉尼亚人，她在曼哈顿的表兄是阿瑟的朋友。他们育有三个孩子。身体虚弱的埃伦在阿瑟成为总统的前不久去世，时年 42 岁。

　　1861 年内战爆发时，阿瑟已经在美国联邦军队服役三年，担任主管工程的官员。1862 年，他被提拔为军需将军。他从没有参与过现场作战——他的任务就是保证纽约军队的供给准确。

正如无数的南北方家庭面临的情况一样，战争造成了切斯特·艾伦·阿瑟的家庭内部关系紧张化。他的妻子有不少朋友和亲戚加入了南方盟军作战。他的姐姐玛尔维娜嫁给了南卡罗莱纳人，盟军的官员亨利·海因斯沃斯。阿瑟本人在政治上站在中立的共和党人一方（同主张对背叛者实施强烈惩处的激进派相对），希求战争尽快结束，家庭重建和谐秩序。

1867 年，阿瑟重返政坛，出任纽约市一个共和党机构的主席。很快，他就被任命为纽约州共和党执行委员会主席。1869 年，他担任纽约市税务委员会法律顾问，年薪一万美金。1871 年，尤利塞斯·S.格兰特总统委任阿瑟为纽约港海关关税监督。阿瑟在这个岗位上干了七年，敛聚了大量的财富。纽约是世界上最繁忙的港口城市之一，而海关的角色——对停泊港口的船只征取关税（商业费用）——被认为是美国最有价值的政治职务。阿瑟的薪水加上额外收入（也许是靠威迫利诱、收取回扣敛取）总额高达五万美金一年——这在当时可算是巨额收入。

阿瑟任职期间的管理体系中，贿赂和其他形式的腐败比比皆是。只要是执政党中的重要官员，即便不够资格，都能被委派到利润丰厚的管理岗位上。一旦走马上任，他们要向执政党缴纳一笔相当数目的竞选基金。

腐败严重到了掩饰不了的地步。1878 年，因为改革措施的推行，阿瑟失去了海关监督一职。结果，阿瑟果断地重返律师行业，但是获取强大的权力依然是他的政治理想。1880 年，参议员罗斯科·康克林在于芝加哥举行的共和党全国会议上指派了几个代表，阿瑟即是其中之一。康克林支持前总统格兰特提名为总统竞选候选人。经过一系列辗转反复、胜负难分的投票之后，格兰特在竞争中偶尔领先对手，但一直没能确立优势地位。最终，作为妥协，代表团只得提名詹姆斯·A.加菲尔德为候选人。为了平息康克林小集团的怒火，会议提名阿瑟作为共和党副总统候选人。

选择阿瑟作为加菲尔德的竞选伙伴，激怒了一些批评家。他们谴责试图密谋控制纽约政治的小集团，而阿瑟在其中担当了一个重要角色。但是，最重要的是，选民们一点都没有留意谁是副总统候选人，因为他们没想过一个副总统会做出惊天动地的举动。和现在的情况不一样，那时候的副总统在行政管理机构中只是一个小角色。历史学家伯纳德·韦斯伯格表述了自己的看法："因为任何有声望、有前途的政治家都不希望浪费四年时间在这个'半瘫痪'的职位上，提名基本上会落到和总统候选人来自同一个地区，在党内接替他的职务的政治家头上——副总统候选人往往极度缺乏必要的领导才能，一旦被突然推到指挥者的位置，他们就无法适应。"

政治掮客们肯定已经仔细研究过历史。有三次（最近的一次是在十五年前），当总统在任期内去世，副总统被推向总统宝座。1881 年加菲尔德总统被暗杀，阿瑟遭到了公众的鄙斥和广泛猜疑，他被认为和这场犯罪案件有干系。暗杀者查尔斯·吉托声称自己受康克林小集团的指使，虽然 1880 年竞选时共和党领导人拒绝同他联合。而且，在暗杀事件发生后的第二晚，阿瑟两次拜访康克林在旅馆的房间，这也使得猜疑的阴云长期聚集不散。但是很快，事实很明显地摆在了大家面前：吉托是个精神错乱的疯子。

但是谣言已经造成了严重的不良影响。结果，切斯特·艾伦·阿瑟在一阵狂风暴雨般的是非争论中入主白宫。所以，阿瑟后来对于媒体不冷不热的态度以及回避记者的行为也就不足为奇了。这进一步促使当时的报刊和讽刺杂志更加无礼地对待他。国会也不尊重新上台的总统，他的否决权经常被践踏。

历史学家贬低阿瑟担任总统时期所作的贡献，几乎没有人给予他任期的表现以很高的评价。历史学家贾斯特斯·D. 多内克评价说："他几乎没有任何背景来证明他有能力担当行政领袖。"韦斯伯格的观点是："阿瑟太幸运了，他继任总统的时候，大家对他没有多少期待和要求。"其他评论家的观点则更加宽容。阿瑟时代一个著名的人物，马克·吐温预计说："以后恐怕很难出现比阿瑟总统任期内更优秀的政府。"

阿瑟上台后，摆脱了他以前的政治后台——参议员康克林，令很多蓄意挑他毛病的人惊奇万分。他采取措施惩治渎职和徇私。比如说，他签署了 1883 年的《彭德尔顿法》，支持这项创建政府公职系统的改革。同时，他在外交政策上取得了进展，并更新了美国的海军舰队。韦斯伯格评价说："总的说来，阿瑟担任总统期间，即使不出色（也不重要），他是尽职尽责的。"

如果说阿瑟没有巨大的成就供人们铭记的话，他的外在形象十分突出，足以给人留下深刻印象。他身材高大，蓄着浓密的鬓角和胡须，衣着时髦。在服装、宴会和饮酒上的不俗品位为他赢得了"绅士老板"和"优雅的阿瑟"的美誉。大多数时候，他至少每天换一次服装，以免穿同一件衣服在公众场合亮相。他对白宫进行了重新装修，并下令路易斯·康福特·蒂凡尼在白宫主要入口处设计了奢华昂贵的彩色玻璃。在某些人看来，阿瑟似乎认为总统不仅有管理的职责，还有社交的责任。阿瑟每天的工作时间从上午十点到下午四点，他把大量的时间花在了消遣娱乐上，有些日子，他玩乐的时间甚至超过了处理国家政务的时间。有时，白宫的晚宴要持续到半夜。偶尔在兴致高涨时，总统和朋友们在深夜时分成群结队地到首都街道上散步。

也许这些持续到深夜的聚会只是总统试图摆脱寂寞的一种方式。妻子在他即将登上总统宝座时去世，甚至在她弥留之际，阿瑟没能够陪在她的身旁，这对他来说是个不堪承受的巨大打击。阿瑟把她的肖像挂在白宫，命人每天在遗像前供奉鲜花。

阿瑟在人生长河中展示了自己的领导才能、时尚品位及充沛精力。他的一生饱受争议，成就斐然。切斯特·艾伦·阿瑟患肾病，于 1886 年 11 月 18 日在纽约市去世。

第二十二章

格罗弗·克利夫兰
（Grover Cleveland）

丹尼尔·E.哈蒙

格罗弗·克利夫兰是个体格魁梧、气派非凡的历史人物：他重二百五十磅，肌肉发达，身材健壮。他在政治生涯中的所作所为给美国总统史增添了几个"第一"的纪录。他是第一个在任期内结婚的总统，也是战后第一个赢得白宫之位的民主党人，打破了共和党对总统职务二十年的垄断。而且他是第一位（也是唯一的一位）亲自执行过死刑的总统——大约在成为国家最高行政首脑十五年前，克利夫兰担任纽约州布法罗郡治安官时，他绞死了两名被宣告有罪的囚犯。

格罗弗·克利夫兰对于戒律的坚守也许源于家庭的培养。1837年3月18日，他出生于新泽西州考德威尔镇，原名斯蒂芬·格罗弗·克利夫兰。最早影响未来总统的人是他的父亲理查德，一位长老教会牧师。克利夫兰一家是从英格兰移民到美国的，从很久以前开始，家中世代有人担任牧师和教堂领袖。而且，格罗弗的先祖，亚伦·克利夫兰在费城居住时同本杰明·富兰克林是亲密的好友。著名的传记作家埃伦·内文斯评价说，克利夫兰的家族以"虔诚和实力"而著称。

家族的实力有一部分来自成员的数量。格罗弗·克利夫兰排行第五，兄弟姐妹共有九人。而庞大的家庭也给他的一生带来了巨大的影响。幼年时的格罗弗依靠兄长和姐姐的指导，以及父母一些现身说法开始了早期时断时续的学习。

1841年，格罗弗的父母决定举家搬迁到纽约州中部的小镇费耶特威尔。小镇离锡拉库扎大约八英里，距伊利运河仅一英里。

格罗弗（朋友们管他叫史蒂夫，后来还称呼他"大块头史蒂夫"——这个名字甚至伴随他走进成年）长成了一个健壮的男孩，精力充沛，调皮捣蛋。他同伙伴们还有哥哥威尔一起，乐此不疲地做同一个恶作剧——在深夜，他们轻盈地翻过庭院大门，溜进学校，引得村民叮叮当当地敲钟。他还喜欢和村里的男孩一起做运动，或者和家人在家里玩游戏。格罗弗爱到镇上的池塘及小河中钓鱼和游泳。事实上，成年后的格罗弗还常光顾阿第伦达克山脉的湖泊，萨拉纳克湖是他偏爱的钓鱼去处。

与此同时，格罗弗从童年时期开始培养出了健康的职业道德，这也是他坚守一生的美德。格罗弗帮忙照管家里的花园，劈柴火，干杂务。有一次格罗弗在操作谷

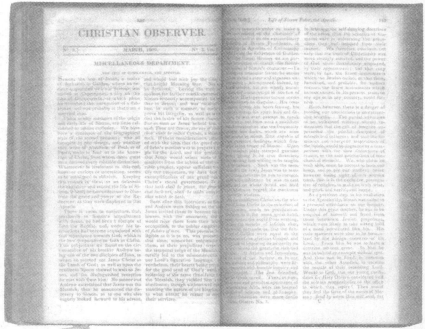

《格罗弗·克利夫兰：关于勇者的研究》（Grover Cleveland: A Study of Courage）（1932）的作者埃伦·内文斯是第一个获得格罗弗·克利弗兰私人文稿的历史学家。内文斯采访了克利夫兰的几位家人，包括他的遗孀，并同他们进行多次通信往来。内文斯写道：年幼的格罗弗·克利夫兰和他的手足同胞们被要求记忆威斯敏斯特教义问答手册以及《圣经》。手册陈述的是加尔文教派的教义，自1729年开始，那些成了美国长老教的基础文献。

格罗弗·克利夫兰生于1837年，排行第五。他的父亲是长老教会巡回传教士，其学识对格罗弗·克利夫兰产生了深远的影响。这个虔诚的牧师经常为家人朗诵《基督教观察者》（Christian Cbserver）上的文章选段。《观察者》周刊旨在提供所有值得一读的时事知识。内文斯在他为克利夫兰所著传记中强调这本杂志给未来总统的教育带来的重大意义。

　　《基督教观察者》大约于1800年在伦敦发刊，发行了至少五十个年头。正如它在第一期中所陈述的那样，它的内容包含了："大致所有科目的信息，既有关于宗教的有趣观点，也有文学和政治。本刊同错误的信条绝缘，牧师们可以放心地推荐给教区居民，基督徒能够安全地介绍给家人。"上图所示即为杂志在美国发行的第一期（1802）上的两页。

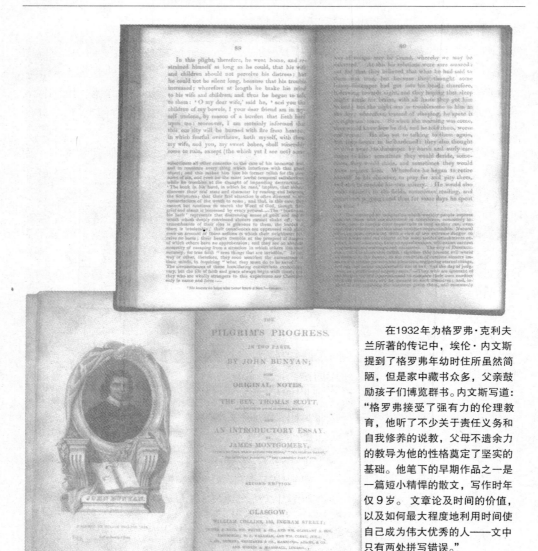

在1932年为格罗弗·克利夫兰所著的传记中，埃伦·内文斯提到了格罗弗年幼时住所虽然简陋，但是家中藏书众多，父亲鼓励孩子们博览群书。内文斯写道："格罗弗接受了强有力的伦理教育，他听了不少关于责任义务和自我修养的说教，父母不遗余力的教导为他的性格奠定了坚实的基础。他笔下的早期作品之一是一篇短小精悍的散文，写作时年仅 9 岁。文章论及时间的价值，以及如何最大程度地利用时间使自己成为伟大优秀的人——文中只有两处拼写错误。"

克利夫兰的家庭书房包括希腊文和拉丁文古典著作、神学和历史方面的书籍，还有约翰·汉密尔顿和威廉·莎士比亚的作品——但是最"吸引人的藏书当属班扬的《朝圣之旅》（*Pilgrim's Progress*），孩子们都烂熟于心"，内文斯这样写道。

英国作家约翰·班扬的巨著《朝圣之旅》分两部分于 1678 年和 1684 年分别出版。书中讲述了一个寓言故事，描述了一个名叫基督徒的男人从毁灭之城到达天空之城的旅程。书的第二部分叙述基督徒的妻子克利斯蒂娜如何进行同样的朝圣旅途。此书广受欢迎，究其原因一方面源自渗透在全书中的精神热忱，另一方面是故事综合了《圣经》的巧妙言辞和普通演说的实际技巧。《朝圣之旅》被认为是世界文学史上伟大的鸿篇巨制。

上图所示即为 1836 年出版的《朝圣之旅》的节选。

物切割机时，把一个手指切去了一小截。教堂提供给父亲一个住所，但是薪水微薄。随着家里的孩子一个个长大，他们纷纷去打零工补贴家用。格罗弗10岁的时候，两个尚未成年的哥哥就离开家出去打工，有一个在相邻小镇上的商店工作，另一个在离家十五英里的农场干活。有时候，格罗弗会在破晓之前爬起床，跑到伊利运河，替当地的商人冲着过往的货船使劲挥手。这份黎明前的差使有十美分的收入。

虽然身为牧师的父亲没能成为一个众所周知的出色神学家，但他喜爱读书。而且，从个人角度上来说，他是个活到老，学到老的人。在写给朋友的一封信上，不难看出牧师很高兴自己从考德威尔镇搬来费耶特威尔，因为他发现"在这里比以前的那个地方有更多的机会学习"。他特意提到说自己重新开始在学习德语。牧师的图书馆名声赫赫：藏书涵盖古典文学、历史和神学。结果，克利夫兰家的孩子们形成了喜爱阅读的习惯。格罗弗最喜欢的书籍是约翰·班扬的《朝圣之旅》。他和兄弟姐妹们反复阅读，细细品味，背下了整篇章节。每个星期，父母都会让他们看一本叫做《基督教观察者》的期刊。

克利夫兰一家是虔诚的教徒，每周日他们都是在阅读《圣经》或者闲逛家里的花园中度过的。那一天孩子们不允许工作或者玩耍。

格罗弗和兄弟姐妹们被教会了诚实工作、勤奋上进、自我修养和为人正直的种种道德规范。父母对于合理利用时间的重要性一再强调，给他们留下了深刻的印象。至于心目中的偶像，格罗弗对乔治·华盛顿和安德鲁·约翰逊的经历比较好奇，他钦佩两个人取得的巨大成就。

格罗弗意识到高等教育是通往更高成就的途径。他的长兄威尔在汉密尔顿学院学成毕业之后当了牧师，另一个哥哥成为工程师。作家内文斯这样写道，"整个家庭圈子对一个成长中的男孩来说，确实像一所完美的学校"。格罗弗短暂的正式求学生涯开始于费耶特威尔的小学，随后进入同一所学校的初中部学习。现存的格罗弗最早的信件，篇幅很长，老成深奥。这封信是13岁的格罗弗在布法罗拜访亲戚时写给姐姐的，信中描述了自己乘坐小船穿越纽约州的雀跃心情，还详细记述了纽约州西部家庭的生活细节。

1850年，克利夫兰一家搬到了纽约州的克林顿，因为父亲接受了当地教堂的一个薪水比以前高很多的管理职位，适时缓解了这个庞大的家庭的经济负担。格罗弗被送到当地的学校——克林顿文科学校就读，学习的课程包括数学和拉丁文。克林顿是教育中心，坐落在小镇上的汉密尔顿大学让格罗弗心中萌发了接受大学教育的希望。但是，随着家里经济状况每况愈下，实现任何形式的高等教育都显得尤其困难。

结果，14岁的格罗弗回到费耶特威尔镇，在一家杂货店去当伙计。他每星期挣一美元，住宿免费；他同杂货店的另一个年轻伙计一起挤在小铺上层没有壁炉的小房间里，除了一张铺了玉米壳垫子的床之外，别无他物。他们被准许同店主一家人一起就餐。

　　尽管如此，格罗弗继续坚持学习。他同其他渴望学习的青少年一起在费耶特威尔组建了一个辩论俱乐部。他们讨论各种各样的时事话题，包括："律师是否应当为一个明知有罪的当事人辩护？"还有"罗马天主教机构对美国的利益是否构成威胁？"（格罗弗对两个话题都持否定的立场。）

　　1853年初，格罗弗回到克林顿镇参加姐姐安娜的婚礼。他在一个私人教师的指导下坚持学习，计划秋季进入汉密尔顿大学就读。但是他的学习计划因为悲剧的降临再一次被搁浅。出于牧师工作的需要，父亲长年累月在外四处游历讲道，他的健康状况每况愈下，因此决定重返布道坛，担任一个管辖住宅周边区域的牧师。虽然薪水远远少于在克林顿所挣的数目，他希望这份稳定的工作能帮助他重拾健康。9月份，一家人跟随他迁往纽约州霍兰佩滕特镇，牧师在镇上的教堂任职。但是他没能完成自己的职责。在镇上的教堂，他只做过一次布道，随后便卧床不起，几个星期后去世了。

　　到这时候，格罗弗的哥哥和姐姐都已经过上了各自的生活，结婚的结婚，工作的工作。照顾穷困潦倒的母亲的职责就落在了格罗弗和弟弟妹妹们的肩上，所以格罗弗推迟了上大学的计划，试图找一份工作。对于这个决定，内文斯评价说："之前他还只是个孩子；现在他迅速成长为一个男人……毫无疑问，他现在能依靠的只有自己。一家人都十分清高，不愿接受邻居的帮助。"

　　几个星期之后，格罗弗找到了在纽约市工作的哥哥威廉，哥哥威廉在一家盲人学院担任文学部主任。威廉把弟弟安排进了学校，负责教住校的小学生基本的阅读、写作、数学和几何。格罗弗还是学校主管的助理，他和哥哥威廉同时担当男生宿舍住校监管。格罗弗在学院的工作除了能定期获得薪水之外，没有其他的好处。学校的教员和管理沉闷乏味，建筑物陈旧古老，食物不合胃口，戒律森严无比。有这么一种说法："学校根本不把这帮孩子们当小学生对待，倒像是看管犯人似的。"

　　格罗弗·克利夫兰和盲人弗朗西斯·克罗斯比（"法妮"）的友谊带给了他一线曙光。这位新交的朋友曾经在盲人学校就读，后来成了母校的一名教师。她答应了威廉的要求，把格罗弗纳入了她的庇护之下，在这个陌生忙碌的城市，她担当了格罗弗母亲的角色。克罗斯比是一个颇有天分的诗人，后来成为美国最多产的作家之一，一生中创作了九千多首作品。克利夫兰闲暇时，就为克罗斯比朗读书籍，在她创作诗歌的时候，写下她口述的作品。

　　格罗弗·克利夫兰在纽约工作期间，另一位对他产生了显著影响的人物是口才一流的亨利·沃德·比彻尔牧师。比彻尔是作家哈里艾特·比彻尔·斯托（《汤姆叔叔的小屋》的作者）的兄弟，在内战之前的年代里是个赫赫有名的牧师，在附近的普利茅斯教堂布道。克利夫兰迷上了比彻尔的布道，他后来描述说牧师"热情炽热的雄辩俘获了我朝气蓬勃的心灵"。

　　然而，纽约盲人学院的沉闷工作始终无法俘虏他的心灵。一年之后，他怀着对学生的深深痛惜和对其他没有生气的教员的同情离开了学校。哥哥也随同他一起离开了学校，威廉·克利夫兰后来进了神学院，参加了牧师职业培训。

1850年冬到第二年初，13岁的格罗弗·克利夫兰进入纽约州克林顿镇上的学校就读。他的姐姐玛格丽特写道："在我记忆中，那时候的他是个有着异乎寻常优秀判断力的小伙子，他做事从不冲动——他考虑周详，而且足智多谋——但是作为一个学生，他没有突出的闪光之处。他能够集中精力将思考的成果出色地应用到实践，不过在童年时期，这种让他后来脱颖而出的能力并不突出。"学校里有两位老师。年少的格罗弗·克利夫兰吃力地学习四本厚厚的《埃涅伊德》，因为使用的是父亲破烂的旧书，他很羡慕班上富有的同学买得起新出的大开本，凭借注释的帮助理解难度大的段落。

埃涅阿斯的事迹是罗马诗人维吉尔的巨著史诗《埃涅伊德》的主题。特洛伊战争吃了败仗后，埃涅阿斯背负着年迈的父亲逃到了迦太基。最后，他到了意大利，罗马就是由他的后代创建的。他的著作几乎是每一个在19世纪学习拉丁文的学生的必读书目。

图示即为维吉尔于1803年出版的作品中的几页。这一版可与格罗弗·克利夫兰那些有钱的同学使用的版本相媲美，因为它包含了英文翻译和注释。

格罗弗·克利夫兰回到霍兰佩特后，一边打些零工，一边跟着一个游历教师继续学习拉丁文。他仍然怀揣着念大学的梦想，但是绝望开始吞噬他的内心。他给姐姐的信中写道："一个人想要完成四年的学业，但是没有任何赖以起步的金钱，也没有丝毫能挣到足够的求学费用的迹象……如果我看不到解决这些问题的希望，你们不要让我迈进大学的围墙内。"

后来，格罗弗·克利夫兰得到了一个进大学的意外机会：当地教堂一名显赫的长者英格汉姆·汤森愿意替他解决大学的费用，条件是他同意毕业后进教堂供职。但是，格罗弗·克利夫兰拒绝了这个建议。他选择了向汤森贷款。怀揣着借来的二十五美元，这个18岁的男孩起程前往西部，希望能在那儿获得更好的前程。

他在纽约的布法罗停下了前进的脚步，和尼亚加拉河流域的亲戚待在一起。一个舅舅提供给他一份相当不错的工作，让他一边在家庭农场上干活，一边负责每天记录牲畜繁殖情况。后来，舅舅为聪明、勤奋的外甥谋了一份职务，在布法罗当地的罗杰斯—鲍恩—罗杰斯律师事务所当办事员。完成事务所的工作之余，格罗弗·克利夫兰阅读了大量的法学书籍，慢慢熟悉了律师这个行业。

事务所的律师主管对新来的年轻办事员没有寄予厚望，他给了年轻人一本威廉·布莱克斯通爵士所著的关于法律和公正的注解集，然后把格罗弗·克利夫兰一个人扔在那里，任其自学。事实上，格罗弗·克利夫兰被事务所的律师和职员完全忽略了。基本上，要成为一名律师，他只能靠自己努力。传记作家内文斯解释说："那时候学习法律的学生必须大量阅读，眼观六路，耳听八方，在一所或多或少有点不足的学校中自己学习。这种学习法学的方式有点拙劣，不靠谱。但是在19世纪60年代兰代尔把案例系统引进哈佛大学以前，大学里没有研究出更好的学习方法。"

格罗弗担当办事员时，受到了事务所三个合作创始人之一的丹尼斯·鲍恩的影响。他不仅以对案件作充足深入的调查著称，还以注重正义甚于法学知识本身而闻名。鲍恩是个出色的法官，在事件闹上法庭之前，他进行了成功地调解。

除了法律，格罗弗在罗杰斯事务所至少还学会了一件事情：做一个有主动精神的人。有一阵儿，事务所的办事主管因为家中来亲戚，而没来上班。格罗弗给姐姐玛格丽特写信说："办事员主管不在，当前我必须加倍努力地工作。但这更是为我自己好，因为我干的活儿越多，学到的东西就越多。"不同于其他同事，他待到很晚才离开，帮助事务所的律师研究案件。稍后，因为全神贯注一心扑在学习法律上，他离开了亲戚温暖舒适的房子，在镇中另外租了一个事务所附近的住处，方便自己下班后超时工作。

四年后，在1859年5月，格罗弗·克利夫兰通过了律师资格考试。很快，他当上了布法罗律师事务所首席办事员，年薪一千美元，相当可观。

内战期间（1861—1865），格罗弗·克利夫兰选择不上战场打仗。他是民主党的忠实拥护者，反对作战。他给了另一个年轻人一笔钱，代替自己去服兵役——在

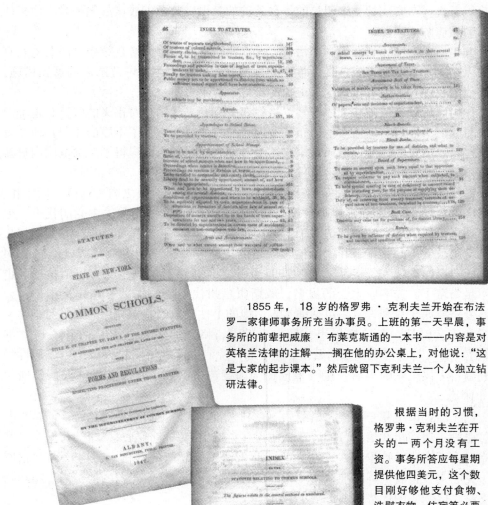

1855 年，18 岁的格罗弗·克利夫兰开始在布法罗一家律师事务所充当办事员。上班的第一天早晨，事务所的前辈把威廉·布莱克斯通的一本书——内容是对英格兰法律的注解——搁在他的办公桌上，对他说："这是大家的起步课本。"然后就留下克利夫兰一个人独立钻研法律。

根据当时的习惯，格罗弗·克利夫兰在开头的一两个月没有工资。事务所答应每星期提供他四美元，这个数目刚好够他支付食物、洗熨衣物、住宿等必要费用。他寄宿在一个办事员同事的家里。

除了打杂，格罗弗·克利夫兰还要阅读和理解事务所小书库里的法学书籍。书库中的藏书包括纽约州新近整理编撰的有关纽约州公立学校和普通学校的法令条例(1847)，全书共二百一十五页。

战时这是可行的。同时，格罗弗·克利夫兰一跃成为当地政界一名响当当的人物。他是霍雷肖·西摩成功竞选州长的一名关键的参谋，及至内战接近尾声时，他担任地区助理律师。

五年后，格罗弗当选伊利郡治安官。在两宗案件中，他亲自绞死了两名被判有罪的谋杀犯。对他而言，这是最重要的事情：绞刑是法律许可范围内的惩罚措施，如果他的代理人不愿意执行这个可怕的责任，他不会命令对方去做。

作为区域助理律师和郡治安官，格罗弗·克利夫兰因其对正义的坚持和拒绝向政治腐败低头而声名远播。他同布法罗地区的不法行为进行了不懈的斗争。他获得的这些名声一直陪伴着他迈向国家政坛——他在短时间内即赢得了全国范围内赫赫的声望。

格罗弗·克利夫兰于 1882 年当选布法罗的市长。几个月之内，这位立场温和、知名度不高的 44 岁的光棍律师被选为纽约州州长候选人。作为民主党的代表，他轻而易举击败了共和党的竞选对手。甚至早在他 1883 年于纽约州的首都就任州长时，全国政党中的建议者和政治捐客就意图把格罗弗·克利夫兰打造成他们 1884 年总统竞选的候选人。接下来他在 1884 年于芝加哥举行的民主党会议上被提名也就不足为奇了。为响应大会的提名，威斯康星州代表爱德华·S. 布拉格指出：公众热爱格罗弗·克利夫兰，包括他本人，他的个性，他的诚实和判断力以及钢铁一般的意志。但是，布拉格提出：最重要的是，格罗弗·克利夫兰因其"树立的（政治）敌人"而得到大家的敬重。格罗弗·克利夫兰在第二轮投票中以压倒性的胜利赢得了民主党的提名，接下来他在全国竞选中击败了共和党候选人詹姆斯·G. 布莱恩。

四年后，民主党一致提名格罗弗·克利夫兰，支持他再次竞选总统。但是克利夫兰遭到了纽约州政治后台的反对，使得在竞选中的关键时刻——纽约州偏向了共和党对手本杰明·哈里森，克利夫兰因此失去了蝉联总统的机会。1892 年，格罗弗·克利夫兰重装上阵，准备新一轮的竞选。这一次，众望所归的他赢得了纽约州的支持，以微弱的优势击败了哈里森。

也许是格罗弗·克利夫兰专心致志投身政治，从而耽误了自己的婚姻大事。1886 年 6 月 2 日，在他第一任期内的第二年，50 岁的克利夫兰成为美国第一位在白宫举行婚礼的总统。他娶了弗朗西斯·福尔松为妻，妻子的年龄不到他的一半。甚至在这个意义重大的日子里，他还在白宫同往常一样工作——直到傍晚婚礼即将开始的那一刻。在履行所有的政治责任的同时，克利夫兰成了五个孩子的父亲。

格罗弗·克利弗兰在履行总统的义务时，诚实也许是他所展示的伟大品行中最令人难忘的美德。一位传记作家把克利夫兰同乔治·华盛顿作了正面的对比："两个人都很健壮，有些刻板，有点呆滞无趣，甚至有一点保守；但是他们都属于能够鼓舞人心的类型……两个人都不具有演讲或写作的天赋，但是在需要的时候，他们都不惧怕坦陈心中的想法。"

在那个腐败盛行、政府浪费严重的时代，总统的否决权是坦率直言的格罗弗·克利夫兰最常利用的工具，以此阻止国会推行那些他认为可能加深腐败和浪费的措施。因为这个原因，他树立了很多政敌，但也赢得了公众的敬重。但是除了执行这些监督措施之外，他比起其他国家首席执行官的政绩要逊色得多。历史学家文森特·P. 德·桑蒂斯这样写道，"很大程度上他是个消极的总统，他坚定地相信，自己的职责就是防止不好的事件发生，而不是推行有力的措施……因此，克利夫兰留给后人更深印象的不是他的成就（或者个人的才华），而是他的品质——尤其是他的勇敢、坚定、正直以及责任感"。

有时候，他对经济的特殊关注引发了各方的猜疑和蔑视。1887 年，他否决了一项旨在帮助得克萨斯州遭遇旱灾的农民的法案，并声称这项举措违背宪法。还有一次，一群薪水遭大幅度下调的火车工人举行了联合抵制活动，克利夫兰动用军事力量将其镇压，并争辩说，"虽然人民应当支持政府，但是政府不一定要支持民众"。在晚年时期，克利夫兰在普林斯顿大学授课，并被任命为大学董事会主席。1906 年，他接受了保险业一份收入颇丰的管理工作。1908 年 6 月 24 日，他在新泽西州普林斯顿去世。

第二十三章

本杰明·哈里森
(Benjamin Harrison)

哈里·莫蒂默

截至 19 世纪中期，哈里森家族在美国可谓历史悠久，声名显赫——殖民地建后不到二十五年，他们便在弗吉尼亚定居，随后开辟了种植园，并同弗吉尼亚的种植园主阶层联姻。本杰明的曾祖父，也叫本杰明·哈里森，是该家族在美国繁衍的第五代子孙，在革命时期担任领导人，曾参与签署了《独立宣言》。本杰明的祖父威廉·亨利·哈里森因其 19 世纪初期在对美国土著人和英国战争中的突出表现成为战斗英雄，并于 1841 年就任为美国总统。

参加总统竞选之前，威廉·亨利·哈里森从部队退役，而且已经和政治断绝关系，他居住在辛辛那提州附近的俄亥俄河沿岸的一个农场里。威廉从政时——他担任了印第安纳州的州长，还在国会中占据一个席位——由儿子约翰·斯科特·哈里森操持家业。约翰·斯科特接受过法学教育，但是应父亲的要求，他放弃当律师，回家经营农场。威廉·亨利·哈里森退休后，又把俄亥俄河同迈阿密河中间的一块土地赠给儿子约翰。

约翰·斯科特·哈里森的农场经营不善。他不得不时常向亲戚借贷，以保证收支相抵。一家人的大部分食物都出自农场，他们也种植一些经济作物。因为哈里森家族人员的迅速扩充，对食物的需求量与日激增。约翰·斯科特和妻子伊丽莎白·拉姆齐·欧文·哈里森共有十二个子女，但长大成人的只有八个。本杰明排行第二，于 1833 年 8 月 20 日生于俄亥俄州北本德。

本杰明·哈里森是个典型的农民的后代。他帮忙从事家常杂务，参与种植和收割。他与住在俄亥俄州乡村的其他男孩一样，他渴望能挤出时间去打猎和钓鱼。

每周日是个特别的日子。因为教堂距离遥远，一家人在家中做礼拜，他们一起念赞美诗，经常一念就是几个小时。

哈里森农场里建了一所只有一间教室的学校，解决了约翰·斯科特的子女的教育问题，学校还接收住在附近的亲戚就读。孩子们的家庭女教师哈里特·鲁特是约翰·斯科特聘用的第一位老师，她后来提到本杰明，说这是她教过的最聪明的学生，并表示本杰明是一个意志坚定的孩子。

教室里只有最基本的教学设备——用厚木板做的没有靠背、未经过刨削修饰的

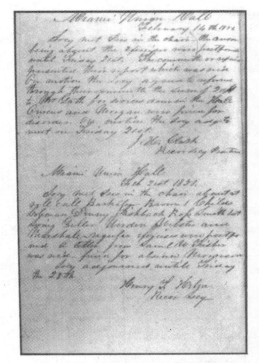

　　刚度过 17 岁的生日，哈里森就前往俄亥俄州牛津的迈阿密大学就读。迈阿密大学学术水准很高，有"西部耶鲁"之称，因为它的课程皆是仿照耶鲁大学的课程模式。1850 年，大学里有大约二百五十名学生及六名导师。

　　学校的社团迈阿密联盟文学社邀请本杰明·哈里森加入。他充分利用文学社的优势，参与小组学习、公众演讲和辩论。在会上，成员们就当时的宗教和政治话题展开辩论，他们允许有自己独立的观点，还可以畅所欲言。在迈阿密大学上学的最后一年，哈里森当选为文学社的社长。这既是对他公众演讲技巧的一种肯定，同时也是同学们钦佩他个人魅力的明证。

　　以上两张图示为迈阿密联盟文学社 1851 年的会议记录，出席者里都列出了本杰明·哈里森的名字。左图所示即为哈里森因为目无法纪的任性行为，在会上被解除职务。

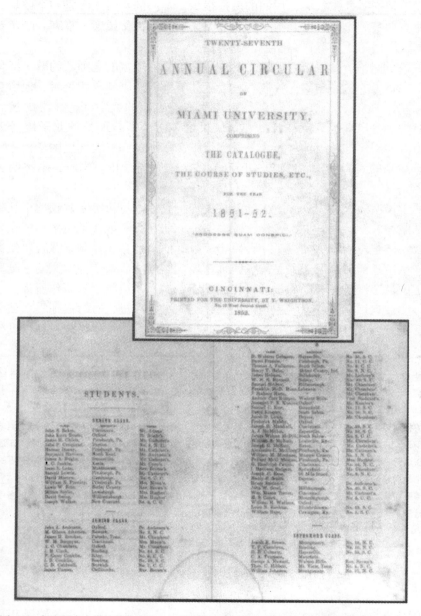

上图为 **1852 年迈阿密大学的部分概况——封面和班级列表（本杰明·哈里森为四年级学生）**。

迈阿密大学是美国的第十三所大学，也是美国第七所州立大学。它在老师和入学学生人数方面与当时较知名的大学相比都处于领先地位。

长凳，紧凑地摆了几张长桌；房间的窗户很少，唯一的热量来源是一个壁炉。学生们学习所有能拿到手的课本。本杰明热爱阅读；所幸祖父威廉·亨利·哈里森有大量的藏书，因而孩子们有机会阅读很多书籍。

随着孩子们年龄的增长，他们需要一位经验更加丰富的老师。约翰·斯科特聘请了一个大学毕业生，约瑟夫·波特。波特和哈里森一家朝夕相处时，他留意到本杰明的天赋，他力劝约翰·斯科特把本杰明送进东部的大学深造。考虑过后，约翰·斯科特·哈里森听从了波特的建议，决定让两个年龄最长的儿子接受大学教育。作为大学入学准备，他把两个人送到位于辛辛那提一家农场里的学校——卡里学院（即后来的农夫大学），这是一所私立的大学预备学校。当时，本杰明·哈里森年仅 14 岁。

这所学校幸运地拥有一位杰出的教育家。主教罗伯特·汉密尔顿博士从事了四十年的学院和大学教育，进入卡里学院教书前，他在位于俄亥俄州牛津的迈阿密大学担任校长。主教给学生灌输了一种思想，告诉他们要自我克制，并且要发掘出所有的事实然后才能做决定。他是本杰明最重要的老师。后来，为本杰明·哈里森所著的传记中都会提到主教的思想体系如何贯穿了本杰明成年后的所作所为。

本杰明在卡里学院学习了三年。期间，因为离家很近，有时候他需要回家帮忙干农活。离校之时，本杰明很感谢老师们给予他的关怀，帮他谋取福利，助他获得更多的宗教和科学知识。

约翰·斯科特·哈里森想让儿子到哈佛大学或者耶鲁大学念书。但是在 1850年，他的生意再一次遭受挫败，根本无法承担入学费用。最后，本杰明进了俄亥俄州的迈阿密大学，所谓的"西部耶鲁"。

迈阿密大学刚经历了一场劫难。1848 年，学生们因为不满苛刻的戒律起来反抗。很多建筑物被破坏甚至摧毁。一个目睹者形容校园"看起来像一个马场——破烂的门和窗户，院子中遍布杂草、断砖和灰渣，道路两旁灌木丛生，蚂蚱幼虫肆虐蹦蹿"。新上任的校长，W. C. 安德森牧师，对学校的硬件设施和学术氛围都进行了重建修复。他扩充师资，更新课程。安德森让学校恢复了 1848 年以前的声望，重新跻身名校行列。

本杰明 1850 年秋季入学时，学校尚处于困境中。但是，学校拥有良好教育的一切要素。本杰明就读期间，学校的名气渐渐增大，学生数量逐步增多，从六十八名学生增长到将近两百名。学费为每年三十美元。

对本杰明来说，离家千里迢迢来求学不容易。父亲一直担心他缺乏正确的引导，会染上不良的习惯。本杰明学习基本的课程，以希腊文、拉丁文、科学以及数学为核心。后来，又加入了现代语言、历史、政治经济学、几何学、天文学以及艺术。从创建时开始，迈阿密大学的宗教意味就很明显，其董事会成员均为长老教牧师。每天的礼拜和每周日两次的教堂活动都是强制性的。很多学生毕业后当了牧师——这也是本杰明考虑过的一种可能性职业。

坐落在俄亥俄州牛津的迈阿密大学建于 1809 年，位于辛辛那提以北三十五英里处。学校因为居住在迈阿密谷的迈阿密印第安部落而得名。在建立初期，学校是俄亥俄州培训长老教派牧师的主要地方。

已知最早的关于牛津女子学院的照片，摄于 1864 年前后。

1849 年，约翰·W. 斯科特在小镇的西部边区开办了牛津女子学院。他的女儿卡罗琳，即后来的本杰明·哈里森夫人，是第一届毕业班的学员。20 世纪初，牛津女子学院并入了迈阿密大学。

学校特别注重写作和辩论。本杰明加入了联盟文学社。这个社团有自己专门的规模很大的图书馆，作为学校图书馆的补充，为满足研究牧师职务的需要而建立。本杰明利用两个图书馆的资源，阅读历史、法学和政治方面的书籍，这对他日后的事业颇有助益。

本杰明在迈阿密大学是个学生领袖。他帮助很多同学补习有难度的科目。他还和约翰·W.斯科特博士的女儿卡罗琳·斯科特发展了一段罗曼蒂克的感情，两个人是在就读卡里学院时认识的。卡罗琳当时在附近由父亲创办的牛津女子学院学习。他们的关系渐渐加深，在本杰明毕业之前，他们秘密订婚。

本杰明于1852年7月从迈阿密大学毕业。他在毕业典礼上作了一篇题为《英格兰穷人》的演讲，评价了工业革命对于英格兰低等阶层的影响。年轻的本杰明提出，猖獗蔓延的贫困来源于用"强制的、法律条文化的、无情无义的捐献善举"取代个人自愿的慈善事业。他强烈赞成个人在经济困难时期应当担负起责任。后来在任总统时，本杰明这种社会达尔文主义的观念给他带去了一些麻烦。

本杰明·哈里森的很多老师认为他将会成为一个牧师。但是在深思熟虑后，本杰明决定从事律师行业。有人建议父亲送他进哈佛大学深造，因为哈佛大学拥有当时美国最好的法学院。但是父亲经济困窘，父子俩都清楚他们支付不起哈佛大学的学费。按照传统，还有一种成为律师的方式，即到一家现成的律师事务所一边充当办事员，一边跟随一位从业律师学习法学。在参加律师资格考试之前一般需要学习两年。本杰明决定选择这条途径。他在辛辛那提一家著名的事务所，斯托勒—格温事务所进修法律。

年轻的本杰明沉浸在爱河中，希望娶卡罗琳为妻，这使得他的学徒计划变得麻烦。住在辛辛那提的姐姐搬家无异于雪上加霜，让他失去了住所。本杰明没有钱租房住，只有回家。他决定要让卡罗琳以妻子的身份跟随他回到家里的农场，于是在1853年10月20日举行了结婚典礼（他们有三个子女，但是其中一个夭折了）。那时，父亲已当选为国会议员，并把农场留给这对新婚夫妇照管。虽然本杰明在农场干活，但他没有放弃学习法律，他竭尽所能借阅相关书籍，直到1854年通过了律师资格考试。

接下来的问题是确定开展律师业务的地点。哈里森决定搬到印第安纳州的首府印第安纳波利斯。他觉得在这个新兴的城市开始事业会有更好的机会。因为缺乏关系网，哈里森必须事事亲为。为了补贴刚起步时的微薄收入，他在法院找了一份每周八美元的办事员工作。

有一天，他受国家公诉人之托协助办理一个犯罪案件。在总结陈词的时候，公诉人正好不在，所以本杰明只得自己上阵进行陈述。他的对手是俄亥俄州前任州长戴维·华莱士。本杰明·哈里森的表现给他留下了深刻印象，不久戴维的儿子邀请本杰明加入他们的律师事务所。小华莱士的政治生涯刚刚开始，他需要一个律师协助自己的当事人竞选。哈里森很快成为一名相当成功、受人尊敬的律师。结束总统

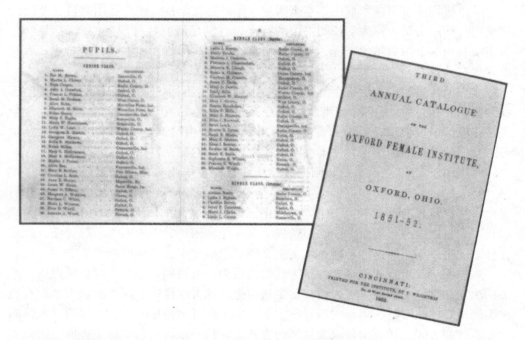

上图为牛津女子学院 1852 年度学生名册——封面以及高年级名单，里面包括卡罗琳·L."卡丽"·斯科特，本杰明·哈里森未来的妻子。

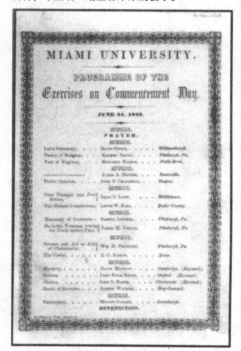

约翰·W.斯科特是女性教育领域的先驱。他曾经在辛辛那提附近的农夫大学任教，教年轻的哈里森及同龄人一些基础化学和物理知识。与此同时，他在附近建立了一所女子大学。1849 年，斯科特把他的女子大学搬迁到牛津，并创办了一个更大的学院——牛津女子学院。翌年，身为迈阿密大学学生的哈里森同斯科特的女儿卡丽重修旧好。他们于 1853 年完婚。

在迈阿密大学于 1852 年 6 月 24 日举行的毕业典礼节目单上，哈里森（名字被错误地拼成了"哈里斯"）榜上有名，他要发表一篇题为《英格兰穷人》的讲话。这篇演说最初的草稿同哈里森的文稿一起被保存在国会图书馆中。哈里森的大学同学刘易斯·罗斯后来写道，哈里森"19 岁的时候（在关税问题上）就是一个保护主义者……现在他仍然是……他整个生涯都在努力实现自己的强烈愿望——把他的人民从压迫'英格兰穷人'的贫困中解救出来"。

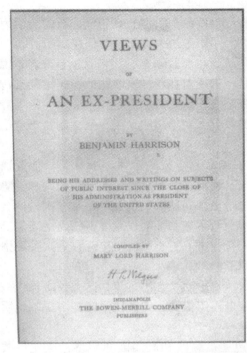

　　1889 年 3 月 4 日，威廉·亨利·哈里森（"老蒂帕卡怒"）的孙子本杰明·哈里森成为美国第 23 任总统。哈里森拥有光荣的教育史——超级家庭图书馆让他有机会不受限制地畅游于书籍的海洋之中，而且他得到了祖父和父母的支持，他们决心让他接受杰出的教育。

　　1896 年，63 岁的哈里森回忆起早期的学校教育对自己的价值。他完全确信"知识的种子"应当从婴儿十八个月大的时候播种，而且明智的父母不应当忽视不到六七岁的孩子的学龄前教育。在一篇史无前例的文章中，前总统哈里森恳请教师们仿效他自己的教育模式，把孩子们"带进广阔的工场，让他们见识嗡嗡地忙碌、飞速地旋转着的最精妙细致的力量以及最错综复杂的机械装置；把他们带进巨大的画廊，让他们参观悬挂着的成千上万的画幅，巨幅的、迷你的；把他们带进开阔的礼堂，让他们欣赏小丑和悲剧作家在舞台上的表演和吟诵"。

　　本杰明·哈里森在第二任妻子的力劝下写了这篇文章。1901 年他去世后，她出版了这篇文章以作纪念。上图所示文章节选自玛丽·哈里森的著作《一位前总统的看法》（1901）。

任期之后，本杰明·哈里森返回了律师行业。

哈里森一家一直支持辉格党，但是在骚乱动荡的 19 世纪 50 年代，新的政治力量不断涌现。在 1852 年选举中，辉格党因为一次决定性的失败而分崩离析。一个新的政党，共和党诞生了。它反对奴隶制蔓延到西部的领土。共和党领导人表态说他们不会干扰已经实施奴隶制的区域，但是他们反对在新加入联盟的各州继续推行奴隶制。约翰·哈里森认为共和党会使国家陷入一场内战。但是，本杰明·哈里森决定加入共和党，他宣誓始终不渝效忠新的政党。对本杰明来说，奴隶制是不道德的、邪恶的，必须加以制止。

1857 年，本杰明·哈里森当选为印第安纳波利斯市的律师。1860 年，他竞选印第安纳州最高法院书记员。赢得这次竞选，他就将获得跻身印第安纳州共和党势力圈的进身阶。在随后的竞争中，本杰明·哈里森同他的民主党对手在一次讨论会上发言。对手讲了四个小时之后，把讲台移交给本杰明·哈里森。他精确地逐条反驳了这个民主党人的观点，但是不带一点人身攻击。本杰明·哈里森在这次辩论中的成功表现帮他赢得了最高法院书记员的职务。

内战期间，本杰明·哈里森担任印第安纳州第七十志愿军步兵团上校团长。截至战争结束，他晋升为准将。哈里森在部队里声望很高，然而他没能把声望带到后来的政治生涯中。

内战前的总统尤利塞斯·S.格兰特的声望被腐败和丑闻破坏殆尽，也使得共和党在印第安纳州失去了民心。1876 年哈里森不情愿地参加印第安纳州的州长竞选，结果没有成功。四年之后，共和党重新确立了在州政府中的统治地位。哈里森决定寻求一个参议员席位。当时各州的参议员都由本州自行指定，1880 年，哈里森获选印第安纳州的参议员，任期从 1881 年至 1887 年。

1885 年，格罗弗·克利夫兰就任美国总统，成为自内战前开始的第一位民主党总统。本杰明·哈里森把注意力投向 1888 年的选举，他把与克利夫兰的竞选围绕关税问题展开。民主党人将关税视为保持高价的一种手段；共和党人则声称关税为商业以及美国劳动者的工资提供了保障。

1888 年，本杰明·哈里森是印第安纳州"最宠爱的儿子"。他战胜了八名对手，赢得共和党的提名，接着击败了在职的格罗弗·克利夫兰，成为第二十三任总统。因为本杰明·哈里森于 1889 年上任，距乔治·华盛顿就职正好一百周年，他被称为"世纪总统"。

四年后，一期任满的本杰明·哈里森败给了他的老对手格罗弗·克利夫兰。多派势力纷纷阻挠，使哈里森在二次竞选中落马。民主党人说他高傲、冷漠，他是细节的俘虏。他的精挑细选让很多党内的领导人感到失望，但是他下定决心只任命合格的人才。因为种种原因，特别是他毫不妥协地坚持高关税保护政策，他在商界人士和普通劳工中的支持者也转移到反对者阵营。

传记作家指出，哈里森缺乏克利夫兰身上那种非凡的领袖气质，而且他不懂得在政治上作出妥协。一旦他下定决心，就执迷不悟，死磕到底。

1892 年，本杰明·哈里森的连任竞选因为妻子的辞世而被愁云笼罩。因为妻子生病，哈里森竞选并不积极。克利夫兰二次当选后，哈里森回到印第安纳波利斯。他决定用婚姻摆脱孤独的生活，他的再婚妻子玛丽·迪米克是前妻的侄女，在卡罗琳生病弥留之际一直照顾她。

哈里森重操旧业，再次担任律师。他的事业再一次获得成功，甚至在美国联盟最高法院出庭辩论。他的生活重心就是家庭、宗教、共和党，还有律师业务。

本杰明·哈里森是一位前总统的孙子，这在美国历史上绝无仅有，他于 1901 年 3 月 13 日去世。

第二十四章

威廉·麦金莱
(William McKinley)

哈尔·马科维奇

当南部联盟军队炮轰桑特尔港，拉开南北内战的序幕之后不久，威廉·麦金莱加入了俄亥俄州志愿军团。当时，麦金莱在俄亥俄州的波兰城当教师，希望攒够了钱以后重返大学。之前，他已经在宾夕法尼亚州西部的规模很小的阿勒尼学院读了一个学期，因为健康状况不佳，同时由于无力缴纳学费而辍学。

他的计划是重回阿勒尼大学就读。但是内战爆发后，麦金莱陷入了当时激烈的爱国主义洪流之中。征召志愿者的命令刚一下达，他就应征入伍当了一名步兵，并于内战期间在部队整整服役四年，参与了一些最血腥残忍的作战。凭借个人的聪明才智、资质天分以及英勇气概，麦金莱迅速得到提拔，军衔稳步晋升。到1865年7月他离开部队时，威廉·麦金莱已经获得了少校军衔。

战争结束时，威廉·麦金莱对于今后何去何从犹豫不决。他当时已经22岁，年纪太大没法回到阿勒尼学院就读（可能这只是他个人的看法）。他也不愿意重操旧业去学校当老师。留在部队当一辈子军官的想法在他脑中一闪即逝，因为战争中被活生生夺走的生命让他战栗不已，他知道自己永远不可能以此为业。

最后，他打算从事法律行业。威廉·麦金莱发现这个职业同良心不相抵触，他写信向自己的老团长卢瑟福·B.海斯咨询。海斯是俄亥俄州一位著名的律师，他对于麦金莱当律师的想法持反对态度，他建议麦金莱从事铁路运输业或者找机会做生意。海斯认为在铁路上工作的人拥有大把的机会，因为当时铁路正稳步地向西部推进。

海斯写道："依据你的经商能力和经验，我建议你从事铁路运输或者做点买卖，在西部镇上做生意的人，哪怕只有你一半的才智，到40岁应该就可以独立。当律师的话，你没法自主，还要牺牲雄心和抱负，充其量也只是个不划算的便宜交易。"

但是麦金莱决定将老团长的建议搁置一旁。很快，他进了一间法学院学习，并且在俄亥俄州的坎顿城开始了律师业务，随后又投身政治。麦金莱和老团长两个人通过各自不同的方式在法律和政治上取得了成功，不过两个人都不用牺牲自己的雄心壮志。1877年，卢瑟福·B.海斯就任美国总统。20年后，威廉·麦金莱也入主白宫。

威廉·麦金莱（15 岁、18 岁和 23 岁）的照片。

威廉·麦金莱有生之年所写信件数量颇丰，他不记日记。他写信件的原则要么是务实的交流，要么是开门见山，直陈要点。他很少评价自己的私人生活。国会图书馆中保存了大量麦金莱的文稿，包括八十五本装订成册的书，八十四本信件，一百多箱文章手稿。这些收藏品有一个惊人的共同点，就是它们不涉及私人感情，体现了麦金莱讲究礼节、谨慎周详的典型特点。

查尔斯·S. 奥尔科特经正式授权的传记著作《威廉·麦金莱的一生》（*The Life of William McKinley*）于 1916 年分两册出版。奥尔科特采访了总统的朋友和同事，并综合了之前进行的相关访问，包括对了解麦金莱的童年、青年的朋友，以及与他在阿勒尼学院和奥尔巴尼法学院学习期间相识的众多人士的访谈。自《威廉·麦金莱的一生》一书出版后，后来为麦金莱写传记的作家都以奥尔科特的材料作为基础进行研究。

上图的三张照片是麦金莱一家提供给作家查尔斯·S. 奥尔科特的。

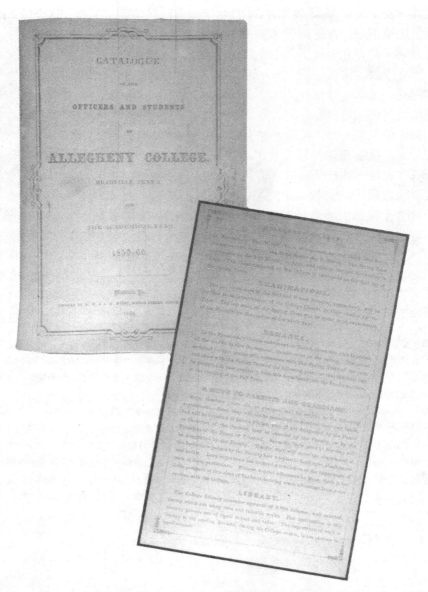

　　1860 年秋，威廉·麦金莱进入位于宾夕法尼亚州西北部的阿勒尼学院就读。阿勒尼学院始建于 1815 年，是美国最早成立的一批大专院校之一，学院至今都和卫理公会教派保持历史性合作关系。

　　威廉·麦金莱在阿勒尼学院的生活乏善可陈。他只在那里待了一个学期，随后因为生病回到了位于俄亥俄州波兰市的家中。他希望重回学校继续学业，但是一直未能如愿。据说，就在这位未来总统唯一一学期的大学生涯中，他赶着一头母牛上了三层楼梯，一直到达阿勒尼学院本特莱礼堂的钟塔里。很显然，母牛上楼梯容易，但是下去很难。有一种说法说麦金莱就是因为这个恶作剧被学校开除了。但是事件的真相已经被时间的迷雾掩盖，无迹可循。

　　威廉·麦金莱于 1843 年 1 月 29 日生于俄亥俄州的奈尔斯镇，这个城市离宾夕法尼亚州边境不远，在扬斯敦市的北方。父亲老威廉·麦金莱和母亲南希·艾利森·麦金莱一共有九个孩子，小威廉·麦金莱排行第七。他的祖父和外祖父都参与了美国独立战争。父亲经营一家小的铸造厂，他们把熔化后的金属倒进模型里，铸成厨房用具、工具、铃铛和其他家用器具。

　　奈尔斯当地一所只有一间教室的学校是麦金莱的第一个课堂。女生坐在教室的一侧，男生坐在另一侧，长凳和课桌横穿教室，从一面墙脚一直延伸到对面墙脚。老师阿尔瓦·桑福德在讲台上放了一根棍子，而且大家清楚地知道他不会心慈手软。没有掌握课文的孩子要站到教室的中央，作为负面典型以警示其他同学。

　　威廉从来不用站到教室中间去，他是班上最聪明的学生之一。他还是个如饥似渴的读者，很快就将学校架子上不多的书籍一一阅读完毕，父母有限的藏书也一本不落地读完了。儿童时期他在奈尔斯阅读的书籍包括查尔斯·狄更斯的几本小说，以及给这个未来的世界级领袖人物上了重要一课的两本书：一本是大卫·休谟的《英格兰历史》，另一本是爱德华·吉布的《罗马帝国的衰落和沦陷》。这两本书告诉他一个强大的国家必须努力避免何种问题。麦金莱一家订阅了贺瑞斯·格里利的《论坛周刊》，其中强烈主张废除奴隶制的主题对威廉的观点产生了深刻的影响。

　　对于南希·麦金莱本人来说，教育的重要性毋庸置疑，她也尽其所能让孩子们努力学习。数年之后，她说道："我对于教育的观点是完全切实可行的，没有仅仅停留在理论上。我在孩子们能独立地去学校听老师讲课的时候就把他们送进学校，并且一直让他们在学校念书。我不让他们离开学校。"

　　威廉的母亲对于教育的重要性深信不疑，事实上，是她说服丈夫把家迁往另一个小镇，因为她不满意奈尔斯镇上小学校的教学质量。威廉的姐姐安娜在波兰镇上一所私立高中——波兰学校教书，学校位于扬斯敦镇以西大约六英里的地方。1852年，一家人搬到了波兰镇，以期望能让威廉以及他的兄弟姐妹获得比在奈尔斯镇更好的教育。波兰学校的课程比威廉在奈尔斯镇学到的要高级得多，包括算术、英语、语法、文学、修辞学、拉丁文、希腊文、美国历史和政府。

　　麦金莱一家人是虔诚的卫理公会派教徒，他们去教堂做礼拜十分积极。南希·麦金莱希望儿子以后当牧师，儿子在波兰学校展现的杰出演说才能令她兴奋不已。威廉加入了学校的文学社团，他也是爱德华—埃弗雷特社团的成员，他和其他成员一起演讲、辩论，很快他当上了该社团的社长。

　　爱德华—埃弗雷特社团以美国政治家、演说家埃弗雷特的名字命名。为了获得埃弗雷特的一幅肖像，社团向每位成员征收一美元会费。在威廉参加波兰学校入学考试的时候，有几个会员因为拒缴会费而退出。麦金莱则缴纳了自己那份会费。

　　爱德华—埃弗雷特社团成员还想攒钱买一块铺在会议室里的地毯。在大伙集资后，他们有足够的钱买了一块相当大的绿色地毯，上面装饰着手工缝合的花冠。大家一致投票通过，赞成会议室地面铺上地毯后，室内不允许穿靴子。女性成员们还主动提出为大家编制拖鞋以备室内使用。但在举行第二次会议的时候，拖鞋尚未编好。因此，当社团在那块华丽的绿色地毯上首次举行会议时，威廉·麦金莱不得不穿着长袜主持。

在波兰学校待了一年后，一个来自扬斯顿名叫罗伯特·B.默里的朋友前来探望威廉。默里刚刚在波兰镇西北大约六十英里的阿勒尼学院学习了一年，他极力劝说威廉和他一起到阿勒尼上学。虽然麦金莱一家并不穷，但也远远谈不上富裕。在姐姐安娜主动提出帮助支付威廉的学费后，家里同意让威廉去阿勒尼学院。1860年春，威廉·麦金莱偕同表兄威廉·奥斯本一起到阿勒尼学院，他们合租了一个房间，位于校园北边。

威廉一直是个聪明的学生，但是父母搬家到波兰镇让他接受更好的教育的决定同样功不可没。他入学考试分数高得惊人，以至于直接进入大学三年级就读。他惊人的记忆力令老师和同学惊叹不已；他几乎立刻就记住了所有同学的面孔、姓名、家乡还有理想——很显然，这种天赋也为他日后的政治生涯提供了诸多便利。

他加入了阿勒尼学院的演讲协会，很快就成了一个领导者。随着国家内战的步步逼近，学生们经常就奴隶制展开辩论。到那时为止，威廉坚定不移地支持废除奴隶制，他还时不时地在相关的校园辩论中充当反方带头人，陈述反对奴隶制的观点。

在国家的其他地方，关于奴隶制的辩论往往不止于唇枪舌剑。确实，在威廉进入阿勒尼学院的几个月之前，主张废除奴隶制的约翰·布朗因为突袭弗吉尼亚州的哈勃渡轮上的一个军火库而被捕，随后被处以绞刑。有时候，在阿勒尼学院举行的辩论甚至有暴力行为的倾向。有一次，当一个奴隶制支持派的学生提议让杰弗逊·戴维斯担任美国总统时，威廉差点用自己的拳头来解决争论。

当然，威廉很少有这种情绪失控的时候。在大家眼中，他是一个讲礼貌的学生，态度友好、衣冠楚楚。他以遵守时间、虔诚做礼拜而著称。多年之后，回忆起在阿勒尼学院的日子，威廉称是"我人生中最愉快的记忆"。

他的天性中也许不乏调皮捣蛋。据说麦金莱曾经把一头母牛赶进了学校的管理楼——本特利礼堂的钟楼里。（另一种说法是他领了一头山羊上到钟楼，因为山羊也许更有可能被领到或者抱到钟楼去。）这个传言至今仍在阿勒尼学院的校园中广为流传。甚至有传言声称威廉因为这次恶作剧，遭到了阿勒尼学校勒令他一个学期之后退学的惩罚。

威廉确实于一学期之后结束了在阿勒尼学院的学业，但可能是被逼无奈，因为他身患疾病，而且无力支付学费。因为父亲要替叔叔还债，经济状况急转直下。无论如何，他已经没有余力承担儿子的学费。威廉只剩下姐姐的资助，他无奈之下回到波兰，在家中休息养病。他还在波兰邮政局干了一份差使，后来到一所学校当老师，希望能攒够钱重回阿勒尼学院。

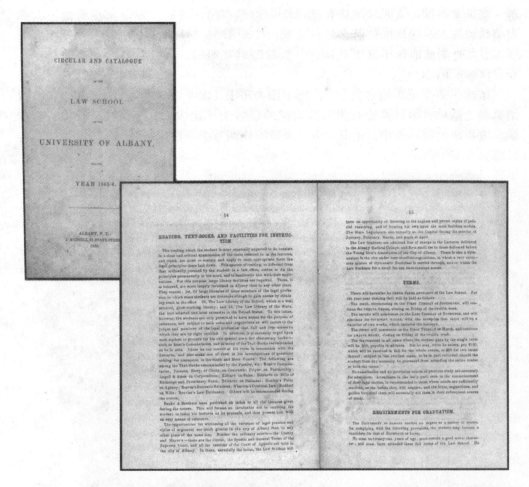

1866 年，威廉·麦金莱进入位于纽约的奥尔巴尼法学院。当时法学院只有一年的课程，但是他没有念完就于 1867 年春离校。随后，麦金莱通过了俄亥俄州律师资格考试，并在坎顿开了一间法律事务处，是年 24 岁。

奥尔巴尼法学院有校长一名，教授四名，他们都在国内享有盛誉。流便·H. 沃尔沃兹是一名出色的法理学家，曾担任纽约州的首席法官二十年。艾拉·哈利斯以纽约州代表身份出任美国参议员时教授"程序法、辩护和举证"。阿玛撒·帕克处理房地产、遗嘱和刑法相关法律案件，他编纂和整理了纽约州最高法院的主要刑事判决。奥尔巴尼法学院是第一批运用案例教学法的学校之一。教学进程分为三个部分，学生可以"随时跟班学习，一直学到个人满意的程度才结业"。

威廉·麦金莱回忆说，"我当时的工资应该是二十五美元一个月，住的地方就在学校附近，不过，我父母住得也不远，离学校只有三英里。我经常和他们待在一起，然后每天步行去学校，再走回来。我想，现在对我来说，走六英里得费点劲儿，不过当时一点都不觉得"。

但是，他永远都没能重返阿勒尼继续学业。他和阿勒尼学院的旧室友、表兄威廉·奥斯本一同加入了俄亥俄州第二十三志愿军团。威廉·麦金莱在约翰·C. 弗里蒙特将军——美国一位著名的探险家，曾于 1856 年参加总统竞选——麾下宣誓参军。"他重重地捶了几下我胸膛，直接盯着我眼睛，最后宣告我是个合格的士兵。"麦金莱回忆说。

　　威廉·麦金莱跟随第二十三志愿军团参与了几次主要的战斗。在马里兰的安提塔姆湖之战中，他冒着枪林弹雨给饥饿的联盟士兵送饭，立下大功，被提拔为少尉。安提塔姆湖一役中，南北双方一天就死伤两万多士兵。

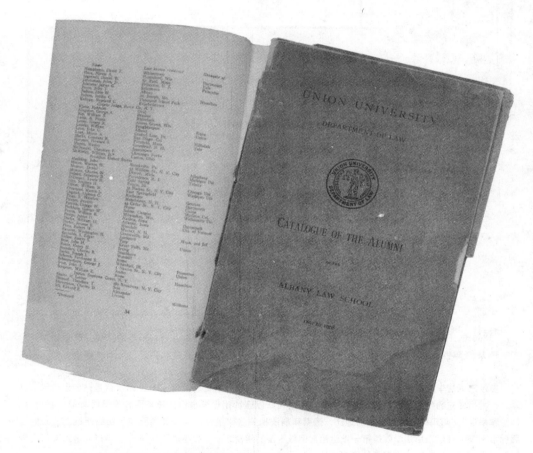

1851—1908 年奥尔巴尼法学院的男毕业生名单。

　　威廉·麦金莱最初打算在军队中服役三年，但是他不愿意在战争结束前回归平民生活。待到战争结束，麦金莱晋升为少校。他回到波兰镇，不顾卢瑟福·B. 海斯的劝阻，在马洪宁郡法庭负责人查尔斯·E. 格利登法官开设的办事处谋取了一份办事员的工作。他为格利登工作了一年，闲暇时从法官的藏书库中借阅了大量法学典籍。麦金莱的聪明才智和对知识的饥渴给格利登留下了深刻的印象，他断言自己这个办事员如果进法学院学习的话，法律水平一定会大大提高。

美国现在的一般情形是，打算进法学院的学生按要求在法院先实习一年；而在19世纪，很少有律师接受过正规的法律教育。大部分律师都是先在从业的律师手下当办事员，由律师前辈指导然后资助他们参与实践，在此过程中熟悉法律业务。当时美国大部分法学院成立年份不长。位于纽约州的奥尔巴尼法学院就是其中之一，1866年当威廉·麦金莱入校学习时，学院仅有十五年的历史。

也许是因为法学院在当时属于新兴事物，奥尔巴尼学校凭借其大约一百六十名学生的规模在全国法学院中名列第五。学校教员包括阿摩斯·迪安律师、阿玛撒·J.帕克法官和艾拉·哈利斯法官。当时，学校提供法学本科学位，但是入学的学生很少等到获取学位后才离校。他们往往在学校读一两个学期，只学习自己将要从事的法律类型相关课程。威廉·麦金莱待了两个学期。

学费是五十美元一学期。这一次，又是姐姐安娜帮威廉·麦金莱缴纳学费。为了省钱，威廉·麦金莱故伎重施，与一个名叫乔治·F.埃若尔的朋友合租一间房。乔治后来成了著名的律师，在他的印象中，威廉·麦金莱是一个"讨人喜欢的同伴。他是个爱好交际的小伙子，喜欢看戏剧，还喜欢呼朋结友。他学习相当刻苦，经常读书到凌晨一两点"。作为一名虔诚的卫理公会派教徒，威廉·麦金莱没有错过一次礼拜，并且严格地戒酒禁烟。

从威廉·麦金莱所选修的课程上可以看出他在法学方面的兴趣十分广泛。他参加的课程包括如何起草合同以及建立合作关系，还包括房地产销售的相关条例。他研究美国国家宪法和纽约州宪法。他不仅学习如何替那些认为自己从隐蔽的商业交易中受损的客户开展诉讼，还学习离婚法以及如何替那些被指控刑事犯罪的当事人辩护。

奥尔巴尼法学院的学生必须参加"模拟法庭"，在其中扮演律师的角色。威廉·麦金莱发现这些模拟审判和自己曾经在波兰学校及阿勒尼学院参加的辩论相似。一直以来以辩论见长的麦金莱在法学院的模拟法庭上表现出类拔萃。

入学后不久，威廉·麦金莱在著名的帕克法官家里参加了一个奥尔巴尼学院新生招待会。会上，法官的女儿格蕾丝递给他一碗冰激凌，这是他从未品尝过的甜品。麦金莱认为她给自己的是坏了的奶油蛋糕，他向格蕾丝许诺自己不会告诉任何人她蛋糕做得不好。格蕾丝笑着告诉麦金莱他弄错了，冰激凌好好的没有坏。数年之后，麦金莱在白宫遇到了格蕾丝·帕克的侄女，他把这个故事讲给她听。他自我解嘲地说："看看，我就是个头脑简单的乡下男孩。"

1867年，威廉·麦金莱离开奥尔巴尼法学院，回到俄亥俄州，随后取得在俄亥俄州法院执业的律师资格。很快他的法律业务在坎顿开张，并且欣欣向荣，稳步发展。他娶了艾达·萨克斯顿为妻，岳父是一个颇有影响力的人物，后来在他的政治生涯中给予过他很多帮助。麦金莱于1878年涉足政治，他获得了美国众议院的一个席位。在接下来的二十二年间，作为共和党成员的麦金莱成为党派之争的受害者，偶尔因为不公正划分国会选区而遭排挤，在国会中几进几出。

1891 年，威廉·麦金莱当选俄亥俄州州长，任期一直持续到 1896 年他赢得总统选举。担任总统期间，外国事务是他关注的焦点。当时很多政治领导人都要求美国向外界显示自己的实力，勇敢地抵抗外国势力。

1895 年，古巴人民起来反抗一直统治着古巴岛屿的西班牙征服者。西班牙用残忍野蛮的方式镇压古巴人，这促使了好战的美国政治家撺掇美国从中干预。威廉·麦金莱不主张出兵，但是当美国战舰缅因号在哈瓦那海港爆炸后，由威廉·伦道夫和约瑟夫·普利策出版的颇有影响力的报纸要求攻占古巴岛，尽管没有证据证明缅因号曾经遭到破坏。

威廉·麦金莱最后出动美国军队发起了美国国务卿约翰·海伊所谓的"完美的小规模战争"。这次的古巴之战持续时间很短，结果美国明显占了上风；无论如何，美西战争拉开了美国向拉丁美洲国家施加政治影响的帷幕。在之后的岁月中，美国的这种政策给尼加拉瓜、智利和古巴等地带来了灾难性的后果。

威廉·麦金莱于 1900 年竞选连任。他选择了一个专门喜欢挑动争端的政客西奥多·罗斯福作为竞选伙伴。麦金莱轻易就获选连任，但是他的第二任期相当短暂。1901 年 9 月 6 日，一个名叫利昂·佐尔古兹的无政府主义者在布法罗泛美博览会上从人群中冒出，向总统开枪。威廉·麦金莱八天后去世。

第二十五章

西奥多·罗斯福
(Theodore Roosevelt)

哈尔·马科维奇

西奥多·罗斯福 14 岁时开始学习拳击。年纪轻轻的他患有严重哮喘，参与这项运动的目的就是培养耐力，还可以防身，抵御那些恃强凌弱的捣蛋鬼的攻击。父亲是一个富有的欧洲货物进口商，为了给儿子选择一个拳击教练，他走访了纽约市几家健身房，最终决定把儿子的身体教育委托给职业拳击能手约翰·朗，约翰·朗是纽约市最优秀的拳击培训师之一。

年轻的西奥多·罗斯福是个热情的学生。他热爱运动和竞技活动。在跟随朗教练学习了几个月之后，罗斯福应邀参加了教练在学生中举办的一个锦标赛。每个重量班级中的第一名将获得一个白蜡奖杯。罗斯福和同龄的孩子一起进入轻量级比赛。

"碰巧我接二连三遇到几个细高个小伙，他们比我还差，"罗斯福后来回忆说："结果出乎大家的意料，连我自己都很吃惊，约翰·朗也深感诧异——我赢了！那个白蜡奖杯成为我最珍视的藏品之一。我一直保存着……恐怕接连好几年，我都以此作为吹嘘的资本。"

罗斯福成为一名狂热的职业拳击爱好者。几年之后，身为纽约警长的罗斯福还经常去观看市里顶级的拳击赛事。当选为美国总统后，罗斯福经常邀请美国拳击顶尖高手到白宫参观——只要他们同意和自己较量几个回合。

但是，就本身的竞技水平而言，罗斯福注定无法重复自己那个下午在约翰·朗的体育馆里取得的成功。在获得朗教练的白蜡奖杯的七年后，罗斯福作为轻量级选手参加哈佛大学拳击赛。他输给了一个名叫 C. S. 汉克斯的大学四年级学生，对手在铃声已经响起，明确宣告一轮结束的时候出拳打得他鼻子流血。罗斯福的好友兼同学欧文·威斯特当时在比赛的现场，以下是他对当时情景的描述：

> 一轮的时间结束，罗斯福解除了他的防护装置，而汉克斯猛地一记重拳打在他的鼻子上，立马鼻血逆发。大堂看台以及顶层楼座的观众大声呵斥，嘘声四起。随即就见罗斯福一边用力挥舞手臂，让大伙安静，一边保持警戒，瘦弱的身子稳稳地站在原地。

　　"没事儿，"他急切地向我们保证，手臂仍然在空中挥舞保持场内安静；然后，他指着计时员说，"他没听到他的铃响"，他采用惯常的轻松姿态但不乏震慑力的调子解释道。鼻子流血的他然后走上前去和汉克斯握手。

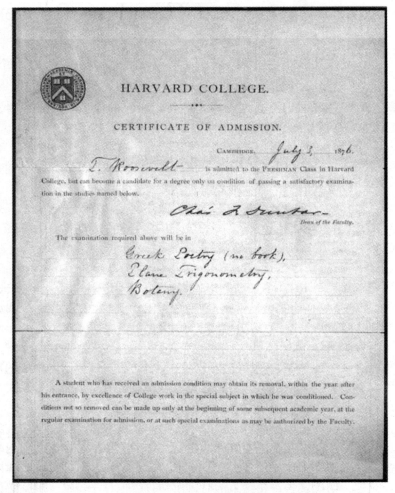

　　西奥多·罗斯福通过了哈佛大学的入学考试，考核内容包括希腊古诗、平面三角学和植物学。他在到达哈佛大学后一星期内通过了这三门课的考试。这份证书是由查尔斯·F.邓巴签署的，他除了担任哈佛大学的教务长之外，他还是哈佛大学（也是全美国）第一个政治经济学教授。西奥多·罗斯福在大学三年级的时候，学习邓巴教授的哲学课程得到**89**分的好成绩。在罗斯福的自传中，他赞扬邓巴教授的讲课，说这比他的科学课程更有意思。

1876 年 18 岁的西奥多·罗斯福（左上）。
1880 年 22 岁的西奥多·罗斯福（右上）。

　　西奥多·罗斯福出身于纽约市一个富裕、有文化、有地位的家庭。罗斯福早年的生活并非一帆风顺，因为他的健康状况频频出现问题。罗斯福体质孱弱，视力不佳，还受到哮喘病的困扰，他练习一种刚硬强劲的运动项目以期恢复健康。童年时期的他对拳击、打猎和骑马十分感兴趣，由此可以看出他热爱竞技性体育运动，喜欢户外生活。他也对学习科学知识产生了浓厚的兴趣。罗斯福少年时期接受的教育来自家庭成员和几个私人家教。1876 年，他进入哈佛大学，在此之前他从未在教室上过课。尽管如此，罗斯福毕业之时在全班一百七十一名学生中排名第二十一位。几年之后，罗斯福对自己在哈佛大学度过的"一段特别愉快的时光"念念不忘。但是，据他自己回忆，大学的教育没有让他做好充分的准备，迎接"广阔的世界"。

　　这个姿态是运动员精神的体现。但是，罗斯福这次文雅有礼的言行其真正的目的也许是为了给年轻的艾丽丝留下一个好印象。不久之后即成为罗斯福夫人的艾丽丝那天下午就坐在顶层楼座观众席中。不过据相关报道，罗斯福的拳击水平至多只是差强人意，在其他运动项目上他也不突出。他视力糟糕，击个棒球都很困难。他瘦弱削长的身板不可能成为球场上的阻球手。尽管如此，随着大学生活的展开，西奥多·罗斯福的影响力慢慢提升，所有认识他的人都清楚地知道，他注定会成为一个重要的角色。一些关于他的传记提到这位 1880 年从哈佛大学毕业的未来总统击败了轻量级选手 C.S. 汉克斯，罗斯福以前的同学看到这段故事都忍俊不禁。

上述将事实加以修饰美化的行为在罗斯福身上并不罕见。他喜欢自吹自擂，这一点从他的日记或者家信中看得出来，在后来他同新闻记者接触的方式中也同样有所体现。他巧妙地和记者周旋，最后让他们成为自己吹嘘的工具。表妹莫德·艾略奥特这样评价西奥多·罗斯福，说他总是认为自己做的事情比其他任何人都要出色。

1858 年 10 月 27 日，西奥多·罗斯福出生于纽约市二十东街第 28 号一个上流社会的富有家庭。罗斯福的祖先最早于 1649 年到达美国，先辈通过从事各行各业，包括农业、商业、银行业、制造业以及工业而发家。到西奥多出生时，罗斯福家族已经跻身纽约最富裕的阶层。西奥多的父亲，老西奥多·罗斯福同乔治亚一个种植园主的千金玛撒·巴洛赫（"米蒂"）的联姻进一步扩充了家族的财富。

西奥多有一个姐姐叫安娜，下面还有两个弟妹，艾略奥特和科琳。罗斯福家中的四个孩子最初都是在家中接受教育。孩子们的姨妈安妮·巴洛赫寄宿在罗斯福家中，她承担起了教孩子们读书的责任。

罗斯福家中有足够的钱供孩子们上最好的私人学校，但是小西奥多（昵称叫 Teedie）有严重的哮喘，父母担心如果在离家很远的学校寄宿，他会有生命危险。科琳也患有哮喘，不过没有哥哥西奥多严重。西奥多和弟弟艾略奥特除了去一个私人家教家中上了一段时间的课程——这位家教名叫麦克马伦博士，和他们住在同一条街道上——罗斯福一家四个小孩都在姨妈安妮·巴洛赫的指导下学习。

精力充沛的安妮擅长讲故事，她生动地给孩子们讲了很多同强大的反动力量抗争的美国英雄的传说。她最喜欢讲述的英雄大多数是南方人，像田纳西州的戴维·克罗基特以及肯塔基州的丹尼尔·布恩。当时正值内战如火如荼进行之时，安妮也许是为了让孩子们相信南方发动战争是出于高尚的动机。年少的西奥多对于安妮所讲的冒险故事很感兴趣，不甚关心其中的政治背景。

西奥多没进学校，找不到朋友陪他一起玩耍，而且大人叮嘱他留在家中以防哮喘突然发作，他最后将消遣地点定在父亲藏书丰富的书房。西奥多对于架子上那些带图片的介绍野生动物的书籍最为痴迷。事实上，当他开始看书时，他几乎目不识丁。他翻阅完的第一本书是探险家戴维·利文斯敦的《南非使命之旅及研究》（*Missionary Travels and Researches in Southern Africa*）。小小年纪的西奥多·罗斯福长时间待在书房翻阅图书，研究画上的河马、斑马、大象、舌蝇以及其他奇异的生物。

很快，在安妮姨妈的引导下，西奥多如饥似渴地博览群书。他把目标瞄准了父亲书房的所有藏书，天天蜷曲在铺了红色天鹅绒软垫的椅子上看书。他对于自然科学方面的书籍兴趣最浓，不过不久又迷上了探险故事。他仔细阅读了作家梅恩·里德创作的关于拓荒者、捕猎手、牛仔和边境居民的故事。英国作家弗雷德里克·马里亚特上校也是西奥多最喜欢的作家之一，书中描述的海上探险故事令他心驰神往。他阅读的层次更高一点的书籍是詹姆斯·费尼莫尔·库珀的美国边境故事以及诗人亨利·沃兹沃斯·朗费罗创作的爱国诗歌。这种阅读方式无疑深深地影响着这位未来总统，他后来通过建立国家公园和森林系统保护了大约两亿三千万英亩土地免受破坏。

西奥多·罗斯福在哈佛大学就读时的书房，1876—1880 年。

罗斯福在哈佛大学念书的四年间一直住在校外。住处是由他所敬慕的姐姐安娜选定和安排的，包括一间书房和一间小卧室。［"那天我把哈利·卓别林（罗斯福的同学、好朋友）叫到家里来，让他看看新书柜（如图所示，位于左部），"大学二年级的时候他给姐姐安娜写信说道，"事后他评价说'哎呀！你们家怎么什么东西都是方的！'"］

19 世纪 70 年代的哈佛大学是为那些家境富裕的年轻人准备的。一项对罗斯福所在的 1880 年毕业班的调查显示，将近三分之二的人来自哈佛校园方圆一百英里之内。超出半数的人毕业于安杜佛、埃克赛特、圣保罗学校或者新英格兰其他著名的预备学院。罗斯福的同班同学中没有女性、黑人、外国人或者犹太人，不过有三名学生是天主教徒。

No. 503   Tutor
Name, T. Roosevelt
Class and Department, or Occupation, C'80
Age, 21 yrs. 5 ms.   Birthplace, N.Y. City
Nationality of father, N.Y. City   mother, Ga.
    " his father, N.Y.   her father,   "
    " his mother,   her mother,
Occupation of father, Merchant & Banker
If father is dead, of what did he die? in the Intestines
If mother is dead, of what did she die?
Which of your parents do you most resemble?
What hereditary disease, if any, is there in your family? Gout
Is your general health good?
Have you always had good health?
Mark ✗ such of the following diseases as you may have had:
✗ Asthma, badly till 12 yrs old   Chronic Diarrhea,
Dizziness,   Dyspepsia,   Dysentery,
Gout,   Rheumatism,   Neuralgia,
Pleurisy,   Shortness of Breath,   Jaundice,
Palpitation of the Heart,   Headache,   Piles,
Pneumonia,   Varicose Veins,   Liver Complaints,
Habitual Constipation,   Spitting of Blood,   Paralysis,
What injuries have you received? None
What surgical operation have you undergone?
Irregular Heart

No. 5-05		BREADTH, Head,	16.3
DATE, Mar 26 '80		" Neck,	11
AGE,	21-5		
WEIGHT,	62	" Shoulders,	43
HEIGHT,	173.5 99.7	" Waist,	24
" Knee,	45 -55	" Hips,	30.8
" Sitting,	91.8 52.8	" Nipples,	20
" Pubes,	86 49.4	DEPTH, Chest,	
" Navel,	103.5 59.7	" Abdomen,	
" Sternum,	142 81.6	LENGTH, R. Should. Elb.	35.4
GIRTH, Head,	58	" L.	35
" Neck,	36	R. Elbow Tip,	45.2
" Chest, Repose,	86	" L.	
" Full,	92	R. Foot,	23.7
" Waist,	68	" L.	23.7
" Hips,	85	Horizontal,	
" R. Thigh,	51	STRETCH of Arms,	173
" L.	51	CAPACITY of Lungs,	
" R. Knee,	33	STRENGTH of Lungs,	10
" L.	33	" Back,	135
" R. Calf,	33	" Chest,	
" L.	32	" Legs,	160
" R. Instep,	23	" R. & U. Arm,	167.4
" L.	23	" Forearm,	48
" R. Upper Arm,	27	TOTAL,	524.7
" L.	27.5	DEVELOPMENT,	486.5
" R. Elbow,	25	PILOSITY,	4
" L.	25.3	COLOR of Hair, L. brown
" R. Forearm,	26	" Eyes, blue
" L.	26	TEMPERAMENT,	
" R. Wrist,	15.5		
" L.	13.5		

罗斯福在 1880 年参加健身房的健身卡第一页（左图）是他亲笔填写的。从卡片上我们可以得知很多罗斯福的相关信息，比如他当时 21 岁，还有他的家庭的现状和历史。留意一下，可以看到他在"哮喘"左边画了一个星号，还加了一句"12 岁以前十分严重"。在"外科手术"一栏中他写了"心脏不规律"。他还标明痛风是家族"遗传病"。（其实痛风并不是罗斯福家族的遗传病，只是发生在很多家庭成员身上。一个原因就是罗斯福的父母双方都来自富裕的家庭，食物营养过剩，生活方式奢侈。）

罗斯福标明"心脏不规律"是因为几天之前他做过一次体格检查。为他体检的达德利·萨金特医生是哈佛大学的校医，他听了罗斯福的呼吸和心跳后得出此结论，接着提了几条建议。萨金特告诉罗斯福他的心律不齐，并且警告他，他必须过平静的生活，选择一份需要长期静坐的工作。医生还让罗斯福避免体力透支和过度兴奋——比如说，他永远不可以爬楼梯。罗斯福挑衅地回答医生说他会按照完全相反的方式行事。

第二页完整地记载了罗斯福体格测量的结果，也是历届美国总统在 20 岁出头时最详尽的体格检查记录。大部分测量结果的单位应该是英寸，体重单位是千克。

　　开始翻阅书籍后不久，西奥多就把自己的想法付诸笔端。他对于野生动物十分痴迷，在 10 岁的时候，写了题为《百老汇海豹》（*The Broadway Seal*）的长篇大论。他曾经在买草莓的路上，于纽约港的码头旁边亲眼看到一具海豹尸体，在文章中他陈述了自己对于尸体的种种观察结果。接下来他写了《永远前进的蚂蚁》（*The Foregoing Ants*），旨在解释蚂蚁似乎永远向前走的原因。他的第三篇文章较前两篇更为全面复杂，题目是《昆虫的自然历史》（*Natural History of Insects*），文中详尽地描述了自己对于甲虫、蜻蜓、蚂蚁、蜘蛛、瓢虫和萤火虫的观察研究，不过他时不时地跑题，讨论起各种鸟类和水生动物。

　　父母对他的行为放任自由。他把自己的房间起名为"罗斯福自然历史博物馆"，里面摆满了种类齐全的植物和动物——有活的，有死的。偶尔，他会在房子中其他地方陈列动植物。在罗斯福家中，听到厨房里传来一声尖叫并不稀奇，可能是厨师被一只从大水罐里跳出来的蟾蜍吓坏了。

　　给罗斯福家四个小孩提供教育的不仅仅是安妮·巴洛赫姨妈，还有希尔波恩·卫斯特叔叔。他来自费城，到纽约避暑期间给孩子们念莎士比亚的作品。1869 年至 1872 年间，老西奥多和米蒂夫妇携带子女到欧洲和中东进行长期旅游。他们把那些旅程的重点放在博物馆、历史名胜和文化风俗上，把这看作是孩子们的教育经历的一部分。

　　对于小西奥多来说，第二次旅程更有意思。年满 14 岁的他已经参加拳击训练，哮喘病不如第一次出国旅行时烦人。第二次罗斯福一家在尼罗河畔多停留了一段时间，他们租了一条三角帆客船———一种埃及船屋，一般停靠在尼罗河沿岸的沼泽水滨——顺着蜿蜒的尼罗河航行，在船上生活了八个星期。对西奥多来说，这是个好机会，他可以随着船只一起漫游，到岸上的芦苇中搜索不寻常的野生生物。他从船板上射击飞鸟，然后把它们捡回来做科学分析，他不知疲倦地解剖那些生物，仔细记录下自己在它们羽毛下面发现的东西。西奥多写道，"我的尼罗河之旅真正的主要动力在于收集鸟类，我年纪够大，读书够多，当时已经能够欣赏庙宇和沙漠风光，也懂得浪漫为何物；不过如果不能干点正经的工作，收集和准备我那些标本的话，上述一切对我来说就变得平淡乏味了"。

　　在当年秋冬季节旅游尼罗河的不只是罗斯福一家人。同他们乘坐的小船齐头并进的还有一艘三角帆客船，船上是四个哈佛大学的学生——纳撒尼尔·萨尔、奥古斯塔斯·杰伊、弗朗西斯·梅丽安和哈利·戈迪。这四个游客同罗斯福一家结下了深厚的友谊。12 月 31 日，四人同其他尼罗河的游客登上罗斯福一家租的客船，众人聚会一起迎接新年。西奥多再过四年就要选择一所大学就读，这四个哈佛青年吹嘘夸耀、喜爱冒险的精神无疑对他产生了很大的影响。

　　尼罗河旅程结束后，罗斯福一家在欧洲旅行了几个月，最后把西奥多还有艾略奥特托付给德累斯顿一个德国家庭照管。在明克维兹家中，西奥多学会了流利的德语。随后，他掌握了法语和意大利语。

作为纽约市居民，西奥多的父母也许期望他进入哥伦比亚大学学习，或者普林斯顿大学也可以。但是在科学研究方面，哈佛大学的名望远远高于前述两所高等学府，而罗斯福仍然希望今后从事与自然科学相关的职业。为了帮助儿子准备哈佛严格的入学考试，父亲聘请了一个刚毕业的大学生亚瑟·卡特勒作为西奥多的家庭教师。

卡特勒针对西奥多进行了严格缜密的大学入学准备训练，他把主要精力放在数学训练上，这正好是他自己的强项，西奥多的弱项。罗斯福家的四个小孩几乎没有接触过数学。在卡特勒的教导下，西奥多学习刻苦用功，他每天花六到八个小时在学业上。卡特勒写道，"这个年轻人似乎永远没有无所事事的时候，授课闲暇时刻，就会看到他手里拿着本没看完的小说，或者在啃英语古典文学或是某本深奥的书籍"。

西奥多·罗斯福把三年的大学预备课程压缩为两年。到 1876 年秋季完成所有课程后，西奥多·罗斯福进入了哈佛大学。之前他从未在教室上过课；迈入位于剑桥的校园之前，他全部的教育都由家庭成员或私人家教提供。除了在德国的明克维兹家里待过一段时间，他一直在父母的羽翼下生活。换作一个信心稍为不足的学生，面临他在哈佛的处境，一定会崩溃。恰好相反，西奥多·罗斯福是个信心十足的学生。

哈佛大学是美国历史最悠久的大学；到罗斯福入学时，哈佛已经确立了其在美国高等学府中的崇高地位。查尔斯·威廉·埃略特对树立哈佛的赫赫声望功不可没。1869 年，也就是在西奥多入学的七年前，埃略特被任命为哈佛大学校长。他扩充了师资，重组法学院和医学院，把重心调整到科学教育上，并在一场史无前例的募款运动之后，筹集资金在校园里新建了几幢教学楼。拉尔夫·沃尔多·爱默生、理查德·亨利·达纳、亨利·沃兹沃斯·朗费罗以及卡伯特·洛奇当时都在哈佛大学任教。很明显，埃略特校长意图把全国最优秀的学生吸引到哈佛大学。不过，事实上埃略特只是成功地吸引了马萨诸塞州最优秀的学生。一直到 19 世纪 70 年代，哈佛大学仍然是波士顿大部分富有家庭、名门望族的后代上大学的首要之选。甚至连出身豪门的西奥多·罗斯福都被认为没有希望成为哈佛大学的一员，因为他来自纽约市。

罗斯福努力学习，一雪前耻。他适当地参加了几个社团和协会，比如速冻布丁社团以及在社会上占有一席重要地位的瓷器俱乐部。此外，他还是学校步枪俱乐部的成员，甚至连合唱团也有他的份，显然合唱团并不要求成员必须有能力跟上曲调旋律。罗斯福争取到了自然历史协会副主席一职，他还参与创办学校的财经俱乐部，参加舞蹈课程，并加入了本科生文学杂志《倡导者》（*Advocate*）的编辑部。

罗斯福在哈佛大学和那些绅士派头的同学相处融洽。父亲的雄厚经济实力让他能够到校外租赁一间舒适的套房，这使得他很多同班同学艳羡不已。罗斯福是个心地善良的小伙子，他迫切地向朋友们示好；学期间歇时，他经常邀请波士顿的男孩们到纽约，在家中招待他们玩乐，他父亲的财富给同学们留下了深刻印象。罗斯福在自己身上也花了不少钱。在哈佛大学的最后两年，光是买衣服他就花了大约一千三百美元——相当于现在的几万美金。当然，那些绅士同窗对他选衣服的眼光无可挑剔。

学习上，西奥多·罗斯福成功地迎接了各种挑战。他在班上成绩突出，尤其在科学课程上脱颖而出，毕竟，他选择哈佛大学的首要动机是其在科学科目上的优势。他的平均分很高，大大超出了学校优等生荣誉学会的入会标准线。最终，罗斯福毕业时在班上一百七十一名学生中名列第二十一位，不过一贯夸大其词的他后来声称自己毕业时在班上位列前百分之十。他的热忱和兴致常常让老师不耐烦。据说他的地质学老师纳撒尼尔·骚斯盖特·席勒教授有一次脱口而出："听着，罗斯福，让我讲。授课的人是我！"

照片为 1877 年左右，穿着划船服的西奥多·罗斯福。

西奥多·罗斯福在哈佛大学的时候参加了无数的体育活动，包括划船、拳击和摔跤。他参加了在查尔斯河上举行的单人划艇赛（并留下了以上照片作为留念，照片上的他一身划船比赛者的装扮，戴着无边便帽，穿着及膝马裤，光着脚丫，裸着上身，双臂交叉，生满腮须的脸上神情倨傲）。罗斯福马不停蹄地参加各项活动，他上完舞蹈课后又去远足。他加入了步枪俱乐部、艺术俱乐部、合唱团和自然历史协会。他还参与组建了财经俱乐部。他加入的社团还包括速冻布丁俱乐部、D. K. E.（"一个秘密协会，所有成员都是学校里的重要人物。"小说家乔治·桑塔亚那写道）、贵族瓷器协会等等。他的密友理查德·索顿斯托尔评价说："他总是跃跃欲试准备参加所有社团。"另一个同学回忆说罗斯福"永远混迹于各种社团"。

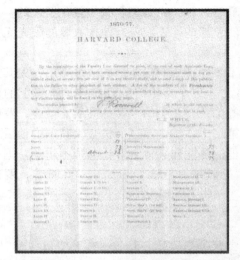
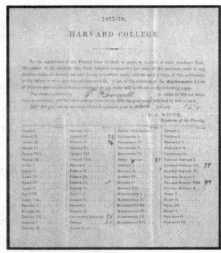

　　查尔斯·威廉·埃略特是罗斯福在哈佛大学上学期间的校长，他是 19 世纪美国最有影响力的教育家之一。埃略特在 1869 年上任时，哈佛大学有学院、神学系、法律系、医疗系和牙科系。学生入学总人数不到一千人，学校大约有六十名老师。四十年后，哈佛大学增加了文学和科学系、应用科学系和商业管理系。入学学生为四千左右，教师队伍扩大到近六百人。

　　在哈佛大学，埃略特带来的最大改变是在校学生的选课制度。他相信学生个人应当有广泛的课程选择，以便他们在所选的领域获得最高造诣。埃略特设置的课程有现代的科目，如英语、法语、德语、历史、经济学，最重要的是，自然科学与拉丁文、希腊文和数学摆在了同等重要的位置，这样以便"文科教育"更贴近同时代的生活。

　　西奥多·罗斯福很可能不在意埃略特的改革，因为他在学校的所有成绩很好，他没有发现任何实际的令他兴奋的东西。他从未在学术上受鼓舞而推动自己前进，似乎没有老师能激励他的求知欲。无论如何，西奥多·罗斯福还是以他在哈佛大学的学习和作为一个哈佛人而自豪。如图所示为罗斯福在哈佛大学四年（1876—1880）的学习成绩单。

　　但是，正是在哈佛大学，罗斯福下定决心以后不从事科学工作，也许是因为他意识到科学家大部分工作地点都是在实验室而不是在野外。"做一个使用显微镜和切片机的技术人员，跟做数学家一样没意思，我不感兴趣"，他这样写道。大学四年级的时候，罗斯福开始著书，名为《1812 年海军战争史》（*The Naval History of the War of* 1812）。从哈佛毕业两年后，罗斯福为这本书找到了出版商，这标志着他虽然短暂但成果卓著的文学生涯的开始。而且，这本书在出版后的一个多世纪里一直保持其在相关领域的权威性。

　　罗斯福在哈佛大学最喜欢的科目是一门关于政治经济的独特课程，授课老师是查尔斯·邓巴教授。在大学即将结束的时候，罗斯福向朋友们透露了自己希望在纽约市政府中谋取职位的想法。

　　但是，他在哈佛大学的时光并不总是无忧无虑、轻松快活的。父亲在罗斯福上大学二年级的时候去世。父亲一直是他崇拜的人物，丧父之痛把罗斯福击垮了。父亲的葬礼之后，他一个人待在房间里度过了无数痛苦的漫漫长夜。他在日记中写道，"我失去了唯一一个可以畅谈心事的人，我再也不能从他那里得到充满爱意的建议和甜蜜的同情了……在上帝的帮助下，我将会按照他生前希望的方式生活"。

　　最终，在艾丽丝·李的帮助下他克服了巨大的哀痛。艾丽丝来自栗山，他们俩经由罗斯福的同学兼最好的朋友理查德·索顿斯托尔介绍认识。初次见面时，艾丽丝 17 岁，罗斯福 19 岁。罗斯福在日记中形容她是一个"容光焕发"、"聪明伶俐"、"兴高采烈"、"快活阳光"、"兴致勃勃"、"妩媚迷人"和"充满活力"的女孩。西奥多·罗斯福不遗余力地想给她留下好印象。他把一匹马经由水路从纽约运到剑桥，每年花九百美元在校外圈养马匹。他还用船运了一辆马车到剑桥，这样他就可以载着艾丽丝下午漫游。他的诚心感动了艾丽丝。在罗斯福毕业后不久，两个人就结婚了。罗斯福的母亲于 1884 年去世，之后不久，艾丽丝产下一个女孩。接着，生完孩子后不久的艾丽丝也与罗斯福天人永隔。两年后的 1886 年，罗斯福娶伊迪丝·科米·卡罗为妻。

　　在哈佛大学接受教育的罗斯福毕业之后不清楚自己应该何去何从。他学了一段时间的法律，但很快就发现自己对法律行业琐碎的细节感到厌烦。结束了短暂法律学习的罗斯福很快获得了一份让他后来颇有建树的职业。1882 年，纽约市的共和党领袖需要一名改革派候选人去竞选州议员的席位，他们在候选人名单上添上了罗斯福的名字。自此，他开始了白热化的政治生涯，一路升至纽约州州长。在此过程中，他也曾起起伏伏。美西战争期间，他在赴古巴志愿军的一个骑兵团（"强悍的骑兵"）中服役，这段戎马生涯令他名声大噪。1900 年总统选举时，罗斯福顺理成章地成为在职的威廉·麦金莱总统的竞选合作伙伴，当选为美国副总统。麦金莱在第二任期开始八个月后被刺杀，罗斯福宣誓就任美国第二十六任总统。

　　罗斯福上台后，协商修建巴拿马运河的相关条约，居中调停日俄战争，并且监督扩充美国海军，以保证美国成为世界上的军事强国——这就是他再三鼓吹"嘴里甜言蜜语，手里拿着大棒"政策的根源。在国内，他动用联邦政府的力量瓦解了他认为限制贸易发展的大型联合企业托拉斯，他还重修白宫，并邀请非裔美国教育家布克·T.华盛顿到白宫和他共进晚餐。罗斯福也许是在任期内对保护自然资源做出最为重大突出贡献的美国总统，他创立了世界上独一无二的国家公园和森林系统。

当然，这一切都发生在他结束哈佛大学的学业很久之后了。西奥多·罗斯福在日记中这样总结自己的大学生活："我的钱刚好够花；加入了瓷器俱乐部；参与了几次特别好的狩猎旅行；我的生活多姿多彩；我养了一匹很棒的骏马，拥有一辆不错的马车；在学校里面我结交了一打真正的好朋友，在校外同几个家庭保持良好愉快的关系；我有一个温馨的家；我的学习任务不重，但足够我今后谋职；有一件事比这一切一切加在一起还要令人兴奋，那就是我赢得了世界上最甜美的女孩做妻子。再没有人能够拥有如此完美的大学生活。"

第二十六章

威廉·霍华德·塔夫脱
（William Howard Taft）

帕梅拉·菲特吉布

威廉·霍华德·塔夫脱当选美国第二十七任总统纯属无心插柳。虽然他之前在西奥多·罗斯福总统麾下担任陆军部长，认识他的人几乎都不把他当政客看待。在他担任美国最高法院首席法官期间，他比总统任期内更好地贯彻了一流教育灌输给自己的思想和信念，

威廉·霍华德·塔夫脱于 1857 年 9 月 15 日生于俄亥俄州辛辛那提，为父亲阿方索·塔夫脱和第二任妻子路易斯·托里·塔夫脱所生。阿方索 1839 年毕业于耶鲁大学法学院，之后搬家到辛辛那提。很快，他成为一名享有盛名的出色律师，并跻身这座欣欣向荣的新兴城市中的权威公民。

阿方索的第一任妻子法妮 1852 年去世，留下了他和两个年幼的儿子。几乎是从妻子去世的那一刻，他就开始张罗着给自己找个妻子，替两个儿子找位母亲。翌年，阿方索同出身于新英格兰一个古老的望族家庭的路易斯·托里结婚。据塔夫脱首席传记作者亨利·普里格尔所言，阿方索告诉路易斯自己的择偶标准是"必须读过很多书，拥有高尚情操，不在乎世俗虚荣"。终其一生，路易斯所作所为完全符合这条标准，她帮助丈夫操持家庭，维持求知好学在家中无尚崇高的地位。

阿方索共有五子一女，注重精神鼓舞是教育他们的重要手段。在威廉和兄弟姐妹们成长过程中，父母不仅仅停留于宣扬知性主义，他们还身体力行。阿方索·塔夫脱废寝忘食地阅读，他是辛辛那提文学俱乐部的成员，该俱乐部成员还包括未来的美国总统卢瑟福·B.海斯以及后来成为国会图书馆馆长的爱因斯沃斯·R.斯波福德。阿方索偕同路易斯定期去观赏戏剧和歌剧，听名人讲座。在他们经常参拜的一神教派教堂，拉尔夫·沃尔多·爱默生的讲座在此定期举行，听众中常能发现他们的身影。

年幼的威廉在辛辛那提市奥本山区域的公立学校——第十六区学校开始了求学生涯。1870 年，他进入伍德沃高中进修大学预备课程。伍德沃高中的创始者威廉·伍德沃是一个享誉全国的教育家。在高中的几年间，威廉的生活轻松惬意，无忧无虑，完全沉浸在家庭、朋友、运动和其他活动之中（他特别喜欢棒球），当然，学习也是必不可少的。他在伍德沃学校表现突出，虽然表面上看来不怎么用

上列照片为辛辛那提市伍德沃高中毕业班合影，摄于 1874 年。威廉·霍华德·塔夫脱坐在第一排中间，头上戴着大礼帽，表明他是班长。

伍德沃高中是国内第一批提供完备的大学预备课程的公立学校之一，课程包括拉丁文、希腊文、历史、文学、数学和讲演术等传统教育项目。

塔夫脱是伍德沃校友联合会 1883 至 1884 届的主席。1908 年 11 月，当选为美国总统的塔夫脱在宣誓就职前参加伍德沃高中新教学楼破土动工仪式，并放下了奠基石。他盛赞"在学校里我接受了完备的教育"。

耶鲁大学"南部中心旧楼"，建于 1750 年。

耶鲁大学建于 1701 年，作为"英女王陛下麾下殖民地康涅狄格州的教会学校"（原文如此）。同年，根据耶鲁传统，十个公理教会的牧师每人拿着几本书籍作为贺礼齐聚康涅狄格州的克林沃斯（即现今的克林顿），并在塞缪尔·罗素牧师的住宅开始了第一课。

1716 年，学校要集资兴建新的教学楼，因为纽黑文当地居民出资最高，大学迁往纽黑文。一个退休的东印度大批发商伊莱休·耶鲁为了替学校筹款，捐赠了九大捆东印度货物公开拍卖。为了表示感激之情，学校以他的名字命名。学校的第一幢砖楼，也就是"南部中心旧楼"（如上图所示，摄于 1909 前后），于 1752 年完工（现在的名称是康涅狄格大礼堂）；教授职位和神学教授之职始建于 1755 年。《耶鲁大学文学杂志》是美国历史最悠久的文学期刊；《耶鲁日报》是最古老的大学校园日报。

在宣誓就任美国总统的两个星期后，耶鲁大学授予 1878 级毕业生威廉·塔夫脱以荣誉头衔。"了不起的事情发生了，好运降临到我的头上……我想说，不管我个人得到了什么荣誉，一切应当归功于耶鲁大学。"塔夫脱总统在 1909 年 3 月 18 日一次大学生聚会上这样说道。事实上，早在他记事时候起，耶鲁大学就已经同他的生活密切相关。据塔夫脱总统回忆，准备上大学的父亲从佛蒙特州的汤申德一直长途跋涉到马萨诸塞州的阿默斯特学院。"当他听说在康涅狄格州的纽黑文有一所更大的学院之后，他接着从阿默斯特走到了纽黑文"，塔夫脱告诉学生们，"夏季父亲他走回佛蒙特州帮祖父在农场干活，秋天他再走回学校。直到毕业生结业典礼（1833），他才拥有了人生中的第一件大礼服，还是托一个浸信会牧师给缝制的……我说这些故事，是想让你们知道，一直影响着我的家庭的就是耶鲁大学"。

功。学校的课程每天从早上八点半一直到下午一点半，包括拉丁文、希腊文、数学、历史、文学和讲演术。毕业的时候，这位未来总统在班上位列第二，四年的平均分是 91.5 分。这段时间的学习甚至超过了父亲的母校——耶鲁大学入学考试的要求。

　　如果说伍德沃高中为威廉在耶鲁大学的成功奠定了必要的理论基础，那么家中的学术气氛激发了他思考社会和政治时事的更大兴趣。内战后的重建工作渐渐接近尾声，但是新的社会问题一直是国民，特别是像塔夫脱这样进步的家庭关注的焦点。威廉成长的家庭环境一直被认为是非常"有远见的"。父亲从内战前开始一直到内战结束，公开积极地支持废除奴隶制，而且父母都是辛辛那提学术界和文化界异常活跃的积极分子。母亲路易斯参与的活动非常广泛，从慈善工作到组织辛辛那提艺术博物馆，再到倡导当时的先锋派幼儿园运动。

　　1874 年，威廉·霍华德·塔夫脱从高中毕业，离家到耶鲁大学求学。当年美国正集中力量解决各种社会焦点问题。内战后非裔美国人的地位问题是激烈争论的一个焦点：就在那一年，第六个黑人议员获选成为众议院的一员，但是所有的六个黑人议员于 8 月份在田纳西州被处以私刑。一些美国工人组成反对资本家的社会民主工人党。在塔夫脱的家乡俄亥俄境内，女性基督教徒戒酒联盟（WCTU，Women's Christian Temperance Union）蓬勃发展，她们重申：在迅速变化的美国，仍然需要实施社会改革，在改革中巩固妇女的中心地位也是完全有必要的。在塔夫脱家里，也常常讨论以上各种社会大事，从威廉所作的高中毕业演说中可以看出，他一定是认真汲取了家庭讨论的每个细节。他不仅听取了家人表述的各种观点，还受到了智力相当的父母所展现的各自独特视角的影响。关于妇女选举权，他发表了以下言论：

　　　　不管男女在智力上有何差异，男女合校教育……清楚地表明女性的智力并不低下……给予妇女选举权，她们就能在社会上占据更加重要的位置。这将会强化她们的个性……每个妇女都应该拥有独立谋取生计的机会。不能够因为她们的性别原因，而降低她们的劳动报酬……全世界的所有人类，不论男女，都将获得选举权，这是自然发展的一个趋势。

　　"比尔"·塔夫脱是他于 1874 年秋踏入耶鲁校园时大家对他的称呼。据历史学家戴维·伯顿描述，当时的塔夫脱"坚信学习要自律，并且身体力行，尚且没有意识到自己即将开始学术冒险之旅"。这位未来总统先前确实从家中的父母那里接触到了各种各样的革新想法，而耶鲁大学正处于将那些新观念转换为系统教育项目的尝试阶段，以期使学校的毕业生能够做足准备，引领国家进入一个完全不同的时代。在校友的大力推动下，耶鲁大学开展了课程改革，革新的目的是让学生更多地接触科学、政治哲学和经济学——这些领域的知识在日益工业化和城市化的美国显得至关重要。1872 年，耶鲁大学来了两位新成员，他们的加入象征着学校意图适应变化着的世界的需要，并企图影响世界的雄心。一位人物就是耶鲁的新任校长诺亚·波特，他提出了内战后学校的重新定位，并巩固了其"朝气蓬勃的耶鲁"的名气。另一位新成员是社会学家兼经济学家威廉·格雷厄姆·萨姆纳，塔夫脱关于政府功能的观念都是在他的影响下成型的，及至后来担任总统和美国最高法院首席法官，塔夫脱行事的依据都来自他的影响。

比尔·塔夫脱在大学三年级的时候才开始参加萨姆纳的课程。在大学的前两年，在高中课程的基础上，他按照要求继续在耶鲁大学参加传统课程的进一步学习。大学一年级时，他学习希腊语和拉丁语；代数学、几何学和三角法；植物学；还有各种修辞学艺术课程，包括作文和讲演术。讲演术——进行有感染力的演讲的艺术——对这位未来总统、教授以及法官的帮助很大。事实上，他的演说得到的评价如此之高，以至于很多演说都被结集出版，其中包括《公民义务的四个方面》(*Four Aspects of Civic Duty*，1907 年)、《受欢迎的政府》(*Popular Government*，1913 年)、《美国与和平》(*The United States and Peace*，1914 年) 以及《总统及其权力》(*The President and His Power*，1924 年)。

塔夫脱大学三年级的课程体现了耶鲁大学新的循序渐进的教育理论。他开始学习哲学和社会科学，必读书目从古典文学典籍变为当代主要的有重大影响的著作。这些既有挑战性又博大精深的必读书籍包括：亨利·浮西特的《政治经济学手册》(*Manual of Political Economy*)、弗朗西斯·赖伯的《关于公民解放与自治》(*On Civil Liberty and Self – Government*)、艾尔伯特·施韦格勒的《哲学史》(*History of Philosophy*)、西奥多·伍尔希的《国际法学习入门》(*Introduction to the Study of International Law*)、亚历克西斯·托克维尔的《美国民主》 (*Democracy in America*) ——当然，耶鲁大学最聪明睿智的学者威廉·格雷厄姆·萨姆纳的著作也包含其中。

萨姆纳自 1872 年至 1909 年于耶鲁大学任教。他在多篇散文中陈述了自己对于自由经济、个人解放以及众生平等的坚定信念。他认为对财产所有权和社会地位的竞争导致的结果是有益的，竞争能消除病态的现状。在他的观念中，作为社会中等阶层的新教派，其努力工作、勤俭节约、戒酒禁赌的教义有助于建立健康和谐的家庭生活以及健全合理的公众道德规范。他认为在福利国家里，税收都强压在中产阶级头上，所以反对美国向福利国家的转型。他这样陈述自己的理由：因为贫困是固有的等级差距造成的必然结果。从本质上看，萨姆纳把查尔斯·达尔文的自然选择理论——即"适者生存"的理念——融入了当代的经济背景，主张政府宏观调控项目都没有必要，因为这会干扰自然秩序。他的这套理论就是著名的"社会达尔文主义"。

萨姆纳的影响力是强大的，年轻的塔夫脱汲取了他的大部分观点。正如塔夫脱自己在半个世纪以后所写的："我觉得在我的整个学习生涯中，他是最大程度激励我积极思考的老师。"他接受了萨姆纳关于资本以及私有财产在市场经济中拥有权利的想法，并在后来将这些观点反复运用于实践。1909 年，塔夫脱担任总统期间，关于关税改革争议不断，他以萨姆纳的观点为出发点，实施了一些妥协策略。他明白保护美国的工业不受海外竞争的冲击是有必要的，同时他也意识到萨姆纳宣扬的

根据耶鲁大学 1878 年毕业班纪念册显示，威廉·霍华德·塔夫脱代表班级作了毕业演说，并在全班一百二十一名学生中位列第二。

威廉·霍华德·塔夫脱是唯一一个担任过美国最高法院首席法官的美国总统。他是第三代进入法律行业的塔夫脱家族后裔。

这张照片是威廉·霍华德·塔夫脱在耶鲁大学参加的"海吃俱乐部"合影。塔夫脱站在最后一排的中间，表明他是这个协会的主席。他在照片上注明："摄于 1878 年"，并在上面署上姓名。

观察一下这个清一色男性的俱乐部成员的着装。1892 年，耶鲁大学研究生院接收了第一名女性成员，但是学校并没有完全实行男女合校，而且直到 20 世纪 60 年代才取消种族限制。留意一下坐在第一排，眼神没有对着镜头的女性，再看看图中右侧站着的非白人男子。

　　威廉·霍华德·塔夫脱还是耶鲁大学"骷髅秘密社团"的成员，这个组织创立于 1833 年，塔夫脱的父亲是创始人之一。这个秘密社团把拥有杰出个性或者在学生中有影响力的人物吸收为会员。当选为骷髅社团成员成为塔夫脱整个一生的宝贵回忆，这段经历代表着自己在耶鲁的学习生涯中的最完美的高峰阶段。骷髅社团不同于任何海吃海睡组织，它是一个社会机构，拥有自己秘密的庆祝仪式。这个组织还同其他团体争夺杰出的领导人以及各个班级中最受尊敬的人物。塔夫脱毕业后还多次去参加社团的会议。

　　很难描述耶鲁大学一百二十多年前，也就是 19 世纪 80 年代的模样。大学本身只有一排破破烂烂、遭受严重损毁的建筑。虽然始建于宗教原因，但是它的强大魔力毋庸置疑。所有从耶鲁大学毕业的学生都对母校忠心十足，这一点令人印象深刻。学校的习俗传统一点都不压抑消极，反而令人相当愉快。耶鲁精神似乎是学校的悠久传统与新生事物混合的产物。至少对于塔夫脱来说是这样，他同母校的联系是牢不可破的。

不受限制的自由贸易带来的好处。1909 年通过的《佩恩—奥尔德利奇关税法案》终止了塔夫脱在这些观点间进退两难的处境，但是包括总统本人在内，没有人对这个结果感到满意。

　　塔夫脱果断地拒绝接受萨姆纳更加极端的观点，包括他的社会达尔文主义的那一套，以及运用权力保护和鼓励自由贸易的主张。毫无疑问，父母的影响是导致塔夫脱只采纳部分观点的关键原因；特别是母亲的行动让他更深刻地感觉到，社会上还有其他珍贵的不为利益驱策的事物。不过，他好像在耶鲁大学也找到了支持这种观点的证据，特别是在亨利·A.比尔斯的课上。比尔斯是他的英语文学老师，从乔叟到坦尼森给他们挨个讲解。正如伯顿所写的：比尔斯"非常喜欢塔夫脱身上仁爱人性和亲切和善的特质，萨姆纳则对塔夫脱平庸乏味的一面十分反感，可谓毁誉参半"。

　　塔夫脱在耶鲁大学的最后一年学习的课程包括科学和心理学［这个概念以诺亚·波特的著作《人类智力：心理学和精神学入门》（*Human Intellect：with an Introduction Upon Psychology and the Soul*）中的思想为基础］，还有宪法法规。总的说来，他在耶鲁的学业十分成功：第一年他在班上排名第三，第二年他赢得了两枚竞赛奖章，第三年获得数学竞赛奖，并且凭借一篇题为《实用性是选择总统候选人的第一要素》的散文获得嘉奖。他在大学期间的成就使他在毕业时名列第二，成为毕业典礼上 1878 年班级代表上台致词。他演讲的题目是《大学毕业生的职业和政治前景》。

　　当然，塔夫脱个人的前景辉煌无比。虽然他从耶鲁毕业后，立即进入辛辛那提的法学院继续深造，他的政治、司法和知识体系皆已成型。无可挑剔的教育以及成长背景为他的远大前程奠定了坚实的基础，让他养成了伴随一生的对新的观点、处境和政治现状仔细思考的良好习惯。但是，塔夫脱倾向于平衡中庸的观点，他并不适应在一个政治、经济和社会状况都不明朗的时期担任总统。比如说，在关税改革的问题上，如果他能够采取一种更为果断——哪怕是激进——的态度，即使不为国家谋利，至少对他自己更有好处。

　　塔夫脱自 1909 年至 1913 年担任总统期间，他所坚持的保守观念与西奥多·罗斯福极力宣扬的激进想法之间的矛盾步步升级。他延续了罗斯福的"反托拉斯"之战，或者说继续为打破控制某些产业的企业联盟而努力。但是他试图降低关税，以失败而告终。关税保护了美国商业不受海外竞争的冲击，塔夫脱此举揽至不少非议。巴林杰—平肖争端———起将公有土地转为私营企业所有的丑闻——彻底葬送了塔夫脱政治生涯延续的可能性。1912 年，他没有获得连任，而历史上对于他总统任期的评价基本上是负面的。

　　塔夫脱卸任后的职业生涯则更为成功，而且他本人也更加满意。卸下总统职务的塔夫脱旋即回到母校耶鲁大学担任法学教授，从 1913 年一直教到 1921 年。1921年，塔夫脱实现了自己梦寐以求的理想——沃伦·G.哈定任命他为美国最高法院的首席法官。早在罗斯福担任总统的时候，塔夫脱就开始觊觎这个职位，正是在这个位置上，塔夫脱完成了流传后世的功绩。虽然他没有留下什么令人印象深刻的观点，他主导的有关法院操作流程的改革以及对私有财产原则、个人权利（包括少数种族的权益）和限制政府权威的鼎力支持让他备受称赞。

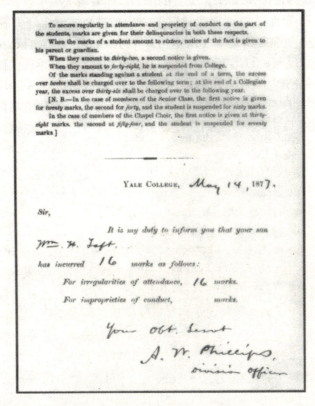

　　这封于 1877 年 5 月 14 日自耶鲁大学寄出的函件通知阿方索·塔夫脱，他儿子在学校记过累计十六次。一直到大学三年级才累计十六次记过，说明塔夫脱是个表现良好、遵守纪律的学生。

　　信中解释了耶鲁大学关于学生记过和开除的规定："为确保学生的出勤率以及行为的礼貌得体，他们在这两个方面所有过失都会计分。当学生累计分数达到十六，将会把这个结果通报给家长或者监护人。当累计达到三十二分，将会发出第二次通报。当累计达到四十八分，将会被勒令退学。"

　　事实证明，塔夫脱的思维习惯导致他不适宜当总统，显得过于沉闷，但却是担任最高法院的绝佳人选，因为法院就是一个要求谨慎小心、深思熟虑的机构。如今他的某些观点受到争议，比如他经常牺牲劳工的利益以支持商业的发展，在今天看来，当时的劳工受到了残酷的剥削和压迫。纵观塔夫脱的整个司法生涯，他似乎将他耶鲁大学导师——威廉·格雷厄姆·萨姆纳的很多想法付诸实践。不过在当时看来，他严格按照对宪法的理解行事，并且作为全国顶尖的法理学家把一丝不苟的学术精神带到了工作岗位上，结果他获得了大家的尊敬。塔夫脱直到 1930 年 2 月 3 日迫于恶化的健康状况才卸下首席法官之职，正式退休。3 月份他就去世了，他也是第一位遗体安葬在阿灵顿国家公墓的总统。

　　威廉·霍华德·塔夫脱成年的时候，美国已经脱离了建立初期的幼稚形态。接下来的继续扩展领土、内战、城市化和工业化等一连串的重大事件给这个以超凡的精力和达观精神著称的国家带来了太大的压力。随着塔夫脱所接受教育的深入，教育本身也朝着一个旨在适应"现代化"的方向推进。最终，塔夫脱和教育都处于承前启后的境地，这就使得塔夫脱在担任总统时常常无力应对自己在政治上正反认识并存的矛盾状态。不过，在后来担任首席法官期间，这种矛盾认识已经锤炼成为智慧和洞察力。在他生命的这个阶段，在为国家作贡献的过程中，塔夫脱本人以及他所接受的全部教育都让人刮目相看。对塔夫脱来说，首席法官的任命是他生命中最大的荣耀。在生命走向尽头之时，他评价说："我不记得自己曾经当过总统。"

第二十七章

伍德罗·威尔逊
(Woodrow Wilson)

哈尔·马科维奇

伍德罗·威尔逊曾经写道，"首长必须高于其他任何一切，他必须拥有不偏不倚的判断力、充沛的精力、坚定的决心、聪明才智、道德勇气、良知和是非观念"。很难推翻威尔逊这番对于首长的幻想，不过应当指出来的是，这个第二十八任美国全国首席执行官的以上言词，并不是在 1912 年竞选前夕针对威廉·霍华德·塔夫脱和西奥多·罗斯福而作。事实上，上述陈词是威尔逊于 1878 年 9 月在竞选普林斯顿大学棒球联合会主席时发表的。

威尔逊在竞选中占据优势。他已经是普林斯顿大学学生报——《普林斯顿人》的编辑，而且明显迫不及待地希望运用手中控制的媒体来进一步实现自己的政治抱负。到大学就读的第四年秋天，威尔逊成为学生中一号重要人物。他不仅仅担任《普林斯顿人》的编辑，而且被选举成为一个校园文学组织——辉格社团的代言人；他创办了自由主义者辩论俱乐部，这个半地下组织专门招收大学中思维活跃的知识分子；他还争取到了普林斯顿橄榄球俱乐部秘书一职。此外，他还是鳄鱼社团成员，会员们都是来自富裕家庭的学生，他们的主要目的似乎就是在亚麻桌布上画橄榄球队比赛略图之余，一起享受昂贵的盛宴。

威尔逊认为，若要为自己在普林斯顿的大学生活画上一个完美的句号，就必须赢得校园棒球协会主席一职。至于原因，到现在都是个谜。担任这个主席职务意味着为棒球队提供经济赞助的义务，而且也得不到保证作为参赛阵容中的一员上场打球。尽管如此，1878 年 9 月 26 日，紧随着《普林斯顿人》发表激动人心的社论宣称"一个好的领队人、一个有效率的主席的成功不再是悬念"，普林斯顿棒球俱乐部的成员齐聚一堂，选举来年的领导者。威尔逊的对手——同班同学科尼利厄斯·库耶——在会议之前似乎一直处于上风，得到多数支持。但是，威尔逊得到了盟友查尔斯·塔尔科特的鼎力协助，他们要求推迟投票时间。将选举延后，查尔斯就能够把大多数会员争取到威尔逊的一方——这个策略奏效了。四个星期之后，《普林斯顿人》报道说，延迟的棒球俱乐部主席选举最终举行，胜者是 1879 届的伍德罗·威尔逊。

这位未来总统于 1856 年 12 月 29 日在弗吉尼亚州斯丹顿出生。父亲约瑟夫·

拉格尔斯·威尔逊博士在当地的长老教会第一教堂任牧师。汤姆·约翰逊是他孩提时候的名字，他有两个姐姐，一个弟弟。外祖父，即母亲杰西·伍德罗·威尔逊之父也是长老教会的牧师。威尔逊出生后不久，父亲被任命为乔治亚州奥古斯塔一家教堂的牧师首领，于是携妻儿一起迁往该地。汤姆·约翰逊童年时期正值内战如火如荼展开之际，乔治亚州也未能幸免，惨遭蹂躏破坏。"我能记起的最早的一件事，就是自己站在父亲任职的乔治亚州奥古斯塔的教堂入口处，听见一个路人说林肯先生当选了，马上就会爆发战争。当时只有 4 岁的我感觉到他声音激动、腔调紧张，于是跑进去问父亲他讲的是什么意思。"威尔逊在多年之后回忆道。

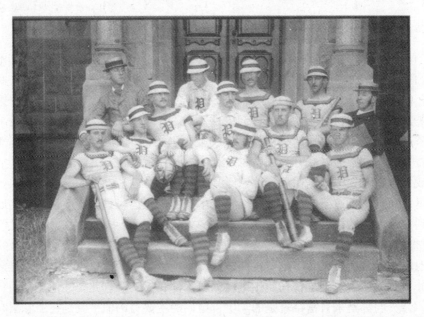

　　1873 年，17 岁的伍德罗·威尔逊进入位于北卡罗莱纳州皮埃蒙特的一所小型长老教会学院——戴维森学院念书。他在戴维森的学习生涯没有持续多久；由于健康状况急剧恶化，威尔逊不得不在第二学期辍学返家。到这个时候为止，威尔逊所接受的教育或多或少不太正规。家中的集体阅读时段已经成为一种习惯。充当律师的父亲自己承担起教育儿子的责任，他日常坚持为儿子大声朗读查尔斯·狄更斯和沃尔特·斯科特的小说——当然，《圣经》也是朗读必不可少的材料来源。据威尔逊的传记作者雷·斯坦纳德·贝克所记载，这位未来总统第一本独立翻阅完毕的书籍是梅森·威姆斯所著的《乔治·华盛顿的一生》（*The Life of George Washington*）。

　　1875 年 9 月，伍德罗·威尔逊入读新泽西大学。这所学校由长老教会牧师创建于 1746 年，在美国历史最悠久的高等教育学府中排名第四（学校最终更名为普林斯顿大学）。哈佛大学、威廉—玛丽学院和耶鲁大学是先于普林斯顿建立的三所大学，它们都得到了所属殖民地的大力支持（分别是马萨诸塞州、弗吉尼亚州和康涅狄狄格州），其招收的学生主要来自各自所属的殖民地区。新泽西大学则大不相同。自创立之初，普林斯顿大学接收来自各个殖民地的学生，在建国之前就成为一所全国性的学院。这所受控于长老教会的学院正是凭借其全国招生的传统、五花八门的学生来源吸引了威尔逊前来就读。

　　根据一年一度发行的《拿莎预言年鉴》上公布的 1879 年毕业班民意测验结果，威尔逊班上超过三分之二的学生表示打算就业。大部分学生回答说吸引他们到普林斯顿学习的是学校的"民主精神"。班上只有两个学生没有皈依任何教会。

普林斯顿的大学生活在 19 世纪 70 年代末期发生了重大的变化。伍德罗·威尔逊后来所谓的"串演节目"——课外活动——仅仅是个开端。校际运动员较量也在酝酿进行之中。1876 年，普林斯顿制定了正式橄榄球赛的时间表。到 1879 年为止，棒球队的计划比赛场次达到十四场。以上图片即为 1879 年的棒球队合影。球队管理人威尔逊位于照片左上部，他戴着一顶草帽。

威尔逊喜欢棒球运动。在普林斯顿上学期间，他与同一所公寓的伙伴们组成了一个名叫"鲍威利男孩"的棒球队。威尔逊在日记中写道，他经常每天打两次棒球，有一次更是一连打了六天，每天都不间断。1878 年，他被普林斯顿棒球协会的学生管理人选为协会的主席。但是由于母亲极力劝说他"致力于和今后的兴趣相关的学习"，威尔逊在上任后不久即辞去了主席职务。

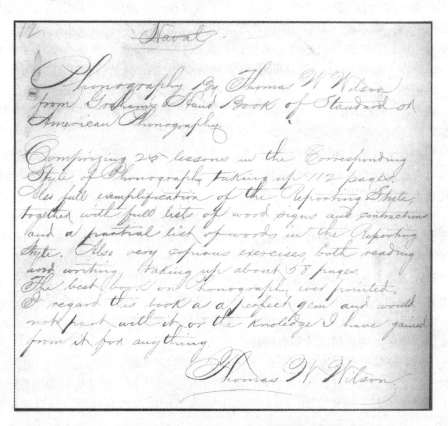

Eumenean 社团的宗旨是"获取文学知识、提升道德水平、锻造社会和谐和结交益友"。

在戴维森学院的一年间（1873 年至 1874 年），威尔逊作为 Eumenean 社团的成员活动积极。这个社团是戴维森仅有的两个在校大学生辩论和文学组织之一。它以"获取文学知识、提升道德水平、锻造社会和谐和结交益友"为宗旨。不过从辩论的话题清单上还可以看出成员们对于政治和社会时事的浓厚兴趣。

威尔逊的笔迹十分清晰明了。他经常被分配作学生会议的笔录。

在戴维森学院上学期间，他还提高了自己的速记技巧。威尔逊于 1874 年所写的推荐信——信中推荐了留声机，一种语音速记系统——不仅展示了他高超的书法，也可以看出他与日俱增的对速记的兴趣。他的结论是：安德鲁·格雷厄姆的书是"最好的出版物。我将这本书视为完美的珍宝，永不丢弃"。

　　威尔逊的父亲是南部盟军的热心支持者，他利用自己任职的教堂为盟军提供便利，让受伤的士兵在里面养伤。不管怎么说，战争没有给威尔逊一家带来很大的影响。虽然家中没有蓄养奴隶，他们有足够的钱雇佣一个管家和几个用人。甚至在战后南部遭受灾祸折磨之时，一家人也没有陷入困窘和挨饿的境地。教堂会众支付给担任牧师职务的父亲可观的薪水，而母亲杰西·威尔逊有一笔小小的遗产，帮助一家人度过了战后重建的困难时期。

　　伍德罗·威尔逊就读过的大学共有四所。他拿到了法学学士学位和政治学博士学位，是学历最高的美国总统之一。可笑的是，这位受过很多教育的总统直到 12 岁才开始正式上学。在此之前，父母担当了教育孩子们的角色，他们通过朗诵教会孩子们阅读。威尔逊一家偏爱英国作家，因为父母都为各自的英国血统感到自豪。威尔逊一家最喜欢选择查尔斯·狄更斯和沃尔特·斯科特的作品片断作为朗诵材料。伍德罗·威尔逊自己独立阅读完毕的第一本书据说是梅森·威姆斯的《乔治·华盛顿的一生》。

　　威尔逊 1868 年才第一次踏进教室。他的老师约瑟夫·T.德里曾经担任过南方盟军部队军官。威尔逊在德里的私立学校只学习了两年，但是他与同窗的奥古斯塔男孩们建立了长达一生的深厚友谊。有几个好朋友后来担任了重要的政治角色，包括由塔夫脱总统指派到美国最高法院的约瑟夫·R.拉马尔，以及威尔逊自己任命为驻瑞士公使的普莱曾特·A.斯杜瓦。

　　1870 年，父亲接受了南卡罗莱纳州哥伦比亚神学院的一个职务，于是威尔逊到哥伦比亚继续学业，他在查尔斯·N.邦威尔老师的私立学校读了三年。1873 年，16 岁的威尔逊辞家前往北卡罗莱纳的一个小学校——戴维森学院求学。

　　他在戴维森的一年感觉孤单，过得很不愉快。威尔逊发现课业难度大，所以学习十分刻苦。在邦威尔和德里手下，威尔逊一直都不是特别用功的学生。在大学里，威尔逊一直感到学习无趣，他有点游手好闲，虚度光阴，这让他颇受折磨，直到攻读研究生的时候情况才稍有好转。

　　不过，正是在戴维森学院，他发现了自己在演讲和辩论方面的天赋，也就是从那时候起，他总是在就读学校的辩论组织中担任领军人物。威尔逊对美国政治的痴迷也是从戴维森学院开始的，当时的威尔逊就下定决心研究政府，最后涉足政府机构。

　　威尔逊在戴维森学院染上病患，此后消化不良成了伴随他一生挥之不去的小毛病，这个胃部疾病显然和他瘦削羸弱的体格有关。生病的威尔逊从戴维森辍学，和父母一起回到北卡罗莱纳威尔明顿的新住址。一年以后，恢复健康的威尔逊进入新泽西州的普林斯顿大学就读。

　　1875 年威尔逊入学之时，普林斯顿尚没拥有如今的声望。当时哈佛大学和耶鲁大学正在尝试将课程现代化，以提高薪水吸引高级的教师人才，同时建造宽敞的授课礼堂和大型宿舍，而普林斯顿似乎仍然在自己的老路上徘徊。一个让学生群情激怒的特殊问题就是校园里露天的污水坑和下水道——每到刮风天，其间散发的味道弥漫整个校园。学校中横行霸道、粗暴争吵、欺诈作弊行为猖獗。所有的大学一年级新生在校园里都必须携带一根手杖，因为学校中有一个传统：大学二年级的学生可以随时夺去新生手中的手杖，肆意侮辱他们。还有的新生被剃光头，被人用绳子拉着在附近的拉里坦运河中狂奔。为了自保，一个新生用左轮手枪射中一个大二学生的大腿，随后警察介入调查。此次事件导致威尔逊入学的那一年，教员集体镇压，这也许是他在普林斯顿入学考试时免遭侮辱的原因。

在接下来的四年中，威尔逊先后学习了拉丁文、希腊文、数学、宗教学、哲学、历史、法语、心理学以及政治学。他的成绩相当不错，但离成为学习模范还有一定的差距。他在日记中记下了自责的心情："虽然很早以前朋友们就毫不犹豫地做出了这个结论，但直到现在我才不得不承认：我的智力确实很平庸。在学术方面，我什么人物都算不上，但是我会孜孜不倦，勤奋学习。"

导致威尔逊学习成绩平平的缘由可能是他对普林斯顿的课程内容感觉无聊，没有从中找到乐趣。他初进普林斯顿之时，学校的管理阶层提高教员质量，进行现代化学习课程的尝试才刚刚开始。威尔逊参加入学考试期间，学生文学杂志评论说："我们对某些特定领域思想只停留于每周一览，这样远远不够，和通过望远镜观察五分钟没什么区别。"

如果说他对某门课程显示了些许热忱的话，这门科目一定是政治学。作为英国人后裔，威尔逊对英国的政府形式十分着迷，他在大学就读期间的很多散文和演讲稿中都表明了自己的一个观点，即大不列颠民主政府的议会制形式比依据美国宪法建立的两院制模式要有效率得多。他在这段时期的阅读材料包括托马斯·麦考利的《英格兰历史》(*History of England*)、几本塞缪尔·佩皮斯的作品、约瑟夫·艾迪生的文章以及莎士比亚的大量著作。从一定程度上说，对大不列颠及其政府的研究是促使威尔逊下定决心进入美国政界的一个原因。尚且在学校念书时，他就已经为自己制作了一些名片，上面写着："托马斯·伍德罗·威尔逊，来自弗吉尼亚州的参议员。"当然，威尔逊一定注意到了一点，那就是美国参议院是为辩论和讲演准备的论坛，而他在这两方面都出类拔萃。

威尔逊在校园中的社团组织和联合会中即展示了自己的领导才能。他加入了学校的文学团体——辉格社团，同会员们一起写散文，发表演讲，并就时事话题开展辩论。在19世纪的大学校园中，这种团体是非常普遍的，它们被看作是培养未来律师、编辑、老师和政治领袖的极佳场所。

威尔逊迅速跻身辉格社团领导阶层。大学二年级时，他在社团的一次题为《理想的政客》的演讲比赛中获得第二名。最后，他担任了一期辉格社团的发言人——该社团的最高职务。他的同学罗伯特·麦卡特回忆说："他在即席辩论中所作的陈述精彩极了，他说话很谨慎，从不大叫大嚷。他对自己准确的表达能力引以为傲，并培养自己进行独立思考。"

图为 1956 年发行的纪念拿莎堡建立两百周年的一级邮票。

1756 年新泽西大学的拿莎堡建成，它是当时十三个殖民地中规模最大的砖石建筑物，成了无数大学校园建筑的原型，效仿的建筑包括哈佛大学的霍利斯大学礼堂、布朗大学的礼堂以及达特茅斯大学的达特茅斯礼堂。

拿莎堡在美国革命期间遭到了大量的破坏。美国军队洗劫了图书馆，把学校的家具拆了当柴烧。普林斯顿战役（1777）中，拿莎堡三次易主。乔治·华盛顿麾下的炮兵冲一间祷告室的窗户发射了一枚炮弹，毁坏了国王乔治二世的肖像。几年之后，国会在拿莎堡召开正式庆典，恭祝华盛顿成功地结束了战争。应普林斯顿大学监事会的要求，华盛顿将军同意坐下来由查尔逊·威尔逊·皮尔给自己画一幅肖像。画像被放在原来放置国王乔治二世肖像的相框中。

伍德罗·威尔逊属于普林斯顿大学最有成就的校友之一。1879 年，威尔逊从普林斯顿大学毕业，于 1913 年至 1921 年期间担任美国总统。1890 年，普林斯顿大学监事会任命不到 34 岁的威尔逊为法学及政治经济学教授。1902 年，他获得一致赞成票当选普林斯顿大学校长，从 1902 年一直担任校长到 1910 年。

在读完弗兰克·莱斯列所出版的《男孩女孩周刊》系列之后，威尔逊对语音速记产生了长达一生的兴趣。1872 年 11 月，一个速记新闻记者开始陆续发表五十多篇言辞恳切的文章宣扬速记的种种好处。威尔逊马上就迷上了速记，并且一生不变——16 岁时，他在剪贴簿上粘贴了四十六篇关于速记的文章。

在普林斯顿大学求学时，威尔逊充分利用自己速记的优势。他几乎将教授的讲座作了一字不差的记录，特别是大学四年级时他对记笔记变得更为在行。但是，对威尔逊后来的政治生涯意义更重大的是他在研究生求学阶段所作的历史、法学和政治经济学笔记。

威尔逊的速记笔记本保存下来的不下几百本，都存放在国会图书馆和普林斯顿大学图书馆中。1963 年，伍德罗·威尔逊文稿编辑整理出版了他在普林斯顿求学的第一年期间所作的速记笔录日记。日记由四十五页写得密密麻麻的笔记组成。开篇写道："6 月 3 日：写日记的计划已经思考了一段时日，今日才动手。我今年 19 岁，上帝保佑，我的健康状况良好。我大部分时间没有虚度光阴。现在我唯一的读物是塞缪尔·佩尔斯在他 1869 年出版的日记的前言所记载的生活。我喜欢佩尔斯，不过我现在所写的速写日记和他的日记没有什么类同之处。"

　　威尔逊出版的第一部名为《国会制政府》的书是一本有重大影响的力作，这本首次尝试的速记书其完整草稿已经遗失。学者们都知道威尔逊的父亲建议过儿子把速记当作一门起草文稿的工具："当你开始学习某门课目的时候，用速记的方式把它记录在纸上；不直接利用笔记，先把它从记忆中统统清除，然后当作自己之前什么东西都没记重新开始完整的笔记。这样操作的过程会帮助你快速记忆，保持知识连贯性——否则的话所记笔记虽然是连贯的语言，速度要慢得多。"

　　在普林斯顿的第一年求学期间，威尔逊把速记广泛地运用到实践中。他用速记方式从弗兰克·莱斯利的周刊上摘录文章，其中包括地理学系列的全部文章，上图是其中一页文章速记摘录。在冗长的练习结束时，他采用了一点速记方式作结尾："完成于4/10/75。"当时他年仅19岁。

在普林斯顿求学的第二年，威尔逊邀请了辉格社团的九位成员加入了一个名为自由辩论俱乐部的团体，他们将辉格社团中的辩论推进到更深的层次。威尔逊依据英国众议院辩论管理条例起草了俱乐部的章程。文学辩论俱乐部的成员研究政治事件，在每周六晚上的聚会上选定一个每周话题，讨论正反两方面的优劣是非。从理论上说，俱乐部的存在和学校的规定相左。成员们发誓保守秘密，答应不向外人透露他们辩论的内容。在当时，普林斯顿宣布学生联合会为非法组织，一个特别的原因就是各个组织都要求成员宣誓保密。在做出自由辩论俱乐部是无害组织的结论后，普林斯顿的管理者们允许威尔逊他们结社聚会，成员们的定期集会一直延续到毕业两年后。

威尔逊对自己的鳄鱼俱乐部成员身份也相当兴奋，这个组织无非就是一帮学生在校外租一所房子，首要目的是聚在一起吃吃喝喝。从父母那儿得到可观数目的补助的威尔逊，成为一名忠心耿耿的成员。俱乐部成员们在聚餐时津津乐道地预测普林斯顿棒球队和橄榄球队比赛的输赢。

事实上，威尔逊是一个狂热的运动迷。他就读普林斯顿期间，校际体育比赛刚刚兴起。威尔逊和朋友们一起参加比赛，他还加入各种社团，对运动队提供经济赞助。他运用计谋把科尼利厄斯·库耶控制的棒球协会主席职位夺过去，不过几个星期后就辞职了。他对橄榄球队热情更高，并在橄榄球协会担任了一个职务。

不过，威尔逊的普林斯顿求学生涯的最高峰是他担任《普林斯顿人》编辑的时候。和现在一样，那时候的学生报纸也是在校大学生团体中的活跃机构。在普林斯顿就读的第三年春天，威尔逊接手了《普林斯顿人》，并热切倡导将学生报纸的传统发扬光大。他在上面发表的第一篇评论中说：作为一名编辑"要对学校发生的事件作不偏不倚的报道，充当学校舆论勇敢、坦率、刚硬的传媒"。

在威尔逊的领导之下，《普林斯顿人》谴责学校要求学生提前支付食宿费用的政策，还向校方争取改造简陋的校园排水系统。报纸还声援支持那些处境凄惨的替他们打扫宿舍的穷苦爱尔兰妇女——威尔逊觉得那些女人的工作量过大。他还认为有些老师给学生布置的考试太多，在《普林斯顿人》上抨击这些教员，声称这会导致学生们疲于奔命。

遭到这位报纸编辑激愤的评价或指责的还不止老师和管理者。《普林斯顿人》发表社论批评衣着邋遢的学生，号召班上成员为橄榄球和棒球协会以及其他组织捐款，痛骂学校橄榄球队成员拒绝尽全力比赛的行为。1878 年秋的《普林斯顿人》发表了一篇愤慨陈词的社论，"这支队伍在比赛时唯一值得大家指责的一点，就是有些人对队长的指挥视而不见的顽固陋习，等到他们学会如何服从指挥的那一天，他们才会知道怎么有效地玩球"。

威尔逊于 1879 年 6 月从普林斯顿大学毕业。他在学业上平庸的表现注定他无法获得毕业典礼上致词的荣誉。在为期三天的毕业庆典上，威尔逊只是在一个小型的仪式上发表了一小段演讲，这是他唯一一次露脸。

　　不过，威尔逊对自己在普林斯顿大学四年的学习生涯永远珍藏于心。他和很多同学保持着密切的联系，一直到自己生命的尽头。离开普林斯顿没几个星期，威尔逊给查尔斯·塔尔科特写信说："在普林斯顿，我的情绪最为明朗欢快。毕业典礼之后的告别比我之前预想的要难受得多。那种难受的感觉强烈而真实。"

　　威尔逊的学习生涯没有终止。他满怀进入政界的雄心抱负，并在先前就已做出结论，认为要当议员最好的途径是学习法律。后来，他写道："我心仪的职业是政治；我从事的是法律。我之所以选择从事法律是因为我认为它会引领我走上政治舞台。"

　　他于 1879 年秋进入弗吉尼亚大学法学院学习。进入一所新的大学求学的威尔逊和在普林斯顿大学没什么两样，他的学业成绩仍然是中等水平。在校园里的课外活动中，他再一次获得比学业更辉煌的成绩。他加入了杰斐逊文学社团，这是一个和普林斯顿辉格社团类似的辩论及演讲组织。他被弗吉尼亚大学最受欢迎的学生联合会组织之一的大学优等生荣誉协会吸收为会员，并且后来当选为地方分会的主席。他甚至加入了学校合唱团，同成员们一起在校园内闲逛，在老师女儿们的卧室窗户下唱些甜蜜蜜的情歌。

伍德罗·威尔逊 1879 年就读普林斯顿大学四年级时的照片。

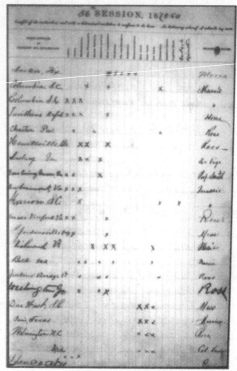

　　上图为弗吉尼亚大学 1879 年至 1880 年的学生花名册。威尔逊在上面签下了自己的姓名"托马斯·伍德罗·威尔逊"（从下面往上第三个）。他主修初级法、高级法和国际法。

　　在普林斯顿大学求学的几年，威尔逊经常做白日梦。他老是把自己想象成一个美国参议员。他甚至为自己印了名片，上面写着"托马斯·伍德罗·威尔逊，来自弗吉尼亚州的参议员"。所以，他进入弗吉尼亚大学修习法律的决定似乎就不足为奇了。

　　约翰·B.迈纳是学校里两名法学教授之一，他是闻名于整个南部的杰出法学专家。威尔逊将他尊为和父亲不相上下的最伟大的老师。威尔逊后来写道，"我心仪的职业是政治，我从事的是法律。我之所以选择从事法律是因为我认为它会引领我走上政治舞台"。

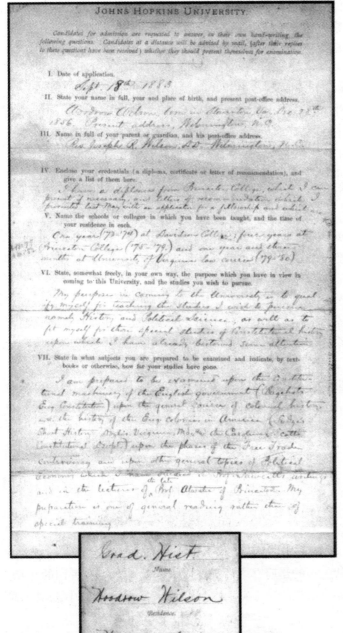

1883 年秋，威尔逊放弃了自己在亚特兰大开办的几乎招揽不到客户的律师事务所，进入约翰·霍普金斯大学博士生院学习历史和政治学。左图所示即是他 1883 年 9 月 18 日手书的入学申请书。

威尔逊入学之时 27 岁，仍然依靠家庭作为其经济来源。间隔不到两年，他的著作《国会制政府》付梓印刷，马上为他赢得了政治学专家的名声，前途看好。一个主要的评论家拥戴此书为"美国出版发行的政治方面最重要的书籍之一"。这本书在一年之内重印三次，让作者威尔逊首次尝到了盛名的滋味。约翰—霍普金斯大学对威尔逊特别豁免了常规的博士学位考试，同意将《国会制政府》作为他的毕业论文，并于 1886 年授予他博士学位。

不幸的是，所有这些课外活动加上课程学业让他不堪重负。迫于虚弱的健康状况，他不得不在第二年中途放弃学业，离开弗吉尼亚大学。他回到了父母家，在接下来的一年半时间里休养身体，坚持自学。大约就是在这段时间里，他开始使用自己的中间名——伍德罗。

1882年10月，威尔逊通过了弗吉尼亚州律师资格考试，随后前往亚特兰大，与自己弗吉尼亚大学的同学爱德华·I.雷尼克合伙开了一家律师事务所。他们的事业发展道路坎坷，十分糟糕。这家雷尼克—威尔逊事务所在那段时间罕有客户光顾，迫使威尔逊在25岁的年纪还要接受父亲的经济援助。威尔逊对律师行业的繁琐细节感到厌倦，他还发现律师行业并不是迈入政治的进身阶，至少在亚特兰大事实如此，这个发现令他感觉十分苦恼。在写给未婚妻埃伦·艾克森的信中，他抱怨说："在我看来，不管谁有这样的想法，认为自己能够一边学习历史和法律，一边成功地开展法律业务，他就是犯了一个可悲的错误。"

威尔逊的身体仍然受到病痛的折磨。他那敏感的胃部运作又不正常，使他最终放弃律师行业的经营，回到父母位于北卡罗莱纳的家中休养。

到1883年，他重返课堂——这一次他在位于马里兰州巴尔的摩的约翰—霍普金斯大学攻读历史和政治学博士学位，并获得了大学的学术奖。正是在霍普金斯大学，威尔逊最终蜕变为一个用功的学生。在巴尔的摩求学的三年间，他写了一本名为《国会制政府》的著作，书中分析了美国立法政府中的两院制形式，并建议仿效英格兰将立法和行政职能结为一体。威尔逊还在书中发出警告，指出国会委员会的权力日益扩大，这个问题直到今日仍然是辩论的焦点话题。1885年，威尔逊的书出版面世。虽然他在完成学位之前就离开了霍普金斯大学，后来他呈交自己出版的这本书作为学位论文，之后还按要求参加了考试，于是在1886年他被授予了博士学位。

随后，威尔逊接受宾夕法尼亚布利恩茂尔学院的邀请，在该大学担任教师。1890年，他以法学及政治学教授的身份回到普林斯顿任教。十二年之后，他被选举成为普林斯顿大学的校长。

1910年，威尔逊当选新泽西州州长，这时终于拉开了他政治生涯的帷幕。他以改革者的姿态入住位于特伦顿的州府，之后迅速吸引了民主党领导者们的注意。两年后，他在分歧严重、竞争激烈的民主党全国会议上脱颖而出，成为民主党的总统候选人。

共和党在1912年的分裂形势比民主党还要严重，这一点对威尔逊十分有利。在任总统威廉·霍华德·塔夫脱被提名为大老党（共和党的别称）候选人，而共和党前总统西奥多·罗斯福作为第三党的候选人参与竞选。他们两人在当年秋天的选举中各自夺得了共和党的部分选票，从而使得威尔逊成为内战之后第二位当选为美国总统的民主党人。

威尔逊在位的八年间，欧洲发生的事件霸占了他的主要精力。1914年第一次

图为鳄鱼俱乐部合影，摄于 1879 年前后。第一排中摘去帽子的就是伍德罗·威尔逊，在大学三年级时，他担任普林斯顿这个海吃俱乐部的主席。

世界大战爆发后，战争双方一直处于拉锯状态。威尔逊总统派遣军队加入盟军的举动打破了僵局。约翰·J.珀欣将军率领美国远征军获胜，把美国军队建成一支拥有坚不可摧战斗力的队伍。威尔逊还出台了他的"十四点"和平解决方案。结束战争的休战书签署完毕，列国协商后缔结《凡尔赛和约》，英法两国代表在合约中只采纳了威尔逊"十四点"中的少量建议。此外，美国参议院中的孤立主义者拒绝加入威尔逊总统大力推崇的国际联盟。没有了强大的美国在背后撑腰，各国联盟从很大程度上来说将失去效力。

毫无疑问，伍德罗·威尔逊从戴维森学院一直到约翰—霍普金斯大学接受的教育，为他日后经受住战争时期总统职位的种种考验奠定了基础。确实，在进入要求严格的博士学院就读之前，威尔逊学习生涯的大部分时间都轻松悠闲，但是威尔逊一直主张除了课堂内所教的知识之外还有更多值得学习的东西。

"每个班上都有一群人，他们在'传统'科目上的成绩排名不在优秀学生的行列，但是他们确实属于班上最聪明的学生，"他曾经在《普林斯顿人》上发表社论陈述自己的观点，"这些人并不是异常勤奋谨慎的工作者。但是他们通常能够保质保量地完成人生的使命，并给他们的母校带去荣誉。他们从容面对普通的传统课程提出的种种要求，为迎接毕业后等待他们的特殊使命而努力准备"。

第二十八章

沃伦·G.哈定
(Warren G. Harding)

哈尔·马科维奇

沃伦·G.哈定年幼时，父亲在俄亥俄州的喀里多尼亚经营着一份濒临破产的小报纸，名叫《阿尔戈斯》（*Argus*）。父亲乔治·特赖恩·哈定是一名顺势疗法的内科医生，却兴致勃勃地把家中有限的资金投在一些靠不住的行当上，《阿尔戈斯》就是他兴之所至的尝试结果。因为对新闻业知之甚少，乔治把编辑和印刷的重担交到了《阿尔戈斯》常任编辑威尔·瓦纳的手上，而他年仅10岁的儿子沃伦成了威尔最能干、最卖力的助手。每天放学后，沃伦就会急匆匆地赶到《阿尔戈斯》办公室，他的身份是印刷厂学徒，工作包括打扫地板、跑腿当差以及往《阿尔戈斯》吱吱嘎嘎的印刷机里添墨汁。待纸张滚出印刷机，沃伦负责把用于报纸标题的铅制活字母放回字槽中归位。很快，他从瓦纳那里学会了如何放置活字。沃伦对自己能够参与黑乎乎的报纸印刷工作感到兴奋异常；确实，这比在位于城外的家庭农场上清洁畜棚、挤牛奶或者打杂要好得多。

一天晚上，沃伦·G.哈定花了很长时间帮忙做了一篇冗长的法律简报的排版，得到瓦纳的首肯和奖励，奖品是一根金属手杖——旧时的编辑用这个当作测量活字的尺子。这根尺子成了沃伦最珍视的物品之一；他在以后的人生中一直把这根手杖当作象征好运的护身符。

《阿尔戈斯》在父亲名下的时间不长；很快，乔治医生卖掉报纸，开始了另一项生意。但是沃伦在《阿尔戈斯》短暂的生涯培养了他对新闻业的兴趣，他打算将新闻事业作为自己终身的工作。七年后，在俄亥俄中心学院念书的哈定联手一个名叫弗兰克·F.哈利斯的同学，创办了学院第一份学生报刊——《观众报》。报纸的编辑就是沃伦·G.哈定和哈利斯，他们还负责联系广告、对外发行以及到附近的印刷商店印报纸。沃伦在俄亥俄中心学院的最后一年中，《观众报》共出版了六期，上面有关于校园新闻和八卦事件的报道，也有幽默短文，还有尖锐激烈的社论。在一期的报纸上沃伦·G.哈定这样写道，"我们城里每家都有《观众报》，除了少数咨啬嚼舌的人之外。他们对自己家务事以外的东西漠不关心，与骡子对蜂房里的蜜蜂冷漠的态度没什么两样"。

这篇散文体现了沃伦·G.哈定的典型风格：朴素、轻松、幽默，映射出作者

　　沃伦·G.哈定死于总统任期的第三年——1923 年 8 月 2 日。他的妻子弗洛伦斯销毁了他大部分的私人生活记录。我们所知道的就是他在 19 世纪 80 年代在多所只有一间教室的学校中上过课，最初在布卢明格罗夫，随后是一个位于俄亥俄州中部的小镇喀里多尼亚（约有居民 600 人）。我们还知道他对正式的求学不感兴趣。沃伦·G.哈定一个儿时的伙伴写道："谁都没有看见他努力学习过，但是在诵读课上他表现出众。其他学生都是把不到三分之一的时间花在课外活动上。在别人为了获得奖励拼命学习的时候，他却整日优哉游哉，过着舒适安逸的日子。"

　　沃伦·G.哈定的父亲回忆说自己很惊讶"沃伦似乎从不学习，但是成绩相当优秀，不知道他怎么办到的。'哦，我猜，他就是天资聪颖，'老师告诉我说，'我还没见他学习过呢'"。

　　上图是沃伦·G.哈定和俄亥俄州布卢明格罗夫学校的同学们的合影，摄于 1872 年。最后一排中间的那个是他，他当时 7 岁。留意一下，他右边的男孩头上可能戴的是一顶再洗礼派教徒便帽。

　　给沃伦·G.哈定写传记的作家都特别强调：哈定曾经在喀里多尼亚的学校里学习过麦加菲的《读者》。从 19 世纪 40 年代一直到 20 世纪初，威廉·麦加菲的《读者》系列或者说是小学教科书影响着美国人，尤其是中西部居民的文学品位和价值观。麦加菲系列《读者》的总销量超过一亿两千万册；在当时，只有《圣经》和韦伯斯特的《识字课本》的销量超过了这个数字。即使最简单的课文也精心设计以吸引学生的兴趣。高级一点的文章包括美国和英国最伟大的作家的著作节选。在 19 世纪后半段，当时美国学术界涉及的三十七个州的孩子们在道德和文化修养上都受到了《读者》的影响。

小镇市民的价值观。美国人最终发现自己卷入了一场全球大战，对于他们在新的世纪秩序中的角色感觉迷茫，而沃伦·G.哈定的言论给他们带去了些许安慰。

沃伦·甘梅利尔·哈定于1865年11月2日出生在俄亥俄州的布卢明格罗夫，那是位于哥伦布以北大约三十英里的小镇。父亲乔治·特赖恩·哈定刚刚结束一段短暂的服役生涯回到家中，他在内战末期加入盟军，但是在军队的职责仅限于在国家的首都站岗放哨。服役之前，乔治就和学习期间结识的爱人菲比·伊丽莎白·迪克森完婚，妻子家的农场和哈定家族的产业相邻。乔治夫妇一共有七个孩子，沃伦是长子（另外还有一子一女都在幼时患病夭折）。菲比希望给大儿子起名叫温菲尔德，但是丈夫却想让孩子随叔叔沃伦·加马列尔·班克罗夫特叫沃伦。乔治·特赖恩最后获胜，但菲比在开始好几年都坚持管儿子叫"温尼"（温菲尔德的昵称）。

母亲菲比是沃伦的启蒙老师，菲比用字母卡片教儿子认字母。沃伦在母亲的教导下，背诵诗歌和短文，在教堂集会和类似的聚会上，给大家背诵，即所谓的"慷慨陈词"——在19世纪的美国，这是很受欢迎的一种活动。很快，菲比·哈定那个刚学会走路的儿子是布卢明格罗夫最棒的小演讲者的消息传遍了小镇上下。

沃伦年龄足够大的时候开始了求学历程。布卢明格罗夫镇上仅一间教室的简陋学校是他的第一所课堂，这间学校的创始人就是祖父查尔斯·哈定。校舍由矩形砖砌成，前门有两个——男孩从一个门进，女孩从另一个门进。学校的钟搁置在屋顶上的钟楼里。教室里面摆放着一排排的木书桌，男孩坐一边，女孩坐另一边。房间里的热量来源是一个大炉膛炉子。

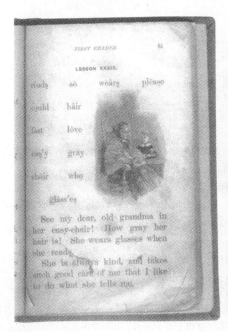
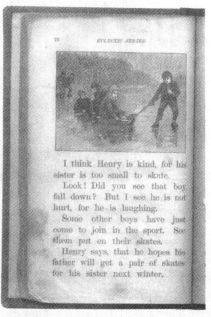

　　老师给学生发奖状作为表现良好、学问突出或者按时出勤的奖励。简陋的乡间学校用这种方法来维持学习风气。这种在19世纪末盛行的奖状通常被粘贴在剪贴簿上，以展示孩子们在学校的成绩。

　　如图所示，最下面的一张奖状是老师于1874年授予沃伦·G.哈定的。所示奖状复印品是黑白的，但哈定所获奖状的原件均采用19世纪中期的套色印刷技术——第一种能复制色彩的商业技术，因而色彩明艳。以上奖状都是哈定于1874年前后获得的。

　　没有学会课文的孩子要戴上纸帽作为惩罚，这种侮辱性的处罚沃伦可能也遭受过。在校长詹姆斯·波格斯眼中，沃伦即使谈不上才华横溢，也算得上聪明伶俐。当然，波格斯也留意到了沃伦具有朗诵的天赋——沃伦是班上最擅长朗诵的学生，他常给大家朗读麦加菲《读者》的故事。

　　《读者》属于美国各学校首批大量定购的教科书之一。这本书的创意出自威廉·霍姆斯·麦加菲，这位弗吉尼亚大学的教授是最早思考儿童阅读教育问题解决方法的美国教育家之一。第一本《读者》出版于1838年，直到1978年美国的一些学校仍然以此书作教材。其间，《读者》大约出版了一亿两千万册，并且至今没有停止印刷。

麦加菲一开始出版了六册《读者》，随后添加了一本《识字课本》和一本高校《读者》。所有的书都是根据年龄和阅读能力而编排的——《读者》第一册是刚入门的读者的起步用书，上面包括分解成各个语音元素的简单句子。年幼的沃伦和同学们都学过麦加菲关于一个名叫乔治的男孩和他的马儿杰克的经典故事："乔治对杰克很好，杰克喜欢乔治，因为他很好。"这个配有插图的故事让沃伦他们很感兴趣。

沃伦8岁的时候，父亲决定离开布卢明格罗夫搬到八英里以外的喀里多尼亚。这个城市比他们原来住的地方要大，不过还称不上大都会。从内战退役归家的乔治·特赖恩·哈定首先尝试经营农场，随后又到学校教了一阵书，但他发现自己对两者都不感兴趣。最后，他在二手交易市场得到了几本旧的医学书籍，开始从事顺势医疗行业。说句公道话，乔治不止于简单地翻阅这些已经卷角、再也不会重印的医学书，他确实花了很多的工夫去学习这门医疗技术。布卢明格罗夫镇上的医生约瑟夫·麦克法兰允许乔治跟随他出诊，观察他如何接断骨，治疗疾病。此外，乔治在西部大学学习了一年的顺势疗法。到1873年为止，他已经有资格独立开设诊所了。不过布卢明格罗夫的病人不多，不足以养活两个医生，因此他决定到喀里多尼亚碰碰运气。

乔治·特赖恩·哈定离开布卢明格罗夫可能还有一个原因。哈定家族是美国革命之后俄亥俄中部的第一批定居者。沃伦的先辈参与了小镇的建立，而在随后的年月中，当地学校和教堂的建设者中都有哈定家族成员的身影。真的，镇上老资历的居民管布卢明格罗夫叫做"哈定家的旮旯"。尽管如此，关于乔治的父母中有一个是黑人的谣言不停流传，而19世纪80年代的俄亥俄中部是三K党的一个活动中心。作家们在沃伦·哈定的传记中称这种谣言是"布卢明格罗夫的阴影"，它无疑构成了乔治·特赖恩·哈定举家搬迁至喀里多尼亚的原因之一。

搬至喀里多尼亚后，哈定一家首先居住在镇中心附近的一所房子中，随后乔治在城外买了一个农场。沃伦和妹妹查丽蒂到当地的学校上学，他发现这里的老师们还是大部分依赖于麦加菲的《读者》。当时沃伦的阅读水平足以学习麦加菲的《读者》第二册，上面登载了梅森·威姆斯的作品，包括乔治·华盛顿的一生以及樱桃树的故事。沃伦从《读者》第三册上读完拿破仑·波拿巴的传奇经历之后，将这位法国独裁者视为自己一生的偶像。每到周五下午，学生们就聚集在一起进行背诵测试。沃伦总是积极参加，并且取得了大部分比赛的胜利。他在班上背诵过帕特里克·亨利的"给我自由抑或死亡"，以及麦加菲要求背诵的其他文章，包括费利西亚·赫尔曼斯描述一个勇敢的年轻人的悲剧的诗歌"站在燃烧的甲板上的男孩"，和苏格兰牧师贺雷修斯·波纳鼓舞人心的赞美诗。麦加菲的《读者》还收录了威廉·莎士比亚、沃尔特·斯科特爵士、亨利·沃兹沃斯·朗费罗、本杰明·迪斯雷利和埃德加·艾伦·坡的作品节选。

在布卢明格罗夫上学时，沃伦被公认为是学校里最聪明机灵的学生之一。特赖恩后来回忆说："我不知道他在什么时候学会了功课，我从来没见他学习，这曾经让我很担心，于是我问老师为什么他看起来似乎从不学习，成绩却相当优秀，他是怎么办到的？他老师说，'哦，我猜他就是天资聪颖，我还没见他学习过呢'。"沃伦小时候的玩伴杰克·沃里克也说："谁都没有看见他努力学习过，但是在诵读课上他表现出众。"

在喀里多尼亚镇，沃伦还学会了吹短号，这把短号是父亲从二手交易市场上买来的。他首先从师于镇上的马具制造匠，然后在一个家居粉刷匠手下学习，两个老师都是喀里多尼亚镇上伊奥利亚风之乐团的成员。沃伦掌握了这门乐器，随即乐队就向他发出了加入的邀请。

这个在喀里多尼亚中长大的小男孩过着悠闲、无忧无虑的生活。他可以和很多玩伴一起玩各种各样的游戏。镇上有小树供他们攀爬，青草茂盛的绿地供他们打棒球，还可以到湖中游泳，或者在夏日到干草棚中打盹。如果小男孩勤快的话，有很多赚钱的工作机会等着他。除了在《阿尔戈斯》当过一段时间的学徒，沃伦在隔壁的农场里帮过工，还协助工人修建俄亥俄中心铁路，并且是一名木纹漆刷专家——一门染色和处理木制品的手艺。"我漆木纹漆得相当好"，沃伦在 1920 年竞选总统的时候回忆说。

在喀里多尼亚的日子让哈定学会了享受小城镇的生活。他敬重镇上的铁匠、货车制作匠、锯木厂工匠，当然还有印刷工人和编辑。对沃伦·G.哈定来说，凭自己的双手劳动的人都是值得尊敬的。哈定后来回忆说："小店铺主和铁匠都是真正的木制品或金属制品手工艺者，远远不只是把零件成品装配起来那么简单，一辆四轮马车才卖二百五十美元，什么都做好了——连漆都刷好了，一切齐备。"

1880 年，沃伦到俄亥俄中心学院上学。学校位于喀里多尼亚以东六英里的伊比利亚，是父亲的母校。大约二十年前在父亲参加入学考试的时候，学校的名字是伊比利亚学院。沃伦入学时不足 15 岁，当时父亲先后尝试的土地投机买卖、货物二手交易和顺势医疗行业都以失败告终；一家人的经济支柱是母亲，菲比依靠替人接生来赚钱养家。虽然哈定家里经济窘迫，父母还是想方设法每学期攒够沃伦七美元的学费。在俄亥俄中心学院求学的三年之中，沃伦本人也为了筹集学费从事过很多份兼职工作。

学校很小，除了坐落在伊比利亚市中心的只有一间教室的教学楼几乎没有什么别的设施。教职员工一共才三位，分别是：约翰·P.罗布牧师——学院的院长兼哲学教师；艾尔伯特·C.琼斯，教导主任兼古代语言教师；还有 A.C.克利斯特牧师，负责教数学和自然科学。后来，沃伦对母校持批判态度，声称学校课程的设置并不比公立学校的高级先进。他写道："在 19 世纪 60 年代，它确实是一所响当当

沃伦·G.哈定在俄亥俄中心学院上学时的
照片，摄于1882年前后。

　　左图照片拍摄年份也是1882年前后，当时
哈定正参加俄亥俄中心学院的演出，曲目是朱尔
斯 · 马斯内的喜歌剧《恺撒大帝》（Don Cesar
de Bazan）。1880年， 15岁的沃伦·哈定被
送往俄亥俄中心学院就读。这所学校相当于初中
或高中。哈定在1882的毕业班中名列第一，班
上一共只有三个学生!

　　俄亥俄中心学院位于喀里多尼亚以东六英里
的伊比利亚。19世纪50年代，学校是小有名气
的主战派废奴主义者活动中心。但是受到内战的
影响，入学人数急剧下降，战后的招生数量一直
没有得到恢复。1882年，学校一共才三位老师，
为学生提供了三类"课程"供选择：一类是"理
论课"，每学期收费七美元；一类是"英语课"，
每学期收费六美元；还有一类"大学课程"，每学
期收费八美元。1882年哈定毕业，之后不久学院
改头换面成为一所盲人学校。又过了几年，学校
被一把火烧为平地。

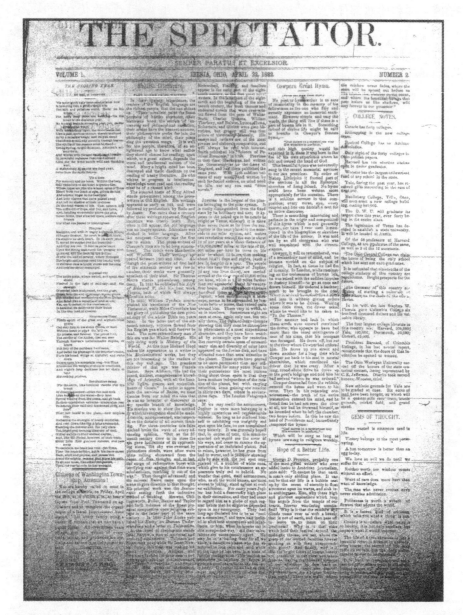

　　《观众报》一共两名编辑，沃伦·哈定是其中之一。这份俄亥俄中心学院学生报纸存在时间很短。俄亥俄州历史协会保存了一份 1882 年 4 月 22 日发行的那期《观众报》（第一期，第二号）。上图为报纸首页的复印件。

　　沃伦·哈定从来没有称赞过母校。相反，他对俄亥俄中心学院大肆批判。在 1894 年 10 月的一期《马里恩明星报》上，他撰文写道："在 19 世纪 60 年代，它确实是一所响当当的学府，课程比西部任何的学校都要出色。后来，虽然传统课程仍在继续，它已经沦为和私立学校还有师范学校同档次的学校了。"

的学府，课程比西部任何的学校都要出色。后来，虽然传统课程仍在继续，它已经沦为和私立学校还有师范学校同档次的学校了。"

沃伦·G.哈定学习的课程包括科学、历史、哲学和文学。他的数学天赋令老师们惊叹不已，连他本人也十分吃惊。据一个叫弗兰克·哈利斯的同学回忆，这位未来总统有一次被一个棘手的几何学难题困住了，后来突然得出了答案。哈利斯描述当时的情景，说哈定"开始是脸冲着墙坐在凳子上，双手托着头，冥思苦想。然后他茅塞顿开，一下子蹦起来，口中欣喜地大叫大嚷说：'该死的，现在我知道了'，并且把书本猛地往墙上扔去"。

沃伦·G.哈定在演讲和辩论方面出类拔萃。在俄亥俄中心学校求学的最后一年，他赢得了人生中的第一次竞选——他得到足够的选票，成为学校的辩论组织"Philomathic 文学社团"的社长。

沃伦·G.哈定还参与了校园外的社交活动。出色的漆木纹技艺使他在伊比利亚十分吃香，他有干不完的活计，帮他挣点零花钱。事实上，他的手艺如此出色，以至于他有足够的钱能够在伊比利亚养匹马——对大部分的学生来说，这是件奢侈的事情，而这也为沃伦赢得了伊比利亚很多女孩的青睐，帮助他顺利地和她们结交。哈利斯夸口说他和沃伦认识伊比利亚方圆五英里的每个女孩，而且他们俩和女孩们"在一起像天真无邪的小狗仔一样快乐嬉戏"。

沃伦·G.哈定 1882 年毕业，拿到了理学学士学位。他当之无愧地成了致告别词的学生代表，并在毕业典礼上发表了一篇题为《永不磨灭的记忆》的演讲。不过，应当提一句的是，俄亥俄中心学院 1882 年的毕业班一共才三名学生。沃伦他们是最后一批从俄亥俄中心学院毕业的学生。由于招收不到学生，学校改头换面成了一所盲人学校，不过很快因为校舍被大火烧成平地而破产。

毕业之后，沃伦·G.哈定回到家。当时家人已迁往马里恩镇，父亲在这个新的地方重操旧业，希望通过从事顺势医疗行业重振家业。沃伦在父亲的坚持下，到马里恩一个律师 S.A.柯特开办的事务所工作了一段时间，开始了短暂的法律学习。但他觉得这项工作沉闷、乏味，他每天不得不花上四五个小时阅读柯特收藏的法学书籍——这种学习方式是他一直排斥的。沃伦·G.哈定回忆说："工作节奏太慢，钱花光了，我只好开口问父亲要钱以保证法律学习继续下去。这真是一种侮辱，因为我意识到自己赚的钱都不够糊口。"

沃伦·G.哈定很快就离开事务所，另找了一份教书的工作，接着又尝试推销保险。最后，他在镇上的周报《马里恩镜报》（Marion Mirror）当记者，由此找到了自己真正感兴趣的行业。

沃伦·G.哈定最早在喀里多尼亚的《阿尔戈斯》当印刷厂学徒时就开始对办报纸产生了浓厚的兴趣。不过，《镜报》在 1884 年总统选举中支持格罗弗·克利夫兰和民主党的举动让他十分反感。马里恩是民主党的地盘。沃伦·G.哈定在俄亥俄中心学院学习时，虽然对学习亚历山大·汉密尔顿——一个不折不扣的民主党人的一生很感兴趣，但是他信奉的是共和党。所以，他每次读《镜报》上的社论都会感觉怒火中烧。

镇上的日报《马里恩明星报》(Marion Star) 是《镜报》的竞争对手，这份仍在出版发行中的报纸进行公开拍卖。沃伦·G.哈定和两个朋友凑了三百美元买下一共四个版面的《明星报》。19 岁的沃伦·G.哈定亲自上阵，出任编辑。

马里恩渐渐成为熙熙攘攘、人潮攒动的工业小城市，《明星报》一步步蓬勃壮大。沃伦·G.哈定对他居住的这个城市保持着忠诚和热心，他在城里经营的生意给他带来了广告收益，随后回报给他的是辉煌的政治生涯。他事业上的一个主要的影响者是妻子弗洛伦斯。这个马里恩镇银行家的女儿坚信自己英俊的丈夫总有一天能攫取很高的职务。父母反对他们的结合，因为关于沃伦·G.哈定的祖上有黑人的谣言一直没有止歇。但是，弗洛伦斯坚持要嫁给沃伦·G.哈定，并对父母保证他们不会生育后代。

沃伦·G.哈定最终成功地进入俄亥俄州参议院，随后担任了一期俄亥俄州副州长。很快，他出色的公众演讲才华引起了全国各地共和党领袖的注意。1912 年，在共和党全国会议上，他把提名共和党总统候选人的选票投给了威廉·霍华德·塔夫脱。1914 年，沃伦·G.哈定以绝对优势当选美国参议员。这次胜利让共和党确信沃伦·G.哈定是总统宝座的有力竞争者。

沃伦·G.哈定接下来的六年几乎都是在参议员的后排议员席上度过的。不管怎么说，1920 年沃伦·G.哈定开始得到重用，因为共和党认为在经过几年由伍德沃·威尔逊带来的战争后，美国人民会更加支持一个怀着纯朴价值观、关心他们的生活甚于同欧洲领袖结盟的候选人。沃伦·G.哈定在 1920 年竞选中的口号是"回归常态"。当年秋天，他以史无前例的多数选票击败了民主党人、俄亥俄州州长詹姆斯·M.考克斯。

沃伦·G.哈定短暂的总统任期充斥着各种丑闻。联邦调查员很快就搜集到他在司法部门任命的官员们，即所谓的"俄亥俄帮"，从走私者手中收取贿赂的证据。沃伦·G.哈定还据传在外面养情妇，还有一个私生子。1921 年 5 月，上任仅仅两个月的哈定认定是内政部长艾尔伯特·B.福尔把归海军所有的西部公有土地上的石油储备转到了内政部名下。在成功转手得到所有权后不久，福尔就和私人石油投机商签订了租赁协议。福尔以及哈定在政府中的其他帮手后来都被判腐败罪名，送进监狱。

沃伦·G.哈定可能没有直接插手部下所犯下的这些不道德行为。但是，毫无疑问，这位美国第二十九任总统应该已经意识到，并不是所有的人都和他一样怀着纯朴的小镇价值观，他明白自己本来应该监督好部下的行为，但是他却没有做到。

沃伦·G.哈定曾经说道："我在一个只有六百人的村子里长大，但是就和一个小型的社会差不多，村民们推崇民主、简单纯朴、充满信心——是的，更难得的是，他们敬畏政府，遵纪守法，我觉得世界上再没有地方能像我们村庄一样如此完美地体现民主了。你看，在村子里，我们互相知道对方的底细。这就是我的成长环境，我觉得小镇的生活方式非常不错，其他美国人可以借鉴一下。"

随着丑闻的渐渐平息，哈定总统开始在全国范围内旅行演讲。继阿拉斯加、范库弗峰和西雅图之后，哈定到达旧金山。当时筋疲力尽的他据说已经中了尸碱毒。在皇宫饭店（Palace Hotel）休养五天之后，他的病情似乎得到了好转，但是在1923年8月2日晚上七点半，总统突然逝世。对于这位颇受欢迎的总统的辞世，举国哀悼；丑闻涉及的一干人物直到几个月后才大白于天下。

第二十九章

卡尔文·柯立芝
(Calvin Coolidge)

比尔·汤普森

这是一场不同寻常的比赛——"plug－hat"比赛。阿默斯特三十多名三年级学生身着奇装异服，列队站在学校田径场的一头。按照要求，他们每人手里拿着手杖，头上戴着圆顶黑色礼帽。所有的参赛者将会在一起聚餐，由最后到达田径场另外一头的七个学生买单，跑最后一名的还要发表一篇演讲。比赛结果出来，卡尔文·柯立芝是最后到达终点的学生。

一个月之后的1895年11月23日，所有参赛者齐集希区柯克大堂来享受由七个失败者付款的晚餐。卡尔文·柯立芝得到的演讲题目是"为什么我跑不动"。三年级学生中没几个人认识柯立芝，因为他沉默寡言、性格腼腆，大家对他的演讲没有抱太大的期待。但是，卡尔文·柯立芝清晰、精练的语言，幽默、智慧的话语逗乐了所有人。有一个同学后来回忆说："班上的同学大吃一惊。他的演讲令人信服，而且流利、幽默……就好像有一个天才新成员加入了我们班。"

阿默斯特的大部分学生都来自大城市，比如纽约和芝加哥，他们谈吐得体、时髦高雅。而柯立芝不过是个农民的儿子，来自佛蒙特州一个名叫普利茅斯的小村庄。村里人管他们居住的地方叫"V形谷"，因为村子位于山谷顶部，正好处在一个被群山环绕的盆地中。最后，普利茅斯谷的名字传开了。偏远的村庄隐蔽在佛蒙特州的群山和农田之间。卡尔文·柯立芝出生时，即1872年7月4日，正好是独立宣言发表九十六周年纪念日。佛蒙特州总人口只有333000人。很多像普利茅斯一样的小镇的人口一年比一年少。居民们离开农庄，搬到大的工业城市去找工作。但是，卡尔文·柯立芝父母喜欢他们乡下的家，因此一直待在普利茅斯谷。父亲约翰经营着镇上唯一的一家商店，隔壁就是邮局。镇上还有一所学校、一个教堂以及七间带有仓库的农舍。在小镇以外是其他农庄以及未开垦的田野。到普利茅斯参观的游客会发现那儿现在的模样和一百年前差不多。

小男孩取名叫约翰·卡尔文·柯立芝。大家通常管他叫卡尔文，有时候叫他卡，或者是红卡，因为他有一头火红的头发。卡尔文一家开始住在一座五间房的单层小屋里，不过他4岁的时候，他们搬到马路对面一座大房子里，门口有尖桩篱栅和苹果树。

BLACK RIVER ACADEMY, 1885.

黑河学院，1885 年。

　　1886 年至 1890 年间，卡尔文·柯立芝在位于佛蒙特州拉德洛的黑河学院上学。这所建于 1835 年的中学规模很小，由浸信会赞助，实行男女合校。学校学费适中，吸引了佛蒙特州南部乡村中产阶级的孩子们前来就读。学校课程有历史、英语语法和美国文学。计划到大学去深造的学生还学习拉丁文、希腊文和古典文学。每年举办三个学期的课程，学生们可以从任何一期开始学，因为年轻男子需要到农场帮忙干活，年轻女子要去小学教书。柯立芝的拉丁文和历史出类拔萃。1890 年柯立芝从黑河学院毕业，同期毕业的还有四个男孩和四个女孩。

　　卡尔文·柯立芝在自传中提到了两个他敬重的老师：学校校长乔治·谢尔曼和贝尔·查利斯——两个老师都在有生之年见到他入主白宫。卡尔文·柯立芝写道："在他们的教导下，我见识到了巴比伦的雄壮，跟随色诺芬的十万大军踏步前行，我亲眼见证了发生在被困的特洛伊——这个注定被劫掠和火焰毁灭的骄傲之城周围的战斗。我听到了战无不胜的罗马军团的铁蹄铮铮，看到了永生者之城将迦太基海岸杀得片甲不留之后乘大帆船凯旋，我还聆听西塞罗滔滔不绝的精彩演讲，领略荷马无与伦比的超凡想象力。"

　　黑河学院于 1938 年关闭。卡尔文·柯立芝在此求学时，就是在上图所示的学校主楼上课。现在这幢楼成了展示学校短暂历史和陈列黑河流域文物的博物馆。

Amherst College Dormitories and Chapel, Amherst, Mass.

阿默斯特学院学生公寓和教堂。

　　卡尔文·柯立芝进入阿默斯特学院的时间是 1891 年。这所公理教会学院于 1825 年通过特许开始招生，最初的目的是培养家境贫穷的学生进入牧师行业。到 1890 年，也就是上图所示照片拍摄时，学校拥有大约三百名学生，是一所著名的健全合理、保守稳妥的教育机构，享誉新英格兰区域内外。对于卡尔文·柯立芝来说，学校的学费不贵，离家也不远。那些和柯立芝一起于 1895 年毕业的学生大部分打算当律师或者经商。

　　安森·D. 莫尔斯是学校教员中名气最大的老师。他从 1876 年至 1907 年间在阿默斯特学院教历史和政治学。很显然，莫尔斯是最适合当老师的人选，他反复强调自己的一个观点，即政党是表达民众意愿的最有效途径。他还著书声称：美国的自由是通过其深深根植的抗争传统和习俗获得的，因而美国是研究民主运动的最佳区域。但是，柯立芝不喜欢莫尔斯的课，对他来说，历史往往只是把一些和现在毫无关联的事件罗列在一起而已。

　　卡尔文的母亲维多利亚·约瑟芬·摩尔长得很漂亮，热爱诗歌和大自然。她生完第二个孩子阿比盖尔之后，变得体弱多病，极有可能是因为患上了肺结核。不过，她仍然对两个孩子倾注了极大的爱心，在卡尔文和阿比盖尔很小的时候就开始教他们读书识字。卡尔文的第一个学习工具是一套模型，上面刻有罗马数字和英文字母。母亲教他朗读，后来还把自己喜欢的坦尼森的小说和诗歌念给儿子听。卡尔文 3 岁即掌握了字母和数字，到 5 岁时，他已经完成了学前教育。

　　卡尔文的父亲约翰·柯立芝不仅经营店铺，还打理农场。约翰积极投身政治，在当地担任了几个官职，包括治安法官、学校督办以及征税官。约翰·柯立芝在州府的三届任期期满之后，不久当上了参议员。卡尔文两个月大的时候，约翰当选为州立法机构成员。(有趣的是，卡尔文获选马萨诸塞州相同职务时，儿子正好也是两个月大。) 约翰·柯立芝是个安静沉稳的人，工作勤勉，生活节俭。他还鼓励自己唯一的儿子努力学习，他是个亲切和善、轻言细语的父亲。

卡尔文和祖父母很亲近。祖父卡尔文·加卢沙·柯立芝，别名叫"加卢施"，也住在普利茅斯谷，他和儿子约翰一样担任了多项政府官职。他蓄养了种类繁多的动物，甚至还有令孙儿十分着迷的孔雀。祖孙两个人经常在一起，祖父教卡尔文骑马，还教他干农活。加卢沙希望孙儿以后从事农业，定居在普利茅斯。卡尔文的外祖母海勒姆·摩尔住在马路对面，她热爱阅读，知识渊博，她了解的常识之丰富令卡尔文印象深刻。

祖母莎拉·柯立芝为孙儿朗读书刊，在卡尔文身上埋下了强烈的爱国主义的种子。卡尔文听祖母读丹尼尔·汤普森的《游击队员》(*The Rangers*)、《托利的女儿》(*Tory's Daughter*) 和《绿色群山中的男孩们》(*The Green Mountain Boys*)，这些书讲述的是革命战争时期发生在佛蒙特州的激动人心的故事。莎拉在孙儿年龄稍长的时候，送给了他一套两册由约珥·泰勒·海德利所著的《华盛顿和他的将军们》(*Washington and His Generals*)，还有其他流行的传记著作。卡尔文在家人的影响下对阅读产生了浓厚的兴趣，读书是伴随他一生的爱好。

卡尔文是个腼腆羞涩的男孩，终其一生，这种性格一直没变。几年之后，他对一个朋友这样说道："记得我还是个小不点的时候，一听到屋子里的奇怪声响，就会惊慌失措。我觉得自己不能和其他人交往，握手都不行。大部分来访的客人都会和爸爸妈妈坐在厨房里，对我来说世界上最困难的事情莫过于穿过厨房门，过去和他们打声招呼。"有时候卡尔文甚至在客人登门的时候撒腿溜掉。

卡尔文 13 岁时开始到学校上学。他的第一个学校只有一间石头房子，距离他们家只有几步路。学校不分年级，招收 5 岁至 18 岁的学生。学生们团团围坐在木板凳上，有两个坐在课桌上。建在学校外面的两间小屋是他们的洗手间。教室里备有提桶和戽斗供他们取水，光秃秃的教室地面中央摆着个烟雾缭绕的炉子，夏季天寒地冻的日子里他们也会把炉子点着。在卡尔文的印象中，他在普利茅斯谷学校生活"都是在寒冷中度过的"。

只要通过镇上督办举行的测试，获得任教的资格，就可以到学校当老师。(卡尔文 13 岁时通过测试；阿比盖尔通过测试时年仅 12 岁，随后就到邻镇的学校教了一个学期。) 因为学校支付的工资低廉，老师交替变更频繁。大部分老师教满一年就会离开。包括卡尔文在内的二十五名学生学习拼写、阅读、写作、算术、地理、市政学、科学，以及美国和佛蒙特州历史。年纪小一点的孩子坐在离老师近的地方背诵字母表，等他们背完了，年纪大的孩子们站到老师跟前背诵诗歌和演说词。

卡尔文 12 岁时，母亲维多利亚·柯立芝病情恶化。1885 年的一天，她把孩子们叫到床边，在过世之前替他们做最后的祈祷。柯立芝成年后回忆起那伤心的日子时说："在风雪肆虐的3月，我们将她下葬。当时还是个小男孩的我经历了极端的悲痛。生活再也无法回复到以前的模样了。"妹妹五年后的辞世令他再一次陷入心碎不已的境地。

卡尔文13岁时完成了要求的所有课业，并通过了相关的口语考试。一个老师后来回忆说，"学校大约有三十名学生，他排在前面十二名之内，他办事有条不紊，忠厚诚实，十分守时"。父亲约翰决定把儿子送到黑河学院继续深造。黑河学院位于俄亥俄州拉德洛镇，距离普利茅斯谷以南大约十二英里，类似于高中，卡尔文的父母和祖母均在此上过学。

1886年2月一个极其寒冷的日子，卡尔文和父亲在日出之前起床，整理好行李之后乘坐雪橇前往拉德洛。卡尔文做好了去新学校求学的准备，面对自己即将开始的第一次人生大冒险，他的心情雀跃激动。他后来写道，"当我们越上山脊，早晨的第一缕阳光在我们的后背照耀闪烁，映射着前面的雪地熠熠生辉，我有十足的把握相信自己将会冲破黑暗看到光明"。

佛蒙特州拉德洛镇处在一条重要的铁路线沿边，镇上到处是磨坊、教堂和店铺。虽然拉德洛没有排水系统或者室内水管，相比普利茅斯镇先进得多。黑河学院的唯一建筑物位于一座山丘之上，从中可以俯瞰拉德洛镇。学校没有宿舍，因此学生都在镇上租房。和卡尔文一起租房的大部分人都比他年纪大，他们在镇上当办事员或者从事其他专业工作。

学院为学生提供三套独立的课程体系。其中之一是英语课程，针对那些希望提高英语技能和打算接受商业教育的学生。另一类是拉丁—科学课程，在为学生提供英语教育的同时，教授一些拉丁文和科学的背景知识。第三类是传统课程，旨在为准备进大学念书的年轻人做学前培训。犹豫不决的卡尔文最终选择了英语课程。每学年分为秋季、冬季、春季三个学期，每期持续大约十二个星期。卡尔文入学时，学校里一共有三位全职教师，包括校长和两位助理。校长亨利·肯德尔教拉丁文和希腊文，两个助手教数学、英语和历史。

初进黑河学院求学的卡尔文过得并不轻松。他非常想家，怀念家中的农场。新学校相比他在普利茅斯的学校，课程设置更加正规，计分更加严格，规模要大得多，有大约一百二十五名学生。柯立芝很少参加社交活动，接近女孩儿令他感觉不自在。第一学期中柯立芝学了代数、英语语法及民事政府。代数是他最头痛的科目，而政府课程中的宪法是他最喜欢的一科。

到1886年秋，卡尔文·柯立芝转而加入拉丁—科学课程，开始在肯德尔手下学习拉丁文。后来，希腊文也成了他学习的科目。卡尔文·柯立芝认为了解这些语言对自己来说很重要："我发现英语语言同希腊文还有拉丁文基本上是密不可分的，要想掌握好母语，我有必要学好后面两种语言。"他选修了植物学，并且继续学习代数。他给父亲写信说："代数太难了，超过一半的功课我看不明白。今天我

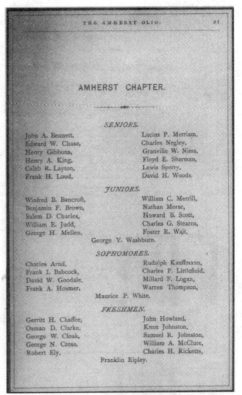

　　19世纪90年代，阿默斯特学院的学生社团组织蓬勃发展。虽然卡尔文·柯立芝搬进了一间出租屋，他打算等加入学校的社团就搬出去。校园里一共有九个社团到处活动，难免卷入其中。不过，柯立芝一次又一次被不断扩大的社团挡在了门外。"看来我没法迅速地和大伙混熟，"失望的大一新生柯立芝在给父亲的信中写道。这个年轻人腼腆羞涩、性格内向、孤僻离群，而且行动笨拙。他既不懂跳舞，也不会高谈阔论。对女孩他没有太大的兴趣，尽量避免参加体育活动，几乎都是在一旁看着。阿默斯特学院没有一个社团接收卡尔文·柯立芝，因此他被归为劣等生一类，被看作是"乡巴佬"。"刚入学时的卡尔文·柯立芝是我见过的最单调乏味的男孩，"一个同学这样描述他。

　　德尔塔—宇普西隆是阿默斯特校园中领头的社团，成立于19世纪30年代的反共济会运动期间，建立的初衷是反对一切秘密组织，包括校园里的秘密兄弟会。德尔塔—宇普西隆是美国历史最悠久的非秘密性校园组织。

一道例题都还没做出来。"

　　慢慢地，卡尔文·柯立芝开始同一些住在镇上的居民以及同学交朋友。他开始在学校感觉到自在，思乡症消失了。而且，他喜欢一个人的生活，常常独自沿着黑河长时间散步，或者到学校图书馆看书。

　　1887年乔治·谢尔曼出任校长之后，他鼓励更多的学生选择传统课程，以后进大学去深造。第二年，卡尔文·柯立芝鉴于自己学业成绩的进步，他和一些学生一起开始学习传统课程。

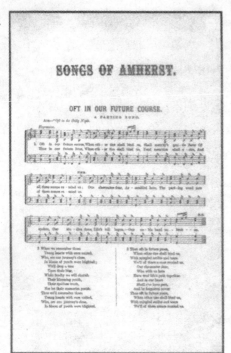

阿默斯特学院的联谊会给成员分发一些歌曲本。图示为 1876 年阿默斯特学院的歌曲小册子。还有其他一些歌本标题，比如："我第一次看到助教"和"阿默斯特，我们的女神"。

在黑河学院上学的第三年，卡尔文·柯立芝重又对拉丁文产生兴趣，他爱上了阅读西塞罗的演说词。他还选修了修辞学——一门演讲的艺术，并且开始自己写作演讲稿。谢尔曼校长重振了学校的辩论社团，卡尔文·柯立芝成为会员之一。他发现自己虽然腼腆内向，但是在公众演讲和辩论的时候能够充分展示自己的才华。

卡尔文·柯立芝在学校的第四年选修了两门新的科目：历史和法语。对他来说，法语很难学，不过他非常喜欢历史。他发现本国对于民主的观念来源于希腊和罗马。卡尔文·柯立芝在余生中十分感激黑河学院的老师，他曾写道，"我万分感激他们在我的求学生涯中给予我的启示以及授予我的精深知识，他们向我展示了世界刚刚形成时的形态，并给我介绍了它的成长发展过程"。

卡尔文·柯立芝和其他八名同学毕业于 1890 年 3 月 21 日，是年 17 岁。他在毕业典礼上作了一篇题为《历史上的演说》的发言，论述言语在历史长河中是如何影响人们的行为的。柯立芝在演讲中提到了他在学校里学到的很多演说家，包括德摩斯梯尼、威廉·劳埃德、加里森和西塞罗。谢尔曼对柯立芝说，他认为这是他听过的最棒的毕业演说。

从黑河学院毕业之后，柯立芝打算在申请大学之前找一所预备学校继续学业。但是，谢尔曼鼓励约翰·柯立芝送卡尔文去自己的母校阿默斯特学院就读。结果，柯立芝在 9 月份踏上了开往马萨诸塞州的火车，前去阿默斯特学院参加入学考试。路上，他生了重病，无法参加考试，只有返家。在接下来的几个月中，柯立芝慢慢康复了健康。

在乔治·谢尔曼的帮助下，卡尔文·柯立芝进入佛蒙特州的圣约翰斯堡学院学习大学预备课程。1891 年 4 月，他开始上课，学习代数学、拉丁文和希腊文。卡尔文·柯立芝不确定自己是否在学业上取得了进步，5 月份他给父亲的信中写道："我不知道自己有没有达到他们的标准。"但是，只间隔一个星期，他又给父亲写信说道："（校长）告诉我说，从来没有学生入学这么晚，还能学得像我这么好。"校长普特尼博士的肯定来得正是时候，卡尔文·柯立芝评价校长是"一个优秀的训练专家、一个严谨的学者以及一个出色的纪律监查官"。短短两个月的复习之后，卡尔文·柯立芝做好了进入阿默斯特学院就读的准备。

1891 年 9 月上旬，19 岁的卡尔文·柯立芝——一个仍然性格腼腆、犹豫不定的男孩——进入阿默斯特学院求学。学院招收的学生全部为男性，和十年前乔治·谢尔曼毕业时相比发生了重大的变化。阿默斯特学院由公理教会员创建，谢尔曼就读时，大部分学生都准备毕业之后当牧师或者老师。到 1891 年，阿默斯特大部分毕业生准备经商。社交生活也发生了变化。1880 年，学校里只有大约 50% 的学生参加联谊会组织，而柯立芝入学时，校园里一共有九个社团，成员占学生总数的80%，各个社团举办的活动是学校社交生活的主要组成部分。

因为阿默斯特学院的宿舍数量少，质量差，大部分学生在私人家庭寄宿膳食。卡尔文·柯立芝和另一个学生一起租了一间民房，在街道上另一家解决三餐。很快，他就形成了一套例行的生活方式。卡尔文·柯立芝每天清早起床学习，上午八点半去教堂做礼拜，九点钟开课。下午步行去新建的普拉蒂健身房和同学一起锻炼，每个星期去四次。每天下午按照要求到教堂参加四次礼拜。因为课业负担很重，卡尔文·柯立芝为了跟上进度，常常学习到半夜。

　　刚入学的那一年，卡尔文·柯立芝最头痛的学科是拉丁文和希腊文，因为他觉得这两门课的老师乏味无趣。他认为这两位老师都是优秀的学者，但是教学水平很糟糕。代数在黑河学院给他带去那么多烦恼，在阿默斯特学院成了帮他拉分的科目。卡尔文·柯立芝在9月中旬给父亲写信说道："对大学生活我知之甚少，不过我现在可以肯定一点：要求的学习量太大了，远远超出了我的预期。每个星期除了去教堂，听讲座和做健身，我还要花十六个小时背诵。"

　　因为社团活动是阿默斯特学院主要的社交方式，柯立芝希望能加入其中的一个组织。但是，在全部七十九名新生中，他属于没有接到任何社团邀请的十三名学生之一，他们被叫做"Outden"——希腊语，意为"劣等生"。

　　虽然柯立芝被社团拒之门外，他开始和一些同在一所房子里就餐的人交朋友。有些人认为他个性怪异；有的同学喜欢这位来自佛蒙特山区沉默寡言的男孩身上与众不同的气质。

　　当柯立芝拿到第一学期的累计学分，他发现自己只有两分——根据当时的评分系统，五分为最佳，一分为不及格。从他于1892年1月6日给父亲的信中可以看出他似乎准备放弃学业："一想到在回家之前我必须在这里待十二个月，我就感觉很难受。我想，我一定是太想家了，因为我的手颤抖得太厉害，信都写不下去了……每次回家，我都比前一次更讨厌回学校，现在我一点都不像去年秋天初到这里时感觉那么良好。"但是，就在第二天，他的态度已经发生了转变，"我现在感觉比昨晚上好多了，自在多了"。

　　在阿默斯特大学就读第一年的最后一个学期，柯立芝的思乡症有所缓解，但还是生活得不快乐。在家中的农场度过了快乐的暑期之后，他返回学校开始了第二年的学业。1892年秋，他的课程表上新添了修辞学、几何学和德语。他不用花以前那么长的时间来应付学习，他在1893年春写给家人的信中提道："我得到了三分，对这个学习成果我感觉很高兴；班上大概只有十个，可能还不到十个同学拿到四分。"

　　1893年秋，卡尔文·柯立芝开始上大学三年级。他的必修科目——拉丁文、希腊文和数学都已修完，现在他可以选择自己真正感兴趣的课程：意大利文、英语文学和修辞学。他还开始在弗林克教授手下学习逻辑学和公众演讲。作为上述课程内容的一部分，他参加了每周一次的公共辩论，还在礼拜仪式上演讲。在卡尔文·柯立芝眼中最有价值的课程是历史；授课的是安森·D.莫尔斯教授，他强调边境地区对美国民主发展的影响。卡尔文·柯立芝说听完莫尔斯的课，学生们"不仅清晰地理解了他们的权利和自由，还认清了自己的义务和责任"。

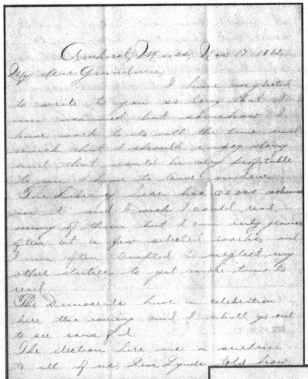

卡尔文·柯立芝在阿默斯特学院的学习生活并不愉快。他还极度想家，感觉孤单寂寞。唐纳德·麦考伊在为卡尔文·柯立芝所著的传记中解释说，卡尔文·柯立芝具有最佳的新英格兰边远森林地区的传统——"过得去"。这一点对于卡尔文·柯立芝来说很重要——他比一般学生多花了一倍精力在学习上，以保证学习成绩过得去。

图示即为卡尔文·柯立芝于1892年11月17日写给祖母莎拉·A.柯立芝的信，这位未来总统在信中说："这里的图书馆中有六万册书，我真希望自己可以读好多好多书啊，但是我通常只能选几本书，草草地浏览一眼。有时候，我都想不顾自己其他的义务，花更多的时间读书。"当时的卡尔文在阿默斯特学院二年级学习，他还就1892年的总统竞选发表了评论，对在任的共和党总统本杰明·哈里森落败，前任的民主党总统格罗弗·克利夫兰当选深感惊讶。

不过，对卡尔文·柯立芝影响最大的老师是教哲学的查尔斯·E.伽曼教授。伽曼教授凭借其深邃锐利的眼睛和富有魅力的个性吸引了大批学生前去听课。作为一名虔诚的基督教徒，伽曼认为学生们应当通过理性思考树立一种能引导自己行为的信念。他还给学生提供自己编辑的教科书，并在自己写作的小册子出版之前把它分发给学生。他要求学生进行批判性思考，指出"先生们，明确你们的条件"以及"斟酌你们的论据"。柯立芝被伽曼教授深深地感染了，以至于他有一次写道："在我们眼中，伽曼好像和上帝一起散过步。"

1893年11月，卡尔文·柯立芝在一次赛跑之后进行的晚餐上发表演说。他的发言让班上很多同学第一次意识到卡尔文·柯立芝原来是一个性格独特、很有意思的人。这个从农庄出来的小伙子调侃自己的出身，把同学们都逗乐了："你不能奢望一匹犁地的马抽空到田径场上练习跑步，或者犁地的那个人是墨丘利神。"然后他下了一个结论，"记住，小伙子们，圣经上说第一名将会成为垫底的人，而最后一名会成为领头的人"。

那顿晚餐似乎成了卡尔文·柯立芝大学生活的转折点。他的朋友圈子开始不断扩大，同学们都很佩服他独到的见解。正如一个同学所说："不到最后一刻，卡尔文·柯立芝不会发言。他的结论精辟、敏锐，往往有点异想天开，但是一语中的，就好像拿大电动槌一下击中事情的要害，又好像突然为我们点亮了明灯。"这个学期结束后，卡尔文·柯立芝的学分接近四分，是他在阿默斯特学院的最高纪录。翌年，身为大学四年级学生的卡尔文被邀请加入斐伽马德尔塔联谊会，并积极参与社团事务。

虽然卡尔文·柯立芝的学业在1891年刚入学时进展不顺利，及至1895年，他以优异的成绩毕业（并获得了荣誉称号）。在阿默斯特学院学习的四年间，卡尔文·柯立芝变得活跃起来。"每个男孩都有个发展过程，等他积累到一定的程度，他会改变自己不成熟的方式，思考和行为变得更加审慎，因为他已经开始认识到自己的理想、能力和性格。这种转变最终也发生在我身上。"柯立芝相信自己的成功来源于持之以恒的努力，他认为"这并不是偶然，而是奋斗的结果"。

1895届毕业生的毕业典礼于6月26日举行。大家投票选出三名代表在庆典上发表演说。卡尔文·柯立芝是三名最受欢迎的学生之一，他当选为发表演说的代表，并做了一篇关于大学生活的幽默演讲。他的演说机智幽默，他评价了学校的老师和班上的成员，不时引用莎士比亚、汉密尔顿和其他著名作家的名言警句给演说锦上添花。

卡尔文·柯立芝一直在考虑自己毕业后的去向。最初的想法是回到普利茅斯谷帮父亲经营店铺，后来又想从事法律。他曾打算申请去一所法学院就读，并就此征求父亲的建议。不过父亲认为儿子应当去一家律师事务所，一边当见习生，一边学习法律。一个同学告诉卡尔文·柯立芝，距离阿默斯特学院仅八英里的北安普敦有一家叫哈蒙德—菲尔德的事务所要招收一名见习生。于是卡尔文·柯立芝发了求职信，结果被事务所录用了。1895 年 9 月，他搬到马萨诸塞州，开始学习法律。

　　卡尔文·柯立芝在哈蒙德—菲尔德事务所的工作时间从每天早上八点到下午六点。白天的时候，他有时整理准备传票、契约、遗嘱和其他文件，有时翻阅一些评论。晚上，他研读一些著名律师的演说词，学习希腊文，翻译西塞罗的一些演讲稿，并阅读其他种类庞杂的书籍资料。"我阅读了很多汉密尔顿和莎士比亚的著作，对吉卜林、菲克尔和莱尔的短篇诗歌很是着迷，"他后来写道。

　　不过，他最感兴趣的是现场学习。北安普敦的高级法院每年有三期民事法庭和两期刑事法庭。每逢法院开庭，柯立芝总是尽可能挤出时间去观摩。"我马上就总结出来一点，那些精通法律的律师往往能够牢牢地吸引法官的注意力，把陪审团争取到自己的一方，从而赢得官司。"他协助自己的事务所准备案件，然后和同事一起到法庭，观察他们如何处理每一个官司。

　　考虑到事务所的藏书都是令人望而生畏的鸿篇巨作，柯立芝根据自己司法考试的需要，买了几本学生用书以及和主要科目相关的法律案件解析。这样他就能够略过不必要的细节，集中精力攻克最重要的信息。1897 年 6 月，他参加并通过了一个协会举行的测试。1897 年 7 月 4 日，卡尔文·柯立芝迎来了自己的 25 岁生日，以及用二十个月的辛勤准备换来的马萨诸塞州律师资格证。几年之后他写道："虽然我的正式求学生涯结束了，我没有终止自己的学业。"在哈蒙德—菲尔德继续工作了几个月后，他自己在北安普敦开办了一个律师事务所。他一直在这经营着自己的法律业务，直到 1919 年他当选为马萨诸塞州州长。

　　卡尔文·柯立芝独立创办事务所后不久，他开始在共和党内积极活动。不到两年，他就当选为北安普敦市议员，随后成为当地共和党组织的主席。他在政治上晋升的速度惊人，1907 年即当选州司法部成员。1910 年，柯立芝当选北安普敦市市长。1912 年他获选成为州参议员，并从 1914 年至 1915 年担任州参议院院长。1916 年，他当选副州长。从 1919 年开始，一直到 1921 年，他担任马萨诸塞州州长。

　　政治并不是卡尔文·柯立芝在北安普敦唯一重大的事情，他还在这里遇到了未来的妻子格蕾丝·安娜·古德休，她当时在克拉克盲人学院任教。1903 年的一天，安娜在学校前面浇花的时候透过墙上开着的窗户看到了卡尔文·柯立芝，他穿着宽大的睡衣裤，头上戴顶毡帽，站在镜子前刮胡须。安娜的笑声吸引了柯立芝的注意，随后两个人成了朋友。（柯立芝后来解释说，自己当时戴帽子是为了控制那一头"不听指挥"乱蓬蓬的头发。）他们于 1905 年 10 月 4 日举行婚礼，后来育有两个儿子，分别是约翰和小卡尔文。

　　1921 年，卡尔文·柯立芝成为美国副总统，在任总统是沃沦·G.哈定。1923 年 8 月 2 日，正在父亲的农场上度假的卡尔文·柯立芝被人叫醒，并被告知哈定总统于环游全国的旅程中在旧金山辞世的消息。卡尔文·柯立芝和格蕾丝，还有父亲约翰·柯立芝一起跪下祷告。当晚，卡尔文·柯立芝在身为公证人的父亲的主持下，宣誓就职，成为美国第三十任总统。

　　卡尔文·柯立芝上大学一年级和二年级的时候被其他同学孤立，在随后的三年级他开始崭露头角——颇具讽刺意味的是，起因源于他的一次失败。在一次赛跑活动中，缺乏运动细胞的卡尔文·柯立芝跑得最慢。过后，全体同学参加了由比赛中七位落后者付账的牡蛎炖菜啤酒宴。卡尔文·柯立芝因为是最后一个到达，因此被指定发表一篇题为《为什么我跑不动》的演说。显然，他不动声色的幽默和不温不火的陈述让他名声大噪，为他赢得了胸怀磊落、机智幽默的美名。不知不觉地，柯立芝用一句近乎预言式的陈述结束了演讲："记住，小伙子们，圣经上说第一名将会成为垫底的人，而最后一名会成为领头的人。"

　　如上图所示，照片中的柯立芝身着此次赛跑的那一身行头。每个学生都必须头戴圆顶黑色礼帽，手执手杖。着装的其他部分则由个人自主创新（柯立芝班上的同学认为他的服装缺乏想象力）。然后，每个大三的学生要穿着他们专为这次赛跑准备的奇装异服绕着学校运动场跑一圈。

　　1924 年，卡尔文·柯立芝在总统竞选中获得 54% 的赞成票。但是他拒绝参加连任竞选。有人说，在儿子小卡尔文因血液中毒去世后，他失去了对政治的兴趣。还有人认为他预计到了于 1929 年 10 月爆发的对美国和全世界产生强烈冲击的经济危机。向来惜字如金的他仅仅简单地表白："我不参加 1928 年的总统竞选。"卡尔文·柯立芝于1929年3月4日卸任，携家人回到北安普敦。1933年1月5日，他突发冠状动脉血栓症去世。

卡尔文·柯立芝强调个体的责任，他坚信勤奋努力才能达到目标。他号称"沉默寡言的卡"，重视行动甚于言辞。引用他曾经说过的话来概括他自己的性格再恰当不过："世界上没有什么东西能取代持之以恒，光有天赋也不能够；世界上不成功的天才比比皆是。到处都有受过教育的流浪汉。毅力和决心才是无所不能的。"

第三十章

赫伯特·胡佛
(Herbert Hoover)

比尔·汤普森

事情发生在衣阿华州西布兰奇。小男孩走进父亲空荡荡的铁匠铺，看见巨大罐子中的柏油咕嘟咕嘟地在冒泡，然后捡起一根燃烧着的棍子扔进了罐子，他在心里好奇接下来会发生什么事情。镇上的报纸报道了这起事件的结果："J. C. 胡佛为了给栅栏电线上漆而加热的一大锅炉柏油在周六下午起火，巨大的火苗和烟雾旋即弥漫天空，在居民中引起了大骚动。"

全镇的男男女女提着水桶奔往杰西·胡佛的店铺，帮忙灭火。杰西的小儿子，5 岁的赫伯特不知去向，惊惶失措的他已经安然逃生。虽然当日引发了一系列麻烦的事件是由他而起，赫伯特从没有因为年龄的增长而丧失那份好奇心和决心。这些品质促使他努力学习，并且助他成为美国第三十一任总统。一个人童年时期的生活映射并勾勒了他日后的形态——胡佛的一生就是最具说服力的真实写照。

赫伯特·胡佛于 1874 年 8 月 1 日出生在父亲铁匠铺马路对面的小屋里。父亲杰西和母亲赫尔达·胡佛一开始管他叫"伯蒂"，后来叫他"伯特"。伯特有一个哥哥叫西奥多（昵称是"Tad"），比他大三岁。1876 年，伯特的妹妹玛丽出世，大家经常叫她的昵称"梅"。三个孩子在充满温情的家中长大，住在西布兰奇镇上的亲戚对一家人也很关照。

杰西的铁匠铺在婚后开张，他和妻子搬到对面一栋只有三间房的单层小屋中居住，两个儿子就出生在这间小屋里。杰西后来卖掉铁匠铺，开了一家农具商店，出售的器具从收割机和缝纫机到避雷针和运货马车等一应俱全。很快，家庭成员一步步增多的胡佛一家搬进街上另一幢房子，面积比以前的住处大得多。

西布兰奇由教友派会员创建，这是一个亲密团结的社区。教友派（更确切的名称是"好友会"）发源于英国，由于当时有一部分基督教徒反对英国国教圣工会教堂的繁文缛节而产生了这一宗教派系。面对宗教迫害，很多教友派会员在十七八世纪移民到美国殖民地。教友派推崇自主、独立和节俭的理想生活。他们还孜孜不倦地投身教育，建立了很多学校和高等学府。

赫伯特还是个小男孩的时候，父母每周日带他去参加教友派的集会，和会员们一起长时间地静坐，直到有人上台发言。他们认为每个人心中都有灵光，任何一个

小利兰—斯坦福大学的主要入口及纪念拱门。

利兰·斯坦福是一位铁路建造商，担任过加利福尼亚州州长和美国参议员。他和妻子珍妮一起捐资建立了斯坦福大学，目的是为了纪念在 1884 年去世的差两个月才年满 16 岁的儿子小利兰·斯坦福。斯坦福从儿子患病时起一直在床头衣不解带地服侍，儿子去世后，他总是不能安然入睡。一次梦醒后，斯坦福对同样悲痛不已的妻子说："加利福尼亚州的学生们就是我们的孩子。"这些话标志着斯坦福大学的真正诞生。

赫伯特·胡佛是斯坦福大学 1891 年首批共四百六十五名入学新生中年龄最小的。他后来写道："我恰好是第一个在男生宿舍（艾西诺大楼）过夜的学生，那时候学校都还没有正式开放——也许这就是有些人称我为斯坦福大学第一个学生的原因。"

　　这张罕见的明信片上印着遭毁后残破的斯坦福大学图书馆。1906 年 4 月，旧金山地震给学校造成了严重的破坏。不过，包括图书馆在内的建筑物都得到了迅速修复。

　　赫伯特·胡佛（左边坐着的那位）和斯坦福大学勘测队的其他成员，摄于 1893 年。

胡佛的专业是地理。一个同学后来回忆说，胡佛"基本上在地理图书馆中安营扎寨了"。胡佛利用各种各样的校园勤工俭学机会，加上夏季参与与美国地理勘测的工作，他自己赚钱念完了大学四年的课程。地理和采矿系的系主任约翰·布兰纳是他的良师益友，他们建立了终身的友谊。

1895 年 5 月，赫伯特·胡佛拿到了斯坦福大学地理专业文学学士学位。斯坦福采用通过/不及格的评分系统，因此无法给毕业生排名。但是根据校友叙述，胡佛被认为是斯坦福大学首批毕业生中的佼佼者，而且毕业时他还不到 21 岁。

斯坦福大学为胡佛的专业提高和个性发展提供了广阔的空间。胡佛也给予了斯坦福大学很多回报。他令人最为钦佩的贡献是捐赠了一些有关第一次世界大战（1914—1918）起因和结果的专门文档资料。收藏品的数量迅速增加，很快就成为最大的档案文件库之一，而且可能是世界上拥有关于 20 世纪政治、社会和经济变革最详尽资料的图书馆。斯坦福大学甚至在招收学者作为新教员时，将这些文史资料作为筹码。如今，胡佛研究所成为美国最有声望的公共政策专项学术研究中心之一。

人都能直接听到上帝的声音。早期的宗教训练教会了赫伯特用教友派的宗旨去规范自己的生活。

作为忠实的教友派成员，赫伯特的父母希望孩子们接受良好的教育。两个儿子都在西布兰奇一家私立学校上学，学校的管理者是两名教友派牧师——约珥和汉纳·比恩。母亲赫尔达在成家之前，曾经在爱荷华大学念书，还当过一段时间的老师。她是赫伯特的启蒙老师，帮助他学习阅读和书写。赫伯特 10 岁时便已经把《圣经》通读了一遍。

赫伯特 5 岁即开始正式求学，他首先就读于西布兰奇学校的小学部。赫伯特成年后写道："那些女老师性格温柔，心地善良，她们无比耐心地教我们学习，为我们现在所掌握的知识打下了基础。想到她们，怎能不心潮澎湃？"莫利·布朗是最早教过赫伯特的老师之一，她认为赫伯特"勤奋用功、意志坚定……他总是全心全意地从事手头的事情，不管是乘着自制的雪橇在库克山上滑行，或者是一头扎进铁路线旁边古老的游泳池漫游抑或是在学校攻克困难的功课。他总是尽全力去做每一件事情"。

一个自赫伯特小时候就认识他的西布兰奇牙医也发现了他强烈的求知欲。这位牙医后来叙述说："渐渐地，这个男孩心中萌发了获得教育的决心，因为对于他的提问，我的答案经常是'不知道'，这让他很不满意。"不过，在另一个老师的记忆中，赫伯特更是一个顽皮的男孩："（他）学东西速度很快，从来都没有遇到学习障碍，但是比起书本和学习，他好像对户外玩耍更感兴趣。"

1880 年 11 月，在赫伯特正式上学一年后，父亲去世，死于伤寒症。虽然杰西给妻子留下了一笔保险，一个新家和一些钱，赫尔达为了养活子女们还是干起了裁缝，并且出租房子中的一间房以贴补家用。她下决心把遗产省下来供孩子们上学。赫尔达积极参加西布兰奇的教友派集会，拼命工作，在一家周日学校教书并兼任文员。丈夫死后，她成为一名教友派传教士，巡游于乡间进行布道。

胡佛家的亲戚们纷纷伸出援手，帮助赫尔达抚养三个子女。赫伯特到姑姑艾格尼丝家住了八九个月。姑父拉班·麦尔斯是奥色治印第安民族的事务官，他和家人一起居住在印第安领域的俄克拉荷马州。赫伯特喜欢在户外和表兄弟们，还有部落里年轻的奥色治武士们玩耍。他们教他打猎，还有在篝火上烹饪自己打来的野味。

1884 年 2 月，在丈夫去世两年零三个月后，赫尔达患上肺炎，突然去世。9 岁的赫伯特似乎还不能表达太多的情感。不过，12 岁的哥哥西奥多久久不能忘怀心中的悲痛。"发生了如此多事情后，一个 12 岁的孩子感到无助和绝望，甚至有一种难以言喻的本能的恐惧……这间棕色小房子中那位妇人，那位金色阳光的化身去世了，留下了三个孤零零的小孩，留下他们孤苦无依地在伤痕累累的小小世界里漂泊。"

三个遗孤被分别送往不同的亲戚家里。赫伯特来到叔叔家，与叔叔戴维·胡佛和婶婶玛丽·胡佛以及他们的儿子沃尔特一起住在西布兰奇城外的农场中。在那儿，赫伯特种植谷物、挖地锄草、挤牛奶、伐树木。他不介意辛勤的劳作。为了多赚一点钱买爆竹在 7 月 4 日那天燃放，赫伯特跑去捉虫。捉一百只虫，他可以得到一美分的报酬。赫伯特和表兄一起在一家地区学校上学，继续小学学业。

赫伯特 11 岁时，生活再次发生变化。赫尔达的哥哥约翰·明索恩写信给居住在衣阿华的戴维·胡佛一家，要求把赫伯特送到俄勒冈州和他同住。明索恩携妻子劳拉以及三个孩子从衣阿华州迁到俄勒冈州的纽伯格，旋即在当地一家教友派学校——教友大西洋学院——担任督学。（明索恩还是个医生；他毕业于费城的杰斐逊纪念医院。）他的儿子于前一年去世，年仅 7 岁。明索恩这次写信让赫伯特住到他家，目的是让外甥接受更好的教育。

赫伯特登上 1885 年 11 月 12 日的火车，前往俄勒冈州投靠舅舅。在他随身携带的行李中，有两块小牌，都是母亲的遗物。一块上面写着："上帝，我的救世主，不要离开我，也不要遗弃我"；另一块写着："我永远都不会离开你，也不会遗弃你。"当赫伯特抵达纽伯格舅舅的家中时，他把两块小牌挂在床头。他现在身边没有一个认识的人，同哥哥、妹妹也是天各一方。正如他自己在回忆录中所写的，他感觉到了"孤独寂寞"。

赫伯特一到达俄勒冈，马上就进入教友大西洋学院就读。学校分为两个分部：其一是语法部，专门针对小学生；还有学院部，相当于现在的中学。教员包括约翰·明索恩和妻子劳拉，以及 W. R. 星巴克。学校从上午九点钟开课，首先是祷告，然后是二十分钟的谈话时间，明索恩会选择一些他认为对铸造学生们的品格有帮助的话题让大家讨论。课程一直持续到下午四点。赫伯特在学校的语法部重新开始了他的学业。第一年，他学习六门科目：阅读、算术、地理和地图绘制、写作和绘画、语言课程以及拼写课。

因为是一所教友派学校，所以校训上明确地指出了对学生们的要求："因为不道德的和犯罪的行为与精神或肉体发展的最高层次无法并存，所以每个学生都要自觉避免犯这两种过失。"尽管校规严格，但是赫伯特得到了约翰·明索恩的允许，在教育上获得了比在衣阿华州学校里更多的自由。他在舅舅的图书馆读到了很多先前被禁止翻阅的书籍。

　　1885年，利兰·斯坦福夫妇宣布把他们数千亩的帕洛阿尔托地产捐赠出来，并投入五百万美元启动资金兴建一所规模宏大、不受传统管理约束的大学。与当时多数仅招收男生的大学不同，新学校将实行男女合校；当时多数大学都与某个宗教组织有关联，而这所新学校不从属于任何教派；针对大部分高校只注重文化教育的情况，它公开宣扬务实的原则，声称要培养既有文化素质、又具有实用能力的公民。斯坦福校园的设计者是弗雷德里克·劳·奥姆斯特德——声名赫赫的环境美化设计师，纽约中心公园就是他的作品。校园基本结构为双层四方广场，绵延低矮的教堂式建筑加上拱廊环绕在广场周围。

　　帕罗阿尔托周围的地产价值骤升。上图是1889年斯坦福大学所在地的房地产促销广告——两年后，大学就建成开张了。

　　赫伯特在明索恩家中承担了一定的家务杂事，包括替舅舅的马队喂食及饮水，把奶牛赶到牧场上吃草并负责挤奶，此外还要劈柴。他还多次跟随舅舅出诊。在乘坐马车前往病人家的途中，明索恩医生和年轻的外甥谈论生理学以及健康。胡佛在回忆录中写道："在崎岖不平、泥泞不堪的林间小路上进行的单调乏味的长途旅行，成了我所受教育的一部分。"

尽管如此，赫伯特的生活不乏快乐的时刻，也有很多攒钱的工作机会。他随村里其他的男孩一起到俄勒冈州的森林和溪流间探险。赫伯特还掌握了钓鱼的技巧，钓鱼成了他毕生的业余嗜好。他在附近的小溪中建水坝，同表兄弟们一起玩游戏，并学会了游泳。他还利用暑假打工挣钱。赫伯特在农场里帮着除洋葱地里的杂草，每天工作十一个小时，工资是五十美分，并由主人提供住宿。同年夏天，他在纽伯格的砖场也工作了一段时间。

赫伯特在语法部的第二年学习的科目包括：算术、美国历史、生理学、语法和自然地理学。他在学校表现良好，1887年5月从语法部毕业，并成为在毕业典礼上发表演讲的学生代表之一。

同年9月，哥哥西奥多从衣阿华州过来和他团聚，两个人一起进入学院部学习。赫伯特所学科目包括代数学、簿记学和修辞学。他成绩突出，被认为是班上最优秀的学生之一。兄弟俩有一段时间住在校园内的同一间宿舍中。

1888年，赫伯特14岁时，明索恩医生辞去学校的职务，和几个朋友合伙开了一家俄勒冈州土地公司。这家房地产企业位于距离纽伯格大约三十英里的塞伦城外，明索恩一家随之迁往塞伦。赫伯特选择离开学校，随舅舅一家搬去塞伦，并在舅舅的公司当办公室勤杂工。

赫伯特全心全意地投入了新工作。他不仅整理档案、邮寄物品，还负责公司的广告宣传。他总结出了一套新方法以发展公司的潜在客户。赫伯特还向公司的簿记员请教财会知识，从办公室秘书劳拉·赫赖特那里学会了打字录入。劳拉对胡佛赞不绝口："赫伯特·胡佛是我见过的最安静沉稳、效率最高、最勤快的办公室勤杂员。他清楚办公室工作的每一个细节，我们其他人从来都不用自己记事情，直接问他要方便得多，也快捷得多。"

胡佛没有放弃继续接受教育。在塞伦待了一年后，他进入首都商学院的夜校学习。夜校的老师帮他提高代数和几何。胡佛还在老师的指导下学习拉丁文，不过收效甚微。与此同时，妹妹玛丽到塞伦的外祖母家居住，时隔三年，兄妹俩得以重逢。

胡佛在塞伦时的学业进步离不开一个叫珍妮·格雷的女孩的支持。格雷对胡佛心怀爱慕，视他为知己，花了很多时间帮助他增长知识。她带胡佛去塞伦图书馆，介绍他阅读《伊万荷》（Ivanhoe）、《大卫·科波菲尔德》（David Copperfield），以及其他一些胡佛从没听说过的文学名著。在格雷的引导下，胡佛对书籍产生了强烈的热爱，他觉得她打开了自己通向一个全新世界的想象之门。

大约当了三年办公室勤杂员后，哥哥西奥多从学院毕业，已经回到衣阿华州去上大学，胡佛受到哥哥的影响开始考虑自己的未来教育计划。而且他知道，家里从父亲那笔不多的财产中省下了一部分钱，作为孩子们的专用教育经费。与此同时，一个从东部归来的采矿工程师前来土地公司办公室参观，他和胡佛聊天时谈到工程师的野外生活，他告诉胡佛在新开发的西部工作的新鲜刺激，以及实地勘测给工程师带来的技术难题。胡佛兴致勃勃地倾听，这次谈话对他的人生产生了深远的影响。

赫伯特调查了几所大学，他决定自己也要成为一名工程师。在探访了喀斯喀特山脉的一处矿藏之后，他迷上了地理。他与日俱增的求知热情被俄勒冈州土地公司办公室的一些同事留意到了。公司合伙人之一的本·库克热情地称赞这个年轻的勤杂员：“只要手头有事情，他总会手脚麻利地完成，一旦得空了，他马上拿出几何书或代数书或历史书，坐在角落里的那张小桌子旁边，弯腰弓背认真看书，为上大学做准备。”

在此期间，赫伯特·胡佛被塞伦当地报纸上刊登的一则启示吸引了。启示宣称加利福尼亚州新开的一所大学正在波特兰举行入学考试。这所大学名叫斯坦福大学，建在旧金山以南三十英里一个农场上，富有的参议员利兰·斯坦福是这个面积八万英亩的农场的主人。尽管舅舅对他到这所“不敬神明”的大学就读心存疑虑，胡佛还是赶到波特兰同约瑟夫·斯温教授面谈，斯温教授同意他参加入学考试。

斯温教授在文章中这样描述赫伯特·胡佛：“我观察到，他紧咬牙关，异常果断，他整个脸庞和姿态都表明他不惜一切要通过考试的决心。很明显，面对眼前的考题，他正尽自己拥有的每一份力量来思考正确答案。”虽然他的考试成绩不理想，斯温教授被他坚定的意志以及对工程学的狂热所感染。因为斯坦福大学需要这类学生，于是斯温教授让赫伯特·胡佛提到加利福尼亚州，在那边请老师补习功课，到时候参加斯坦福大学的考试。

1891年8月底，刚刚过完17岁生日的赫伯特·胡佛登上了从塞伦发往加利福尼亚州的火车。斯温教授本人也信奉教友派，他事先经过协商，得到了约翰·密尔顿的许可，同意让赫伯特·胡佛到学校就读。赫伯特·胡佛到达斯坦福大学后发现学校尚未完工，只建好了几幢楼，灰尘弥漫的道路上布满车辙。尽管如此，他还是难以掩饰兴奋雀跃的心情，对新学校的巨大热情也在心中生根发芽。

赫伯特·胡佛一抵达学校就同斯温指派给他的老师取得联系，约定好补习时间。这两位老师分别是露西·弗莱彻和埃莉诺·皮尔森，胡佛替她们俩喂马作为回报。在她们的帮助下，赫伯特·胡佛在算术、地理学、几何学和美国历史这几门科目上成绩合格。但是，要取得入学资格，他还需要多掌握一门专业知识。他想起自己与约翰舅舅的那些关于解剖和健康的交谈，于是当晚他读了两本生理学的书，通过了第二天的生理学考试。他最终以“有条件的学生”的身份进入斯坦福大学，因为他的英语写作实在太蹩脚了，他需要在毕业之前交出一篇令人满意的散文。

赫伯特在新的男生宿舍艾西诺大楼安顿下来，成为班上年纪最小的成员。1891

年10月1日，他参加了新的利兰—斯坦福大学的开学典礼。参议员斯坦福和新任校长戴维·斯塔尔·约旦的演讲给赫伯特·胡佛留下了深刻的印象。斯坦福先生极力强调："记住，首先，生活是切合实际的；你们到这儿来就是为了让自己适应将来职业的需要……学习不仅仅是为了增加在艺术和科学方面的知识，还要进一步充分发展你们的道德和宗教品质。"

赫伯特·胡佛选择了机械工程学作为自己的专业，并开始了第一学期的学习。他第一年的课程包括立体几何、代数学、三角法、绘图和机械工程。翌年1月，学校来了一个教地质学的新老师布兰纳博士。"我被一个伟大的科学家和伟大的老师的魔力牵引到了这里"，胡佛是这样说的。他放弃了绘图课程，选修了布兰纳的地理课。师生两个人结下了持续一生的友谊。

斯坦福大学不收学费，不过，赫伯特·胡佛还是需要自己挣点钱支付住房、膳食和日用品的费用。他在学校办公室找了一份工作，后来他接受了布兰纳博士的工作邀请，帮老师在地质系打字录入。赫伯特·胡佛还开了一家专门面向学生的洗衣店，并经营校园派送报纸的业务。随着知名度的提高，他把两项生意转包给其他学生，从中收取少量的提成。

虽然赫伯特·胡佛是一个富于创新精神的年轻商人和一名优秀的学生，在社会交际方面，他并不擅长。在老师们眼中，他安静、腼腆、拘谨。他不喜欢漫无边际的闲聊，是个沉默寡言的学生。尤金·里昂在为胡佛所著的传记中这样写道："他一旦发表自己的看法，那必然是简明扼要、直击要点、令人印象深刻的观点，因此他在同学中受到关注——不像一些性格外向者那样引人注目，但是慢慢地他开始显露锋芒。"

斯坦福大学开始时实行通过或不及格的评分系统。关于赫伯特·胡佛大学一年级的成绩，我们只知道他通过了全部课程。他还是几个学生组织的成员，表现积极活跃。他参加了地质俱乐部，并在一次聚会上递交了一篇论文。他是棒球队的游击手，然后成了队里的财政及日程管理人。相比社交活动，胡佛对那些自己能在其中贡献才智和力量的活动更感兴趣。

1892年夏，布兰纳帮助胡佛加入了前往阿肯色州进行勘测的地质队。在工作的过程中，胡佛对那里的人们开始有了更多认识。他发现，虽然阿肯色州的居民对勘测队员们正在进行的工作心怀疑虑，但他们总是热情款待这些外来者。胡佛往往能在他们家中找个住处过夜，而且即使主人家并不富裕，需要金钱，他们也从不收取他的住宿费。

胡佛回到斯坦福大学开始二年级的学业后，他转到了地质学专业。他学习矿物学、古生物学、无机化学和地质学。他继续在布兰纳教授手下工作，并接触到了地质学领域更多相关的事务。第二年春，他参与了一张巨大的阿肯色州地形图的绘制工作，成品在1891年的芝加哥世界商品展览会上展出。胡佛因此而得到了十五个学分。

　　大学三年级的第一个学期，胡佛学习古生物学、矿物学、勘测学、化学和哲学。第二学期学习日程表上包括化学、微积分学和化验学。除此之外，他听了一些其他专题讲座，比如进化论、生物学，还有科学与宗教的调和。

　　胡佛在大学中和同学们相处愉快。他的一个朋友威尔·欧文回忆说，有一次胡佛和几个同学打赌，看谁跑得最快。当晚他们都绕着用细煤渣铺成的跑道跑了一圈，结果胡佛赢了。然后他向大家坦白，说自己刚才趁着天黑从场地中间抄近路跑到终点。一起跑步的同学把他拖进浴室，然后浸在浴缸里。

　　在大学三年级的时候，胡佛在课堂以外经历了人生中最珍贵的片段之一。斯坦福大学建校的第一年，很多组织，包括联谊会相继在校园中成立。在接下来的两年中，联谊会的成员占据了学生会中的大部分职位。那些没有加入联谊会的学生——绰号"乡巴佬"，胡佛就是其中一个——决定对兄弟会成员宣战，尽可能争取更多的学生会职位。在1894年4月的选举中，"乡巴佬"们获得了校园中所有的重要职位。

　　胡佛参与制定了新的章程，其中规定所有的学生活动都要经过学生会的批准。这个章程获得通过，并立即生效，从当年起开始实行。之前校园里大部分组织都是各自为政，独立行动。比如，橄榄球队开始能通过比赛获得大量的现金，但是队员们毫无责任感。胡佛当选为第一届学生财政管理人后，负责处理校园很多机构的财政事宜。他创立了一个账户系统，包含了每个学生自主创立的企业的财政情况，并且定期在校园报纸上发布统计结果。

　　1894年夏，胡佛受雇成为美国地质勘测队的一员，参与执行绘制塔霍湖周围峰峦起伏的山脉的地图的任务。他在瓦尔德马·林格伦博士手下工作，后者是一位杰出的地质专家，并最终成为美国地质勘测队首席地质学家，后来在麻省理工学院担任地质学教授。在胡佛眼中，林格伦不仅是一名了不起的工程师，还是一名伟大的老师。同林格伦以及勘测队其他成员一起工作生活留给胡佛的感想是："他们在篝火旁边进行的富有启发性的谈话始终以大量客观的观察作为依据……大量的工程学理论知识和实践的惯例方法渗入了我的脑中。"林格伦将这个年轻的斯坦福学生视为自己拥有过的最佳助手，因为胡佛求知欲很强，在工作中一丝不苟。勘测地图出炉后，林格伦把胡佛列在了自己的名字后面。这位来自衣阿华州的男孩首次得到这样公开的认可，这次经历在他心目中占据着特殊的地位。

　　胡佛回来时学校已经开课，但是因为他协助林格伦博士所从事的工作获得了八个学分的奖励。大学四年级的这个学期他选修了德语，但是没有通过，这是他在斯坦福大学唯一不及格的科目。因为全力投入校园的各类活动，醉心于校外的勘测工作，这个学期他一个大学学分都没拿到。大四春季那一学期，胡佛身上的学习任务很重，他要修完19世纪欧洲历史、伦理学以及几门地质学高级课程。为了达到毕业的要求，他在一个热心的教授的帮助下，完成了自己的英语论文任务。

　　读大学四年级的胡佛在地质系工作的时候，认识了来自加利福尼亚州蒙特里的大一新生卢·亨利。她也出生于衣阿华州，同样喜欢骑马、露营和钓鱼。数年之后，胡佛这样写道："我觉得，帮助她的学业是我的义务……这种责任感来源于她天马行空的想法，她蓝色的眼睛，还有她继承自爱尔兰祖先的莞尔一笑。"那一年，他带着她参加每一次社交活动。毕业之后的胡佛和她保持了三年通信联系，直到她毕业。他们于 1899 年 2 月 10 日结婚。

因为毕业那年遇上了经济衰退，胡佛在加利福尼亚州的格拉斯谷找到了第一份工作，下到瑞沃德矿井底部铲矿渣和岩石就是他的工作内容，每天工作十个小时，报酬为两美元。一年后，这位斯坦福大学的毕业生跑到旧金山，成功地加入著名的采矿工程师路易斯·杰宁名下的办公室。杰宁派胡佛到几个矿井去做调查。鉴于胡佛极其完善的勘测报告，杰宁把他推荐到伦敦的比伊克—莫宁采矿公司工作。公司聘用了胡佛之后，派他到澳大利亚西部视察和开发公司的金矿。1897 年，23 岁的胡佛乘船到达澳大利亚，开始了辉煌的采矿工程师生涯。

1899 年，胡佛被派遣到中国工作。不到三年，他就因为得到入股的金矿分红而成为百万富翁。1900 年中国发生了义和团运动，胡佛和妻子逃过此劫，并开始学习中文。夫妇俩在中国居住期间生了两个儿子，小赫伯特和艾伦。1908 年，胡佛创办了自己的采矿工程公司，他的财富和声望与日俱增。不过，他仍然挤出一定的时间来读书，他贪婪地阅读历史、科学、经济学和哲学方面的书籍。除此之外，他和妻子把一本 16 世纪的拉丁文采矿著作翻译成英文。

1914 年，伍德沃·威尔逊总统委任胡佛牵头组织美国救济委员会，以帮助第一次世界大战爆发后流落欧洲、身处困境的美国人。战争期间，他曾经在几处政府办事机构任职，同时在凡尔赛和平会议时担任威尔逊的经济顾问。1921 年至 1928 年，他在哈定总统及柯立芝总统任期内担任商务部部长。

1928 年，胡佛作为共和党候选人参加总统竞选。他击败了民主党的对手艾尔弗雷德·史密斯。美国总统是胡佛第一个也是唯一一个通过竞选获得的职位。在他任期内，大规模的经济危机爆发，导致了他 1932 年竞选连任的失败。

胡佛在第二次世界大战期间担任赴欧洲救济组织的主席。战后，杜鲁门总统委派他督察欧洲粮食救济工作。稍后，杜鲁门邀请他出任所谓的胡佛委员会主席，旨在帮助改善政府行政部门的效率。最终，该委员会的大部分建议和劝告得到了采纳。由于对公共事业做出了的巨大贡献，赫伯特·胡佛在去世之前共收到了八十四个名誉学位和七十八项奖励奖章。

1964 年 10 月 17 日，胡佛去世，享年 90 岁。虽然他在总统任期的表现广受批评，但是他的传记作者尤金·里昂这样评价："在我研究胡佛生前的一系列资料的时候，令我印象最深刻的是他的表里如一和真诚。在他的事迹中，没有一丝的虚伪或假冒。"

赫伯特·胡佛所学的知识伴随他一生。不管是教友派的成长环境，还是在斯坦福大学的求学岁月，他都被教会了一点，即做一个对国家有用、对他人有帮助的人。本身孤儿出身的胡佛在两次世界大战从事救济工作时，对那些被卷入战争的儿童表现出了特别的同情和怜悯。另一个为胡佛著传记的作家乔治·纳什写道："赫伯特·胡佛生前把半个世纪的生命扑在了公共事业上。就其内容的广度和时间的长度来说，在美国历史上无人能与之匹敌。"

第三十一章

富兰克林·D. 罗斯福
(Franklin D. Roosevelt)

弗雷德·L. 伊思雷尔

富兰克林·D. 罗斯福被列为美国历史上最具争议性的总统之一。在其执政期间（1933—1945），他遭遇了 20 世纪的两大最重要的事件——经济大萧条和第二次世界大战。在处理这些重大问题上，罗斯福总统成为万众瞩目的英雄——一个不出一点差错的总统。同样地，因为他的施政方针而使国家经济有了重大改观，另有无数人讨厌"白宫里的那个人"，这是因为他们宣称是他损害了州的权利和个人自由。然而，即便是那些恶意批评他的人也认同，富兰克林·D. 罗斯福在美国历史上留下了难以磨灭的印记。

1945 年 4 月 12 日，在史无前例的第四任就职典礼后不到三个月，罗斯福死于任上。他没有写过回忆录和自传，没有把他个人的内心感受和各种动机记录下来。虽然有一些罗斯福的真实生活的史实，但是即便用尽了一切能想到的办法去收集他的个人信件，寻求其家人、朋友和其他与罗斯福相关的人的回忆，以及许多有关他的生活和任职时的思想的细致研究，罗斯福这个人的深层内涵仍然是难以捉摸的。虽然罗斯福在 39 岁时因为疾病而双腿瘫痪，但他却从未自暴自弃，而是选择勇敢地面对一切困难，这使他赢得人们的信任。当其他人缺乏勇气摆脱美国政党陈腐的既定政策时，罗斯福多次采取了空前冒险的行动。他那强大的领导力从未停止过向世人传达信任、信心和大无畏的精神。

1882 年 1 月 30 日，富兰克林·D. 罗斯福出生于纽约海德公园的家中（幼林庄园）。海德公园是一个俯瞰哈得逊河的小村庄，位于纽约城北大约八十英里，距离波基普西镇约五英里。富兰克林出生的时候，几代罗斯福人已经在美丽的哈得逊河谷建立了家业。人们认为美国最初姓罗斯福的人是 17 世纪 40 年代从荷兰移民来的。

富兰克林的父亲詹姆斯·罗斯福非常富有，他曾买下了幼林庄园，经过多年的经营，他所拥有的土地面积已增至一千多英亩。

詹姆斯的第一任妻子死于 1876 年。四年后，42 岁的詹姆斯与只有他年龄一半大小的六表妹萨拉·德拉诺结了婚。萨拉与她的丈夫相似，她也是出生于富商之家。萨拉还是一个小女孩的时候曾到过中国旅行，她在国外上学，并且活跃在伦敦

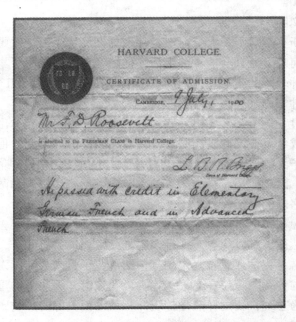

　　富兰克林·罗斯福出生于富裕之家，罗斯福家族数代以来都享有极大特权，是一个远离下层社会的家庭。从他们那位于纽约海德公园的宏伟庄园的走廊里望去，是哈得逊河谷的美丽景色和远处的卡特斯克山脉。一群牛羊在田野里悠闲地吃草，起伏的群山、丰收的田野、温室、葡萄藤棚架、繁花似锦的花园、山羊、狗、马厩、马匹，一切美景尽收眼底。

　　表面上看来，富兰克林·罗斯福的青少年时代是快乐而又备受优待的。这是一种世外桃源般的生活，他的玩伴几乎总是众多的表兄弟和来自附近庄园的孩童。在他 15 岁之前，富兰克林曾八次随父母去欧洲旅游，每次都持续数月之久。在欧洲他的父母与富有的贵族交往。富兰克林被带到英国的庄园、法国的度假胜地，还经常去德国的温泉浴场。在他 9 岁那年的夏天，富兰克林的父母准许他进入德国南部一所学校学习为期六周的课程，以期改善他的德语。他所了解到的欧洲都是那种精英阶层。除仆人之外，年幼的富兰克林几乎不和那些为他们的生活效劳的人接触。

　　海德公园的家里藏书颇丰。在 14 岁以前，富兰克林已经读了阿尔弗雷德·萨尔·马汉的新时代研究著作《海军对历史的影响》（1660—1783），还有马克·吐温、吉卜林和弗朗西斯·帕克曼的著作。（如今，在罗斯福博物馆，人们可以看到在这许多书上的空白处有富兰克林写的笔记和注释。）一天下午，富兰克林的妈妈发现他在专心致志地读韦伯斯特的《完整辞典》。她问他正在做什么，他回答说他正在翻看字典，因为他有很多字不认识。

　　1896 年秋季，富兰克林·罗斯福的父母把他送进了马萨诸塞州的格罗顿学校。他们的目的是为富兰克林的大学生涯做准备。这是富兰克林第一次进入一所普通学校，也是第一次与他挚爱的父母分离。母亲在她的日记里记录下了这次与富兰克林的离别："我们掸去孩儿身上的尘土，他在河里畅快地游泳……我凝视着。怀着沉重的心情，我们不得不离开我们心爱的孩儿。詹姆斯和我都非常舍不得与之分离。"

　　1900 年的哈佛大学，已经有近二百五十年的历史，它是一所为美国最显赫和富有的家庭的子女而建的学校。如今 18 岁的富兰克林·罗斯福，几乎是猛地投入到广泛的社交、体育和课余活动中去了。他像是从海德公园和格罗顿的束缚中解脱了出来。他倾尽全力想参加几乎每个运动队，但却只进入了一个本校的橄榄球队。虽然他现在有六英尺高，但是只有一百四十五磅的体重，对于运动队来说这实在太轻了。他在赛场上跑得太慢，又不够强壮去参加划船比赛。虽然他参加了新生的歌唱组，却在大二那年由音质条件更好的学生所取代。

和巴黎的名人社交圈。

　　詹姆斯·罗斯福继承了一大笔财产，特别是在经历了第二次婚姻之后，他最关心的就是哈得逊河畔上流社会的乡绅生活。他的经济投资结出了累累硕果，为他赚够了钱来享受这种奢华的生活。他们的婚姻平静安详，直到 1900 年 72 岁的詹姆斯去世才打破了这种宁静（富兰克林当时 18 岁）。

　　富兰克林度过了一个无忧无虑、诗画般的童年。当富兰克林出生时，他那同父异母的哥哥已经成年了，因此没人同富兰克林在父母面前争宠。他一人享受父母的溺爱，拥有贵族子女的所有特权。在幼林庄园，随时都有仆人听候差遣——有管家、厨师、女仆、园丁，还有马夫。富兰克林出生后，詹姆斯和萨拉得以继续四处旅行，过着多姿多彩的生活。

　　后来，萨拉·德拉诺·罗斯福声称，她和丈夫都从未想过要去影响小富兰克林的品位和爱好。然而，难以想象一个母亲会如此密切地关心儿子，全身心地关注他的生活和活动。富兰克林那意志坚定的母亲期待儿子将来会继续发扬德拉诺家族和罗斯福家族发家的传统。萨拉在 1932 年说："我知道，天底下的母亲都相信他的儿子有朝一日会成为总统，我同样热爱传统并相信永恒美好的事物，却从不赞同那种想法。"

　　年幼的富兰克林几乎不与那些为他们的生活效劳的人接触。当他陪同父母在美国出差时，他们乘坐一辆私人汽车。富兰克林过着小贵族式的幸福童年——频繁的出国旅行，夏天去缅因海岸的坎波贝罗岛上的别墅小住，去海边游泳和航行，还几乎每年都在纽约住一段时间。然而，海德公园依然是富兰克林·罗斯福真正的家。在富兰克林一生中——甚至当他成为总统时，他都要回到美好的庄园。也许再没有别的总统拥有比富兰克林·罗斯福更快乐、更无忧无虑的童年了。

　　詹姆斯·罗斯福的意思是把富兰克林送到海德公园的公立学校就学，而萨拉却不愿这样。她尽可能让儿子身处一个孤立的世界。幼年的富兰克林接受私人教师和家庭女教师的教育。他的家庭女教师都是欧洲人，这使得富兰克林的早期教育中的很大一部分是学习外国语言。他的法语流利，并且德文写作水平也相当不错。（二战期间，富兰克林·罗斯福能够与只能说法语的法兰西领袖查尔斯·戴高乐交谈。）一个家庭女教师让富兰克林用法语就当时社会的不平等写一篇文章。这篇文章可能是富兰克林第一次揭露出掩藏在拥有美满家庭和诸多朋友的幸福世界下的丑恶。他的老师与他全家一起旅行，因而富兰克林在世界各地都能学习功课。萨拉依然掌管着她儿子的学习情况，家庭教师的离去与否也由她决定。

　　富兰克林与他生活中的成年人相处很好。但是萨拉注意到，当他与同龄人一起玩耍的时候，善于发号施令、指挥他人。埃德蒙和阿奇博尔德·罗杰斯是他最早的玩伴，他们住在幼林庄园附近的一个庄园里。6 岁时，富兰克林在家庭教师的指导下，开始每天在罗杰斯家里花两个小时学习阅读、写作和德语。他很快就可以用德语给他母亲写简短的便条了，萨拉一直珍藏着这些便条。在一次全家去欧洲的旅途

格罗顿学校相比舒适的海德公园来说是纪律严格的地方。富兰克林住的那间小小房间几乎没有家具配置。一块帘子当作门。孩子们在早上七点要起床，七点半吃早餐，八点一刻做祷告，然后开始上课。中午吃完饭后有更多的课要上，还有必须参加的体育运动。晚餐的时候，孩子们穿着蓝西服，立着笔挺的白衣领，穿黑色皮鞋。接下来是傍晚祷告和学习时间。格罗顿学校的校长恩迪科特·皮博迪说："富兰克林是一个安静、令人满意的孩子，智力超众，表现良好，但不算优秀。在体育运动方面，他身体太瘦弱。不过我们都喜欢他。"

明信片所示为富兰克林·罗斯福进格罗顿学校时的教堂。

在这张 1899 年 10 月所拍的格罗顿学校篮球队的照片中，富兰克林·罗斯福站在中间。格罗顿学校的课程设置强调古典教育。比如，在第一年里，富兰克林学了拉丁文、希腊文、代数、英国文学和作文、古代历史、自然科学和圣经。在格罗顿学校的四年中，富兰克林排名位于前四分之一。从来不是很出色的学生，也不是很受同学们的欢迎，但他确实享受其中一年作为格罗顿学校橄榄球队"最喜欢寻欢作乐的人"的不同。他算不上一个运动员，他对格罗顿学校的体育运动的主要贡献是管理校篮球队。

上图为 1900 年 2 月 22 日，在格罗顿学校上四年级的富兰克林·罗斯福扮演 W. S. 吉伯尔特的《婚礼进行曲》中年迈的波帕迪大叔。

中，萨拉决定要提高富兰克林的德文水平，让他在德国的一所公立学校学习了六周。这是富兰克林在五年后进入格罗顿学校之前所受到的唯一一次学校教育，也是他唯一一次接触学校纪律的管制。

在母亲的鼓励下，9 岁时的富兰克林开始了集邮，他不断地增加邮票的数量，即使是当上了总统以后也仍保持这一爱好。罗斯福/德拉诺这个大家族涉足船运和贸易，特别是远东贸易，因此，富兰克林总是要求亲戚们给他寄邮件，带给他邮票。在他的收集中没有落下任何国家。后来他去格罗顿和哈佛大学上学也随身带着自己的邮集。二战期间，当他作为总统去参加卡萨布兰卡和雅尔塔会议时，邮票被装在一个大板条箱中时刻陪伴着他。花时间收集邮票是他的一种放松方式。他从集邮中获得的世界地理和最令人费解的战争遗址的丰富知识，让军队的副官们由衷钦佩。他收集的无数邮票基本上将每个国家都囊括在内，成了世界上数量最丰的邮集之一。

除了那些寻常的科目，富兰克林还学会了木工活——比如制作模型船、鸟巢和玩具。像他的远房堂兄西奥多·罗斯福一样，富兰克林还对鸟类学（动物学中关于鸟类研究的分支）产生了极大的兴趣。他收集鸟蛋和鸟巢，并在笔记本上记下仔细观察到的东西。当他 11 岁的时候，他写了一篇题为"哈得逊河谷鸟类"的作文，这让他那慈爱的祖父非常感动，奖励给他一张美国自然历史博物馆的终身会员证。富兰克林还学习了动物标本的制作，但是很快就把这脏活交给了仆人，自己喂鸟去了。摄影也让小富兰克林着迷，他使用一台有三脚架的柯达相机，拍下了许多家庭照和个人照。这些照片中有许多陈列在海德公园的罗斯福博物馆。

最重要的是富兰克林的父母让他参与成年人的生活，这对他的教育产生了很大影响。他们把他介绍给学识渊博的朋友。富兰克林·罗斯福随同父母参加了许多文化活动，比如博物馆、剧院，以及欧美的音乐会。

富兰克林·罗斯福终生热爱读书，幼林庄园有一个藏书丰富的书房，这可让他搜寻自己想要的书籍。富兰克林·罗斯福是一个记忆力惊人的快速阅读者，他飞快地啃着书本，并从中获取大量知识。作为一个少年，富兰克林特别喜欢有关海洋和海军历史的书籍。（扬帆于父亲的"半月"小船之上，真是人生的一大乐事。）在 14 岁之前，富兰克林已经看完了阿尔弗雷德·萨尔·马汉的《海军对历史的影响》。多年以后，他温情地回忆起那些美妙的童年时光，他在慈祥的祖父的阁楼里找到一些陈旧的航海日志和报告津津有味地阅读。毫无疑问，富兰克林的母亲不断给他讲述了她的祖先航海的故事，以及她一个年轻女子到亚洲独自旅行的经历，这对他的兴趣产生了很大的影响。

富兰克林·罗斯福的家教老师们通常告诉萨拉，富兰克林是个好学生。然而，富兰克林从未屈从于其他学生的竞争或比较。他没有得到过正式的分数和成绩单。然而他的记忆力惊人，他不会批判地思考拥塞在头脑里的众多想法。这些想法似乎只是他的另一种收集，转眼间就被极好地组织和轻松地回忆起来。他的早期的学校

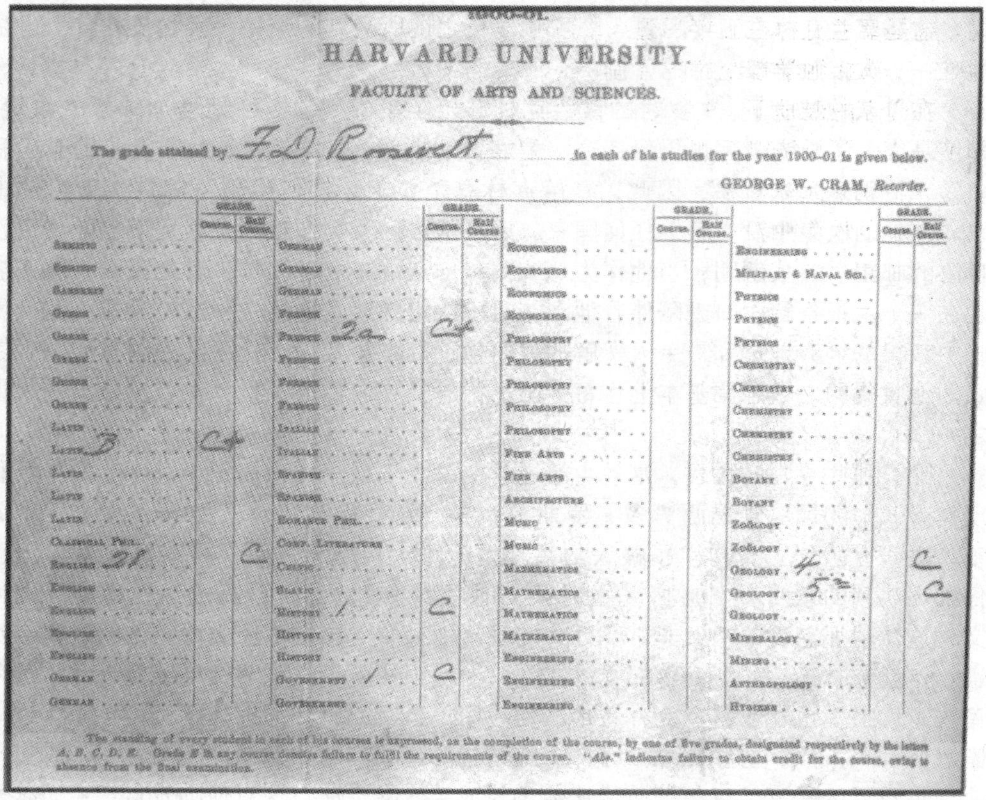

1900-01.

HARVARD UNIVERSITY.

FACULTY OF ARTS AND SCIENCES.

The grade attained by F. D. Roosevelt. in each of his studies for the year 1900–01 is given below.

GEORGE W. CRAM, *Recorder.*

	Grade: Course.	Grade: Half Course.		Grade: Course.	Grade: Half Course.		Grade: Course.	Grade: Half Course.		Grade: Course.	Grade: Half Course.
Semitic			German			Economics			Engineering		
Semitic			German			Economics			Military & Naval Sci.		
Sanskrit			German			Economics			Physics		
Greek			French			Economics			Physics		
Greek			French 2a	C+		Philosophy			Physics		
Greek			French			Philosophy			Chemistry		
Greek			French			Philosophy			Chemistry		
Greek			French			Philosophy			Chemistry		
Latin			Italian			Philosophy			Chemistry		
Latin B	C+		Italian			Fine Arts			Chemistry		
Latin			Spanish			Fine Arts			Botany		
Latin			Spanish			Architecture			Botany		
Latin			Romance Phil.			Music			Zoölogy		
Classical Phil.			Comp. Literature			Music			Zoölogy		
English 28		C	Celtic			Mathematics			Geology 4		C
English			Slavic			Mathematics			Geology 5		C
English			History 1	C		Mathematics			Geology		
English			History			Mathematics			Mineralogy		
English			History			Engineering			Mining		
German			Government 1	C		Engineering			Anthropology		
German			Government			Engineering			Hygiene		

The standing of every student in each of his courses is expressed, on the completion of the course, by one of five grades, designated respectively by the letters A, B, C, D, E. Grade E in any course denotes failure to fulfil the requirements of the course. "Abs." indicates failure to obtain credit for the course, owing to absence from the final examination.

富兰克林·罗斯福主修美国历史和政府管理，辅修英语和公开演讲，他不是一个很好的学生。他学习不是很认真，结果成绩经常只得到“有绅士风度的C”。课外活动和社交生活对他来说更重要。富兰克林富有魅力、英俊，且极其富有，他跟随母亲去加勒比海旅行，而漏掉了六个星期弗雷德里克·杰克逊·图内关于美国历史上边境作用的精彩课程。现存的他在学校时的写作都比较普通，而且没有批判力。

训练并没有试图把这些想法结合起来，或者在其中发现更深层次的意义。

萨拉和詹姆斯早早地就为他们的儿子计划好了青少年时期的教育。当他只有1岁的时候，他们就把他的名字列入了马萨诸塞州的格罗顿学校的入学名单中。在那个时候，格罗顿学校对于来自富有的新英格兰家庭的专制而又鼓舞人的主教牧师恩迪科特·皮博迪来说仍是一个梦想。皮博迪在英国接受教育，而他梦想着为美国的孩子建立一所继伊顿公学和哈罗公学（这是培养英国上层阶级子弟的两所著名英国寄宿学校）之后的模范学校。皮博迪计划保持学校的小规模，以保持一种家庭氛围，并着重强调基督教的伦理道德、体育运动以及公共服务的美德。萨拉和詹姆斯的朋友为格罗顿学校捐献了土地。皮博迪和他的教育理念感动了罗斯福夫妇。萨拉·罗斯福尤其欣赏小规模办学的想法。然而，到了富兰克林进入格罗顿学校的时候，它已经成为了一所贵族子弟的预科学校，而它的毕业生成了美国社会和商界精英的顶级阶层。

富兰克林·罗斯福于 1896 年进入格罗顿学校。他在海德公园的朋友埃德蒙与他一块儿入的学，而他的侄儿"塔迪"·罗斯福（詹姆斯和他的第一任妻子的孙儿）在前一年入的学。虽然学校为 12 岁到 18 岁之间的孩子提供了六年的学习计划，但是萨拉和詹姆斯舍不得离开小富兰克林，一直到他 14 岁，他都是他们生活的中心。进入格罗顿学校标志着富兰克林第一次进入美国的普通学校，也是第一次离开挚爱的双亲。在海德公园，富兰克林已成为关注的重心；在格罗顿学校，他是一百一十名学生中的一员，他们之中的大多数人已在学校学习两年了。

富兰克林在格罗顿学校度过的四年时间（1896—1900）对他产生了深刻的影响。他让自己很快适应了截然不同的环境。比之于幼林庄园的舒适，格罗顿学校纪律严明。他在学校的小房间没什么装饰，一块帘子就当是门。富兰克林必须遵守严格的日常组织纪律。早餐在上午七点半，八点一刻做祷告，然后就是上课。中午吃完午餐后，要学更多的课程，还有必修的田径课。晚餐的时候，孩子们穿着蓝西服，立着笔挺的白衣领，穿黑色皮鞋。接下来是傍晚祷告和学习时间，每晚还要与院长嬷嬷和皮博迪太太握手。

富兰克林在格罗顿所度过的时光中，我们所知的大部分来自他寄给父母的家信。他在第一封寄往家里的信中写道，"我的心情和身体都很好"。信的基调一贯愉悦和乐观，有时还有点过于戏剧化。

在富兰克林的班级里有十九个学生，所有的孩子都有相似的上流阶层背景。与他的同学比较起来，富兰克林安静而又含蓄。然而，他仍会在合唱团唱歌、在校内踢球、大胆批评饮食不好，还严格遵守格罗顿的各项制度。班级里的孩子们已经建立了各自的友谊；而富兰克林·罗斯福只是个旁观者，他必须努力融入团体中。一些同学发现他傲慢而又浅薄，称呼他为"鸡毛掸子"。更糟糕的是，由于欧洲旅行的经历和对外国语言的广泛学习，他有点儿骄傲。他努力克服自己的骄傲情绪，其他的学生却把这当作是他在装模作样。虽然他从未在同学中间特别受欢迎，一年里，富兰克林着实享受到了作为格罗顿最喜欢寻欢作乐的人的不同，这也创下了学校的纪录。

在格罗顿学校的这些年留给罗斯福一个信念，那就是上流阶层的孩子有义务回报社会——尤其是回报下层社会。毫无疑问，这种信念来源于恩迪科特·皮博迪，他总是为穷人着想。皮博迪的传记作者把他描述成一个基督教的社会党人，他关心公众道德，但是对于由工业革命引起的经济和社会问题却不以为然。这位杰出的校长很明显把他的价值观植根在每个格罗顿人心中。富兰克林·罗斯福和皮博迪结下了终身的友谊。当富兰克林结婚的时候，皮博迪主持了婚礼，当富兰克林于 1933 年首次宣誓就职总统的时候，皮博迪朗诵了祷文。

皮博迪校长在第一个月寄给富兰克林的父母的成绩单中写了"非常好！我觉

得他是一个聪明而又诚实的学生和好孩子"。格罗顿学校的功课让这些优秀的学生感觉到压力——在头一年里，富兰克林学习拉丁文、希腊语、代数、英国文学和写作、古代历史、自然科学和圣经。在校期间，富兰克林的平均成绩还差一点才够"B"，排在前四分之一的学生之中。在期末的成绩单里，皮博迪写道："他是一个极其诚实的学生，也是学校里最令人满意的学生之一。我真是不情愿放富兰克林离校。"在 1932 年富兰克林·罗斯福参与总统竞选的一次采访中，皮博迪改变了他的评价的措词："富兰克林是一个安静、令人满意的孩子，智力超众，表现良好，但不算优秀。在体育运动方面，他身体太瘦弱。不过我们都喜欢他。"

1900 年，富兰克林·罗斯福进入哈佛大学，那时他 18 岁。那时的哈佛大学，同以往一样，是一所专为美国最杰出和富有的家庭而建立的学校。罗斯福在格罗顿学校的许多同学和他一起进入了哈佛大学。他们住在同样奢华的个人公寓里，在同样的特色餐桌上吃饭，而非一个大的普通食堂，并且参加同样的社交组织。他们的世界只是稍微扩大了，多了一些其他独特的新英格兰预备学校的毕业生。

在哈佛大学，富兰克林·罗斯福似乎摆脱了幼林庄园和格罗顿学校的束缚，他开始参加大量课外活动。他想加入每项体育运动队，但只有一个校内橄榄球队接纳了他，虽然他当时已经长到六英尺高，但体重只有一百四十五磅，这对橄榄球队员来说太轻了。他在赛场上跑的速度太慢，也不够强壮去参加划船比赛。虽然他加入了新生歌唱队，但在二年级时他由音质条件更好的同学所取代。

由于罗斯福在格罗顿学校的充分准备，他在三年的时间里就完成了获得文学学士学位的大多数课程。上四年级时，罗斯福的主要兴趣投入到哈佛大学学生日报（Harvard Crimson）上面。他在三年级的时候被选为这份四到八页的小报的主编，忙于办报纸占用了他三年级的大多数时间。

富兰克林·罗斯福主修美国历史和政府管理，辅修英语和公开演讲，他不是一个很好的学生。他学习不是很认真，结果成绩经常得到"有绅士风度的 C"。哈佛大学为学生提供了大量学术自由和强大的师资力量，但是罗斯福却对哈佛大学的教育感到不满。他后来抱怨说，学校传授的是复杂的理论，而很少讲授实用的知识。他这样说："我在大学里学了四年的经济学课程，而我学到的所有东西都是错误的。"

当富兰克林·罗斯福上大学一年级的时候，他的父亲去世了。詹姆斯·罗斯福在遗嘱中遗赠给儿子每年大约六千美元的收入。（在 1900 年，一名男教师每年的收入大约是五百美元，因此六千美元确实是一笔小财产。）富兰克林富有魅力而又英俊，还富有；另外，他的远房堂兄西奥多·罗斯福于 1901 年成了美国总统。由于他的名声和家庭的关系，富兰克林·罗斯福进入了浩瀚无边的波士顿—坎布里奇社交圈。那些社交活动（而非学习）占据了他在哈佛大学的大多数时间，这可以从他写给母亲的信中得到依据，他说："我目前一边学习，还学骑马，还要应付一些聚会邀请。"

富兰克林·罗斯福在哈佛大学的主要兴趣在学校的日报（Harvard Crimson）上。1902 年，三年级的他当选为报纸的主编。他写所有的社论，并有时喜欢称自己是前报界人士，他通过社论为哈佛大学的改革而效力。事实上，他曾要求最为激烈的改变莫过于在哈佛大学各大楼间的泥泞路面上铺上木板了。

　　萨拉·罗斯福继承了幼林庄园以及詹姆斯遗留下来的其他庄园。（当她的父亲在两年前去世的时候，她已经继承了一百多万美元的遗产。）按照詹姆斯·罗斯福的遗愿，他规定富兰克林要"听从母亲的监护"。萨拉立即承担了这个角色，她在波士顿租了一套房间，以便与他的儿子离得近，她在日记里写道："这里离学校足够近，方便他在需要的时候找到我，又足够远而不至于干涉他的学校生活。"

　　富兰克林的母亲住得如此靠近哈佛大学，以至于同学称他为"妈妈的宝贝"。而当许多年轻的姑娘追求这个英俊年轻的哈佛小伙子时，她们都受阻于他那盛气凌人的母亲的权威之下，富兰克林学会了如何机智地对付母亲。有时他在母亲装饰豪华的套房里进行聚会，而在其他时候他会想法避免母亲的在场。不过，他在大学一年级和二年级的暑假跟随母亲去欧洲旅游，剩下来的时间在坎波贝罗岛航行。

　　富兰克林在哈佛大学的这些年最重大的事件是他和第五个表妹安娜·埃莉诺的订婚。富兰克林还是小孩子的时候就认识埃莉诺，但是直到大学三年级那一年（1903—1904），他们的关系才开出浪漫的爱情之花。他们于 1904 年 11 月宣布订婚。

　　起初，富兰克林将自己对埃莉诺越来越着迷的事实瞒着母亲。当他最终宣布想要和表妹结婚时，萨拉·罗斯福吓了一跳。她不乐意让别的女人介入她儿子的生活，并设法冷却他们的热恋关系，让他们在作出正式承诺之前苦苦等待。为了让富兰克林忘掉埃莉诺，她带着儿子去加勒比海航行。萨拉听说在伦敦有一个外交副官的职位，她打算利用自己的关系为富兰克林获得这个职位，这样他就不得不离开美国了。最终，她的努力化为乌有：他们的婚礼于 1905 年 3 月 17 日在纽约举行。当时富兰克林 23 岁，埃莉诺 21 岁。总统西奥多·罗斯福，在婚礼上把新娘交给了新郎，这次宴会是当年纽约的一件大事。总统高声说道："啊，富兰克林，本家人结婚很好啊，肥水不流外人田嘛。"

　　1904 年 4 月，22 岁的富兰克林·罗斯福在哈佛大学的正式照片。富兰克林在哈佛大学的这些年最重大的事件是他和第五个表妹安娜·埃莉诺的订婚。富兰克林还是小孩子的时候就认识埃莉诺，但是直到大学三年级那一年，他们的关系才开出浪漫的爱情之花。他们于 1904 年 11 月宣布订婚，并于 1905 年 3 月 17 日在纽约举行婚礼。埃莉诺的叔叔西奥多·罗斯福总统把新娘交给了富兰克林。在这婚礼上，总统最为引人注目，而新娘与新郎都被忽视了。

　　富兰克林和埃莉诺推延了度蜜月的时间，这样他能够完成在哥伦比亚大学法律学院的第一年课程。他已经有两门课程不及格，必须通过这些课程的补考。然后在 1905 年 6 月，他们进行了一次奢华的欧洲旅行，借助他们家族与罗斯福总统的关系，他们所到之处都受到了奢华的礼遇。在他们回纽约的途中，这对年轻的夫妇住在一所由富兰克林的母亲租赁和布置过的小房子里。

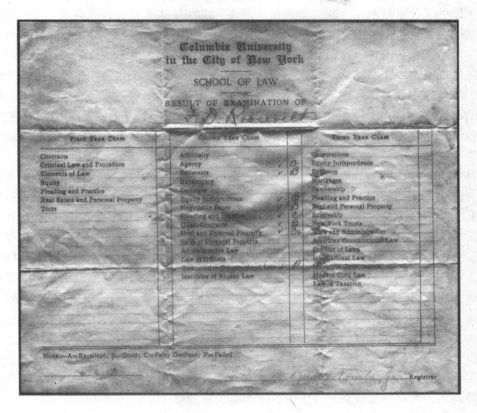

1904 年冬天，富兰克林·罗斯福进入哥伦比亚大学法律系学习，由于总是花时间在社交活动上面，学习成绩不甚理想。虽然哥伦比亚大学的法律老师是美国最杰出的老师之一，但他们引不起富兰克林太多兴趣。在第三年春天，富兰克林通过了纽约州的律师资格考试。但是他没有完成学校规定的法律学习课程。当时他已经 25 岁，他似乎特别适合过乡绅的生活，就像他父亲曾经的生活一样。富兰克林·罗斯福每年有一笔超过一万二千美元的信贷资金的收入。（与此相比，那时一个工厂的工人每年收入大约三百美元。）

二十二年后，1929 年秋天，身为纽约州州长的富兰克林·罗斯福被邀请到哥伦比亚大学法律系校友晚宴上发言。哥伦比亚大学的校长尼古拉斯·默里·巴特勒就坐在他旁边。巴特勒与州长开玩笑说："除非你回到哥伦比亚大学通过法律科目考试，否则你将不能称自己是一个知识分子。"富兰克林大笑，并反讥道："这正好说明法律真的是多么不重要啊！"

然而，埃莉诺却时常感到不快乐。在婚姻生活中的大部分时间里，她都必须住在富兰克林的母亲周围，母亲不愿淡出这对夫妇的生活。埃莉诺后来回忆说："在婚后的第一年里，婆婆几乎为我做了一切。"富兰克林和母亲萨拉延续着温暖的亲情，而萨拉依然在富兰克林的生活中占据着核心地位，一直到她 1941 年去世。抑郁的埃莉诺再三在她那满是泪痕的日记本里吐露她的担忧，富兰克林已被她的叔叔西奥多吸引去了，因而忽视了她。

　　1907 年春天，富兰克林·罗斯福通过了纽约州司法考试，他决定放弃哥伦比亚大学的学位。他断定，法律学校所学和实际的法律实践没有什么联系。当时他已经 25 岁，他似乎特别适合过乡绅的生活，就像他父亲曾经的生活一样。富兰克林·罗斯福每年有一笔超过一万二千美元的信贷资金的收入。（与此相比，那时一个工厂的工人每年收入大约三百美元。）富兰克林和埃莉诺·罗斯福的第一个孩子，小安娜·埃莉诺出生于 1906 年，接下来是詹姆斯在 1907 年出生，出生于 1909 年的小富兰克林在出生不久就夭折了，义律出生于 1910 年，第二个叫小富兰克林的孩子出生在 1914 年，还有约翰出生于 1916 年。正如埃莉诺所说的，结婚后的头十年里，她是"刚生完一个孩子又怀上一个了"。

　　罗斯福的法律头脑平平。他的外表、必胜的信念，以及家庭关系很快为他带来了一位法律伙伴，但是法律这个专业令他烦恼。然而，政治燃起了罗斯福的热情。他那随和的个性让他成为政府部门的明智选择。他供职于纽约州议会，并且在 1920 年以民主党候选人身份竞选副总统之前，担任伍德罗·威尔逊政府的海军助理秘书。经历了这些失败的历程，当他患上脊髓灰质炎并因此双腿失去知觉的时候，他的政治生涯似乎已经终结。但是，罗斯福在妻子埃莉诺的帮助下，努力重返政坛。1928 年，他被选为纽约州州长。四年以后，他当选了美国总统，甚至此时他对大多数的国家问题的观点还不为人知。

　　富兰克林得到了在他那个年代对于任何美国人能够得到的最好的教育机会。但是他从未对学习科目真正感兴趣。作为一个孩子，没有人和他在长辈面前争宠，那些在乎他的人接受他、赞美他。而在格罗顿学校、哈佛大学，他不得不学会竞争和取得成功。在他的受保护的经历中，他学会了让他能够面对外面更宽广的世界。当 1945 年罗斯福去世的时候，他已经树敌无数，那些人鄙视他以及他所坚信的一切事物，但是他也得到了全世界无数人的爱和尊敬。

第三十二章

哈利·S.杜鲁门
（Harry S. Truman）

安妮·玛丽·沙利文

虽然时至今日，哈利·S.杜鲁门正直诚实、简单朴素和直率坦诚的性格被广为推崇，但是他并不在美国最受欢迎的总统之列。他是于 1945 年在富兰克林·D.罗斯福——美国历史上最受敬重的总统之一——去世之后，被推上总统宝座的。罗斯福接连四次担任美国总统，可能他是大多数年轻的美国人心目中唯一知道的总统。事实证明，他的高度也是后来者难以企及的。杜鲁门继任总统之时正值第二次世界大战的尾声，而且很快就将面临国家历史上最紧要的抉择。

杜鲁门在背景、教育和性格方面和前任总统截然不同。罗斯福出生于富豪之家，天生享有特权，而杜鲁门的生活和成长背景更为典型地诠释了当时美国人的处境。在 20 世纪初，虽然农民和移民迁往大城市的规模空前巨大，美国仍然是个农业国家。年青的杜鲁门在祖父位于密苏里州的农庄中长大，并从小和父亲还有弟弟一起在地里劳作。杜鲁门大部分时间都在密苏里州独立城度过。独立城虽然是个小城镇，但是都市和乡村两种生活模式都触手可及。小镇十英里外的堪萨斯城发展迅猛，逐渐成为东起圣路易斯，西至旧金山之间最大的城市。

杜鲁门是 20 世纪的总统之中，接受正式教育最少的一位和唯一没有念过大学的总统。虽然对于一个现代总统而言，缺乏教育很不寻常，但在杜鲁门所处的年代，大多数美国人甚至连高中都没念过。杜鲁门是个大器晚成者，他直到 38 岁才涉足政治。在结束正式的学校教育和最终选择政治生涯之间相当长的一段时间里，他一直在当学徒。五花八门的工作、丰富的教育和社会经历都为他日后担任总统奠定了基础。

杜鲁门于 1884 年 5 月 8 日出生于密苏里州一个名叫拉马尔的小镇上。他是约翰和玛撒·杜鲁门（"玛蒂"）的长子，下面有弟妹各一个。

杜鲁门 3 岁时，一家人迁往外祖父的农庄，离堪萨斯城不远。在农场上劳动是杜鲁门最遥远的记忆。正是在这个地方，母亲教会了他如何阅读。后来他的视力出现问题，辨认家中《圣经》上的字母都很困难，于是母亲带他去看眼科医生，医生给他配了一幅厚厚的眼镜。杜鲁门余生中从未离开过眼镜。医生和父母都警告他不要把眼镜摔坏了，因而他失去了玩刺激惊险游戏的机会，体育运动也受到限制。

取而代之的是，年幼的哈利·S. 杜鲁门把大量时间花在阅读上。

杜鲁门夫妇很重视对子女的教育。1890 年，一家人搬到独立城附近的镇上，具体原因就是当地的学校比农村中其他的学校都要完备。在独立城，约翰·杜鲁门除了经营一家小型农场外，同时从事贩卖牲畜的工作。他是个野心勃勃的人，为了取得成功，他之前已经进行了数次商业投资，都以失败告终。工作勤恳的约翰还是个完美主义者，他希望自己的儿女不管是在花园除草，还是在学校读书，都要尽可能把所有的工作做得尽善尽美。杜鲁门家所有的小孩经常参与日常的家务杂事。哈利和弟弟维维安不仅要劈柴、给牲口喂食和添水、在园子里除草，还要修剪草坪，秋天的时候去收拾落叶。

的教诲，一定程度上来说是我所期待和需要的。"

阅读历史书籍是哈利·S. 杜鲁门的强烈嗜好。

杜鲁门孩提时代就热衷阅读。他声称自己在高中毕业之前已经读完了独立城公立图书馆的每本书，甚至包括其中的百科全书，这无疑带有一些夸张的成分。

阅读历史书籍是杜鲁门的强烈嗜好。在他 12 岁生日时，母亲送了他一套题为《伟大的男人和著名的女人》的书籍，这套书一共有四卷，封皮均用皮革制成，饰以金边。这些书中选录的散文摘自哈珀的作品及其他顶尖的美国及英国杂志。文选的作者包括埃德华·埃弗雷特·黑尔、托马斯·麦考利以及小西奥多·罗斯福；文选的论题从摩西跨至格罗弗·克利夫兰。到 16 岁，杜鲁门已经读完了雅各布·艾博特二十二卷有关古代和中世纪历史名人的生平研究著作。杜鲁门写道："对我来说，阅读历史书籍远远不止是浪漫的奇遇，它所给予我严肃、完整的教导和睿智

　　图中所示明信片展示了独立城高中在 20 世纪之初的模样。哈利·S. 杜鲁门于 1901 年从独立城高中毕业，是年 17 岁。高中阶段的所有课程他都喜欢，不过最擅长的科目还是历史。

　　在 1901 年独立城高中学校毕业班合影中，哈利·S. 杜鲁门在后排，左起第四个。他未来的妻子伊丽莎白·华莱士在第二排最右边。这一届毕业典礼上致告别词的学生代表查理·罗斯坐在前排左边。罗斯与杜鲁门保持着一生的友谊。

父母把杜鲁门送进长老会教堂的主日学校。虽然夫妇俩是浸信会教徒，但是玛撒发现长老会的牧师是镇上受过最多教育的人。在教堂，杜鲁门初次见到了自己未来的妻子伊丽莎白·华莱士（"贝丝"）。宗教仪式是独立城社会生活的主题，因而镇上的白人依据宗教信仰来划分等级。长老会教徒是社会的精英，而浸信会教徒的地位相对来说低一些。通过在主日学校的学习和课余自己阅读，杜鲁门渐渐熟悉了《圣经》，上面很多诗篇他都烂熟于心——特别是"登山宝训"（Sermon on the Mount）："你们是社会中的中坚分子……让你们的光芒在人前闪耀，这样他们才有可能看到你们优秀的作品。"他声称自己在 13 岁前已经把《圣经》"通读了三遍"。

8 岁时，杜鲁门开始到镇上的诺兰德学校念一年级。二年级时他患上白喉病，并且因为各种并发症的困扰错过了这一年的大部分课程。该年夏天，为了追赶同学的进度，他在家庭教师的辅导下学习，结果由于补习效果出奇的好，他跳级直接进入四年级学习。在诺兰德学校，杜鲁门在拼写、阅读、操作（行为表现）、算术、语言和书写（虽然哈利开始的时候是左撇子，老师们让他学习用右手写字，因为当时大家普遍都用右手）各科目的成绩均为最佳。事隔多年，老师们回忆起他还是充满了喜爱。他对老师们也是满怀爱戴之情。杜鲁门是老师们心目中的宠儿，对此他深感自豪。从很小的时候，他就发现自己能够成功地同他人建立良好和睦的关系。

当家里购置了钢琴后，杜鲁门开始学习弹钢琴。母亲曾在一所女子大学学过艺术和音乐，最初杜鲁门就在她手下学习。很快，隔壁的邻居成了他的新老师。当他的迅速学习能力超过了邻居的教学能力时，他开始每个星期到堪萨斯城上两次钢琴课。杜鲁门在弹奏钢琴方面拥有天赋。他热爱音乐，尤其是古典音乐巨作。显然，他也成了钢琴老师最喜爱的学生。格蕾丝·怀特夫人向他展示了一个全新的世界。哈里每天至少练习两个小时，通常是从早上五点钟开始。怀特夫人是个颇有天分的老师，每当有出色的钢琴家来堪萨斯城演出时，她会带杜鲁门前去欣赏音乐会。她曾经带他去听波兰作曲家伊纳斯·扬·巴岱莱夫斯基在堪萨斯城举办的钢琴独奏音乐会。演出结束后，怀特夫人把年青的哈利介绍给这位著名音乐家。当时，哈利正在学习巴岱莱夫斯基创作的一首曲目——《G 大调米奴哀小步舞曲》（Minuet in G）。令杜鲁门诧异的是，作曲家坐在钢琴边，亲自演示了曲子中让杜鲁门头痛的一段。（多年之后，杜鲁门和温斯顿·丘吉尔以及约瑟夫·斯大林于第二次世界大战末在波茨坦会晤时，弹奏了这首相同的曲子以飨这两位外国元首。）

杜鲁门在堪萨斯城的钢琴课一直持续了五年，及至高中毕业时都没有终止。一直等到他再也无力支付学费，他才放弃上课。后来他多次提起当初自己曾考虑过当一个专业的钢琴演奏家。虽然杜鲁门之后的兴趣转移到了其他方面，但是古典音乐仍然是他余生的一个爱好。

　　随着杜鲁门一步步长大，高中教育的重要性变得不如从前。对于念完六年级的男孩来说，工作机会比比皆是，很多人小学毕业就直接去工作。大部分到高中继续学业的男孩都是在为进大学和成为专业工作者做准备的。哈利继续学习的动力极有可能来自父母。高中一年级时，年轻的杜鲁门从事了生平第一份有薪水的工作。他在开课前和放学后到克林顿的杂货店打工。三个月下来，他的成绩大幅度滑坡。父亲命他放弃工作，集中精力学习，并且明确地告诉杜鲁门，学业更为重要。

　　持续三年的高中课程包括英语、拉丁文、公共演讲（即修辞学）、逻辑学、数学、科学和历史。历史始终是杜鲁门最喜欢的科目。他还热衷于阅读，声称自己在17岁之前已经读完了独立城公立图书馆的每一本书。当然他最喜欢的还是历史方面的书籍，尤其是传记文学。母亲在他12岁生日时送给他一套四卷名为《伟大的男人和著名的女人》的书作为生日礼物。杜鲁门对军事史和军事领袖特别感兴趣。他最喜欢的是一卷名叫《战士和海员》的丛书。汉尼拔、安德鲁·杰克逊和罗伯特·E.李是他最崇拜的将军。在拉丁文课堂上，学生们学习朱利叶斯·凯撒对自己所参与的战役的描述，凯撒在其中提到自己的部队建了一座横跨莱茵河的桥梁。杜鲁门和两个朋友受到启发，他们花几天时间用木头仿造了一座桥梁模型。他最喜欢的作家是马克·吐温和诗人艾尔弗雷德·坦尼森。他把坦尼森的诗歌 *Locksley Hall* 抄下来放在钱包中，在他担任总统期间，自始至终不离左右。一直令杜鲁门感到头痛的事情是拼写。及至成年后，拼写仍然是继续困扰他的一个难题，在他的信件中拼写错误屡见不鲜。

　　哈利·S.杜鲁门还喜欢同表兄弟们——内尔和埃塞尔·诺兰德——以及住在诺兰德家对面的伊丽莎白·华莱士一起学习拉丁文和代数。令表兄埃塞尔仍然记忆犹新的是："我不知道他们的拉丁文学习成效如何，因为期间总是笑料不断。"杜鲁门在高中念四年级的时候，学校出版了第一期年鉴。根据学生投票的结果，年鉴定名为《光芒》。这个名字出自每个十年级学生都耳熟能详的一首浪漫诗歌《鹰隼和光芒》（*Merlin and the Gleam*），作者为坦尼森。在这期年鉴中，杜鲁门榜上有名。1901年，17岁的他高中毕业。毕业班中共有二十四个女生（包括伊丽莎白·华莱士）和八个男生（包括后来在杜鲁门总统任下担任新闻秘书的查理·罗斯）。因为学校的资料在一次大火中被销毁，我们无从得知杜鲁门总统的高中学习成绩。他声称自己一直是个优秀的学生，我们还知道的一点就是他和老师们多年之后还保持联系。在回忆录中，杜鲁门总统一再表达了自己对恩师的崇敬和感激。很多老师都是未婚女性，她们把一生献给了教育事业。杜鲁门感觉自己从这些女性身上学到了为人处世的价值观，这些观念甚至比书本知识更为重要。从父母和老师那里，杜鲁门认识到了努力工作和正直诚实的必要性。他学会了对正直诚实、直率坦诚和简单朴素的道德品质心怀敬意，并且他自己正是因为具备了这些品质而受到大家的敬重。

在杜鲁门高中毕业前后，约翰·杜鲁门的生意失败，因而负债累累，给家庭带来的巨大影响一直持续了好几年。如果说进大学深造曾经对于哈利来说并非遥不可及的梦想，那么现在所有理想皆成泡影。他对美国西点军校产生了兴趣，部分原因是他对军事史着迷不已，但最主要还是因为西点可以提供免费的大学教育。他渴望成为一个伟大的将军，到自己的偶像罗伯特·E.李的母校上学，可惜梦想落空——并不是因为他没有尝试。他和一个对安纳波利斯海军学院感兴趣的朋友一起为入学考试做准备。他们在高中历史老师玛格丽特·菲尔普斯手下学习历史和地理。菲尔普斯小姐给他们讲述从亚当和夏娃时代起的历史概况。但是，杜鲁门没有通过后来的视力测试，并被告知他不具备报考军校的资格，他的一切努力变成了无用之功。

没能进入西点军校的杜鲁门到堪萨斯城一所商业学校——斯波尔丁商业学院就读。他学习簿记术、速记法和打字录入。在随后的几年中，他从事了几项工作，不过皆停留在入门级别。堪萨斯城的文化生活和业余生活可选种类丰富，杜鲁门沉浸其中，他特别喜欢听音乐会和欣赏戏剧。当家人迁回祖父的农庄时，他正在一家银行当职员。杜鲁门随同家人回到农庄，在接下来的十一年中一直和农场打交道。

自始至终，哈利·杜鲁门都是野心勃勃，但是他苦于不得志。他想取得成功，特别是在他开始追求伊丽莎白·华莱士之后，出人头地的愿望更加强烈。他不想当一辈子农民，他尝试了几次商业投资，但都以失败告终。在写给伊丽莎白的信中，他开玩笑说要涉足政治。

约翰·杜鲁门醉心于政治，他和长子公开分享这一兴趣。1900 年，民主党全国会议在堪萨斯城召开，期间杜鲁门在会上当听众，他听到了威廉·詹宁斯·布赖恩的演讲。这个信奉人民党主义的民主党总统候选人在农场地区有着广泛的支持者，他成了杜鲁门的政治偶像。不过，虽然杜鲁门倾向于民主党，但是1903 年时他还是抛下工作，跑去听共和党总统西奥多·罗斯福发表演讲。

杜鲁门在农场工作期间，约翰·杜鲁门接到了一项政治任命，担任他们小镇境内的一段公路的监工。乡村公路的保养和维修都是由当地人在马匹的帮助下完成的。虽然担任这份工作的人选能够在缴纳教育税时得到一定的回扣，但几乎没有人愿意当监工。1914 年父亲去世后，杜鲁门接过了这项职务。虽然繁重的工作换来的只是微薄的薪水，但这为杜鲁门后来的政治生涯奠定了良好的基础，因为后来他承担了改进全部乡村铁路的任务。

杜鲁门积极踊跃地投入社交生活。他参与的组织机构数不胜数，包括密苏里州全国护卫队。1917 年，当美国介入第一次世界大战时，杜鲁门主动参军。他原本可以选择置身事外，33 岁的他已经超过了征兵的年纪。作为一个农民，他被免除兵役，因为农民被认为是国家的根基。而且，他糟糕的视力也能帮他逃脱兵役。但是，他通过了视力测试，加入陆军。一开始，在被送入训练营之前，他

　　图示为密苏里州独立城主要街区的风光，摄于1909年前后。杜鲁门大约在13岁时，在位于镇中心的 J . H . 克林顿杂货店打工。他在开课前和放学后到店里上班。这是他第一份带薪水的工作。"等着除去灰尘的瓶子一定有上千个，还要清洗一堆堆盛放专利药品的容器和架子"，之后杜鲁门在给女儿玛格丽特的信中这样写道。他回忆说：

　　"我仍然记得自己第一次拿到的工资只有三美元，这是我工作一个星期的报酬——周一至周五从每天早上七点干到开课时间，再从下午四点干到晚上十点，周六和周日全天工作。我必须每天早上清洗瓶子、擦洗地板，并用碳酸水制作冰激凌，还要招待顾客……那三个银币在我看来就像是三百万美金，甚至远远不止三百万。我为妈妈买了一件礼物，当我要把剩下的钱交给爸爸时，他拒绝收下。拿到三美元的那一整天对我来说真是不同寻常的日子。"

参与了征募新兵的工作。不管是在国家护卫队还是在陆军部队，他都在炮兵营，他们的工作是放置和发射大炮。

在军事训练和服役的过程中，杜鲁门的学业得以延续，这也帮助他看到了个人发展的新的可能性。他曾经这样说道："一个领导者要能够让其他人心甘情愿去做他们原本不愿意干的事情，并且喜欢上手头的工作。"第一次世界大战期间，杜鲁门发现自己拥有这种能力。当时陆军连队的初级军官由士兵自己投票选举产生，令杜鲁门惊讶的是，他被选举成为中尉。他原本以为自己在部队里顶多是个士兵，没想到当上了军官。在美国经历短暂的培训之后，杜鲁门先于自己的连队被遣送至法国的炮兵学校进修。学校里其他的军官大部分都念过大学，课业相对于他们来说比杜鲁门要简单一点。及至自己连队全体人员到达后，杜鲁门负责他们的培训工作。他教士兵们勘察测量、工程学、三角法和对数；要确保大炮精确地瞄准目标，数学计算是必须掌握的。在连队的训练结束后，杜鲁门接到指派，教习一组臭名昭著、不服从管理的士兵。他很快建立了严格戒律，并且赢得了大家的爱戴和尊重。

从 1918 年 7 月执掌连队到 1918 年 11 月宣布停战，在此期间，杜鲁门见证了相当多的战争。他发现自己在战火中能够保持冷静，而其他人都会听命于他。他很快被提升为陆军上尉。他领导过的忠心耿耿的手下在他后来竞选的时候为他拉选票出了不少力。在人际交往方面，他拥有非凡的记忆能力，直到去世前，他一直和第一次世界大战时炮兵连的同事保持通信。最终，他在一战中所结交的朋友成了他政治上的支持者。杜鲁门在陆军预备役部队待了很多年，每年夏天参与其中的培训工作。

战争结束之时，年届 35 岁的杜鲁门仍未安定下来，他还没想好自己一生要从事何种工作。1919 年，他娶了伊丽莎白·华莱士（杜鲁门夫妇育有一女，名叫玛丽·玛格丽特）。同年，杜鲁门偕同一个好友开了一家男士服装店。因为经济大萧条，小店经营不下去了。但是杜鲁门拒绝宣告破产，他在接下来的十五年中偿清了自己所欠的那部分债务。

1922 年，杜鲁门竞选县法官，由此找到了自己真正的人生使命。成功当选后，他意识到自己在行政管理方面卓有成效，而且他喜欢这份工作。不久他到堪萨斯城法学院进修，为自己的正式教育添上了新的一笔。学校是堪萨斯城唯一的法学院，只在晚上开课，授课教师是当地的法官。杜鲁门在学校进修的课程总共有十四门，且成绩优秀。不过两年之后，可能是由于外界的工作和家庭的压力，他没有再继续念下去。1945 年，堪萨斯城法学院授予他名誉学位。

虽然，杜鲁门没有在名牌大学就读的光环，但是他的人生经历给予了他出色的判断力，锻炼了他与群众默契合作的能力。当美国遭遇历史上空前的挑战时，就是这些品质帮助他领导国家安然度过了困难时期。刚刚接过总统职位没多久，他就做出了对日本发射原子弹的决定，加速了第二次世界大战的终结。杜鲁门总统还承受住了与苏联开展冷战带来的各种挑战。1950年，当朝鲜战争爆发时，他派遣美国军队前去增援。他在1948年所作的废除陆海空三军种族隔离的决策揭开了20世纪五六十年代的公民权利运动的序幕。杜鲁门感到，身为总统，为人民服务是自己的责任，而美国社会中产阶级的背景帮助他及时准确地理解群众的需要。

第三十三章

德怀特·艾森豪威尔
(Dwight Eisenhower)

哈尔·马科维奇

德怀特·艾森豪威尔 14 岁的时候经历了一场劫难，他原以为膝盖上的一块剐蹭只是小事一桩，结果大吃苦头。剐蹭在那时候对他来说极其平常。德怀特是一个瘦骨嶙峋的男孩，但是凶悍好斗，他出拳迅猛，在橄榄球场上能敏捷地躲开对方的阻截队员，或者在棒球场上也时常可以看到他迅速抢夺滚地球的身影。因此蹭破的膝盖和肘部、肿胀的嘴唇、流血的鼻子、紫一块青一块的淤血的眼睛或者类似的伤病对德怀特来说不过是家常便饭。但是，这一次膝盖被刮破问题严重，因为伤口受到了感染。当时还没有治疗的药物，盘尼西林要等到二十四年之后的 1928 年才被发现。

这次感染使德怀特陷入精神错乱状态。父母请了一个医生到家里给他治病。在随后的两个星期内，感染的扩散让艾森豪威尔时而昏迷，时而清醒。最后，鉴于艾森豪威尔腹部即将受到感染，医生担心他有生命危险。为了保全男孩的性命，医生决定切除他受感染的伤腿。

艾森豪威尔在一次清醒的时候碰巧听见父母在讨论截肢手术的事宜。惊慌失措的他把哥哥埃德加叫到床前，让哥哥发誓不能让任何人切除他的腿。艾森豪威尔后来回忆说："无论如何，我不能让他们截去我的腿，我宁愿死掉，也不愿意下半生成残疾人，那就再也不能玩球了。"比艾森豪威尔大两岁的埃德加·艾森豪威尔谨守诺言。他在弟弟的房间里面打地铺，随时准备同接近弟弟准备截肢的外科医生作战。

又过了两个星期，感染渐渐平复。很快，艾森豪威尔就恢复了健康，他又变得身手敏捷、争强好斗了。凭着健康的双腿，他成为艾比利尼高中的一名运动明星，后来还在位于纽约的美国西点军校的橄榄球队任中卫，他在球场上的精彩表现令观众叹为观止。

同威胁生命的感染顽强斗争的坚定意志不仅仅帮助他在运动员生涯中取得了成功，并时时伴随他走过人生的各个辉煌片断，包括他在美国军队中官阶一步步晋升，以及他作为赴欧洲的盟军总指挥官带领军队在第二次世界大战打败了纳粹德军——这一成就为他后来当选美国第三十四任总统铺就了道路。

德怀特·艾森豪威尔于 1890 年 10 月 14 日出生于得克萨斯州的丹尼森镇。这

德怀特·艾森豪威尔是在堪萨斯州一个小镇上长大的普通男孩。他心中拥有理想，不过那只是个没有确定的模糊的概念而已。

艾森豪威尔是怀着对家乡阿比利尼的热爱成长起来的，这种热爱之情他从未舍弃。第三街道（如上图摄于1909年的照片所示）是阿比利尼的主街。街道一边是富丽堂皇的维多利亚式建筑，住着富裕的家庭；而另一边是如艾森豪威尔一般的工薪家庭居住的简单的木屋。

上图是1901年林肯小学五年级学生合影。第一排左起第二个是艾森豪威尔。林肯小学是阿比利尼仅有的两所小学之一，学校没有通电，也没有安装室内水暖设备。年纪小一点的学生用石制书写板写字，省下的纸供五、六年级的学生使用。艾森豪威尔班上大约三分之二的同学升入镇上的中学。

个小镇位于俄克拉荷马州边境线以南,父亲生意失败后携家人迁来此处。戴维和艾达·艾森豪威尔于1885年举行婚礼。夫妇俩从戴维的父亲那里得到了阿比利尼附近一百六十英亩的小麦地作为结婚礼物。但是戴维对务农没有丝毫兴趣,他卖掉小麦地,在附近的霍浦镇收购了一家百货商店。不到两年,他的商店就倒闭了。

到那时为止,戴维夫妇已经生了一个儿子亚瑟,而且他们马上就要产下第二个儿子埃德加。戴维·艾森豪威尔在丹尼森找了一份清洁机车发动机的工作。不久后,他让一家人都搬来和他相聚。他们在丹尼森的铁路圆形机车库附近租了一间小房子——真的比简陋的棚屋强不到哪儿去。艾达·艾森豪威尔厌恶丹尼森,也讨厌得克萨斯州,但是她咬牙忍耐着这一切,从不抱怨。德怀特兄弟几个所拥有的默默无言的坚定意志和强劲韧性可能遗传自他们的母亲。

他们很快有了第三个儿子。艾达·艾森豪威尔给儿子取了和丈夫一样的名字戴维·艾森豪威尔,但是她从不管儿子叫戴维,坚持说不想把父子俩人弄混。她还极力排斥昵称,认为有损尊严。艾达不希望大家简称儿子为"戴夫"。她肯定,人们无法把德怀特这个名字减缩成一个昵称。儿子出生后,艾达在家中的《圣经》上记下了他的名字"德怀特·戴维"。(令她十分懊恼的是,儿子埃德加被人们称为"大艾克",而德怀特开始叫"小艾克",后来大家干脆叫他"艾克",因为大家发现可以把他们拗口的名字"艾森豪威尔"简化成一个挺亲切的单音节。)

艾森豪威尔一家在丹尼森的生活只是稍高于贫困线一点点,不过艾达是个聪明伶俐、足智多谋的主妇,她能够利用丈夫每周十美元的微不足道的薪水让一家人不缺吃穿。后来,戴维在阿比利尼一家乳品厂担任工头的小舅子给他介绍了一份技工的工作,月薪五十美元。戴维接受了他的好意,随后一家人回到阿比利尼。虽然薪水并没有比在丹尼森时高很多,但是在阿比利尼艾森豪威尔一家人能够和整个大家庭团聚。

举家搬回阿比利尼后,8岁的艾森豪威尔进入林肯小学就读。学校位于第四大街东南201号,从艾森豪威尔家出发,穿过街道即可到达。艾森豪威尔后来形容自己是一个"黯淡无光"的学生;不过,这个评价过于自谦,因为他的成绩一直是学校里的佼佼者。在林肯小学读书时,他喜欢参加拼字比赛和数学竞赛,将这当成自己争强好胜的性格的发泄途径。后来,艾森豪威尔升入中学后,他在几何方面的超凡天赋显露出来,他能够快速解决课本上的每一道习题,使得老师不得不到其他资料上搜索难题让他做。

德怀特·艾森豪威尔后来写道:"新的课程平面几何对我来说是一次学海历险,它令我着迷,几个月后,老师们做了一个不同寻常的试验。校长和数学老师把我叫进办公室,告诉我说他们准备拿走我的教科书。之后,我就在没有书本参考的情况下,自己想办法解决几何题目。换句话说,不管是命题也好,还是附加的问题也好,我都只能自己独立思考。这个挑战实在太有意思了,而且特别愉快,因为这就意味着我不用进修高级课程了。他们跟我说在剩下来的几个月中,除非他们终止这项试验，否则我的成绩自动定为'A$^+$'。"

不过，他真正热爱的还是阅读历史。他最喜欢讲述宏大战争的书籍，特别是那些描述古代希腊和罗马将军的战术战略的著作。后来，他的兴趣扩展到了美国革命军事史。不能够因此作结论说，他对于军事史的兴趣是最早的标志，预示着艾森豪威尔将来注定会成为一个军事将领。21岁之前，德怀特·D.艾森豪威尔不曾有过终生从军的打算。直到那时他才开始考虑当兵是因为一个朋友告诉他军事学院不收取学费。

另外，艾森豪威尔在迷醉于战争故事之余，他能够迅速记住主要战争的日期和地点，不过他对于引起大规模冲突的政治原因则不太感兴趣。艾森豪威尔后来写道："我熟悉马拉松战争、扎马战争、萨拉米斯岛战争和坎尼战争，就好像熟悉自己在学校院子和兄弟朋友们玩的游戏（及对垒）一样，我从来就不会有这种想法，觉得这些事情都发生在两千多年前——或者说认为哪怕稍微关注一下时事而不是古代的事情对我自己更有裨益。在所有的古代人物当中，汉尼拔是我最喜欢的。"

戴维和艾达·艾森豪威尔想尽一切办法试图打消儿子对军事科学的兴趣。夫妇俩属于河流教会的成员，这个基督教原教主义新教派是由宾夕法尼亚州的前门诺派教徒创建的；后来，他们加入了耶和华的目击者组成的圣会。作为宗教信仰的组成部分，艾森豪威尔一家是和平主义者。为了消除儿子对战争艺术的兴趣，艾达把艾森豪威尔的历史书籍锁进一个壁橱。她把钥匙藏了起来，但是艾森豪威尔很快发现了藏钥匙的地方，每次只要母亲离开房间，他就打开壁橱，潜心研读自己喜欢的军事历史藏书。在回忆录中，他坦白承认："每次当妈妈到镇上购物或者到花园里劳动的时候，我就偷偷摸摸地拿书出来看。"

戴维和艾达·艾森豪威尔都是热爱读书的人。他们家里到处摆着书，这在大平原地区的居民家中是相当少见的。每天用完晚餐，戴维·艾森豪威尔就会把一大家子人召集到一起，给大家念《圣经》，有时候他还让儿子们朗读《圣经》上的片断。对艾森豪威尔家的男孩们来说，饭后的读《圣经》的时间是一种不得不忍受的烦人折磨，及至艾森豪威尔家这些兄弟们长大以后，没有一个人坚持去教堂做礼拜。

艾森豪威尔一家成员众多。除了两个哥哥亚瑟和埃德加，艾森豪威尔还有三个弟弟，分别是罗伊、伊尔和密尔顿。（家中的老七保罗不到1岁就夭折了。）戴维·艾森豪威尔是个严格而且缺乏幽默感的人，他要求儿子们彻头彻尾地服从大人的命令。不管孩子们的行为有何过失，他都会施以严厉的惩罚，往往是用皮带或山胡桃枝条一顿鞭打。不过戴维也信奉教育——他曾经在大学念过一年书，后来因为结婚辍学回家，开了一家百货商店。有一次当戴维发现儿子埃德加逃学去做兼职时，他狠狠地揍了埃德加一顿，这是孩子们受到最严厉的惩罚之一。男孩们都被父亲至少打过一两次，不过后来的事实证明这些鞭打是值得的。艾森豪威尔解释说："如果不是用皮带把哥哥抽得伤痕好久不退，让他铭记不忘，他可能会成为阿肯色州一名不快乐的勤杂工。"结果，埃德加成为一名成功的律师，家财万贯。

阿比利尼高中棒球队，摄于 1909 年。前排左四是德怀特·艾森豪威尔。

　　艾森豪威尔运气很好，他上高中时，学校建起了一幢全新的教学楼，并且新聘请了教员。"在高中就读的后面几年，对于老师们的学识和教学热情我们都无从挑剔"，他回忆说。

　　艾森豪威尔在阿比利尼的加菲尔德学校上七八年级，随后于 1904 年进入所谓的阿比利尼高中上一年级，这学校其实不过是位于市政厅一层的几间教室而已。市政厅还设有监狱和消防站。（每当火警响起，上课就中断，男学生们经常被叫去帮忙推消防车。）在阿比利尼高中，艾森豪威尔和同学们学习英语、历史、数学、地理和外语。他在大部分科目上的成绩都得"A"。

　　在阿比利尼高中上学的第一年，艾森豪威尔又受到了膝盖感染的折磨，这处旧患迫使他中途退学。1905 年秋，社区专为高中兴建的新的红砖教学楼已经完工，艾森豪威尔重返学校，在新教室再次开始学习一年级的课程。

　　19 世纪 60 年代末期，由无数简单的小棚屋组成的阿比利尼成为奇泽姆牛车道和堪萨斯—太平洋铁路交会处的一个新兴城市。成群的得克萨斯食用牛被运到该地的牲畜围场，然后被运送到芝加哥和东部各地。对大部分阿比利尼的居民来说，教育并不是他们最感兴趣的事物。甚至有人感叹，为什么阿比利尼首先需要建一所高中？那时候，念高中在乡村农庄居民的眼中仍然很奢侈；大部分男孩读完小学就辍学回家，到地里干活或是去学门手艺。乳品厂为他们提供的工作机会也是十分充裕

ABILENE CITY SCHOOLS
HIGH SCHOOL CREDIT SHEET

PUPIL'S NAME _Dwight Eisenhower_　　　　FILING INITIAL

STUDY	GRADE 1ST T	GRADE 2ND T	YEAR	TEXT	TEACHER	REMARKS
English 1	88	88	05-06			
Algebra 1	93	93	05-06			
Latin 1	93	53	05-06			
Physical Geog. 1						
Latin Comp	95	95	05-06			
Rhetoricals	86	86	05-06			
English 2	82+	82	06-07	Johnson Lit	Daisy Martin	Lake Classics
Algebra 2	90-	X	06	Wentworth	C. H. Brooks	2 yr. last half
Latin 2	85+	85	06-07	Caesar	Lavonia Donica	Harper + Tolman
Ancient History 2	88+	88	06-07	Myers	Pauline Sluth	
Geometry 2	96	97+	07	Phillips + Fisher	C. H. Brooks	First half
German 1	93	93	05-06	Co.		
English 3	I	I	07-08	Quackenbos	S. Dickinson	Classics
Geometry 3	I	I	07-08	Phillips + Fisher	M. Ruette	
Latin 3	II	II	07-08	Cicero	S. Donica	
German 2						
Botany 1						
Eng. Hist.	I		07-08	Higginson + Champ	P. Williams	
Civics		I	07-08			
English 4	II+	II+	'08-'09	Quackenbos	Lucy Dickinson	Johnson Simonds Classics
Latin 4						
German 3						
Physics 1	I	I+	08-09	C and C	C. H. Kesler	
American History 1	II+	II	08-09			
Chemistry 1						
	II+	I	S-09			

I hereby certify that the above is a true copy of the records in Abilene High School.

Date _____　　　　Principal _____

　　1904 年，阿比利尼高中除校长亲自上阵教书之外，还聘请了五名老师。学校位于市政厅的第一层；第二层是市监狱和镇消防部。学校专门留出了一个房间作为教堂，老师们轮流主持每天的礼拜活动。1905 年，艾森豪威尔重返学校时，学校搬进了一幢新教学楼。

　　艾森豪威尔上学时使用过的课本中，有一些保存至今。有趣的是，他在课文空白处信笔涂上对老师们的评价："挺好"、"脾气暴躁"，还有一个被批判成"一无是处"。历史，不管是古代史还是近代史，都是艾森豪威尔最喜欢的科目。他极度崇拜乔治·华盛顿，对书中有关革命时期在特灵斯顿和普林斯顿发生的战役，以及在福吉谷扎营的叙述十分着迷。

　　上图所示为德怀特·艾森豪威尔在阿比利尼高中的成绩单。

的。尽管他们弃学就业的话能帮助家里缓解经济困难，但是艾森豪威尔家的男孩子们都进入高中念书。1905 年秋，当艾森豪威尔返校时，阿比利尼高中共有三十四名学生，其中二十五名是女孩。

尽管如此，学校成功地组建了棒球队和橄榄球队。艾森豪威尔从很久以前开始就一直热衷于体育运动，他把打零工或者挨家挨户叫卖自己种的蔬菜挣来的钱都用来买了体育运动装备。艾森豪威尔上高中二年级时体重为一百五十磅——以橄榄球运动员的标准来衡量太瘦了。不过，他在运动场上凶猛异常，并且是球队的带头人。在艾森豪威尔加入学校橄榄球队的第一年，也就是 1906 年一年间，阿比利尼高中以绝对的优势取得了全部七场比赛的胜利。

艾森豪威尔坚持公平竞赛的原则，严格地遵循比赛规则：擒住并摔倒对手后，队员绝对不能往上堆压；不能对其他运动员偷偷摸摸地进行卑劣的犯规动作。一旦艾森豪威尔发现有队友违反规则，他马上会气得满面通红，并且会当众将这个队员骂个狗血淋头。有一次，同阿比利尼高中对垒的球队中有一个非裔美国选手，没有人愿意出任中锋——这个位置要负责拦截那个黑人学生。从来没有当过中锋的艾森豪威尔主动请命，整个下午在与对方块头更大的前锋的较量中始终处于下风。尽管如此，等球赛结束，艾森豪威尔上前和对手握手。"其他队友感到有点羞愧"，他后来写道。

阿比利尼球队比赛的实际水平比表面上看来好得多。球队一共才两个球——一个训练用球，一个比赛专用球——学校也没有钱替他们买制服或者装备。队员们自己想办法统一服装：运动服是旧的针织套衫，肩膀衬垫是用鞍座衬垫经过修剪做成的，而防护帽就是绒线帽。

艾森豪威尔发起组织了阿比利尼高中运动员协会，并担任协会第一任主席。协会承担了筹款购买制服和运动装备的责任，并且在有外地球赛时，安排球队出行——艾森豪威尔经常说服一个友好的乘务员，让他允许队员们搭乘货车前去。协会还负责搜寻比赛对手，因为球队在赛场上凶狠的名声，这个任务变得有点艰巨。艾森豪威尔四年级时，他仅能找到四个球队愿意同阿比利尼高中橄榄球队较量。

1909 年 5 月，艾森豪威尔从阿比利尼高中毕业。哥哥埃德加因为中途工作，休学了一段时间，因此和他同年毕业。学校的年鉴《向日葵》（*The Helianthus*）称艾森豪威尔是"最优秀的历史学家和数学家"。不过埃德加才是毕业班上真正的明星，他被其他同学评为最有可能当选美国总统的毕业生。

在学位授予典礼上发言的是亨利·J. 艾伦，他后来编辑了《维切塔灯塔》（*Witchita Beacon*），还担任过堪萨斯州州长以及美国参议员。艾伦告诉毕业生们说："很快我就会开始不断地努力争取进大学念书，与其让我放弃这种念头，不如切掉我的一个臂膀。"他的演说给艾森豪威尔留下了深刻的印象。

埃德加和艾森豪威尔两兄弟都想进大学，但是苦于学费没有着落。埃德加想到密歇根大学学习法律。对艾森豪威尔来说，密歇根大学也不错；事实上，只要是拥有橄榄球队的大学，他都没有意见。最终，两个兄弟提出了一个计划：艾森豪威尔先工作一年，用挣来的钱支付埃德加第一年的学费；然后第二年，埃德加辍学工作，帮艾森豪威尔挣第一年的学费。当年秋天，埃德加前往密歇根州，而艾森豪威尔在一家乳品厂的制冰部找了一份工作。

德怀特·艾森豪威尔一年的工期延至两年，因为哥哥说服他在家多干一年。期间，他晋升为制冰部的副总工程师，工作时间从早上六点到下午六点。他经常无事可做，于是他时不时地邀请朋友前来玩纸牌。艾森豪威尔很喜欢玩牌，玩的时候他小心翼翼，经常用数学方面的天赋计算胜败的几率。（及至他担任总统期间，艾森豪威尔还是坚定地拒绝直接掀开底牌。）

21 岁的德怀特·艾森豪威尔在去西点军校的路上，在芝加哥停留去看他高中的朋友露比·诺尔曼。这张照片拍摄于南密歇根大道上（1911 年 6 月 9 日）。

埃弗雷特·哈兹列特是经常来制冰部的朋友之一，他的父亲是阿布里尼的内科

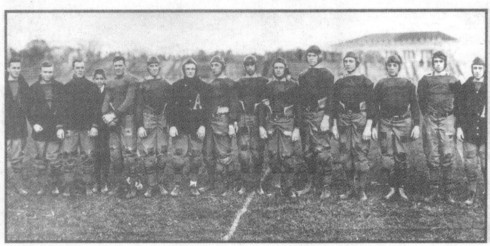

这是两张拍摄于 1912 年的西点军校的橄榄球队照片。在上面的照片中，艾森豪威尔站在中间那排，左起第三个。奥尔马·布拉德利是后排左起第四个，他在第二次世界大战中也获得将军的盛名。在下面这张照片中，艾森豪威尔是左起第二个，布拉德利是右起第二个。

医生。哈兹列特得到国会的许可，报考了马里兰州的安纳波利斯美国海军学院，但是没有通过入学考试。在德怀特·艾森豪威尔工作期间，哈兹列特花了一年时间复习，准备重考。艾森豪威尔正是从哈兹列特口中首先得知进军事学院可以免学费，这个消息激起了他极大的兴趣。哈兹列特极力劝说他写信给堪萨斯州的参议员，申请报考安纳波利斯的海军学院。

德怀特·艾森豪威尔接到了约瑟夫·布里斯托的回函，信中说他将把学院申请许可授予测试中成绩最好的男孩。于 1910 年 10 月 4 日在托皮卡举行的考试中，一共有八位候选人，德怀特·艾森豪威尔就是其中之一。因为历史问答题的分数奇低，他的总成绩屈居第二。布里斯托的试题更加侧重于引发重大战役的原因，而不是作战双方的指挥者。

无论如何，参议员能够签发出两份许可证。得分最高的年轻人得到了优先选择权；他选择了安纳波利斯海军学院。德怀特·艾森豪威尔得到了美国西点军校的入学申请许可。因为没能够如愿以偿随同朋友哈兹列特一起去海军学院就读，他有点失望。

德怀特·艾森豪威尔考虑要不要恳请布里斯托调换，但是最后他接受了西点军校。毕竟免除学费的诱惑是很难拒绝的。不过，他首先必须通过西点军校的入学考试。他已经隔了两年没上学，于是他重返阿比利尼高中试图唤回自己关于化学、物理和数学的记忆。毫不费力就掌握了阿比利尼高中课程的德怀特·艾森豪威尔轻而易举通过了西点军校的考试，并于 1911 年 7 月登上了前往东部的长途列车。

当然，在出发之前，他必须告知身为和平主义者的父母，自己要离开家乡前去加入美国军队。他写道："真正感到失望的只有妈妈，她信奉的人生观是被打了半边脸，把另外半边也送过去。她是我认识的最诚实、最真诚的和平主义者，但同时她又是那么勇敢无畏、坚定顽强、独立自主。现在有个儿子即将从事军旅生涯，要她接受这个决定真的很困难。"

德怀特·艾森豪威尔进入西点军校时 21 岁，比大部分同学大上两到三岁。他的校园生活同他在堪萨斯平原上的生活截然不同。艾森豪威尔知道遵守戒律和服从长者，然而他对在学校中面临的胁迫令不寒而栗，即使从前父亲的鞭打带给他的恐惧比之现在也都是望尘莫及；教官、高年级学生和老师们总是冲着他以及其他学员大吼大叫，发号施令。以强凌弱是西点军校一种普遍的生活方式。学员们被迫按照不自在、夸张的立正姿势站立，吃饭的时候双脚悬空，做不计其数的俯卧撑，还要听从高年级学生的指使做一些荒唐的事情，比如到蚁丘中捉蚂蚁。艾森豪威尔怀着一定要成功的坚定决心忍受着这一切，但是其他的学员远远没有他顽强。他的第一个室友很快就辍学了。（艾森豪威尔升入高年级后，拒绝对下一届学生实行凌辱欺压。）

艾森豪威尔在阿比利尼高中就读时一直名列前茅，但是要在西点军校取得好成绩却困难得多。在西点军校的四年间，他的文化课成绩不错，但并不抢眼。毕业时，他在班上一百六十四名学生中排名第六十一位。

图为德怀特·艾森豪威尔在西点军校时的照片，摄于 1915 年。

图为西点军校学员教堂，于 1914 年完工。

　　西点军校也有橄榄球队，艾森豪威尔在首次训练中即被选为校队成员。到那时候为止，瘦骨嶙峋的他已经练就了满身肌肉。在当年秋季的第一次比赛之前，陆军球队中的球星，中卫杰弗里·凯斯因伤病缺席。教练安排艾森豪威尔任中卫，而后者带领球队赢得了两次全面的胜利。艾森豪威尔在橄榄球场上的辉煌战绩甚至载入了《纽约时报》。

　　艾森豪威尔的校际运动员生涯只持续了两个赛季。1912 年 11 月，在同海军球队开始重要较量前不久，他在骑兵训练中伤到膝盖，拉伤了软骨组织和肌腱组织。艾森豪威尔的橄榄球生涯到此为止，也是这次的伤病差点为他的从军生涯画上了句号。虽然膝盖痊愈了，但是军医坚决不允许他加入骑兵部队——当时军队中最光荣的分支。医生建议艾森豪威尔当一名炮兵军官，因为这份工作除了要求他视察大炮是否被放置在海岸线的战略防御位置上，几乎不用做其他工作。艾森豪威尔没有采纳这个建议，他决定辞职。不过当他被准许进步兵部队时，他改变了自己的辞职计划。

　　1915 年 7 月，艾森豪威尔从西点军校毕业，并被任命为少尉。他的军衔稳中有升，而且他发现自己所效命的上司是部队中一些最优秀将领——约翰·J. 珀欣、道格拉斯·麦克阿瑟，以及乔治·C. 马歇尔等等。1941 年 11 月日军袭击珍珠港之前不久，艾森豪威尔晋升为准将，很快他又被任命为第二次世界大战欧洲战场的盟军统帅。1942 年他指挥了北美战役，并于 1944 年 7 月充当盟军最高统帅，监督法国 D—Day 入侵（诺曼底登陆）。这次入侵为解放欧洲以及最终击溃纳粹德国作出了巨大的贡献。到第二次世界大战末，艾森豪威尔可能已经成为美国最受欢迎的英雄人物。

　　战后，艾森豪威尔接受了位于纽约的哥伦比亚大学的邀请，出任校长。随后他重返部队，担任新成立的北大西洋公约组织领导下的多国部队的指挥官。1952 年，艾森豪威尔被共和党说服，参与总统竞选。他轻易赢得了选举，四年后连选连任。在国内，他发起了美国空间计划，并把部队派往堪萨斯州的小石城，以执行联邦法院发布的废除学校中的种族隔离的命令。1961 年 1 月任期结束后，德怀特·艾森豪威尔退休，携妻子玛米回到他们位于宾夕法尼亚州盖茨堡的农庄。

　　1968 年 3 月，艾森豪威尔第四次心脏病发作。他的最后一年是同妻子在位于首都华盛顿的沃尔特—里德部队医院度过的。在艾森豪威尔去世的几周前，他的一个老朋友弗农·沃尔特前去探望他，他告诉沃尔特说自己并不奢望能够离开医院，但是对于自己的人生他感到满意。他说：“我年轻时候的所有白日梦都已经实现了，我还有什么好抱怨的呢？”德怀特·艾森豪威尔于 1969 年 3 月 28 日逝世。

西点军校，1915 届。

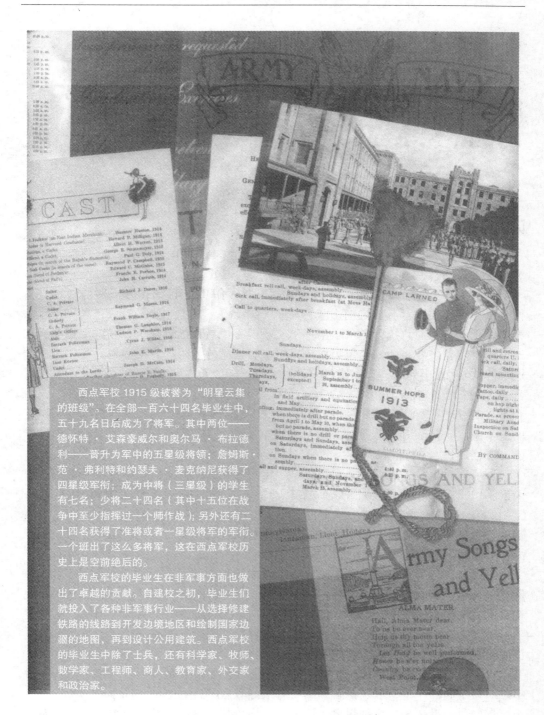

　　西点军校1915级被誉为"明星云集的班级"。在全部一百六十四名毕业生中，五十九名日后成为了将军。其中两位——德怀特·艾森豪威尔和奥尔马·布拉德利——晋升为军中的五星级将领；詹姆斯·范·弗利特和约瑟夫·麦克纳尼获得了四星级军衔；成为中将（三星级）的学生有七名；少将二十四名（其中十五位在战争中至少指挥过一个师作战）；另外还有二十四名获得了准将或者一星级将军的军衔。一个班出了这么多将军，这在西点军校历史上是空前绝后的。

　　西点军校的毕业生在非军事方面也做出了卓越的贡献。自建校之初，毕业生们就投入了各种非军事行业——从选择修建铁路的线路到开发边境地区和绘制国家边疆的地图，再到设计公用建筑。西点军校的毕业生中除了士兵，还有科学家、牧师、数学家、工程师、商人、教育家、外交家和政治家。

第三十四章

约翰·F.肯尼迪
(John F. Kennedy)

罗伯特·达勒克

约翰·F.肯尼迪像许多政治人物一样（约瑟夫·P.肯尼迪、哈里·杜鲁门，只有林登·B.约翰逊较少提及），在其个人生活中和国家管理方面都极其重视教育。

约翰·F.肯尼迪把受过良好教育，特别是了解历史和具有分析型的怀疑观看作是民主的必要因素。他特别钦佩托马斯·杰斐逊，他把杰斐逊看成是美国最具才智的总统。肯尼迪总统曾对一组诺贝尔奖获得者说，在白宫除了托马斯·杰斐逊在这里独自用餐之外，他们是聚集在白宫里最有智慧的人了。肯尼迪也喜欢引用杰斐逊说的这句话："如果一个国家没有教育，那么不会有文明的自由，而且永远也不会有。"在1963年给国会的一篇七千五百字的报告中，肯尼迪将教育比作"自由和进步的基础"。他认为联邦政府的资金可以提高教育的质量，并且减少令人担忧的退学率。联邦政府的资金还必须帮助大学实现到1970年入学率翻一番，中学学生也要增加50%的目标。

肯尼迪总统将思想看作是对历史产生巨大影响的东西，它还是成功领导的必要因素。1963年10月，他在艾摩斯特市表彰诗人罗伯特·弗罗斯特的演讲中说："掌权的人对国家大计做了责无旁贷的贡献，但那些质问权力的人也同样做了贡献，特别是那些提出无私问题的人，因为这些问题表明了是我们在运用权力还是权力在利用我们。"

肯尼迪总统本身是一个有作品出版的作家。他的第一本书《英格兰为何沉睡》探寻了英格兰面对纳粹德国是如何轻视自身的防御而变得软弱的，这是1940年他在哈佛大学获奖作品的修订本。他第二本书《当仁不让》在1956年出版，书中赞美了美国的政治家在大多数人反对的情况下冒险工作。这本书获得了普利策奖，这也使得肯尼迪以一位极富思想的参议员有望将来成为总统。

肯尼迪总统的思想形成至少来源于三个方面的影响：他的家庭环境、童年和成年时期与疾病的斗争，以及接触到的具有最好教育的优秀老师和同学。

肯尼迪的母亲和父亲都热衷于读书和交换思想，这使年幼的肯尼迪对书本有了良好印象，也鼓舞了他的辩论观念。母亲罗斯·肯尼迪在她九个孩子心里强有力地灌输了尊重书本知识的思想。父亲老约瑟夫·肯尼迪鼓励子女有他们自己的思想，他对子女的影响更具决定性。在他们家里，餐桌上是讨论的场所，这让孩子们了解当前的社会，并让他们就时事发表自己的看法。两个大儿子小约瑟夫·肯尼迪和约翰·肯尼迪被送到英格兰学习就是一例。当1933年小约瑟夫·肯尼迪从乔特学校毕业时，他的父亲认为去接触哈罗德·拉斯基这位伦敦经济学院的知名社会主义学者很有用，而母亲罗斯认为这样做有些事情难以把握，甚至危险，但是父亲不理会妻子的顾虑，他确信这样会让儿子更加独立，并练就儿子明辨是非的观念。当小约瑟夫与拉斯基经历暑期的俄国之旅回来后，他描述了社会主义相比资本主义的优越性，老约瑟夫对妻子罗斯说："如果我是约瑟夫和杰克（约翰·肯尼迪的小名）的年纪，我也很可能会像他们那样相信，但我与他们有不同的生活背景，因此我一定要声明我的信仰。"老约瑟夫·肯尼迪的态度很明确，他不是很在意孩子们独立判断得来的不同观点。

　　1928年至1930年，约翰·肯尼迪在纽约里维达尔的当地学校上学。在这份报告单上，我们可以看到日期是1930年2月25日，这位鼓舞人的老师写道："杰克，不错，现在是优等生。"根据这种评分方法，快13岁的肯尼迪是一位成绩不错的学生，他在学习上还不是特别的努力。

肯尼迪身体生病也使得他的思想更丰富和谦恭。从童年时期起患病及随后的慢性肠炎病使得他有相当多的时间躺在床上恢复健康，这帮助他养成了终生阅读的习惯。更为重要的是，各种很可能致命和疼痛的疾病（结肠炎、阿狄森氏病、肾上腺毛病和慢性前列腺）使得肯尼迪更加喜欢思索一些人性和人类身体健康的问题。这也使得他有点宿命倾向，但也增强了他要尽最大努力来生活的决心。他不屈服于一些公认的东西，而且对那些非常规的思想保持开放的态度。

正式教育使肯尼迪的观点更具吸引力，这种受过教育的思想确保他的生活更富有、更丰富。他最初上学的情况目前没有凭据。在马萨诸塞州布鲁克赖恩当地的公办学校上了两年学之后，7 岁的肯尼迪和 9 岁的小约瑟夫被送到了当地一所私立的吉利学校上学。吉利学校不同于公办学校，公办学校上学时间较短，而吉利学校则从早上八点一刻开始，一直到下午四点四十五分。这样，罗斯就可以有更多的时间来照顾和教弱智的女儿罗斯玛丽。罗斯认为吉利学校还可以防止孩子顽皮，她说小约瑟夫和肯尼迪都有干丢脸的事的倾向。在他们的父亲看来，吉利学校是一所优秀的学校，那里会培养他的儿子成才。

1927 年 9 月，肯尼迪一家搬到纽约里维达尔后，肯尼迪开始在当地的私立学校上学，他在那里四年级和五年级的成绩非常优异。然而，在六年级时，小约瑟夫去了康涅狄格州沃灵福德的乔特寄宿学校上学，肯尼迪的成绩受到影响，据一份 1930 年 2 月份的记录所示，他的成绩降到了"值得称道的"75 分。很可能是他这种平凡的学习成绩让父母决定也送他到私立的寄宿学校上学。肯尼迪没有进乔特学校，而是去了康涅狄格州新米尔福德的康特贝里学校。这是一所由神父开办的天主教学校，学校管理严格，九十二位学生由十四位老师来管教。在 1930 年毕业的二十一个学生中，有七名去耶鲁大学，七名去普林斯顿大学，还有一个去哈佛大学上学。

虽然肯尼迪去寄宿学校上学可看作是幸运的孩子，但他并不为自己远离家乡而感到欣慰。他非常想家，并努力争取好的学习成绩。他的英语、数学和历史成绩都很好，但自然科学和拉丁文却感到有点难，这些科目的成绩不好使他的平均成绩拉到了 77 分。老师给的评语说他实际上的平均成绩应当在 80 分。杰克在给母亲的信中说："我有点担忧我的学习，因为老师说我开始很好，然后成绩下滑。"

1930 年秋天，13 岁的肯尼迪对时事和体育运动比学习更感兴趣。橄榄球、篮球、曲棍球、回力球、滑冰和滑雪橇都是他最喜欢的运动，但他感觉到被封闭在这修道院似的天主教学校里，越来越想跟上外面世界的步伐。他写信给父亲，要求父亲寄给他一些文摘，因为他很久以来都不了解市场萎靡不振的情况了；他还要求父亲寄一些高尔夫球给他。一天早上一位传教士关于印度的讲话给杰克留下了深刻印象，他认为这是他所听过的最有深意的话。这也是后来他的助理西奥多·C.苏润生所说的：这是肯尼迪早期渴望享受世界和改善世界的表现，而这两个愿望有一段时间发生冲突，特别是在 1953 年前。不过，在 1930 年，他首先想到了寻找感兴趣的事情。

CANTERBURY SCHOOL
NEW MILFORD, CONNECTICUT

Record of John Kennedy, Form II

From November 1 to December 6, 1930.

Any average from 90% to 100% is accounted "Very Good"; from 80% to 90% "Good"; from 70% to 80% "Fair"; from 60% to 70% "Poor"; and below 60% "Unsatisfactory".

SUBJECT	DAILY WORK	EFFORT AND APPLICATION	FORM AVERAGE
English II	86	Good	71.69
Latin II	55	Poor	64.35
History II	77	Good	67.00
Mathematics II	95	Good	61.69
Science II	72	Good	66.62
Religion II	75	Fair	78.46
AVERAGE: 77.00			

This report is not quite so good as the last one. The damage was done chiefly by "Poor" effort in Latin, in which Jack got a mark of 55. He can do better than this. In fact, his average should be well in the 80's.

N.H.

　　约翰·F.肯尼迪的父母决定送他到一所寄宿学校上学。他入读的是康涅狄格州新米尔福德的康特贝里学校，这是一所由神父开办的天主教学校，学校管理严格，有十四位天主教老师，学生有九十二人。在1930年毕业的二十一名学生中，有七名上耶鲁大学，七名上普林斯顿大学，一名上哈佛大学。

　　约翰·肯尼迪在康特贝里学校的成绩还行，而一种不清楚的疾病限制了他的行动。1930年10月至12月，他的体重轻了近六磅。1931年5月，他因盲肠炎离开学校。他这一年的学习是在家庭老师的帮助下在家里完成的。

　　肯尼迪在康特贝里上了一年学之后，他并不急切回家，而是希望能去哥哥小约瑟夫所在的乔特学校。父亲默许了他的请求，肯尼迪在 1931 年 9 月来到了他哥哥就读的这所传说中有名的新英格兰学校。乔特学校与历史较久且更优秀的安杜佛预科班、埃克塞特圣马克或圣保罗的学校并不相当，但它也很特别，这所男生寄宿学校建于 19 世纪八九十年代。

　　在乔特学校，肯尼迪与学校的限制相悖，也间接地与父母的愿望相左。他的学习依然不平衡，英语和历史是强项，对这些科目兴趣十足，而中等成绩的学科他发现难以保持。因为拉丁文和法语成绩较差，他不得不在第一年结束后参加 1932 年的暑期班。罗斯后来说："我们夫妇是多么关心肯尼迪在乔特学校的健康状况，但更关心的是他在学习上的不足，或者说他在那些不感兴趣的课目上没有下工夫学好……乔特学校有一套高度结构化的管理制度和传统，那是一个男孩子应当适应的。小约瑟夫对这种管理制度下的所有东西都能很好地接受，那些适合他的脾性，而肯尼迪就不行了，他更多的是做他想做的，而不是学校要求他做的。"

　　肯尼迪在乔特学校这些年里，他仍然对时事的兴趣比学习兴趣更浓。乔特学校的老师回忆说："虽然肯尼迪在学习上很明显不及格，但他是学校里信息最灵通的孩子。"一位同学记得肯尼迪能够回答出广受欢迎的电台智力竞赛节目上 50%—60% 的问题，而他的同学只能回答 10% 左右。肯尼迪在乔特学校的功课临近毕业那两年里还不错，因而他可以毕业并获准去普林斯顿大学上学，不过他只在那里停留了短暂的一段时间就于 1936 年秋季转学到了哈佛大学。

　　在哈佛大学的头两年，肯尼迪很大程度上仍像他在乔特学校那样。他的学习成绩并不突出：第一年的政府管理课勉强得到"B"，英语也得"B"，第二年英语得"C"，法语得"C＋"，而历史和第二年的政府管理课程是他感兴趣的。

　　肯尼迪留给哈佛大学同学和老师的印象是一个有魅力而且有点不敬的男子，有很好的幽默感，对体育运动和美好生活抱有热情。他的确对校园内因大萧条、罗斯福新政和法西斯主义、纳粹主义和共产主义对民主和资本主义的挑战引起的行动没有兴趣。他没有读过任何当时流行的进步杂志，比如《国家》、《新共和》或《新大众》，他也不关心由学生组织的游行示威。他不喜欢那种空洞的拥护。

　　他的兴趣仍然在那些他认为更有趣的课外和社会活动上，这表明他不像其他哈佛大学学生那样热衷于获得社会地位，而是学习将来职业需要的知识。虽然 1933 年成为哈佛大学校长的詹姆斯·布赖恩特·科南特强调英才教育的重要性——即大学更多注重学生的智力和性格培养，而不是他们的社会出身，但是势利的现实仍然在校园内学生的生活中占主导地位。肯尼迪在哈佛大学头两年对这些感触较多。第一年，橄榄球、游泳、高尔夫球，吸烟者和年度展览委员会的工作占据了肯尼迪的生活；而第二年，在参加橄榄球队和游泳队的同时，又加入了几个社团组织。

　　在这两年里，肯尼迪表示出对公众事务有较高的热情和兴趣。他的功课开始与政治领导及领袖们如何改变这个世界的联系密切。他阅读了几本关于近年来国际事

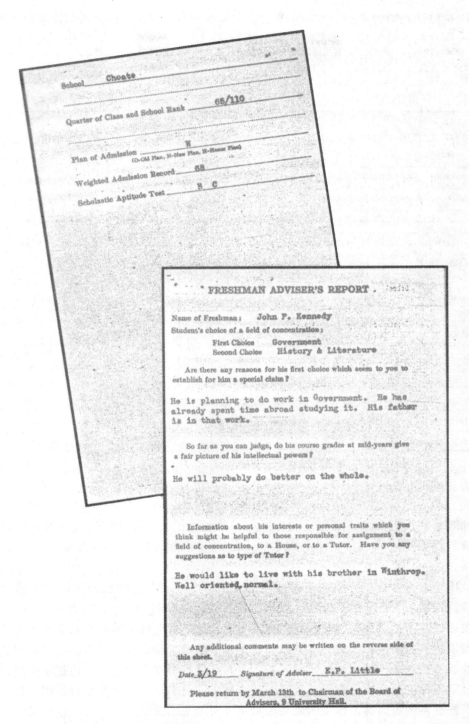

School ___Choate___

Quarter of Class and School Rank ___65/110___

Plan of Admission ___N___
(O-Old Plan, N-New Plan, H-Honor Plan)

Weighted Admission Record ___65___

Scholastic Aptitude Test ___N C___

FRESHMAN ADVISER'S REPORT

Name of Freshman: ___John F. Kennedy___

Student's choice of a field of concentration:

First Choice ___Government___
Second Choice ___History & Literature___

Are there any reasons for his first choice which seem to you to establish for him a special claim?

He is planning to do work in Government. He has already spent time abroad studying it. His father is in that work.

So far as you can judge, do his course grades at mid-years give a fair picture of his intellectual powers?

He will probably do better on the whole.

Information about his interests or personal traits which you think might be helpful to those responsible for assignment to a field of concentration, to a House, or to a Tutor. Have you any suggestions as to type of Tutor?

He would like to live with his brother in Winthrop. Well oriented, normal.

Any additional comments may be written on the reverse side of this sheet.

Date ___3/19___ Signature of Adviser ___E.P. Little___

Please return by March 13th to Chairman of the Board of Advisers, 9 University Hall.

约翰·F.肯尼迪留给他的同学和老师的印象是一个有魅力而且有点不敬的男子，有很好的幽默感，对体育运动和美好生活抱有热情。虽然大学的教育方针强调品德、价值观的重要性，但社会势利仍然统摄学生的生活。

1936—1940年，约翰·F. 肯尼迪就读于哈佛大学。在头两年，他的学习成绩并不突出。上页图片资料为1937年3月19日他的一年级"指导老师报告"。

1937—1938年约翰·肯尼迪在哈佛大学的部分"助教记录"。助教提到肯尼迪一年很多时候生病。尽管如此，这位助教说肯尼迪虽然不是很独特的人，但他有能力，他会有发展前途。

务和政治的历史书籍，更有启发性的是，他还写了关于法国国王法兰西斯一世和启蒙哲学家卢梭的文章。他的文章中心思想是利用政治和智慧力量来改变人类关系。

1937年至1939年间去欧洲的反复旅行成了肯尼迪产生政治热情的最大激励因素，特别是1938年他的父亲成为驻英国大使后。这些远足经历让肯尼迪亲身了解到欧洲的政治，以及东、西欧洲的传统历史，也激发他写英国绥靖政策的根源和即将到来的第二次世界大战。肯尼迪那些令人信服的主要观点最初是由一百多年前法国的亚历克西斯·托克维尔所阐述的：受人欢迎的制度并不能轻易地制定有效的对外政策。肯尼迪声称，对调用资源进行防御来说，实行民主会比专制更难。只有当人们普遍害怕丧国时，像英国或美国的民主才可以说服民众"为了更大的目标而放弃他们个人的利益"。

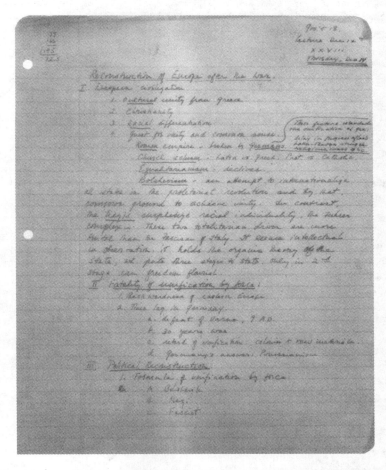

这是 1939 年 12 月 14 日约翰·F.肯尼迪所做的《政府管理 18》课堂笔记"国际关系中的新因素：欧洲"。肯尼迪当时是大学三年级，该课程的老师是肯尼迪毕业论文的指导老师。

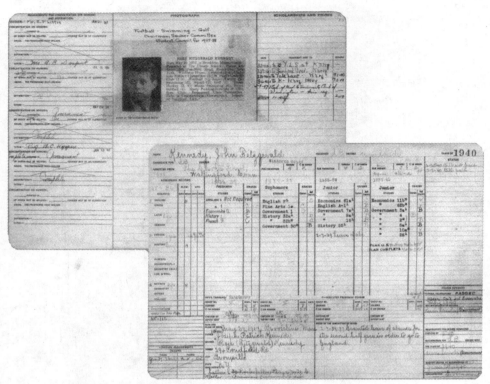

1940 年 6 月，约翰·肯尼迪以优异成绩从哈佛大学的历史和政府管理专业毕业。这些是哈佛大学的成绩单。

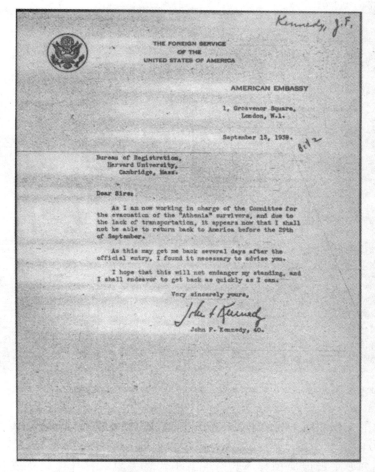

 1939 年夏天，约翰·肯尼迪在欧洲旅行，表面上是为他的论文做调研。他的父亲约瑟夫·P. 肯尼迪是罗斯福总统派驻英国的大使，因此年幼的肯尼迪有机会接触一些显赫人物。肯尼迪原以为 1939 年 9 月 1 日战争的爆发会延迟他在哈佛大学的学习。1939 年 9 月 13 日，22 岁的他写信向哈佛大学注册处解释，一艘从利物浦开往纽约载有 1400 名乘客的英国轮船已经被德国潜水艇击沉，他的父亲已经派他去英国格拉斯哥帮助营救二百多名美国人。由于战争原因，这项大使任务非常仓促，而又没有其他固定人员可抽调。这也成了约翰·F. 肯尼迪第一次亲历的外交事务。

1936 年哈佛大学新生游泳队的照片。约翰·F. 肯尼迪在后排左起第三个。

肯尼迪的文章和后来写的书可以算作是他涉足政坛的开始。一些传记作者认为肯尼迪在 1946 年参与国会代表竞选是因为他哥哥小约瑟夫死于第二次世界大战，而其父亲强烈要求肯尼迪顶替小约瑟夫，小约瑟夫原本打算谋取总统职位的。但是，肯尼迪对政治的兴趣更多的是他接受哈佛大学的教育和旅行的结果，而不是他的哥哥去世及父亲的强烈要求。肯尼迪将他进入政界看作是幸运的美国人在私立寄宿学校和哈佛大学接受教育，享用公共设施的范例。

肯尼迪在总统任期内对高质量的教育极其关注。在白宫的一千个日子里，他反复强调加大政府对教育资助的观点。他认为如果联邦政府要在冷战中竞争有效，对教育的投入是必不可少的。他认为受过较好教育的人不仅会提高国家的生活水平，也还会让美国对那些受共产党承诺有更好生活的第三世界国家产生更大吸引力。

虽然种族隔离问题严峻，人们抱怨联邦政府的资助会削弱传统的政教分离的思想，再加上财政预算的限制否决了肯尼迪的立法请求，但是他还确信到他第二任，国会支持者占大多数的时候会通过教育法案。如今，对约翰·F.肯尼迪的生活和政治生涯的全面评价没有不提及他的学校教育和随后他对教育的看法的。

第三十五章

林登·B.约翰逊
（Lyndon B. Johnson）

哈尔·马科维奇

丽贝卡和山姆·约翰逊已经花了数月时间来试图说服他们的儿子去上大学，但年幼的林登一直拒绝父母的劝说。他不喜欢学习，不喜欢高中学校对他的时间和行为上的管束。不过，丽贝卡和山姆还是坚持着。丽贝卡·贝恩斯·约翰逊是一位有文化的优雅女士，她自己拥有大学学历，这对得克萨斯州那穷乡僻壤的希尔山村妇女来说是不多见的。她在当地高中学校里指导演出，并在家中的客厅教朗诵。当林登从高中毕业时，她极力劝他去附近的得克萨斯州西南师范学院上学。

山姆·约翰逊劝他儿子去上大学不如妻子那么热心。山姆是一个农场主，他高中就退学了，在学识和行为举止方面都不及他的妻子。然而，他在得克萨斯州立法机关工作，同事都曾上过大学，他自然知道拥有大学学位的价值。山姆·约翰逊作为父亲在教导孩子时通常会传达一些不够明智的思想，而林登通常难以接受父亲的想法。林登后来说："我的爸爸老是告诉我，如果我经历生活的磨砺，会比我在哈佛大学或耶鲁大学接受的教育更令我完美。我曾想相信他，但不知何故，我一直都没有相信。"

1927年初，18岁的林登在得克萨斯州南部中心的乡村道路建筑队工作。这种累人的活儿每天只能得到两三美元的报酬，但晚上时间是自由的，林登可以去跳舞和聚会，与朋友们一起玩，他总是想法如何去玩和搞恶作剧。

1927年2月的一个晚上，林登来到离家不远的弗雷德里克斯堡镇上跳舞。在建筑队，事情已经对他不利了。林登与他的老板发生了争执，并且很可能将会失去工作。那个晚上他在弗雷德里克斯堡穿了一件白色丝质衬衫，在舞厅里神气活现的样子，只想无事生非。不用多久，他发现了一个滋事机会。林登挑衅一个粗笨的农村男孩打架，这位农村男孩愤怒地回了他几个重拳，结果高高瘦瘦的林登无法抵挡。林登那新奇的白衬衫染上了鲜血，鼻子破了，精神沮丧，他一瘸一拐地回到家。他的堂兄弟阿瓦·约翰逊·考克斯回忆说："这让他认识到他并不是'有威望的人物'。"

第二天早上，当母亲丽贝卡给林登护理伤口时，他对母亲说他准备去上大学。他说："的确，我为只能用双手劳动感到难过，我要努力用我的脑子来工作。"

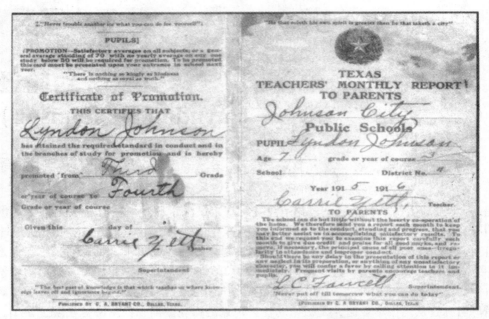

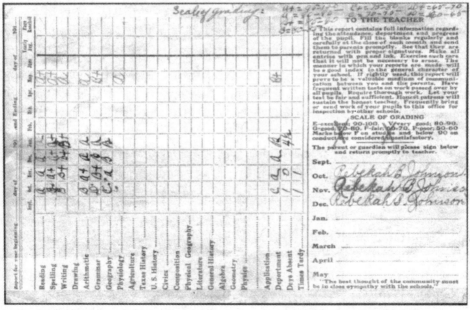

林登·B. 约翰逊的传记作者罗伯特·达勒克提到："在学校，林登麻烦不断。他早期的表现不错。然而，在小学高年级时就开始瞎胡闹了。他不愿做家庭作业，甚至不去上学。"在他家乡一位当年的邻居回忆说林登·B. 约翰逊的母亲那时真辛苦，早上要叫他起床，然后监督他去上学。从他学校一份 1920 年（当时他上八年级）的记录来看，一百八十天上学的日子中，他旷课五十次，而另外迟到三十次。图示为林登·B. 约翰逊三年级的成绩单。

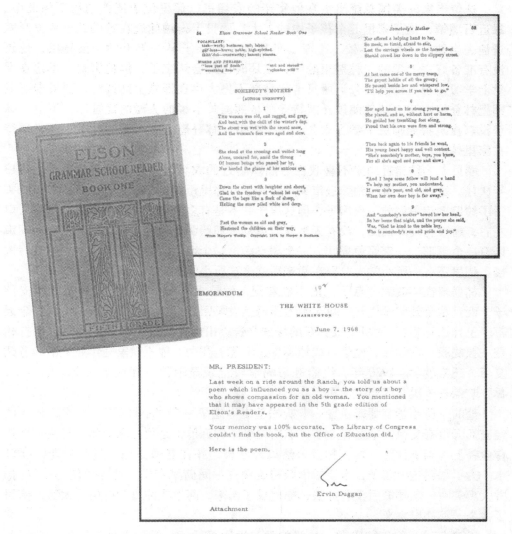

在林登·B. 约翰逊任总统最后几个月里，他日益思索那称之为"美好社会"的构思。1968 年 6 月 7 日，欧文·杜甘描写了这样一件事情（如图）。欧文·杜甘是林登·B. 约翰逊总统的助理。

埃尔逊的《小学读者》（1911），五年级第一本，第54—55 页（如图）。

约翰逊市位于得克萨斯州的布兰可县，在州首府奥斯汀西边约二十五英里处，它是由林登的一位叔叔詹姆斯·波尔克·约翰逊于 1879 年建立的。到 1908 年 8 月 27 日林登·贝恩斯·约翰逊出生时，约翰逊家族已经是希尔山村显赫的人家，但他们绝不是富有的居民。在当时，希尔山村很少有富有人家。布兰可县的人们都很贫穷，家里如有管道系统那是罕见之物，也没有生活用电，而且大多数人是文盲。他们的庄稼也没什么收成。

　　这位未来的美国总统出生在他父亲的农场里，那里位于佩德纳利斯河北岸，靠近石墙镇，他是家里五个孩子中的老大。丽贝卡·约翰逊在她的儿子 4 岁时就送他去当地的"汇合学校"上学，他比大多数孩子早一年上学。很显然，他还没有准备好去上学的。林登很聪明，在那时已经会认字了，但他害羞，不愿在课堂上学习。当老师凯特告诉丽贝卡说林登不愿大声在课堂上朗读时，丽贝卡要老师把林登抱在膝上让他朗读。凯特老师依照丽贝卡说的去做的确管用。不过，林登没有在凯特老师班上学习太久，三个月后，林登患上了严重的咳嗽，他必须待在家里休养。

　　丽贝卡·约翰逊向来不喜欢在石墙镇附近的农场过这种拓荒者的生活。1913年 9 月，她说服山姆在约翰逊市买一所房子，那里距离这个农场约十英里。山姆买下了约翰逊市最好的一所房子，但这房子并不是有多豪华。约翰逊市只有三百人口左右，还没有铺好的路，没有天然气管道供暖和照明，只有几部电话和汽车。闹市区有一个酒吧、一家简便餐厅、一个理发店、一个杂货店、三间教堂和一座县府大楼。那里还有一所小学，林登在搬来后就去这所小学上学。

　　林登现在年龄大一点了，他不再羞涩，而是成了一个需要父母注意的顽皮孩子，而且常令他父母生气。每天晚上山姆从农场回到家中，他都会问："林登今天都干了什么坏事？"丽贝卡或林登的妹妹会告诉山姆，然后山姆通常会狠狠地打林登一顿屁股。在学校，他学习成绩不良，不能上高中。他不做家庭作业，不为考试复习，还常逃学。1920 年，约翰逊市的学校记录显示，一百八十天上学的日子，林登旷课五十次，迟到三十次。

　　他的一位小学老师露兹娅·卡斯帕里斯称他是一个"小坏蛋"。一次，林登已经有几天没有交他的家庭作业了，卡斯帕里斯告诉他，必须在课间休息时留下来把作业补上。当下课铃一响，林登公然离开学校，并在老师身边走过时向老师吐口水。为了惩罚这个孩子，卡斯帕里斯将他锁在一间储藏室里。林登便使劲拍打门，并大声尖叫，老师最后没有办法，把他放了出来，而他在冲出门时用力太猛，摔倒了，鼻子都摔出血来。

　　1922 年这一学年结束时，林登的学习远远落后了，学校老师告诉他，必须上暑期班或留级。为了跟上学习，山姆和丽贝卡商议将林登送到离家约三十英里外的圣马科斯一所私立学校去。林登在到达该校一个星期内，他就买了很多冰激凌和糖果给他的朋友们吃，将他父亲给他整整八个星期的零用钱全部花光了。当他搭便车回家要钱时，父亲又直接把他送回圣马科斯，没有再给他一分钱。

　　最后，林登开始成了学生中的头目，当然不是学习或课外活动上的头目。与林登一起长大的埃蒙特·里德福特回忆说："如果有争执，他一定要赢的。如果他与你意见不合，他会一直与你纠缠，当着你的面一本正经地要驳倒你的观点……我曾很讨厌他。有时我就走开，但他就是要你屈服，否则决不会罢休。"

　　他的好辩之长让他加入了约翰逊市高中的辩论队，这是林登参加的少数几项课外活动之一。1921 年，13 岁的林登首次在辩论赛上获胜，他的演讲主题是"得克萨斯：完整不可分割"，这是对当地一些政界人士坚持提议将这个地域辽阔的州分成几个小州的回应。作为一名高中学生，他的演说才能让他获得一次去圣马科斯参加辩论决赛的机会。当他输掉这次比赛时，他对裁判的决定几乎要发疯了，在男洗手间里呕吐起来。

回到约翰逊市高中学校，他对学习比在小学时更没有兴趣，唯一例外感兴趣的是市政学。林登上高中市政学课程时，他已经比大多同龄孩子更了解政府是如何运作的。多年来，林登就坐在家中的阳台前，听父亲与他的同事们谈论奥斯汀的一些事情。林登高中的市政学由斯科特·克利特老师任教，他曾在得克萨斯大学法律系学习，因此，他比镇里的其他人受教育的水平都要高。林登对克利特老师课堂上关于政府管理的内容非常着迷。约翰逊市也是布兰可县的政府所在地，县府大楼就坐落在镇中心。埃蒙特·里德福特回忆说："该镇除了三座教堂和一栋县府大楼之外，没别的什么了，虽然林登和我都会对教堂里的事情有所关注……但我们更感兴趣的是县府大楼里发生的事情。"

1920 年，棉花价格急骤下跌，约翰逊家陷入了严重的经济困境之中。一年前，山姆·约翰逊因从他兄妹那里购买父母留下的四百三十亩农场而背上了沉重的债务。1919 年棉花价格涨至每磅四十美分。一年后，山姆的庄稼在冬天经受洪涝，而在夏天又经历干旱。当年全国经济萧条，再加上国际棉花供求迫使棉花价格下跌到每磅八美分，这样，山姆几乎倾家荡产。尽管山姆放弃了在立法机关的职位，并卖掉了农场，但他仍背负着四万美元的债务，这笔债务在 1937 年山姆去世后，由林登和他的弟弟妹妹们去偿还。

约翰逊市高中学校只能读到十一年级，更为重要的是，这所学校没有得到认可，那就是说大学会认为这所高中的毕业生不够条件接受大学教育。1924 年 5 月，林登·约翰逊毕业于约翰逊市高中。他的父母想要他去得克萨斯州西南师范学院读书，但秋季如果要去那里读书，他必须夏天去圣马科斯上学，补上十二年级的课程。林登勉强入学，但只上了几个星期。他在学习重压下怒火中烧，认为他将上不了大学。他的表兄说："林登去上学仿佛成了另一个可怜的孩子，嗨，那不是林登想要做的事情。"

林登仍然那样胡闹，还不到 16 岁，他就开始饮酒。尽管是禁酒时期（联邦法律规定饮酒是非法的），但是林登和他的朋友们还是想办法买酒，喝得烂醉如泥。他们毫无顾忌地在布兰可县周围酒后开车，根本不怕当地警察抓他们。有一次，他们还烧掉了一个谷仓。他的外祖母露斯·贝恩斯说："依我看这个孩子最终会进监狱的。"

不过，林登没有入狱，而是去了加利福尼亚州。那年 7 月，林登和四个朋友弄了一辆破旧的福特车，往西边开去。林登的朋友决定在加利福尼亚州找工作。林登到达那里时，他没有把握他会做什么，只打算停留几个星期的。而事实上他在加利

The High School Department
OF THE
Johnson City Public School
ASSISTED BY MRS. S. E. JOHNSON
PRESENTS THE PLAY
"An Old Fashioned Mother"
THURSDAY NIGHT, MAY 3RD, 1923.

CAST OF CHARACTERS.

Deborah Underhill .... A Mother in Israel
　　　　　Annie Rae Ottmers.
Widder Bill Pindle .... Leader of the Choir
　　　　　Georgia Cammack.
Miss Lowizy Loviny Custard ... Plain Sewing and Gossip
　　　　　Louise Casparis.
Isabel Simpscott .... The Village Belle
　　　　　Kittie Clyde Ross.
Gloriana Perkins .... As Good as Gold
　　　　　Margaret Johnson.
Sukey Pindle .... The Widder's Mite
　　　　　Josefa Johnson.
John Underhill .... The Prodigal Son
　　　　　Lyndon Johnson.
Charley Underhill .... The Elder Brother
　　　　　Garland Galloway.
Brother Jonah Quackenbush .... A Whited Sepulchre
　　　　　John Dollahite.
Jeremiah Gosling, "Jerry" .... A Merry Heart
　　　　　Truman Fawcett.
Enoch Rose .... An Outcast and a Wanderer
　　　　　Cecil Redford.
Quintus Todd .... The County Sheriff
　　　　　Charley Hunnicutt.
　　The Village Choir.

Time: Twenty years ago. Place: The village of Canton in Northern New York.

SYNOPSIS.

ACT I—Settin' Room at the Underhill Farmhouse. An afternoon in late March. The Good Samaritan.
ACT II—Same scene, three years later. A winter afternoon. A Mother's Love.
ACT III—Same scene, two years later. A morning in autumn. The Prodigal Son.

ADMISSION, 15C AND 25C

林登·B. 约翰逊的演讲天赋让他成了约翰逊市高中辩论队的一员。

这是 1923 年约翰逊市高中高年级表演安排表。在 *An Old Fashioned Mother* 一剧中，林登·B. 约翰逊扮演浪荡的儿子 John Underhill。

福尼亚州却生活了两年,他在圣贝纳迪诺一间律师事务所找到一份办事员工作,这家事务所是他表兄汤姆·马丁带头经营的。

马丁答应教林登法律知识,但林登很快发现马丁涉足法律只比自己稍早一步而已。马丁是一个酒徒,他很少在办公室里工作。每当林登问他的表兄如何处理当事人的某个问题时,马丁就要林登自己去解决。林登尽其所能做好,但他面临没有律师从业许可证的麻烦。当马丁停止支付薪水给林登时,他被迫找了一份电梯操作工的工作。最后,在1926年秋天,林登回到了约翰逊市的家中。他的父母强烈要求他去上大学,但他就是拒绝不去。山姆帮儿子林登在得克萨斯公路局的筑路队找到一份工作,林登一直干到第二年2月份,当时他与老板争吵,然后又惹怒了一位农村男孩而遭到毒打。

林登·约翰逊然后自己要求去上大学了。1927年3月,他来到得克萨斯西南师范学院开始大学生活,他成了该校七百名学生之一。虽然林登最终成了一名有荣誉称号的好学生,但在开始时他仍像高中时期一样对学习不感兴趣。不过,林登还是想在大学里尽量努力学好。

1924年5月,林登·B.约翰逊结束了在约翰逊市高中的最后一年学习。这是学校高中三年级和四年级的学生照片。林登还不到16岁,他是班上最小的学生。他在后排左起第五个。

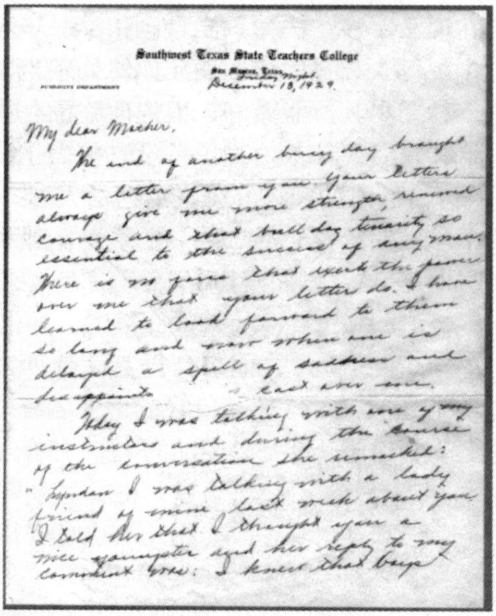
Southwest Texas State Teachers College
San Marcos, Texas
Friday Night
December 13, 1929.
PUBLICITY DEPARTMENT

My dear Mother,

The end of another busy day brought me a letter from you. Your letters always give me more strength, renewed courage and that bull dog tenacity so essential to the success of any man. There is no force that exerts the power over me that your letters do. I have learned to look forward to them so long and now when one is delayed a spell of sadness and disappointment is cast over me.

Today I was talking with one of my instructors and during the course of the conversation she remarked: "Lyndon I was talking with a lady friend of mine last week about you. I told her that I thought you a nice youngster and her reply to my comment was: I knew that boy's

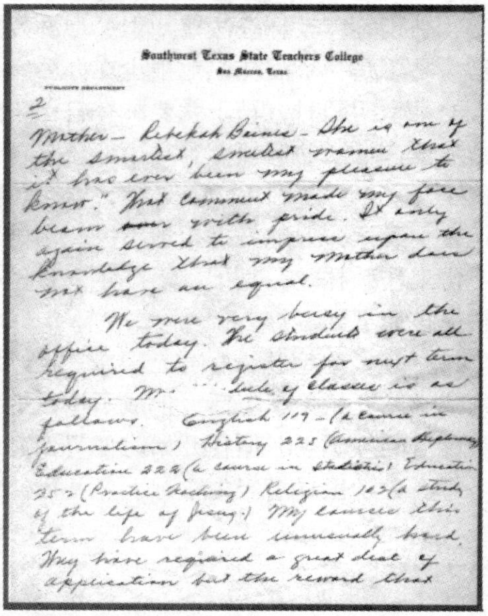
Southwest Texas State Teachers College
San Marcos, Texas
PUBLICITY DEPARTMENT

2

Mother — Rebekah Baines — She is one of the smartest, sweetest women that it has ever been my pleasure to know." That comment made my face beam with pride. It only again served to impress upon me the knowledge that my mother does not have an equal.

We were very busy in the office today. The students were all required to register for next term today. My schedule of classes is as follows. English 119 — (a course in journalism) History 225 (American Diplomacy) Education 222 (a course in statistics) Education 252 (Practice teaching) Religion 103 (a study of the life of Jesus.) My courses this term have been unusually hard. They have required a great deal of application but the reward that

1927 年 3 月至 1930 年 8 月，林登 · B. 约翰逊在圣马科斯的得克萨斯西南师范学院上学。这所小小的地方性学校在高等教育界没什么地位，通称为圣马科斯。该校建于 1903 年，当时作为一所培养公办学校老师的州立师范学院。1925 年获准成为四年制的大学。

1929 年 12 月 13 日，林登 · B. 约翰逊给母亲丽贝卡的信中讲了他在圣马科斯的学习课程。他写道：“我的课程表如下：英语 119——新闻写作，历史 225——美国外交，教育 222——统计学，教育 252——教学，宗教——了解耶稣的生活。我这学期的学习任务非常吃力，它们需要非常用功，但那种用功的回报远不及付出的时间代价。这是我最好的大学生活。”

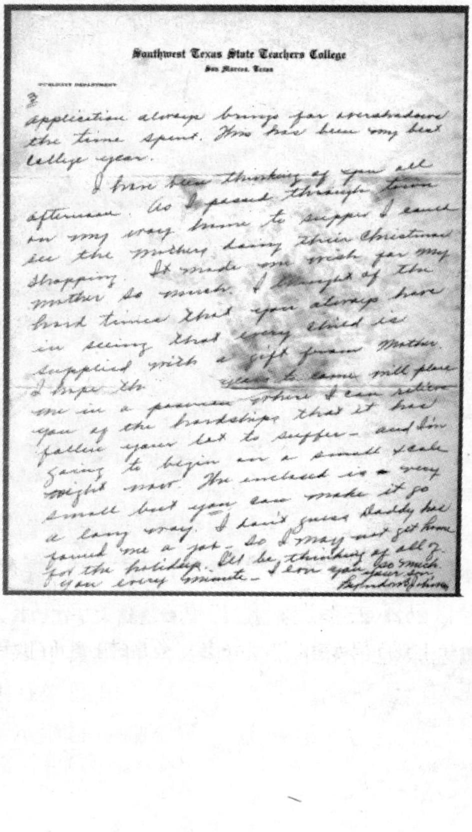
Southwest Texas State Teachers College
San Marcos, Texas
PUBLICITY DEPARTMENT

3

application always brings far overshadows the time spent. This has been my best college year.

I have been thinking of you all afternoon. As I passed through town on my way home to supper I could see the mothers doing their Christmas shopping. It made me wish for my mother so much. I thought of the hard times that you always have in seeing that every child is supplied with a gift from Mother. I hope the years to come will place me in a position where I can relieve you of the hardships that it has fallen your lot to suffer — and I'm going to begin on a small scale right now. The enclosed is a very small bit but you can make it go a long way. I don't guess Daddy has found me a job — so I may not get home for the holidays. I'll be thinking of all of you every minute — I love you so much.
Your son,
Lyndon Johnson

　　林登的大多数同学都与他的背景类似，即来得克萨斯州的一些小城镇，而且多数都家境贫寒。所谓"奖学金学生"在校园内一边学习一边工作来挣钱花。林登在校园内的第一份工作是收拾垃圾，他与几个同学一起干这份活，他们多数人会抱怨这份苦差。林登不像其他同学那样，他明白，在校园内有更好的工作，而获得更好工作的方法就是给安排工作的人留下深刻的好印象。林登继续以毫不害羞的热情收拾垃圾，他不久就获得提拔当工友助手的机会。他只做了很短一段时间的助手，就有了一个更令人向往的工作机会，他被派做伊文斯校长办公室的送信人。

　　林登也没想在这份简单的工作上停滞不前。林登除了为校长从一栋楼送信到另一栋楼之外，他还在伊文斯的办公室做一些其他事情，比如接电话、通报客人来访。不久后，林登就担当起校长秘书的职务。伊文斯非常感谢林登这种帮助，并很快发现他自己很依赖林登了，每次伊文斯去首府奥斯汀办事，他都会带上林登。林登作为前立法机关人员的儿子，他认识得克萨斯州许多立法人员和议会的工作人员，因此，他经常利用这些关系让伊文斯校长寻找一些对学校有帮助的人。

　　在课堂上，林登的辩论才能如他在高中时期一样出色。他与哈里·格林关系密切，格林是政治学教授和辩论队的指导老师。他们每天晚上通常会花几个小时进行讨论。

　　尽管林登让自己成了校长手下一名有影响力的职员，并且与老师也成了好朋友，但他仍然远不是校园内有权力的学生。学生会的成员在一个校内社团组织"黑星社"的控制之下，大权也在该社团的头目手中，学校一万二千美元的活动经费也在他们掌控之下。由于"黑星社"的成员是运动员，因而大部分的资金都安排用于运动队。学校的报纸、文学杂志、乐队、辩论小组和其他团体只能从学生会中得到很少的资金。林登想加入"黑星社"，但由于他不是运动员而遭到拒绝。因此，林登决定组建一个与之相竞争的团体，他命名为"白星社"，其目标是利用该团体从"黑星社"夺得学校财产的控制权。

　　林登的计划是经过三年的努力，慢慢建立"白星社"的威望，并竞争学生会的成员名额。在第一年，"白星社"获得学生会里的五个名额，并接管了学生报和文学杂志。林登自己负责报纸《校园之星》的编辑。在第二年，他利用自己的影响力给奖学金学生分配工作。林登依靠旧有的关系，给"白星社"的支持者找到在图书馆、书店和行政办公室的工作，而"黑星社"的支持者被安排去收拾垃圾。

　　控制校园的最后一步是在林登大学三年级的时候，也是在圣马科斯最后一年。林登认识到要完全控制学生会，"白星社"成员必须当选为学生会的会长。林登决定自己不去参选，他知道在这三年打压"黑星社"的过程中，他树敌不少。因此，他说服他最好的朋友比尔·迪逊去争取学生会长。"黑星社"提名了他们自己的候选人迪克·斯皮尔，他是校园里最受欢迎的男孩子。

　　林登为迪逊发起了一场坚韧的竞选运动。他组织了竞选小组，在整个校园内煽

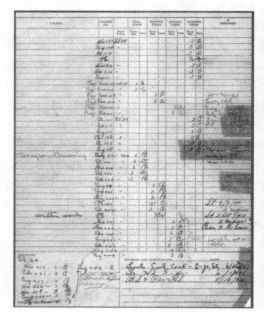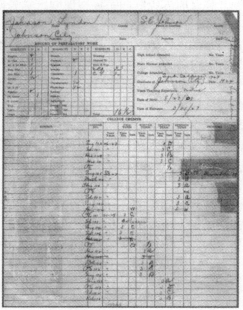

林登·B. 约翰逊在得克萨斯州西南师范学院的成绩单。1930 年 8 月，林登从该大学获得教育和历史学士学位。他后来说："我一生从未如此努力学习过。"

动同学支持"白星社"的候选人。"白星社"努力了几个星期，但在投票前一天晚上，预先计票表明迪逊仍然落后斯皮尔二十张票。"白星社"召开会议分析投票情况，包括迪逊在内的大多数成员都认为这次选举没有希望了。然而，林登不甘心接受失败。他对其他成员说："你们可以上床睡觉，我不睡。"林登一头冲进飘着毛毛雨的冰冷黑夜里，他从一栋宿舍走到另一栋宿舍，走到同学中间，与他们握手，并许下承诺。林登·B. 约翰逊使出他所有的雄辩之才来说服坚定的"黑星社"支持者改变主意。迪逊后来说："他最厉害之处是看到某个人，并能将自己的观点灌输给他。"到第二天选票统计结束后，迪逊高出对手八票胜出。

迪逊的竞选运动是林登·B. 约翰逊政治生涯的开始，不久他就作为一名众议院代表（1937 年第一次当选）来到了首都华盛顿，然后入选参议院（1949 年第一次当选）。1951 年，林登·B. 约翰逊当选为多数党的督导。1953 年，他尽其所能来说服民主党参议员选举他为少数派的领袖。1954 年，民主党控制了参议院，林登·B. 约翰逊成了多数派的领袖，这是美国政府里权力最大的职务之一。

在从政途中，林登·B. 约翰逊抽空建立了家庭。1934 年，他与克劳迪娅·阿尔塔·泰勒结了婚。他们夫妻恩爱，有两个女儿。

林登·B. 约翰逊在 1960 年失去民主党的总统提名后，他与约翰·F. 肯尼迪联手，在 1960 年 11 月当选为副总统。1963 年肯尼迪总统遭暗杀时，林登·B. 约翰逊宣誓就职总统。一年后，他以压倒多数的胜利当选新一届总统。

　　作为总统，林登・B. 约翰逊的目标是消除美国的贫困。他签署法令为贫困人口创办教育、提供医疗和住房方案，立誓要建立一个美好社会，让人们的生命价值与其创造的奇迹相当。他还签署了法令确保少数民族公民的权利，结束了几十年来禁止美国黑人和其他少数民族使用餐馆、休息室、火车站和其他以前只许白人使用的公共设施的旧有惯例。林登・B. 约翰逊还极力支持太空探索，在他任总统期间，他全力支持太空旅行，为 1969 年第一次登月铺平了道路。尽管林登・B. 约翰逊取得了这些社会成就，但他一直笼罩在越南战争的阴影之中。

　　1968 年春，林登・B. 约翰逊在电视上向全国宣布他将不会再谋求连任，这着实令美国人民吃惊。他不久就退职回到约翰逊市附近的大农场里生活。他于 1973 年 1 月 22 日去世。

第三十六章

理查德·M.尼克松
(Richard M. Nixon)

比尔·叶尼

理查德·米尔豪斯·尼克松在总统任期内,他时常提到自己出身贫寒。不过,尼克松家里重视教育。虽然尼克松高中毕业时正值美国经济大萧条时期,但他刻苦学习的决心和家庭的支持让他有机会完成大学和研究生阶段的教育。

理查德·M.尼克松父母亲双方的家庭都老早定居美国。在他父亲这边,祖先詹姆斯·尼克松在18世纪就从爱尔兰来到美国达纳华州。在他母亲这边,富兰克林·米尔豪斯在1729年取道英格兰和爱尔兰,从德国移民来到美国宾夕法尼亚州。尼克松家族成员曾参加了美国独立战争和国内战争。

1913年1月9日,理查德·M.尼克松出生于他父亲建造的房子里。当时他家的家庭成员有父亲弗兰克·尼克松,母亲汉娜·米尔豪斯·尼克松,以及出生于1909年的哥哥哈罗德·尼克松。一年后,理查德的弟弟弗兰西斯·唐纳德·尼克松出生。他们家早年的生活充满艰辛。弗兰克拥有一个果园,但收成不如他所想象的那样。这段时光非常艰难,他们基本的生活需求都难以满足。果园在1922年经营失败,他们家第四个孩子亚瑟才2岁。弗兰克·尼克松卖掉了在加利福尼亚州约坝林达的房子,然后举家搬到惠蒂尔。弗兰克在惠蒂尔开了一个加油站,然后又在旁边开了一间杂货店。虽然有一定的市场需求,但生意最终都算不上太成功。

在约坝林达的时候,尼克松兄弟开始上学了,但在1922年当理查德·M.尼克松读四年级的时候,哈罗德和他转学到了惠蒂尔东部小学。然而,他们兄弟很大部分的教育来自他们父母和惠蒂尔地区庞大的贵格会社区的宗教生活。他们一家每周至少参加两次贵格会活动,小理查德在上小学时,就担当教堂的风琴手。

尼克松兄弟很早就有了勤劳的观念。他们在父亲的杂货铺帮忙,在学校放假期间去干农活挣钱。

在家里,理查德·M.尼克松的父母也是他们兄弟学习的好榜样。母亲汉娜是一位善良、温和,而又体贴的妇人,尼克松后来常称她是"天使"。而父亲弗兰克·尼克松是一个直言不讳,而且常爱发脾气的人。他的烦忧多是来自事业上的不顺,经验不足的他要与一些比他强硬的对手竞争。在家里,汉娜比较安详,而弗兰克通常言辞激烈。

不过，弗兰克·尼克松并不是无理地大嚷大骂。他的观点通常是理由充分而且以事实为依据的。尼克松从他的父亲那里学会了辩论，他也学会了以事实为依据说话的观念。为了了解更多事实，尼克松还在上小学时就非常喜欢读书看报。在他父亲的鼓舞下，再加上自己的努力学习，尼克松俨然成了一个老练的辩手。在那个时代，当众辩论当作是一种娱乐活动。他第一次公开辩论是关于"租房相比拥有房产的好处"，这为他日后作为政治人物站在演讲台后发言迈出了一步。

尼克松遗传了他父亲的善辩才能，也遗传了很大部分他父亲的刚烈性格。家里果园经营失败前后的贫穷和艰苦已经在他幼小的心里留下了深刻的印象。这件事一方面让他养成了勤劳、奋争的习惯，但在另一方面，他对那些生活优越的特权人们怀有怨恨。尼克松像父亲弗兰克一样，有一种复杂的自卑情绪，而这影响了他后半生对事物的看法。在上高中时，当他为父亲开送货车时，他会躲开同学们的视线，他觉得做这种事情很丢人。

尼克松的很大一部分教育来自他的父母和惠蒂尔地区庞大的贵格会社区的宗教生活。

在 1919 年这张理查德·M. 尼克松在加利福尼亚州约坝林达读一年级时的照片中，他坐在前排最右边。

尼克松在 1978 年的回忆录中写道："我 6 岁时开始在约坝林达的教室里上一年级。我的母亲在家已经教我认字了，这在开始时我都可以直接跳至二年级。我通常在做完家庭作业和家务劳动之后，就坐在火炉旁边或餐桌旁边埋头看书或杂志。我们家有《洛杉矶时代》、《星期六晚报》和《女士之家》杂志。我的姨妈奥莉文和姨父住在惠蒂尔附近，他们订了《国家地理》杂志。这是一本我喜欢的杂志，几乎每次我去他们家，我都会借回一本。"

尼克松不是一个喜欢搞恶作剧的孩子。他的母亲汉娜在 1960 年接受采访时回忆说："他还在五六岁的时候就非常成熟，他感兴趣的事物远远超过了同龄孩子的一般范畴。他思想丰富，而且认真。他正如我们贵格会的人所说的'对自己认真负责'。"

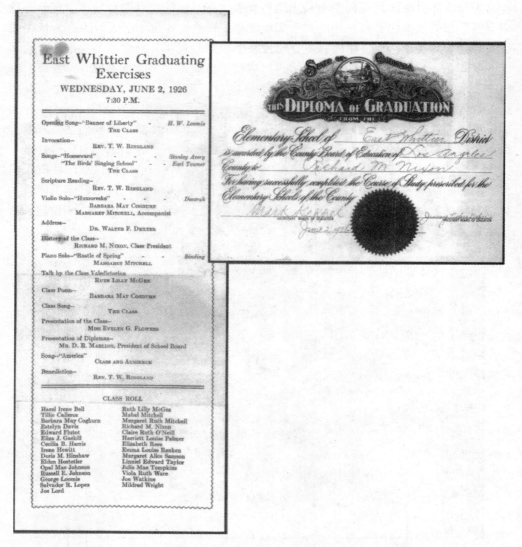

图片为 **1926 年 6 月 2 日**惠蒂尔东部小学举办的毕业典礼安排，以及尼克松的小学毕业证。

理查德·M. 尼克松是一个学习认真的学生。他的同学回忆说："他很少出来玩，老是在学习，同学对此有一些评论和取笑。"另一个同学回忆说："他与我们其他人不同，他是一个你会尊重的人。他认识每个人，但他在班上表现非常好，如果你与他说话，他通常会全神贯注地听你讲话。他很友好，但不是一个与你一同背上背包去钓鱼的人。"

尼克松八年级班上有二十九个同学，他是班长，并就"班级历史"发表了简单的演讲。

尼克松是 1926 年秋季进入富勒敦附近的高中学校上学的，但在高中后两年转学到惠蒂尔高中完成学业。虽然他在空闲时间要帮助家里干活，但他仍是一个学习成绩偏上的学生。他加入了学校的辩论小组，并且很快成了优秀的辩手之一。尽管他羞怯，并且会在小部分同学面前退缩，但他面对人群公开发言时却一点都不胆怯。他在辩论赛中获奖，并练就了当众发言的重要本领，而这对他今后的职业是极其重要的。

在尼克松上高中时期，他经历了两件极其悲痛的事情——他的两个兄弟去世。1925 年 8 月，尼克松刚上八年级，他的弟弟亚瑟生病了，医生找不到病因，亚瑟在几周之后就死了。后来，大约是 1930 年在尼克松从惠蒂尔高中毕业时，他的哥哥哈罗德被诊断为肺结核，这是一种非常可怕而且致命的疾病。医生建议哈罗德去北方亚利桑那州空气干燥的疗养所治疗，这样，哈罗德到了普雷斯科特住院治疗。汉娜为了照顾儿子，也搬到了亚利桑那州，并在那里找了份勤杂工的工作。两年后，也就是 1933 年 3 月，哈罗德还是去世了。

30 年代初期对尼克松家庭来说的确是个烦恼多端的时期。哈罗德生病，汉娜也离家在外，家里的经济非常拮据。而 1930 年弗兰克夫妇第五个儿子的降生使原本困难的情况更加难了。小爱德华·尼克松作为尼克松家里最小的儿子来到这个世上，弗兰西斯·罗纳德当时已经 16 岁，而理查德刚高中毕业。

在这时，尼克松已经被惠蒂尔学院接收，这是在他家乡的一所贵格会学校，他的母亲曾在那里上学。在这上学是家里可以负担得起的。尽管尼克松也申请了名牌大学的奖学金，其中包括哈佛大学和耶鲁大学，但家庭条件很明显不可能让他离开家去外地上学。他于 1930 年秋季开始在惠蒂尔学院上学，并住在家里帮助打理杂货铺，而他的父亲就照料新生的婴儿。

幼年尼克松的性格是在窘境和不幸中形成的。在大学时，他成了一个严肃的学生。许多同学觉得他非常忧郁，闷闷不乐，因而给他取了个"忧郁格斯"的绰号。

除此之外，他的公开演讲天赋让他成了惠蒂尔校园里的知名人物。可以说每个人都认识他，但很少有人真正了解他。他当选为新生的学生会长，并与特里格斯主任共同创办了一个新的社团组织，名为正交社。

我们可以清楚地看到尼克松对正交社创办原则的影响。这个社团是作为对富兰克林社团的回应而创办的，富兰克林社团的成员是一群穿着晚礼服的男子，自诩为"贵族"。尼克松对这种富有的上层阶级有点愤恨，他称自己为一个"普通百姓"。正交社的成员都穿着开领衬衫，故意穿得很随意。像理查德一样，大多数成员在学校里都我行我素。正交社的成员自我标榜为"公正诚实的人"——有话直说，光明正大。在理查德·M. 尼克松的职业生涯中，很多时候也表现出这种性格特征。

虽然理查德·M. 尼克松还是个新生，但同学们还是选他作为正交社的第一任社长。他还为该社团写了社歌，结尾处是："兄弟们一起来，我们将继续不停地传播正交社的精神，不枉正交社的美名。"到今天，在惠蒂尔学院仍有正交社。

理查德·M. 尼克松在二年级的时候，加入了辩论队。与他在高中学校的情况一样，他很快成了有名的辩手，并在惠蒂尔学院赢得无数辩论赛。他也踢橄榄球，只是球场上的他与在演讲台上的他不能同日而语。结果，他大部分时间花在橄榄球上。不过，华莱士·纽曼教练对他的影响非常大，尼克松回忆说纽曼教练是一个鼓舞年轻人前进的人，他在指导学生打球的同时，还教学生一些重要的生活原则，比如诚实和公平竞争。

在学习方面，尼克松是一个优秀的学生。数学和科学课程对他来说是一种挑战，而学习历史就是件轻而易举的事情，他的历史教授是尊敬的保罗·史密斯。

也许在惠蒂尔学院对尼克松影响最大的是英文文学教授艾伯特·阿普顿，阿普顿是亚里士多德逻辑学的专家，他在语义学、认知心理学和解决问题基础上的基本思想得到了高度评价。他对语言的概念化、描述和归类的定义极大地影响了未来的总统尼克松。尼克松从阿普顿那里学到了大量分析问题和解决问题的技巧。

尼克松在四年级时当选为学生会主席，这是他在校园内的最高成就。1934年，他以全面优秀的成绩毕业，并以年级第二的成绩获得历史学学士学位。

　　理查德·M. 尼克松喜欢音乐，他还不到5岁时就开始弹钢琴。尼克松说他有两大未能实现的梦想——指挥交响乐团和在大教堂拉风琴。在1969年他的总统就职典礼上，当钢琴家安德烈·沃特斯正在演奏时，尼克松的姨妈侧身悄声对总统说："理查德，如果你钢琴学得更好一些，现在就是你在那里演奏，而不是在这上面了！"

　　在这张1929年富勒敦高中交响乐团的照片中，尼克松站在后排，右起第二个。

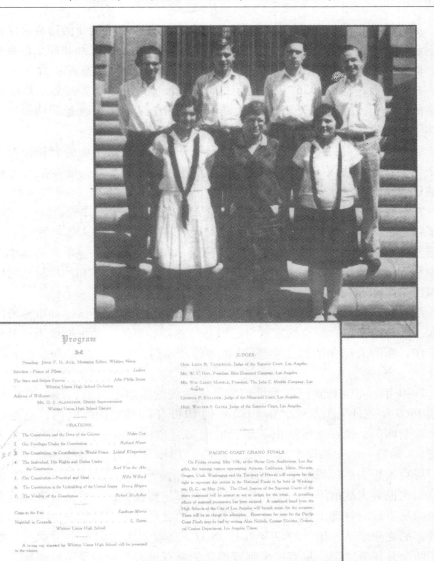

　　理查德·M.尼克松（本页上图后排左三）与惠蒂尔高中学校辩论小组的成员，照片大约是**1930**年拍摄的。在惠蒂尔高中学校，尼克松参加了各种各样的校园组织，比如拉丁文社团、校报社、校乐队、橄榄球队和辩论队。照片中前排中间是克利福特·文森特老师，他也是辩论队的指导，他回忆说："尼克松非常优秀，他能够绕开某个争论点，不会迎面与对方碰撞，而且他可以为任何一方进行辩论。"

　　1929年春天，**16**岁的理查德·**M.**尼克松参加了由《洛杉矶时代》主办的演讲比赛，演讲的主题是关于美国宪法。尼克松的演讲是"在宪法下我们的权利"，他赢得了比赛。本页下图上所示为尼克松参赛的日程安排。

　　尼克松的高中一、二年级在富勒敦高中学校就读，三、四年级则是在惠蒂尔高中学校完成的。**1930**年高中毕业后，他被选为"全面优秀的学生"，并获得了哈佛大学的奖学金，但是因为家里负担不起他的路费和生活费，他只好放弃这次教育机会。

尼克松在惠蒂尔学院的优异成绩使他获得了北卡罗莱纳州的迪克大学法律系的奖学金。在迪克大学，尼克松一直到毕业那年都是潜心学习和兼职工作赚取生活费用，而避开校园内的拉帮结派活动。他曾在校图书馆和国家青年管理中心兼职工作。在学习上，他在 1936 年的一篇法律道德方面的学术论文获奖，其标题为"交通事故诉讼：律师与公众"。再一次显示出他那作为一名普通老百姓和作为弱势群体斗士的形象。

理查德·M. 尼克松在毕业那年当选为迪克大学法律协会的会长，他还加入了一个名为"白帽决议"的荣誉法律社团组织。1937 年 6 月，尼克松以年级第三的成绩毕业，获得法律学士学位。

在迪克大学，尼克松已经决定他将来要去联邦调查局工作。但是，他的申请遭到了拒绝，于是他回到加利福尼亚州南部从事法律工作。1937 年秋天，他获得许可进入加利福尼亚州律师界，他加入了惠蒂尔律师事务所。该事务所其中一位主顾是加利福尼亚州拉哈布雷市政府，拉哈布雷市是介于惠蒂尔和约坝林达之间的一个小城市。

尼克松在拉哈布雷建立了一个办事处，不久后他就成了该律师事务所的真正合伙人。在拉哈布雷，尼克松发现自己做各种各样的事情，他可能今天在做税收方面的工作，而明天却在法庭上办理犯罪案件。这位年轻的律师就是这样从事多种职业。

1940 年，尼克松被提名为母校惠蒂尔学院的监事会成员，他一直担任这个职务到 1969 年就任美国总统。在 1937 年到 1940 年间的空闲时间内，尼克松加入了一个业余剧团，他在这里认识了年轻的老师塞尔玛·凯瑟琳·帕特丽夏（帕特·赖安）。帕特·赖安和理查德·M. 尼克松于 1940 年 6 月 21 日结婚。

尼克松想去洛杉矶一个更大的律师事务所应聘工作。然而，在 1941 年美国卷入第二次世界大战前不久，尼克松来到了首都华盛顿，他在价格管理委员会作为一名律师从事政府管理工作。在日本偷袭珍珠港之后，美国随后于 1941 年 12 月宣布参战，尼克松申请入伍。1942 年 6 月 25 日，他获得美国海军中尉军衔。在继续执行了两个月任务之后，尼克松来到罗得岛的海军培训学校接受飞行训练。

1943 年 5 月初，尼克松在南太平洋的瓜达尔卡纳尔岛服役。1944 年 12 月，尼克松已经是海军上尉，被派驻首都华盛顿的海军航空局。他在华盛顿工作了四个月，然后因合同期满调至航空局。虽然他的工作场所在纽约市，但工作性质让他有机会去东部沿海的各个城市出差。

1946 年 3 月，理查德·M. 尼克松离开了海军，他和妻子帕特返回加利福尼亚州。他们在一定程度上是被一群共和党商人引诱回来的，共和党富商曾问尼克松是否有兴趣从政。如果他有兴趣，他们愿意资助他竞选美国众议院第十二区的席位，民主党人贺瑞斯·杰理迈亚·沃黑斯已经在这个位置上持续五届了。尼克松答应接受竞选挑战。

　　在竞选过程中，沃黑斯被指出具有社会主义倾向，他是一位共产主义支持者。1946 年，在加利福尼亚州南部共产主义支持者很少。尼克松轻松地赢得了竞选，这一方面是因为共产主义的因素，另一方面是他具有辩论和公开演讲的才能。

　　在华盛顿，尼克松被派到反美国活动调查委员会工作。他在该委员会调查一位前国家部门助手艾尔格·赫斯时为自己赢得了声誉，艾尔格被指控是从事共产主义活动的人。尼克松立刻引起了全国人民的注意，他为自己树立了一个坚韧的反共产主义战士的形象。

Friends College, Whittier, Cal.　633

　　1930 年至 1934 年，理查德·M. 尼克松就读于惠蒂尔学院。惠蒂尔学院有学生四百名左右，一半以上的学生都来自该镇的高中毕业生，而且大多数像尼克松一样，都住在家里。尼克松回忆说："我并不失望，因为该学院的思想是非常令人鼓舞的，丝毫不会让我们觉得低人一等。"

　　上图所示明信片是 1930 年左右尼克松进校时惠蒂尔学院的情景。该学校最初是在 1887 年作为基督教教会学校成立的。到 1930 年，学校已经没有宗派要求，但是，如招生目录中所陈述的，学校致力于高等教育一直都带有贵格会的责任。尼克松在 1934 年毕业那届的八十五个学生中，只有十二个来自别的州，其中二十多个可以步行去上学。

尼克松在他的回忆录中说："虽然我最初踢橄榄球是在高中时期，但橄榄球一直是我喜爱的运动。作为一个 150 磅的 17 岁新生，我在球场上难以对付别的球员，但我喜欢这项运动，喜欢那种团队合作精神和友谊。在新生队中只有十一个合格成员，因此尽管我的身高和体重如此，我也穿一件有队员号码的运动衫去踢每场球。但在上大学的时候，我通常去踢的是球赛的最后几分钟，那已经是稳胜或者无法挽回的败局了。"

尼克松在这张 1931 年部分惠蒂尔橄榄球队成员的照片中，他在后排中间。

1937 年，理查德·M. 尼克松（上排左五）和他在迪克大学法律系的同学。

理查德·M. 尼克松写道："我在惠蒂尔学院最后一年的某天，看到布告栏里有一则通知，北卡罗莱纳州新的迪克大学法律系有二十五个奖学金名额，每份二百五十美元。我就申请了。"

理查德·M. 尼克松的母亲说："我一生中最自豪的一天是收到儿子获得奖学金的通知书，当然，那比理查德成了副总统更感自豪。"

尼克松说："我能够保持获得奖学金的成绩，并且我成了迪克大学法律系复审的一名成员。我在迪克大学三年打下了良好的法律基础。"

　　1948 年，尼克松虽然轻而易举地再次入选国会，但他还有更大的抱负。1950 年，加利福尼亚州在美国参议院有一个空缺的席位，而尼克松决定竞争这个职位。他的民主党对手是海伦·加哈甘·道格拉斯，道格拉斯已经担任了三届众议院代表。尼克松坐着一辆四轮马车在该州巡游，向选民发表他的观点，他通过指责对手的共产主义倾向而为自己建立反共产主义的声誉。在 1950 年的竞选运动中，尼克松也将长期以来对富人和特权阶级的鄙视作为竞选的有利工具。由于道格拉斯被看成是一个富人，尼克松可以将这位对手描绘成是一个"脱离普通老百姓"的人。道格拉斯认为尼克松的竞选手段狡诈、不公平，因而称尼克松是"狡猾的家伙"，在他后来的政治生涯中一直流传着这个称号。尽管尼克松被称为狡诈者，但他仍把他 1950 年辛苦赢来的竞选看作是劣势方克服困境的一次胜利。

　　在参议院工作两年后，尼克松担任了艾森豪威尔总统任期内的两届副总统（1953—1961）。1960 年，他竞选总统职位，输给了约翰·F.肯尼迪，输掉了历史上选票最接近的选举。两年后，尼克松与在任的加利福尼亚州长埃德蒙·G.帕特布朗竞选，他希望重现成功的国会代表竞选情景。尼克松在输掉 1962 年的州长竞选后非常痛苦。他向电视观众说要永远退出政治舞台，他说："你们不会再看到尼克松胡乱尝试了。"

　　尽管如此许诺，尼克松还是在六年后重返国家政治舞台，他打败了民主党的休伯特·汉弗莱，成功地赢得总统选举。1972 年，尼克松以大优势的选票获得连任，但几乎同时发现他自己卷入了水门丑闻之中。随着总统不正当行为的报道增多，尼克松立即决定于 1974 年 8 月 9 日辞去总统职务。

　　很不幸的是，理查德·M.尼克松总统的名誉一直到今天都被水门事件的阴影笼罩着。在他早年的生活中，他一直似乎都是极力反对虚假行为的。如果从尼克松可悲的事业顶峰吸取教训的话，那就是一次严重的不端行为会败坏你一生苦心经营和奋斗的美名。

第三十七章

杰拉尔德·福特
(Gerald Ford)

哈尔·马科维奇

密歇根大学的橄榄球队通常被认为是全美国最好的大学球队之一。不过事实并非一贯如此。1934 年秋天，由于前一届学生的毕业，这支球队失去了许多主力球员，其力量被严重削弱。球队里剩余的都是年轻球员，且没有经验，很快，其他对手远胜于密歇根大学橄榄球队。那个赛季，密歇根大学队输掉了开始的两场球赛，比分也大大落后于其他球队。

当密歇根大学队准备第三场球赛（对手为乔治亚科技大学）时，他们发现自己面临另一个问题。密歇根大学队的一名最佳球员是威利斯·F.沃德，他是一名美国黑人，在球队是速度快的传球能手。在 20 世纪 30 年代，北方的大学校园才刚刚开始接受黑人运动员，但是在仍然实行种族隔离的南方是行不通的。随着与乔治亚科技大学的比赛临近，乔治亚科技大学这所南方学校的管理者清楚表态，如果沃德上场，他们的球队将拒绝参赛。

密歇根大学队教练哈里·吉卜克很快屈服，并叫沃德在比赛期间待在家里。这个决定使整个密歇根大学橄榄球队掀起了一股愤怒的浪潮。受吉卜克的决定打击最大的球员之一是杰里·福特（杰里是杰拉尔德的昵称），他是球队的中场球员。杰里·福特与沃德关系密切，他们俩在密歇根大学橄榄球队的路演赛中住在一个房间。如果沃德不能参赛，福特说他也不参赛。最后，是沃德说服福特上场比赛的。沃德对杰里·福特说："你看，我们这支球队今年已经很糟糕了，我们已经输掉了两场球赛，很可能不会再赢。你必须参加星期六的比赛，你应该为这支球队效力。"

杰里·福特还是改变了自己的想法，认为反击乔治亚科技大学的种族主义态度最好的办法就是在球场上较量。那个星期六，密歇根大学队获得了本赛季的最佳成绩。在比赛开始时，乔治亚科技大学队的一名球员嘲笑密歇根大学队里有一位"黑鬼"。当再开赛几分钟后，杰里·福特与那位嘲讽的球员猛撞了一下，结果那位球员不得不用担架抬出赛场。密歇根大学队那天以 9：2 的比分赢得比赛。这是该队那年赢得的唯一一场比赛，但对杰里·福特和他的队友来说，这也许是他们球队最惬意的胜利。

小杰拉尔德·福特将成为美国第三十八任总统，1913 年 7 月 14 日，他出生于内布拉斯加的奥马哈。他出生时的名字是莱斯利·林奇·金，在他2岁时，母亲多罗斯与父亲离婚，然后母亲带他回到密歇根州大急流镇的外祖父母家中。在大急流镇，母亲认识了老杰拉尔德·福特，并与他结了婚，老杰拉尔德收养了她的儿子，并给这小男孩取了自己的名字，且当作自己的儿子一样抚养。后来，福特与他的生父都很少联系。

多罗斯与老杰拉尔德·福特生有三个儿子，分别是詹姆斯、理查德和托马斯。福特家庭成员之间关系亲密，他们以勤劳、努力工作和对小镇价值观的信奉来面对美国经济萧条时期的艰辛生活。老杰拉尔德·福特开创了他自己的油漆公司，其产品主要销给大急流镇的家具厂。在经济萧条时期，杰里的继父想方设法经营来挣钱，但他们通常发现自己精打细算才能勉强维持。

1918年，福特在大急流镇的麦迪逊小学开始上幼儿园。就是在那个年龄，福特就很喜欢运动了。他回忆说曾在学校后面砂石铺成的操场上踢橄榄球和打垒球，而常常回家时衣服也破了，膝盖也摔破了。他在麦迪逊小学只读了两年，然后因为他们搬家，他去大急流东部小学上学。

杰拉尔德·福特是唯一一名曾是鹰级童子军的总统，他手托旗帜，正准备与他的同伴们在密歇根州马克纳克岛的州立公园升旗。这张照片摄于1929年8月，在夏季，这些童子军将为游客作向导。

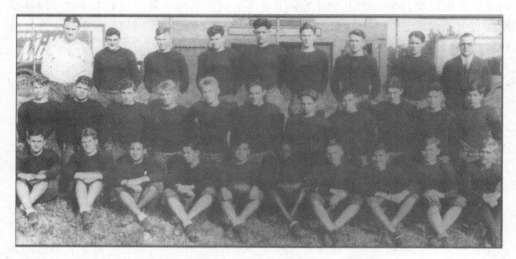

1930 年，密歇根州大急流镇南高中学校橄榄球队合影。杰拉尔德·福特在第二排，左边第五个。左上角是教练克利福德·戈丁斯。许多人认为戈丁斯是南高中学校最重要的一位老师。

在杰拉尔德·福特的自传中，其中有五十多页专门讲述他的童年和教育。他提到除了戈丁斯之外，没有哪本书或哪位老师对他产生任何影响。福特回忆说："我小时候脾气火暴，母亲常教我控制自己。母亲是一个非常严格的人，当我发脾气或说蠢话时，她会奚落我，并告诉我，我的表现是多么可笑……有一次，她给我一首吉卜林的诗《如果》，她对我说，'读读这首诗，你会从中受益的，它将帮助你控制你那坏脾气。'"福特没有写他是否读了那首鼓舞人的诗，也没有说母亲的话是否对他的脾气控制管用。福特关于学校生活的回忆主要描写了激烈的竞争和橄榄球场上的得意情形。

福特花了很多时间与好朋友特霍斯特谈论他早期的生活和教育经历。特霍斯特在这位前总统的传记中提到福特没有完整地读过一本书。不过，强调了福特喜欢体育运动。

20 世纪 20 年代，在福特的成长过程中，橄榄球在大急流镇比今天更显重要。那时候喜闻乐见的事物较少，也没有电视，很少学生有一辆自己的汽车。学生生活中关注的就是星期六下午的橄榄球赛。校区界限固定在一个城市的区域，学校没有校车。橄榄球赛通常是在高中学校之间进行，也包括附近的人。还有，橄榄球教练可以帮助一个学校树立名誉，通常不是课堂上上课的老师。

橄榄球在福特的教育过程中起到了极其重要的作用。作为一位十几岁的青少年，橄榄球让他引起了全国人民的注意。橄榄球也让他得到大学教育机会，还得到法律学位。橄榄球场上的英姿也让他更容易赢得贝蒂·布鲁姆的芳心，贝蒂跟随着名的舞蹈家马萨·格雷厄姆学习，贝蒂体态优雅，身材苗条。在高中二年级的时候，福特在市冠军橄榄球队中踢的是中场。他在全市及全州橄榄球队中都是有名的。

福特的名声不只是在南部高中。1930 年，大急流镇城市商业区内最大的剧院"壮丽剧院"参加了一个中西部的选拔赛，以确定五十个城市中最受欢迎的高中高年级学生。剧院资助者将候选人的名字写在纸上，然后在抽签箱中抽取。福特作为大急流镇的幸运儿，获得去芝加哥旅行的机会，他在那里认识了来自其他城市的男孩女孩。然后，他们进行为期五天去首都华盛顿的观光。很明显，这位未来的总统没有从这次旅行中获得鼓舞人心的东西。他写道："华盛顿之旅给我的印象与我所想的相去甚远，从那儿回来，我对政治或在政府工作绝对没有兴趣。"福特想要成为一名著名的棒球运动员。

作为一名小学生，福特一直受说话结巴困扰，不过到 10 岁时便没有这个问题了。他后来回忆说："一些话我听来容易，但要我说出来很难，我不知道这是什么原因。"

尽管福特没有了口吃的问题，但他与众不同的另一个特点又很快令老师困扰，他是两手都很灵活的人，这就是说他两只手都可以一样地写字和做其他事情。他说："我的父母和早期的老师都十分关心这一点，并试图让我一直使用右手。经过一段时间后，他们放弃了，而我继续保持原来的样子。"

到福特进入大急流镇的南高中学校时，体育运动成了他学校生活的重要组成部分。他参与棒球赛、篮球赛和田径赛，不过他的主要运动是橄榄球。作为一名高中二年级学生，他是南高中橄榄球队的中场和后卫，这支球队赢得了该市橄榄球赛的冠军。虽然只是一名二年级学生，但他的队友都希望他当队长。

福特虽然是出色的运动员，但他在校园内没有给人一种"了不起的"感觉。他很平静，不怎么与女孩子约会，许多同学认为他有点古板守旧。福特是南高中学校里唯一一位每天都穿套装打领带的学生。

福特的学习成绩赶不上他在橄榄球场上的成绩。在南高中学校，福特除了体育运动之外，不太参加别的课外活动。他是一位好学生，除了例外的情况，大部分课程他都能稳定地得到"B"。他在数学上很用功，但通常也只能得到"C"；而他在历史和政治课方面很优秀，通常能够得到"A"的好成绩。福特的同学维吉尼亚·贝里回忆说："福特和我是历史课成绩最好的学生。我们的老师每周进行考试，通常是这样的情况，这周我得96，福特得93，而下周他得97，我得94。我坐在教室的后排，而福特座位靠前，每次考试结果出来时，他都会回头看我得多少分。如果我得分更高，他也不会生气，他只是核实一下而已。我们俩在这科上都得'A'，是班上仅有的两个得'A'的学生。"

在福特开始涉足政坛后，他后悔在高中时期没能成为英语或演讲方面的好学生。他说："在生活中，没有什么比有效沟通的能力更重要的了。"

1929年秋天，美国股市崩溃，整个国家陷入了经济萧条的深渊之中。福特继父的油漆生意也受到影响，几乎难以继续经营下去。在老杰拉尔德·福特奋力保持工厂运转时，他的雇员都答应以微薄的薪水工作。福特家与该镇上的所有人一样感到生活的艰辛。老杰拉尔德·福特再也不能对大急流镇东边的房子进行抵押了，银行接管了这所房子，而福特家不得不搬进该镇另一个地方小一点的房子里居住。

当时，杰里是高中三年级的学生，他是橄榄球队的明星，也参加其他体育运动。福特的新家距离高中学校有好几英里。福特没有转学到离家更近的学校，而是选择在南高中结束高中生活。这就意味着他每天早晨要早早地起床，乘坐巴士进镇里，然后转乘另一趟车到南高中学校。从家到学校单程需要将近一个小时。福特并不介意要起早去上学，他将这当成一个在上课前学习的机会。不过在回家的路上，福特通常是踢完橄榄球，身体疲惫不堪，他不得不强打起精神，以免在车上睡着而错过自己下车的地方。最后，福特通过兼职工作积攒了七十五美元，然后买了辆旧车开着去上学。

福特回忆说："在橄榄球赛期间，这辆车十分风光，但那时天气已经开始变冷了。12 月的一天，气温降到了零度以下，地面还有雪。由于我不了解汽车知识，没有给汽车加防冻液。我将车停在学校，去打篮球，晚上开车回家吃饭。当我开进停车道时，我发现从引擎那儿冒出一股烟气。我揭开引擎盖，看到马达通红，很明显，我所需要做的是弄一些东西让汽车整晚保暖。当时车库里有一些旧毯子，我把它们放在引擎上面，然后到家里吃饭。我们刚吃完饭，突然听到火警的警报声。我们朝窗外一看，我那可怜的车已经在火光之中了。"高温引擎引燃了铺在上面的毯子。汽车彻底损毁了，福特又没有买车辆保险，因此，他那七十五美元的投资全部化成了泡影。第二天早上，他又得乘坐公共汽车上学了。

这是 1931 年杰拉尔德·福特在高中毕业时的照片。

福特回忆说："我的父母常说，运动可以造就一个男孩的性格，体育运动很重要，但都不及获得好的学习成绩重要。我的父母督促我做家庭作业，要求我学习出色。我在化学和其他自然科学课程上成绩平平，而拉丁文我不喜欢，最好只能得到'C'，数学对我来说不是太难，在所有课程中，我真正喜欢的是历史和政府管理，这两门课程通常成绩非常好。"

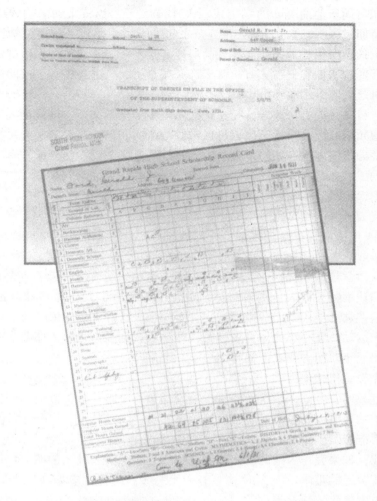

这是杰拉尔德·福特在大急流镇南部高中学校的成绩单。

福特在 **1930** 年末被选入全国荣誉学会。这个学会是在前一年由中学校长协会成立的，旨在奖励那些在学习或体育运动方面出色的三年级学生。

福特在二百二十名毕业生中名列前茅，全部成绩平均为 **89.58**。拉丁文是他的弱项，而历史和体育是他成绩最好的科目。

在南高中学校最后一年，福特非常想上大学，但他的父母无力支付学费。高中学校的校长亚瑟·克劳斯为福特争取获得密歇根大学的体育奖学金。该奖学金够付福特每年一百美元的学费。以今天的标准来看，这笔钱是很小的数目，但在 20 世纪 30 年代，对经济萧条期的家庭来说，这是大多数家庭都难以承担得起的。

奖学金可以解决学费问题，但还有其他费用，如书本费、食宿费。密歇根大学橄榄球队的教练哈里·吉卜克为福特在校医院餐厅找到一份侍者的工作，还有一位援助者承诺每周给他两美元的零用钱。1931年秋天，福特来到了安阿伯的密歇根大学。福特回忆说："这样，从大急流镇来的中场能人住在密歇根大学第三层的一间十平方米的房子里，这是我能找到的最便宜的房子了。我与一个篮球运动员共担每周四美元的房租。我们每人有一张床和一张桌子，这已经占去了房间的大部分空间，我们俩之间有一个小小的窗户。"

不过，后来情况有所改善。福特进入密歇根大学不久后，他就加入了学校的德尔塔卡帕德尔塔联谊会，他可以搬进联谊会会所一间条件更好的房间，当然，他还必须去当洗碗工来支付房租。他在学校主修经济学和政治。尽管他在学习上并不突出，但他的成绩还是表明他学习相当认真。他的平均成绩为"B"，在四年大学中，他只有四门课程得到"A"，这四门课程分别是《美国政府》、《经济学》、《欧洲历史》和《劳动学习》。

在1934年橄榄球赛落败之后，福特在1935年春天完成了在密歇根大学的学习，而对毕业后要做什么几乎没有打算。他想他会喜欢从事法律工作，但他知道自己付不起法律学校的学费。他在密歇根大学橄榄球队的成绩引起了两支橄榄球队的兴趣，他们让福特去做职业橄榄球运动员。1935年秋，两支橄榄球队都愿意与福特签约，但在那个年代，职业橄榄球运动不像今天这样火热。那时候橄榄球只是一项小团体的运动，在小小的体育场进行，球迷为数不多。当时，那两支球队都提供二千八百美元年薪的合约，但福特拒绝了。

吉卜克教练得知他的朋友雷蒙德·蓬蒂教练（耶鲁大学橄榄球队教练）正需要一位助理教练，他立即联络了蓬蒂，并推荐福特应聘。蓬蒂邀请福特到康涅狄格州纽黑文市的耶鲁大学校园参观，谈论工作的事情。福特说："我到耶鲁校园的每个角落，都能感觉到一种学习气氛，透着庄严、传统之气。到第二天完了的时候，蓬蒂告诉我，如果我作为他的助理，还要当新生拳击队的教练，那么我每年可以得到二千四百美元的报酬。我当时对拳击一无所知，但我答应在秋季来耶鲁大学之前，我将去大急流镇学习拳击。"

福特接受蓬蒂的邀请还有另一个原因，那就是他想去耶鲁大学法律系学习。他问蓬蒂在他当教练时是否可以去上法律课。蓬蒂认为福特大部分的时间会花在工作上，不过还是答应福特向耶鲁大学法律系教务处转达他的请求。教务处的老师看过福特在密歇根大学的成绩后，对他在干好教练工作之余还能学习法律表示怀疑。他们拒绝了福特的要求，但是福特下定决心干好蓬蒂交代的工作，希望最终能改变他们的想法。

1935年8月，福特开始在耶鲁大学工作，很快，他认识到蓬蒂过去说的是对的，橄榄球教练是一项全职工作，而他原来认为可以挤出空闲时间去法律系学习的想法是荒谬的。耶鲁大学橄榄球队这一年的成绩不错，赢了六场，输掉了三场。第二年夏天，福特在黄石国家公园担任公园管理员工作。秋季开学时他又返回耶鲁大学，他帮助训练球队赢得了常春藤联合会比赛的冠军。罗伯特·塔夫脱和威廉·普罗克斯麦是球队中的两名运动员，他们俩后来都进入了美国参议院工作。

这是 1933 年杰拉尔德·福特在安阿伯密歇根大学体育场上的照片。福特直到大学四年级，他一直是一个二流的队员。

1931年，福特高中毕业。他的橄榄球水平让他获得了密歇根大学的奖学金。在密歇根大学，福特仍像在高中学校一样讨人喜欢。

1934年是福特在橄榄球队的最后一年，密歇根大学队在九场赛事中输掉了七场。但是，福特在赛场上作为中场和后卫的出色表现使他获得 1935 年 1 月 1 日在旧金山的东西部大赛的机会（下图照片为该赛事的宣传封面和赛程表）。福特在球场上五十八分钟的表现足以让两支职业橄榄球队（绿湾帕克斯队和底特律雄狮队）邀请他去踢球。

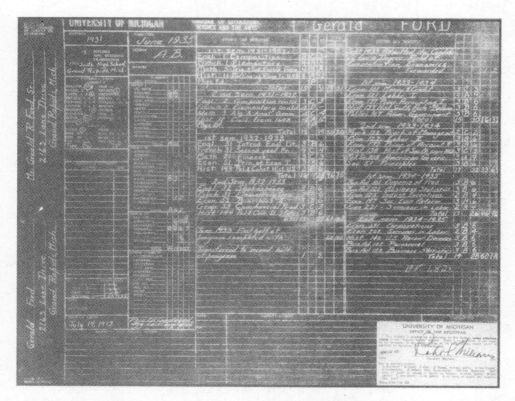

　　杰拉尔德·福特在密歇根大学的成绩单，1931 年至 1935 年他就读于密歇根大学。福特以 1.82 的平均成绩点数从密歇根大学毕业，并获得文学学位。他在四年大学学习中，有四门课程得到 "A"，分别是 "罗马衰落到 1648 年的欧洲历史"、"1648 年以来的西方文明"、"劳动 I" 和 "美国政府"。

杰拉尔德·福特教练（后排左三）与耶鲁大学拳击队员（1936）。当时耶鲁大学橄榄球教练需要一名助手，可提供二千四百美元的年薪（这在当时是相当不错的薪水），助手除了协助教练外，还负责训练橄榄球队新生，并担任耶鲁大学拳击队的教练。福特说："对于拳击，我几乎不了解。不，那不对，应该说我确实对它一无所知。"

福特接受了这项工作，希望同时实现两个梦想，那就是从事喜爱的橄榄球运动，同时实现长久以来学习法律的热望。然而，耶鲁大学法律系的教务处确信他不能一边学习法律，一边干全职的工作。最后，福特在1938年获得许可，他可以参加两门课程的试学习。结果他取得了很好的成绩，因而法律系同意接收他为下学期的全日制学生。福特说："教务处的老师告诫我，法律系那年一百二十五名学生中，有九十八名是优等生，这很明显，他们与我是来自两大阵营的学生。不管怎么说，我也能与他们同班学习。"

　　在这个赛季之后，福特又有了空闲时间。这一次，他没有在国家公园工作，而是回到了安阿伯，他在密歇根大学听法律课。他在两门课程上都得了"B"，然后于1937年秋季回到耶鲁大学。福特又一次提出在当橄榄球教练的同时学习法律。蓬蒂勉强答应了，但福特还得说服法律系教务处的老师。这次，他们同意在橄榄球赛季结束后，让福特参加上半年的两门课程学习。他们警告福特，要成为一名全日制学生，他必须在这两门课程上取得好成绩。

　　福特后来回忆说："教务处指出，一百二十五名新生中有九十八名是优等生。

他们很不情愿我加入，但最后还是同意让我那年春季参加两门课程的试学习。我得到了两个'B'，他们对我能够得到这样的成绩感到满意，不再拒绝我，让我成为一名全日制学生。"

福特学习刻苦，作为 1941 届耶鲁大学法律系学生毕业。他毕业成绩居该年级的前 25%，这表明他的确达到了耶鲁大学的学习要求。他在耶鲁大学的同学有赛勒斯·万斯（后来为国务卿），波特·斯图尔特（美国最高法院职员），萨金特·什里维尔（他娶了约翰·F.肯尼迪总统的妹妹，领导美国和平队，1972 年参加民主党副总统竞选）。

福特毕业后，回到了家乡大急流镇，他开始与一位在密歇根大学联谊会的老朋友菲利普·布陈开展律师工作，但是没有什么具体案子可办。就在福特回到家乡几个月后，日本偷袭了美国海军基地珍珠港。福特参加了美国海军部队，并在第二次世界大战期间在南太平洋的一艘航空母舰上经历战争。

在战争结束后，福特又回到了家乡大急流镇，重操律师职业。1948 年，他赢得了他的第一次选举——美国众议院的一个席位。在竞争期间，福特利用很短的时间与伊丽莎白·布鲁姆结了婚，所有人都称伊丽莎白为"贝蒂"。福特夫妇育有四个孩子，分别是迈克尔、约翰、史蒂文和苏珊。

20 世纪 50 年代，福特作为共和党人仍在众议院工作，他拒绝了共和党领袖邀请他参与密歇根州州长的竞选和美国参议院竞选。福特在众议院具有相当的地位和影响力，1963 年，他当选为众议院共和党代表大会主席，这是共和党会议中第三大重要领导职位。

1963 年 11 月，在肯尼迪总统遇刺之后，福特被派入沃伦委员会工作，该委员会调查了暗杀总统的案子，并给出枪手李·哈维·奥斯瓦尔德没有合谋者，是独自一人刺杀总统的结论。多年以来，怀疑者指责这个结论和该委员会所依赖的证据，但也没有人能够提供有说服力的证据表明刺杀总统是有合谋的。

1965 年，民主党控制了国会，福特当选为众议院少数派领导，也是共和党在众议院里的最高领导职位。

1972 年，正当尼克松总统在连任竞选中以压倒多数的选票取胜时，新闻报道一群由总统竞选委员会雇佣的窃取情报者在闯入华盛顿水门大厦民主党全国委员会办公室时被捕，他们都携带着窃听器。这桩丑闻就成了著名的水门事件。1973 年下半年，副总统斯皮罗·T.阿格纽卷入另一则丑闻（逃避个人所得税）被迫辞职。阿格纽辞职后，尼克松总统任命福特为新的副总统。

1974 年 8 月，水门丑闻最终给尼克松带来了恶果。他成了第一个辞职的总统，而福特宣誓就任总统。这样，福特成了美国历史上唯一一位根据美国宪法规定的总统继任条款任命为总统的人。

对福特来说，在白宫的任职是短暂的过程。就任不久后，他决定为尼克松发布一道总统特赦令，以防止公诉人控告这位前总统。当 1976 年的总统选举临近时，这个决定却困扰了他。在那年与民主党的吉米·卡特竞选过程中,福特在电视辩论中却犯了个大错,他宣称"东欧现在没有苏维埃的控制,而在我福特的领导下也绝不会有"。

当然,自从第二次世界大战结束后,苏联支配了许多东欧国家,它主宰了波兰、罗马尼亚、民主德国和其他国家的社会制度,并派兵进入捷克斯洛伐克阻止叛乱。福特在随后的辩论中试图澄清他的话,但美国人怀疑他作为总统的能力,故而吉米·卡特赢得了1976年的选举。

吉米·卡特在宣誓就职后说的第一句话是:"为了我自己,也为了我们国家,我想要感谢我的前任对治国安邦所作的贡献。"

第三十八章

吉米·卡特
(Jimmy Carter)

哈尔·马科维奇

吉米·卡特自孩提起，他就想要当一名海军军官。可是在乔治亚州乡下的普雷斯镇长大的吉米从未见过大海，更谈不上目睹他梦想将来去指挥的大型美国海军战舰和驱逐舰了。他对海军的这种浓厚兴趣是由他的舅父汤姆·戈德激发的，汤姆应征入伍，参加了海军部队，他是一个了解外面世界的人。每隔几个星期，年幼的吉米会收到汤姆舅舅寄来的明信片，告诉吉米他最近去的地方。很快，吉米就收集了舅舅从马赛、直布罗陀、阿姆斯特丹、阿森斯、巴拿马运河、珍珠港、马尼拉、香港、帕果帕果、悉尼，以及其他地方寄来的明信片。汤姆舅舅偶尔也会寄一件礼物，比如一个小船模型或一个绘有东方龙的精致小珐琅盒。吉米非常珍爱这些礼物，因为它们已经在他心中埋下了自己日后也要成为海军的希望种子。

1943 年 6 月 30 日，第二次世界大战还在欧洲和南太平洋地区肆虐，18 岁的吉米·卡特进入了马里兰州安那波利斯的美国海军学院，这为实现他的梦想迈出了重要的一步。他作为一名新生宣誓将立即面临三年的强化训练、测试和体能考验。吉米学习非常刻苦，并且已经为这次学习机会准备了多年，他下定决心，在安那波利斯没有什么可以阻挡他实现作为一名美国海军军官毕业的梦想。

然而，吉米没有考虑到在海军学院新生受欺侮的老规矩。几十年来，在许多大学校园都有这种欺侮新生的惯例，但没有哪所学校像美国的军校（海军学院和西点军校）这样残酷，而这两所学校都是培养将来的美国军官的地方。这两所学校的新生发现他们自己得受高年级学生的指使，高年级学生可迫使新生去做一些滑稽的事情或要求苛刻的苦差事，这样仅仅是为了娱乐其他学生。有时候，海军学院的新生清早被叫醒，然后由残酷成性的高年级学生追赶，被迫跑遍校园的障碍跑道。新生还被逼着逆流划笨重的船只穿过流经该校园的塞文河。有时候，新生还得朗诵一些无聊的诗或唱歌。吉米忍受着这种被欺侮的痛苦，认为这是在安那波利斯的体验之一。他迫使自己遵照高年级学生的命令去做任何事情，直到有一天一个高年级学生要他立正并唱那首国内战争的歌《行军通过乔治亚》，他断然拒绝了。

这首歌是亨利·克雷写于 1865 年，以此庆祝威廉·特库姆塞·谢尔曼将军领导的联邦军队摧毁南方联盟的胜利。谢尔曼带领他的士兵横冲直撞，穿过乔治亚州和其他州，他们一路扫除反抗势力，烧毁农场，掠夺家什。在他们行军结束之前，谢尔曼手下的士兵摧毁了乔治亚州的首府亚特兰大。

吉米·卡特对国内战争的历史没有多少兴趣，但是因为他在南方长大，他对南方的反抗和前辈为他们认为公正的战争所付出的牺牲怀有敬意。对南方的白人来说，《行军通过乔治亚》那是对他们的一种侮辱。

拒绝高年级命令的新生要遭受严厉的惩罚。他们要弯下腰并抓住自己的脚趾，以便高年级学生用木制大汤匙或其他木板拍打他们的屁股。在餐厅，他们被迫坐在餐桌下面吃饭，高年级学生还可能要他们在桌子上做出某种姿势，但不能让他们的臀部接触椅子。在几分钟之后，在吃饭时这种腰背弯曲的痛苦是难以忍受的。吉米忍受着这种惩罚，作为一名新生，他坚决拒绝唱那首《行军通过乔治亚》。

几年后，当卡特在开展美国总统竞选活动时，他到亚利桑那州的凤凰城访问。为了欢迎他，一所高中的军乐队演奏了《行军通过乔治亚》。之前，吉米·卡特温和、善良的笑容令投票人着迷，但当他听到这首歌曲时，脸色突然阴沉下来。他说："你们不知道那不是一首南方的歌吗？"

这是 1976 年左右拍摄的乔治亚州普雷斯镇大街上的情景。很少有总统对生他养他的家乡如此联系紧密。普雷斯镇周围是农场、教堂和学校，这种南方乡村文化氛围对未来的美国总统的性格和政治方向产生了重要影响。

1940 年普雷斯高中篮球队合影。吉米·卡特是后排左边第二个（10 号球员）。

　　在卡特的回忆录和许多采访和演讲中，他都讲到，家乡乔治亚州普雷斯镇、普雷斯高中、普雷斯教堂以及安那波利斯的美国海军学院对他的教育都产生重要影响。

　　1924 年 10 月 1 日，詹姆斯·厄尔·卡特（吉米·卡特）出生于普雷斯医院。他是第一位出生于医院的美国总统。他的父亲老詹姆斯·厄尔·卡特是一位兴旺但绝不是富有的农场主和店主，别人都叫他厄尔。他的母亲莉莲·戈德·卡特接受过护士教育。照南方的习俗，人们称她为莉莲小姐。吉米是家中四个孩子中的老大。

　　对吉米来说，童年生活是简朴的。他在春天和夏天几乎不穿鞋子和衬衫，他在周围的小溪里钓鱼，去林子里爬树，还与他的父亲一起去打猎。他的玩伴基本上是那些贫穷的农场工人家的黑人孩子，他们住在父亲地里的简陋小屋里。吉米在他进普雷斯学校上学前，没几个白人朋友。在 20 世纪 20 年代，普雷斯镇像其他南方镇一样实行种族隔离政策。那就是说白人孩子上一所学校，黑人孩子上另一所学校。

　　吉米是 1930 年 9 月进入普雷斯学校的，这时他还差一个月满 6 岁。这所学校相对较新，建校才九年时间。所有年级都在同一栋楼里上课，当高中学生在北侧和西侧上课时，小学生就在东侧教室里。

吉米是小学部最聪明的学生之一，这在很大程度上要归功于莉莲小姐的影响。她非常喜欢读书，她对书本的喜爱也传给了她的孩子，特别是吉米。当吉米5岁的时候，他的教母寄给他一整套法国作家莫泊桑的著作。当时吉米还太小，不能阅读这些故事，不过后来他能完全看懂了。在三年级的时候，吉米获得一项阅读比赛奖，这是在老师的办公室进行的比赛。

在普雷斯学校的许多学生都继续上大学，这在经济大萧条期间对南方农村的孩子来说是了不起的事情。吉米·卡特和其他所有在20年代至50年代在普雷斯学校上学的人都将该校的成功归功于一位女老师，她就是朱莉娅·科尔曼。吉米·卡特后来回忆说："我从未认识过一位像她这样对学生影响深刻的老师。"

朱莉娅老师在该学校远近闻名，她鼓励她的学生着眼外面更广阔的世界，不要局限于普雷斯和南方农村的小天地。她敦促学生读书，当然，不只是死读课本。朱莉娅的学生不仅阅读诗歌，还培养了文学和音乐方面的兴趣。她带领学生讨论国家大事及国际上的大事，让学生们成为善辩之人。她具有特别的本领，那就是她能发觉学生的特长，并让他们最大限度地发挥它们。

吉米·卡特上八年级时朱莉娅老师教过他，这一年结束时，朱莉娅老师推荐吉米在暑假阅读《战争与和平》。这本关于拿破仑入侵俄国的长篇小说（1400页）对大多成年人来说，阅读都不是件容易的事情，对一个13岁的男孩可能是一项异常艰巨的任务。但是吉米决定阅读这本书，首先把这看作是一个持枪的西部牛仔和征途上的美洲印第安人的激动人心的故事。当然，《战争与和平》与牛仔和印第安人无关，这本书是俄国作家列夫·托尔斯泰在1863—1869年间著成的。小说结构复杂，包括五百多个人物，他们的生活都受到了19世纪初法国与俄国的战争影响。该小说的大主题表明战争是罪恶的，贵族和军队司令可以在战争中得到英名，而普通老百姓深受战争的灾难。吉米在那个夏天看完了这本书，事实上，到他成年时，他又将托尔斯泰这本巨著读了不止两遍。在他任总统的四年间，以及随后作为国际知名的外交家期间，没有哪本书会像《战争与和平》对他的看法产生那么大的影响。卡特后来说："《战争与和平》的主旨表明了人类发展过程中，甚至伟大的历史事件上，最终起决定作用的不是那些领袖，而是普通老百姓。普通老百姓的希望与梦想，恐惧和担忧，英勇与顽强，他们的和平、安定将决定这个世界的命运。"

尽管吉米喜欢读书，但几乎没有人会叫他是"书呆子"。他还是体育爱好者，常参与篮球赛和田径运动。他加入了美国"未来农场主"组织，他对木工艺着迷，而这成了他终生的一大爱好。他与女孩子约会，在他父亲的店铺里干活，还去打猎和钓鱼。

吉米·卡特仍然保持着对海军的热情。他还在上小学时，就写信到安那波利斯索取该校的招生目录，当然，他没有透露自己的年龄。这份招生目录成了吉米爱不

在 1941 年普雷斯高中的这张照片中，吉米·卡特蹲在前排右边。

> 人类发展过程中……最终起决定作用的不是那些领袖，而是普通老百姓。普通老百姓的希望与梦想，恐惧和担忧，英勇与顽强，他们的和平、安定将决定这个世界的命运。

释手的宝贝，他看了一遍又一遍，记住了自己要成为海军学生的标准。他后来说，达到那些标准成了他生活的动力。

不过，有一部分内容令他为难。例如，他为自己微笑时露出的牙齿困扰多年，因为这可能会被拒绝入海军学校。招生目录上提醒那些牙齿过于咬合者（指牙齿咬合不良）将不予考虑。

牙齿咬合不良结果成了微不足道的小事，对他申请海军学院没有影响。他的成绩也不会阻碍他。吉米在高中快毕业时，他的成绩属于最优的行列，如果不是因为参与一次无脑筋的胡闹，他会成为毕业致告别词学生代表。就在毕业前几个星期，吉米和一些朋友居然逃学。结果他们被抓住了并受到惩罚。对吉米来说，惩罚包括不给他致词的荣誉。不过，1941 年 6 月 2 日吉米从高中毕业时，他仍是三个典礼上的发言人之一。

要获准入读海军学院，有当地国会代表的支持是必不可少的，吉米不能克服的障碍是他缺乏一个在政治上有影响力的人向海军学院推荐。桑特尔县的国会代表是民主党人史蒂芬·派斯。吉米的父亲了解吉米的抱负，他知道派斯能够帮助吉米进入安那波利斯的海军学院。到 1938 年，老卡特已经是桑特尔县一位有影响力的农场主和商人了，他在当年及 1940 年为派斯竞选提供资助。然而，当吉米从普雷斯高中毕业时，派斯决定向海军学院推荐另一个男孩。

派斯承诺 1942 年再考虑推荐吉米进海军学院。与此同时，派斯建议吉米的父母送吉米上乔治亚西南大学，这是一所规模不大的两年制的学校，位于阿梅里克斯镇附近。该校只有学生两百名左右，一栋教学楼，两栋学生宿舍和一个体育馆。学费是每年二百零四美元。

这张照片摄于 1976 年前后，这是乔治亚州普雷斯镇的第一家洗礼教堂，卡特总统星期天仍在这儿教儿童宗教思想课。该教堂的网站称："这是一个独特的地方，让我们有机会与许多曾经从未接受过福音洗礼的人一起分享。这种机会还意味着一种责任，我们应该慎对任何事情。"

乔治亚西南大学虽不是安那波利斯的海军学院，但吉米还是将大部分时间放在这所学校学习。他明白他必须把成绩提高，因而学习非常刻苦。他还加入了篮球队，并积极参加各种学生活动。他参加了一个兄弟会，并当选为新生副会长。在乔治亚西南大学的第一学期，他是住在家里，通常乘坐公共汽车去学校上课。到了第二学期，他搬进了学生宿舍。这一年他的小弟弟比利出生了，而吉米觉得在家里与父母、两个妹妹和刚出生的弟弟住在一起非常拥挤。

　　派斯信守了曾经向老卡特许下的诺言，在 1942 年向海军学院推荐吉米。当时，日本已经偷袭了珍珠港，将美国卷入了第二次世界大战之中。如果吉米没有进入海军学院学习，他很可能会被征兵入伍，被派遣参战。不过，在正式入读海军学院之前，吉米还得等待一年。吉米缺乏作为海军学生所必须掌握的科技和工程基础知识，因此海军学院建议他在亚特兰大的乔治亚技术学院学习一年，他在那里可以学习科学技术，并作为一名预备役军官的培训团成员参加航海技术的课程。吉米接受了这个建议，并在那年秋天进入乔治亚技术学院学习。

　　吉米不喜欢都市生活，他没有加入什么大学组织，也很少在亚特兰大校园度周末，他宁愿乘车回到普雷斯的家中。他学习刻苦，在乔治亚技术学院学习的这年年末，他的名次位于年级的前列，并列入了荣誉名册。

　　最后，在 1943 年夏天，他开始进入安那波利斯的海军学院学习。通常来说，军事院校要求学习四年才获得学位，但在第二次世界大战中，陆军和海军都急需年轻的军官，因此课程学习加快了，以便他们能够在三年内完成学业。

　　吉米·卡特和其他同学每天早晨六点十五分起床，然后整天上课或者进行某种操练。他们几乎没有自己的时间，连周末也被学习所占用了。吉米忍受着这一切——繁重的学习、体能测试、严格的纪律，还有高年级学生的欺侮。吉米的一个同班同学亚瑟·密德尔敦说："他（吉米）从不会放松学习，他从不像我们其他人那样踢椅子或扔书本。"

　　慢慢地，吉米·卡特一步步走向毕业。每年夏天，海军学院的学生要派到舰艇上站岗。1944 年夏天，卡特被派到"纽约号"军舰上执勤，这是一艘在亚特兰大北部巡逻的旧式战舰。"纽约号"的主要任务是避开来自德国 U 型潜艇的鱼雷袭击。卡特在"纽约号"上执勤时，一艘潜艇的鱼雷夹住了战舰的螺旋桨。"纽约号"要驶入港口维修，但受损的螺旋桨使得船体剧烈颠簸，东倒西歪地前行。那是一个令人兴奋的夏天。卡特在"纽约号"上做各种事情。他喜欢的工作是在警戒期间操纵一把四十毫米的防空枪，他最不喜欢的事情是清扫洗手间。

　　吉米·卡特在海军学院的第二个夏天，被叫到甲板上与其他船员听广播中哈里·杜鲁门总统的讲话。卡特站在甲板上时，听到总统宣布原子弹刚刚已经投向日本的广岛。第二次世界大战结束了。吉米·卡特至少在近期将不会在战时作为一名军官登上海军军舰了。

　　吉米·卡特于 1946 年 6 月从安那波利斯的海军学院毕业，并授予美国海军少尉军衔。几天后，他与埃莉诺·罗萨林·史密斯在家乡普雷斯举行了简朴的结婚仪式。罗萨林是吉米的妹妹露丝的朋友，吉米与她在一年前开始约会。吉米·卡特夫妇育有三个儿子和一个女儿。

　　吉米·卡特的海军生涯最终是在海军上将海曼·里科弗的手下服役，海曼最先倡导海军发展核潜艇。在服役期间，吉米·卡特的父亲去世了，而母亲莉莲小姐要

1941—1945 年间，明信片上安那波利斯的风景。

美国海军学院位于马里兰州的安那波利斯，该校建于 1845 年，是培养年轻人成为合格的海军军官的大学。除了科学和文化课学习之外，这里有一些与海洋和海军军官专业相关的特别课程，在这里四年的学习类似于其他重点科技大学。

因为 1947 届提早结束课程，吉米·卡特 1946 年就从海军学院毕业了。

吉米回家接管家里的农场和生意，吉米只好辞去军中任命。他极不情愿地答应了母亲的请求，于 1953 年 10 月 9 日离开美国海军部队和儿时曾梦想的职业。

1962 年，吉米·卡特涉足政坛，在乔治亚州参议院选举中赢得一个有争议的席位。最初，卡特似乎要失去选举，但他能够找到证据证明他的对手是通过大量的欺骗行为来取胜的。他上诉后，对手的虚假选票得以清除。随后进行重新计票，卡特赢得选票。1966 年，在竞选乔治亚州州长时，他失去了民主党的大多数选票，不过在 1970 年的再次竞选中获胜。他成了支持消除种族差别待遇的第一个南方政界人士。1971 年，吉米·卡特成了《时代》杂志的封面人物，《华盛顿邮报》和《生活杂志》也宣称卡特是"新南方"代表人物。

1972 年，在民主党的全国代表大会上，卡特企图赢得副总统的提名。他这次的竞选活动因选票不够而落败。卡特决定在 1976 年的全国选举中再努力，这次他获得了民主党的总统提名。1976 年竞选开始时，卡特还是一位不知名的南方前州长，而与他竞争的是强势的国会代表莫里斯·尤德尔和参议员亨利·杰克逊及伯齐·贝赫，政治评论家认为民主党提名人卡特似乎很难有取胜机会。但是，公众似乎与卡特的南方人特性和魅力更易接近，卡特赢得了最初的大多数选票，迅速被看作是领先的竞争者。这年秋天，他击败了现任的福特总统。

吉米·卡特作为总统，成了国际人权的捍卫者。1978 年 9 月，他主持了一场有历史意义的会谈，鼓励埃及和伊朗之间进行和平对话。在国内，他的努力并未取得很大成功。他不能挽救极其萧条的经济。同时，美国作为世界强国的地位在卡特任总统期间有所削弱。1979 年，在伊朗，激进的伊斯兰学生将美国大使扣为人质，关押这些外交人员长达十四个月。当在伊朗沙漠地区的军事救援失败后，卡特总统遭到了美国人民的诅咒。最后，到 1980 年选举之前，他都不能解决人质释放的谈判问题，因而输给了共和党的罗纳德·里根。

吉米·卡特总统卸任后，仍积极活跃在世界舞台。他穿梭于不同国家之间，周旋于一个个纷争之中，利用他的谈判才能促使交战双方停火，帮助饥荒地区的人民，确保推行自由选举。他还是"人类居住组织"的一名积极成员，他帮助美国及国外一些贫困人民建造住房。2002 年，他获得了诺贝尔和平奖。

在挪威首都奥斯陆接受颁奖的演讲中，吉米·卡特谈到他人生中受到的影响。他提到朱莉娅·科尔曼，他说："当我还是一个小男孩时，这位老师介绍我去阅读列夫·托尔斯泰的《战争与和平》。她教导我们，人类的善良和真诚会战胜强权。她还教我们，个人扭转不了必然的浪潮，但可以影响它，甚至影响最大的人类大事。"

第三十九章

罗纳德·里根
(Ronald Reagan)

哈尔·马科维奇

1928 年秋，当罗纳德·里根来到伊利诺斯州的尤里卡学院时，他发现他所想的竟是一个安静得像熟睡的校园，教学楼和宿舍的外墙都爬满了常春藤，校园小道榆树成荫，一个破旧的橄榄球场只有在周六下午才焕发些许生机。在尤里卡学院，这位将来要成为美国总统的年轻人找到了一条摆脱他在迪克森家乡艰苦生活的道路。

然而，在 1928 年秋天，尤里卡学院正处在反叛的时节。学生和老师都极力要求改变多年来院长贝尔特·威尔逊和监事会经营管理学校的方式。尤里卡学院的管理层严格遵守学校创办者（基督教徒）制定的规矩。每天必须参加礼拜，而且禁止在校园内跳舞。如果发现学生参加那种无伤大雅的舞会，也会得到严厉的惩罚。女生着装也遵循严格的标准，要求她们的裙子必须盖过小腿。

学生们希望学校的规矩能轻松一些，而大部分老师也都认同学生的抱怨。老师也有他们自己对院长威尔逊的不满，他们认为课程设置过时了，需要改进。由于威尔逊极度节俭的作风和削减预算，他们感到学校的经费在日益缩减。当威尔逊提议将合并几个系，解雇六名教授并降低其他教授的薪水时，由来已久埋藏在老师们心中对威尔逊管理的反感突然变成了非常公开的憎恨。

学生们想要威尔逊辞职。学生中的带头人提议所有学生罢课，坚持到威尔逊下台。在秋末，学生们在学校礼堂集合讨论这件事情。虽然高年级学生在领导这次抗议，但他们认为新生应该主张这次罢课。高年级学生临近毕业，他们担心如果此举失败，他们将被开除，并且得不到毕业证书。

新生选择罗纳德·里根作为学生代表并拟定罢课事情。他当时是新生中受欢迎的人，也是同级学生中的头目，作为学校戏剧社的成员，他能轻松地面对观众。尽管里根不是一个激进的学生，但他还是接受了这份挑战。

里根后来回忆说："他们告诉我，我应当向同学们表明一种坚定的思想。我发现那天晚上的听众都很投入，并且感觉到他们与我是并肩在一起的。当我真正开始宣读学校不必遵照呆板的程序时，他们都开始激动地跺脚，甚至老师们也鼓掌表示支持。这种场景的确令人陶醉。"

对里根来说，这将是他第一次利用自己的天赋作为一名沟通者来说服听众的机会，甚至有报道说当晚听众中的一位女生被他华丽的文采所倾倒。

在感恩节之后，学生开始罢课。接着一个星期，二百二十名学生的学校只有八人上课，其中两个是院长威尔逊的女儿。一时记者云集到这小小的尤里卡校园，来争相报道学生抗议的新闻。1928年12月7日，院长威尔逊向监事会提交了辞呈，而后学生恢复上课。

多年后，里根在担任加利福尼亚州州长时，他也面临类似的学生抗议行动，那是加利福尼亚大学的学生反对州政府的一系列削减大学预算的提议。作为州长，里根远不及当年他在尤里卡学院领导学生抗议时对学生和老师境况的同情了。他愤怒地说："看到学校一些成熟的人煽动学生采取过激的行动，这的确令人烦恼。"

在这张1919年伊利诺斯州坦皮科小学三年级的照片中，罗纳德·里根当时8岁，站在第二排最左边，手摸着下巴的就是他。他的老师内利·达拜站在右上角。里根小学时的最好密友狄尼逊（里根称他为纽特）后来在一次采访中说他们都观看过西部的哑剧，他们通过运送煤到歌剧院而免费进入看演出。

狄尼逊回忆说："在星期天，我们穿着到膝盖的短裤和黑色长筒袜子，如果鞋子破了，我们就在鞋底垫上纸板，而袜子破了洞，我们就涂上鞋子的颜色来掩盖。最后，我们偷一点葡萄和苹果……我们在学校看门人那里吃东西。在秋天，我们都来帮他扫落叶，然后换来一块大的软糖。我们在星期天不踢球……我们必须去教堂做礼拜，然后吃家庭晚餐，而不能随便玩耍。"

　　1920 年，里根家住在伊利诺斯州的迪克森镇，这个小镇位于芝加哥西边约一百英里，有居民八千二百人左右。里根一家租的是最简陋的房子，有三间卧室，这是他们在前九年内住的第五个镇和第七所房子。此时的里根认为在迪克森镇是他童年最快乐的时光。他曾写道："我们认识不到我们穷，因为周围的人都一样。"迪克森镇也成了罗纳德·里根第一个住的时间长的家乡。他后来写道："我们都有一个地方回去，而迪克森就是我回去的地方。那里的生活定格了我今后的思想和身体。"

　　里根进入南中心小学五年级上学，这里离他家只有五分钟的路程。他后来上南迪克森高中，在高中二年级时转学到北迪克森高中。

　　1926—1927 年，里根在北迪克森高中学校是橄榄球队的守门员。在 1927 年的学校年鉴上，迪克森人对这张照片的解读是："里根是球队中体重最轻，却是跑得最快的守门员，他完全是以他的毅力来取胜的。1927 年，由于里根回到这个队，情况看来对迪克森有利。"里根在体育方面表现出色，而且还对戏剧、创作、绘画和学校管理有浓厚兴趣。

　　1927 年 4 月，北迪克森高中学校由高年级表演菲利浦·巴里的《你和我》。这部关于社会特权阶级间的生活礼仪的喜剧在 1923 年已经在百老汇演出过一百七十次。里根和他的高中女朋友玛格丽特·克利文饰演情侣获得了最佳名次。在上边的照片中，他们坐在沙发上表演。下图是里根正单膝下跪，同时弹着五弦琴（右边是局部放大图）。

　　当然，到那时候，罗纳德·里根已经完全接受了一种保守的思维方式，这种思维方式在他日后的政治生涯中一直占据主导地位，甚至到他担任总统时也不例外。

　　1911 年 2 月 6 日，罗纳德·里根出生于伊利诺斯坦皮科，这是一个距离芝加哥西边约九十英里的小镇。他排行第二，他的母亲是一个虔诚的教徒，他的父亲是一个鞋子推销员，且是一个无可救药的酒鬼。

尽管里根父母是苏格兰和爱尔兰血统的后裔，但他几乎自出生就被称之"荷兰人"。当时里根的父亲杰克在医院看到他这第二个儿子时，杰克称他是"胖乎乎的小荷兰人"。

毫无疑问，里根的家庭十分温暖，亲情浓厚，但生活对他们来说却是一场艰苦的战争。杰克的工资收入相当微薄，而他酗酒使得这个家庭的经济更加紧张。到1916年2月，里根在衣阿华州附近的盖尔斯堡镇的菲拉斯威拉德学校上一年级时，他家已经被迫搬迁了三次。

尽管生活艰辛，但里根的母亲内莉仍给这个家带来温暖。里根和他的哥哥尼尔喜欢偎依在他们的母亲身边听她念书给他们听。他们特别喜欢有冒险情节的故事，比如《三个火枪手》、《亚瑟王》和《亚瑟王的圆桌骑士》。

里根在他进入一年级读书时已经能够阅读了。在盖尔斯堡，内莉在他们家中的起居室手把手地教她的儿子认字阅读。小里根在5岁时就能够阅读，这确实是他的父母引以为豪的事情。内莉通常邀请邻居来家中听她的儿子阅读盖尔斯堡报纸上的文章。

里根在上二年级时，他的父亲杰克酗酒丢掉了工作，而全家不得不再次搬迁，这次搬到附近的蒙默思。杰克在一家百货公司找到一份卖鞋的工作，而里根和尼尔就在蒙默思的中心学校上学。

里根一时不习惯蒙默思的学校，他眼睛近视，看不清黑板上的字，但他的父母没有意识到他的问题，也没想办法矫正他的视力。里根在蒙默思交的朋友较少，很显然，他的同班同学妒忌他。蒙默思的一位同学克罗基特回忆说："他看起来令人惊讶，他不仅长相好，而且有气质。我经常在课堂上回转头盯着他看，他下巴的样子经常像有人准备戳他，而他准备接招的样子。我每天看着他那个下巴而好奇，心想是为什么呢？"

其他同学更为无情。里根通常被那些恃强凌弱者从学校追赶到家，后来，当他回到蒙默思开展总统竞选活动时，他告诉当地的居民，他的锐气来源于他曾经遭受恐吓的生活。

1919年夏天，里根家两次搬家，这次他们回到了坦皮科，他的父亲在这里经营一间鞋店。那年秋天，里根到坦皮科学校读三年级。他不是太刻苦学习，但他通常都是得优的学生，因为他有过目不忘的记忆力。里根喜欢的课目是美国历史，他在考试中能够轻松记起历史上战争的日期，获得不错的考试成绩。

里根也就是在这个时候开始喜欢橄榄球，由于他视力较差，篮球中的投篮对他来说是件难事，因此他更喜欢橄榄球。每天，他会匆匆忙忙赶回家，与他的邻居朋友们到空旷沙地上玩。他回忆说："我们分成两队，各自回到限定的区域，其中一个在中线开球，然后，我们会高喊并挽着我们的手臂突击这个不幸的接球孩子。每个人都挤压在他身上。"

1920 年 12 月，里根家又两次搬家。他的父亲杰克已经是迪克森镇时装靴店的合伙人之一，这家店位于芝加哥西边约七十五英里处。杰克的经济状况在这时有所改善，然而，尽管他经营着这家店，但他欠他的合伙人的钱，因而在接下来几年内也很少拿钱回家。不过，这是里根家最后一次被迫搬家了。迪克森成了里根长期的家乡，他在这儿一直住到上大学才离开。

迪克森镇当时的人口约有一万，这里靠近洛克河。所有街道都整齐地种着树，在主街上，坐落着该镇最大的一家宾馆，来这里参观的人可能会在这里住宿，1856 年亚伯拉罕·林肯来该镇与斯蒂芬·A. 道格拉斯辩论时就在这宾馆住了一晚。迪克森的南中心小学是里根曾经上学的地方，那栋红砖大楼是在国内战争时期建成的。里根的父母在南亨内平大道上租了房子，租金是每月二十三美元，而他的父亲常常难以支付这笔租金。里根的视力问题已经得到诊断，到这时候，他家里还是找到了为他配眼镜的钱。

在迪克森镇的夏天，内莉开始带里根到镇外参加野外文化讲习会。通常这种舞台设在大的帐篷下面，讲习会展示《圣经》读物和其他宗教资料，但也有戏剧作品。这大概是里根首次接触各种戏剧。尼尔更为叛逆一些，他通常会远离讲习会的地方，而里根就是一个兴致勃勃的观众。

1925 年夏天，14 岁的里根已经是肌肉发达的高个子男孩了，他在迪克森修建天主教堂的建筑工地找到一份工作。他在那里就是挥动十字镐干活。他整个夏天都在那里干活，最终赚取了二百美元。当然，穷困的父母可以使用这笔钱，但内莉坚持留下这笔钱给里根上大学。虽然迪克森镇其他的男孩子学到八年级就退学参加工作，但她决定让她的孩子上大学。

里根在南迪克森高中上学一年后，转学到北迪克森学校，在那里他成了橄榄球队的队员，不过他在高中二年级的赛季中大部分时候是坐在替补席上。里根还是一个优秀的游水者，1926 年夏天，他在迪克森的罗威公园找到一份救生员的工作。他在这里每周工作七天，通常每天是十二小时，他每周可以赚取十八美元。他教年幼的小孩子游泳和跳水，当然要确保没有人被淹着。在罗威公园的七个夏天里，里根一共救出了七十七名落水者。

在北迪克森高中，里根与一位年轻的英语老师 B. J. 弗雷泽成了朋友，这位老师力荐里根加入他辅导的戏剧社。玛格丽特·克利文可能也在里根加入戏剧社这件事上做了很多工作。玛格丽特是当地牧师的女儿，也是迪克森镇最漂亮的女孩。玛格丽特是里根高中时期忠实的朋友。里根在高年级时已经是戏剧社的社长了。到那时候，该戏剧社仅为北迪克森学校的同学演出，而里根劝弗雷泽老师将戏剧演出面向公众。

弗雷泽老师回忆他这位最佳的学生时说："他具有很好的舞台感，一种真实的感觉。你给他任何角色，他几乎都适合演，他能表现出任何情感。"

里根不只是一位出色的艺术家。他还为学校的年鉴提供速写、小故事和诗编，他的一些作品也有出版。

在教室里，里根是一个好学生，但算不上好学之人。他考试成绩好，但更多的是依靠他惊人的记忆力来通过考试，而不是潜心学习。在橄榄球场上，他是一个坚强、勇敢的运动员，不怕身体受伤。

当里根在北迪克森高中快毕业时，他就决定要去尤里卡学院上学。因为北迪克森高中的前橄榄球明星已经获得橄榄球奖学金去那里上大学了，因此里根也很想能够步其后尘。玛格丽特·克利文也将前往尤里卡学院上学。然而，里根一时似乎上不成学。尽管他已经有四百美元左右的暑期工资积蓄，但这还不够支付尤里卡学院的学费。

1928 年 9 月，他陪同玛格丽特来到尤里卡学院，并与院长塞缪尔·哈罗德见了面。他向哈罗德询问橄榄球奖学金的事情。哈罗德让里根去见了橄榄球教练拉尔夫·迈克，教练认为里根太瘦，但欣赏他对橄榄球的热情，于是告诉学校管理层授予里根一项运动奖学金。这样，里根就只要支付一半的学费了。在这种资助下，里根在尤里卡学院一年的费用为三百六十五美元。

为了凑足学费，里根在他住的男生宿舍洗盘子，还在女生宿舍的餐厅找到一份运送桌子的工作。他在校主修经济学，但教室并不是他喜欢的地方。他在大学期间的平均学习成绩都得的是"C"。他更喜欢戏剧排练，通常他在戏剧中担任男主角。他还喜欢为学生报纸或橄榄球赛事服务。

迈克教练回忆说："你知道他是近视眼，责怪不了他。每次因为他看不见人或球过来而错失踢球机会……他当时非常瘦，跑得不如其他球员那样快……他是一个赛事的热心支持者，由于我们在当地都不是顶尖的球队，尤里卡也不是处在孤注一掷的境地。我通常不让他上场，以便其他球员能更加勇猛地踢球。"

里根多年后常常回忆起在尤里卡学院橄榄球队自己一些有趣的经历和迈克教练给予的指导。1982 年，里根作为总统回到尤里卡学院，纪念他从该校毕业五十周年发表讲话。他向学生们讲述了一个当年校橄榄球赛取胜的故事。

1932 年春，里根毕业于尤里卡学院。他得到了毕业证书，但不知要用它来做什么。不久，他在衣阿华州一个小型广播电台找到了答案，他在那里担任体育新闻播音员。他的工作之一是通过阅读《西部联盟》来广播芝加哥的赛事。节目仅给他提供了最简单的赛事描述，他将用生动的动作细节描述来补充播报，同时电台工程师播放赛场嘈杂的声音和欢呼声录音。

里根在电台的出色工作让他得到了好莱坞试镜的机会。他个子高，长相男孩子气，有一股简朴、小都市气的魅力。1940 年，里根与演员简·维曼结婚，他们育有两个孩子，但他们于 1948 年离婚。维曼曾说离婚是因为她的丈夫过于投身政治，而忽视家庭。她也发现他令人烦。她说："如果你问里根现在是几点，他会告诉你如何制造一块手表。"

里根一直是一位倡导自由的民主党人，但在 1947 年，他当选为演员协会的会

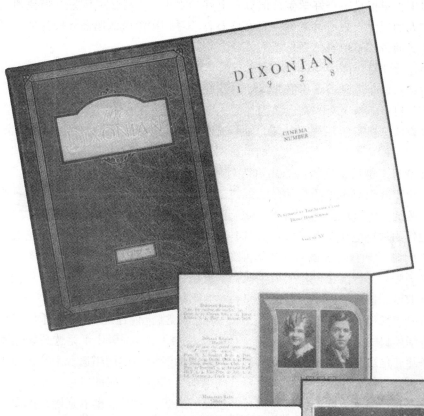

　　1928 年，罗纳德 · 里根是迪克森高中高年级年鉴的艺术指导。他非凡的设计和绘画才能都预示着他将来的发展。该年鉴被标称为"电影序号"，分成几个部分来说明，校园是"摄影棚"，老师是"导演"，学生是"角色"，他们的活动是"舞台"，而体育运动是"摄影"。里根为这本年鉴写了一首诗，如下为第一节，描述了他恪守的人生信条。

　　"当一些小事情搞不好（失败）时，我想知道它的真相和我们为什么如此痛苦？ 我们把人生弄成战场，什么时候生活会像一首歌？"

　　里根是高年级班学生会主席，还是"男孩 Hi－Y"社的副社长，这是一个志在促进演讲、体育、生活和学习的组织。里根还是校篮球队和橄榄球队的队员。他的朋友比尔·汤普森回忆说："里根是完美的运动员，个子高挑、肌肉发达、皮肤黝黑又英俊。"在他高中毕业那年，里根还解说了一场橄榄球赛。在高年级年鉴上，他的名字出现了排版错误，变成了"多纳德·里根"。在他的名字下面有他同班同学的评语："生活是一首快乐甜蜜的歌，从音乐开始吧。"

长，并利用职权帮助开除协会中的共产主义者（虽然他是一名协会成员的保护者，他认为受到当时的狂热共产主义追求者指控是不公正的）。里根领导这个协会到 50 年代，可清楚看到他的保守思想日益严重。1952 年和 1956 年，他领导民主党与共和党候选人艾森豪威尔的竞选组织进行竞争。

1952 年，里根与南希·戴维斯再婚，南希是芝加哥一位富家医生的女儿，也是一位普通演员。南希放弃了演艺职业，在家中抚养两个孩子。她成了加利福尼亚南部富有的保守派共和党妇女之一，其他还有贝蒂斯·布卢明德尔和玛丽·简·维克，贝蒂斯的丈夫创办了信用卡公司，而玛丽的丈夫是加利福尼亚一位大金融家。当然，南希对她的丈夫是有影响的，而电影明星迪克·鲍威尔也对他有影响，迪克是里根的好朋友，也是一位坚定的共和党人。

当时，里根在电影上的最好年华已经过去，因此他转而投身当时新生的电视媒体，他签约为通用电气剧院的主持人，该剧院上演大量深受人们喜爱的戏剧。这份工作要求他作为通用电气的知名发言人到各地巡回演出，还要求他参观通用电气的工厂，在工厂他认识了许多该公司的高层管理人员，其实他们都是政治上的保守派。他们很高兴与里根分享他们的政治观点，并告诉里根关于政府的邪恶，他们坚信政府应当放开经济。到 60 年代初，里根致力于保守派的奋斗目标。

1966 年，里根接受加利福尼亚州共和党的邀请竞选州长。他最终以压倒多数的选票战胜该州民主党州长，从此开始了他的政治生涯，以 1980 年竞选总统达到巅峰。那一年，他攻击总统卡特不能解决国家严峻的经济问题而当选。卡特也因为协商不了关押在伊朗德黑兰的美国人质释放问题而遭到美国人民的排斥。

里根通过宣传怀疑政府当局的行为，并承诺将美国变成一个军事强国，因而以绝对优势胜过卡特当选为总统，并且在四年后轻而易举地赢得连任。他确实很好地实现了自己的诺言，美国的军事力量达到了空前的强大。里根的军事建设取得如此成功，人们认为这是导致苏联解体的主要因素。

里根在他的整个任期内仍然广受人民喜爱。他从未忘记在小镇成长过程中和在一所微不足道的小校园上大学时所学到的价值观。里根回到尤里卡学院演讲时，他说："……就在这个独特的地方，你会留下回忆，你会拥有那种大校园不可能有的友谊……的确，这个地方铭记在我心中。我在这里开始的人生一切都是美好的。"

　　这是 1927 年 16 岁的罗纳德·里根穿着救生员衣服的照片，他当时在伊利诺斯州罗威公园担任救生员。他在 15 岁的那个夏天就开始在这里做救生员工作了，这是洛克河上一个很好的游泳场所，其上游距离迪克森镇有两英里。在回浪力量非常大的深处，往往会卷来几立方码泥沙。里根在他七年救生工作中，一共救起七十七人。1928 年 8 月 3 日的《迪克森电报》标题新闻是"从死神手中救出来"。里根以救助落水者感到无比自豪，每救人一次，他用小刀在旁边一根圆木上刻下标记。别人问里根："你救了多少人？"他会回答说："你数数。"1928 年，在迪克森流传的一个笑话就是：

　　落水青年："不要救我，我要去死。"

　　里根："嗳，你必须推迟一下，我想要奖章呢。"

　　里根每周可得到十八美元的报酬。他存下大部分的钱当作将来的大学学费。里根是 1928 年北迪克森高中毕业班学生继续上大学者之一，他的高中同学只有百分之八继续深造。他在回忆录中说："你知道为什么我有那么大兴趣做救生员吗？因为我是唯一站在高处的人，那就像一个舞台，每个人都会看到我。"

1928 年 9 月，里根进了伊利诺斯州的尤里卡学院上学，这是一所由基督教信徒管理的小型学校。里根心中的一位橄榄球英雄早就在这所学校上学，他的女朋友玛格丽特·克利文也在这里学习。里根后来写道："我也跟着他们喜欢上了尤里卡学院，当我走上这条路时，我似乎找到了另一个家。我非常想进入那所学校，以至于我想起它时心里都难受。"里根由于在暑期救生工作中积攒了几百美元，还接受了一部分体育奖学金，还在学校兼职洗盘子，因此他能承担起学费。

尤里卡学院的橄榄球队人员竞争非常激烈，因为有一个明星队和一个胜利队在吸引学生。该校的年长者鄙视体育，因为这所学校的主要使命是传授基督教教义。但如果没有一个有竞争力的橄榄球队，学校就会失去许多未来的学生。

里根入学时，尤里卡学院已经有二百二十名学生，但它与其他学校不太相似，有点令人烦恼。尤里卡学院是一所小的乡村学校，对学生行为有严格规定。比如说，跳舞是不允许的。

　　里根在高中时期的表现在尤里卡学院更加突出。他不是一个很棒的学生，他回忆说他的热情都在戏剧、体育和政治上，并且一直都不是守规矩的学生。里根在橄榄球队中是第一门卫，他还为学校的报纸和年鉴效力，他是"推进社"的社长，篮球队队长，并且参加大部分的学校演出，通常都是主角。

　　里根是尤里卡学院年鉴的特写作者。

　　这是1932年罗纳德·里根所在年级的年鉴，还有他的班级相册。里根是这照片最上面那个。由于经济萧条，这个年级人数已经减少到四十五人。

第四十章

乔治·赫伯特·沃克·布什
(George H. W. Bush)

哈尔·马科维奇

亨利·L.史汀生 1883 年毕业于马萨诸塞州安杜佛的菲利普斯学校，之后便投身于繁忙的公职。1942 年，当他被邀请回母校参加那一年的毕业典礼作发言人时，他当时任富兰克林·D.罗斯福总统手下的战争部长。

那时候，正值战争年月。1941 年 12 月，日本偷袭了在夏威夷珍珠港的美国海军基地，击沉十八艘美国军舰，摧毁了两百架飞机，造成三千多美国士兵的伤亡。这次偷袭将美国卷入了第二次世界大战的漩涡当中。史汀生在菲利普斯学校 1942 级学生的毕业典礼上发言时，美国正极其需要大量身强力壮的年轻人从军。

史汀生在演讲中告诉学生们，作为战士应当勇敢，但不是粗暴野蛮；自信而不是自吹自擂；作为中坚力量的一分子，但不丢失个人自由的信念。总而言之，史汀生劝告毕业生仍留在学校，先接受他们的大学教育，再入伍。

乔治·赫伯特·沃克·布什就是这一届的毕业生之一。他也被 1941 年的珍珠港偷袭事件震惊了，并决定尽可能早地参加海军部队。尽管乔治已经被耶鲁大学接收，但他决定成为一名海军飞行员，认为上大学可以推迟。他的父母亲、老师，甚至史汀生部长都劝他改变主意，但乔治还是打定主意要从军。

毕业典礼结束后，乔治的父母普雷斯科特和多罗西问乔治，史汀生的话是否改变他的主意，乔治回答说："没有，我会坚持自己的想法的。"

普雷斯科特握着他儿子的手，热泪盈眶。

几天后，乔治·布什以他将去波士顿参加美国海军来庆祝他的 18 岁生日。这年夏天，他来到北卡罗莱纳的飞行员培训学校接受训练。

乔治·布什在菲利普斯学校并不是最聪明的学生，但他的确是一个运动爱好者，而且在体育运动方面比较擅长。在这里，他是捷足先登的应征入伍者，1942 年这一届学生也没有谁会参加乔治·布什那么多的战斗。

乔治·赫伯特·沃克·布什出生于 1924 年 6 月 12 日，当时他的父亲普雷斯科特·布什在一家橡胶厂担任要职，他家暂时住在马萨诸塞州的密尔顿。幼年乔治的家境富裕，而且布什家族还是英国国王亨利三世的远亲，乔治是女王伊丽莎白二世的第十三个远亲。乔治·布什的祖父塞缪尔·布什是富有的轨道车配件和设备的制造商。塞缪尔送他的孩子上私立学校和最好的大学。普雷斯科特毕业于耶鲁大学，他作为一名管理者在挽救困难重重的公司方面享有盛誉，后来他投资于银行界，再后来投身政治。1952 年，普雷斯科特代表康涅狄格州当选为美国参议员，他们一家在乔治出生不久后就搬到了康涅狄格州。

　　乔治的母亲也出身富裕家庭，她是乔治·赫伯特·沃克的女儿，她的祖先在17 世纪早期就移民到了美国。到多罗西·沃克与普雷斯科特·布什结婚时，沃克家族已经是美国最大的纺织品公司之一的所有者，乔治·赫伯特·沃克还是纽约投资银行公司的总裁。多罗西·沃克和她的家人经常夏天在缅因州海边的家消暑，冬天则在南卡罗莱纳狩猎的林间小屋度假。

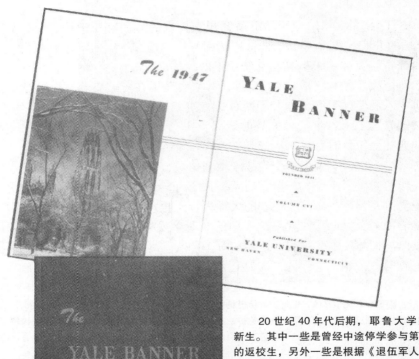

　　20 世纪 40 年代后期，耶鲁大学突然涌入大量新生。其中一些是曾经中途停学参与第二次世界大战的返校生，另外一些是根据《退伍军人调整法》想接受大学教育的退伍军人。当时注册学生增加了 60% 左右，达到了近八千人。

　　有些学生在学校拥挤的宿舍里住着，有些与老师和校友住在纽黑文附近，大约有三百人暂时住在体育场馆里。更麻烦的问题是一些已婚学生的涌入，他们通常还带着年幼的孩子。为了给他们提供住宿，在耶鲁大学周围很快建了一百间瓦楞铁皮顶的简陋房屋。每个 48×20 英尺大小的铁棚下，要分隔成两套三个房间的公寓。

CAPT. G.H.W. BUSH '48

　　尽管乔治·布什已经被耶鲁大学接收，但他的目标仍是先成为一名海军飞行员，然后再上大学。
　　乔治·布什穿着他的棒球运动服，坐在耶鲁大学的护栏上。在那个年代，学生都喜欢坐在小教堂和校园街道拐角的护栏上。除新生之外的每个年级的学生都有他们自己休息、吸烟、讲笑话和闲谈的特定地方。坐在护栏上留影成了耶鲁大学的传统。

　　乔治·布什在五个兄妹中排行第二，他的哥哥在家被称呼为"普雷斯"。乔治也有一个昵称，家人称呼他为"波彼"，这是一个不常见的小孩子昵称。缘由是他常叫他的祖父"波彼"，而乔治被称为"小波彼"，而后简称为"波彼"了。
　　乔治·布什在格林威治长大，这里是纽约市一个富裕的近郊。他的童年就在豪宅、庄园和用人之中度过。1929年，美国股票市场崩溃，整个国家陷入"大萧条"的经济灾难之中。无数人失业，许多人不得不进入接受救济的行列。在中西部，数千俄克拉荷马市民和其他平原地区的人民在庄稼歉收时不得不放弃他们的家园。而对乔治·布什和其他生活在格林威治的幸运孩子们来说，20世纪二三十年代外面世界的艰辛离他们仍是很遥远的，而且他们确实还年少不懂事。

乔治·赫伯特·沃克·布什的棒球偶像是纽约队著名的一垒运动员亨利·路易斯·格里克。这里与他面对面的是贝比·鲁斯。1948 年，布什作为耶鲁大学棒球队的队长，他从鲁斯手中接过他的自传的原稿，这是给耶鲁大学档案馆的一份礼物。

　　乔治·布什小时候，在格林威治有二十所公立学校。不过，他从未跨入这任何一所学校之门，至少没有成为这些学校的一名学生。乔治·布什在 5 岁时开始接受教育，当时他的父母把他送到一所私立学校上学。该学校位于格林威治沃纳家的土地上，占地约十八亩。他的父母本来想等他到 6 岁才送他上学，但当时比他大二十一个月的哥哥已经上学了，因而乔治向父母抱怨他一个人在家太孤单。

　　每天早上，布什家的司机将普雷斯科特先生送至格林威治火车站乘车去纽约上班，然后将乔治兄弟送到学校上学。再后来，司机还要多停靠一个地方，那就是格林威治的私立女子学校罗斯玛丽小学，乔治的妹妹南希在那里上学。当时，乔治所在的学校是全男生的学校。

　　他们在学校的时间是比较长的，从早上八点半开始，一直持续到下午六点。通常情况下，孩子们在中午后就离开学校，家长们期望他们利用下午的剩余时间一起与街坊玩，或者做一些农庄杂务，或做一些课余事情。在格林威治，没有孩子们会在放学后一起玩棍球或玩弹球游戏，不过，富裕家庭的孩子们不必去干活来赚钱。还有，父母们下午也没有时间在家看管孩子们玩耍。乔治兄弟所在的私立学校照看学生的时间就比较长，而大多数公立学校孩子们通常很早放学。

乔治和一百四十个格林威治学生身着统一的校服——灯笼裤和黑色运动服，袖口上还有橙色袖标。乔治和他的同学们学习历史、地理、数学、英语、拉丁文、音乐、自然和文学。学校也强调体育运动，有篮球、橄榄球和冬天的滑冰。

学校的纪律非常严格，特别是在校长乔治·米多斯的管理下尤其如此，他是1936 年开始担任校长的。他对集合时私自讲话的学生严厉惩罚，让他们站在椅子上，一直站到散会；对那些咀嚼口香糖的人，要罚他们站在同学们面前，嚼完一整包口香糖。

乔治·布什在这所学校一直上学到 1937 年春天，然后在秋季到菲利普斯学校上学。这所位于安杜佛的学校是全国最知名的私立寄宿学校之一。在这里上过学的孩子们都希望将来从事律师、文学、艺术或商业工作。从这所学校毕业的学生中，有知名的演员和艺术家，还有摄影师、作家，以及发明家塞缪尔·F. B. 莫尔斯。知名的记者、国会成员、州长和美国最高法院的法官都在安杜佛上过学。

该学校位于波士顿北部二十一英里处，学校是 1778 年根据尊敬的塞缪尔·菲利普斯·保罗的设计而建立的，同时获得当时任马萨诸塞州州长的约翰·汉考克对创办学校的许可。该校的校训教导学生：善良但缺乏知识的人是软弱无力的，而有知识却没有良知的人是可怕的。

当乔治·布什开始在安杜佛上学时，"大萧条"经济仍然困扰着普通美国老百姓的生活。尽管乔治·布什家里的富足让他免受贫困之苦。事实上，老师教学生不要离开校园去安杜佛镇上玩。

学校的老师、管理员，甚至学生都对富兰克林·罗斯福总统表示极其蔑视。罗斯福出身于纽约一个富裕家庭，其成长环境与普通的安杜佛学生相似，而在安杜佛学校周围，他的新政遭到鄙视。罗斯福的新政就是试图利用政府基金和富人缴纳的税款来帮助美国摆脱经济萧条的困境。菲利普斯学校的报纸《菲利普人》称罗斯福为"背叛者"。

乔治·布什可能也认同报纸上的这种评论，但他当时不习惯于公开发表自己的观点。在安杜佛上学这五年间，他课外参加社会上的和学校的许多组织活动，但他一直对政治和社会事态保持冷静。乔治·布什在校园内成了一个受欢迎的人，主要是因为他能够置身于各种摩擦之外。他对每个人都很友好，他那令人愉悦的性情和幽默感也赢得别人对他的尊重。他的行为举止得当，老师也喜欢他。

他从未给他的老师留下他具有非凡学习能力的印象。尽管他的智商并不缺乏，因为他在大学成了优等生，但在安杜佛的老师回忆起乔治·布什当时属于普通的中等生。该校的老师哈特·德·利维特说："在我教的课目上他的成绩并不好，但我

TORCH

University Honor Society
FOUNDED 1916

GEORGE HERBERT W. BUSH   VANDERVEER KIRK
JOHN CLARK CALHOUN, JR.   ROBERT PERKINS KNIGHT
CHARLES HALSEY CLARK   ARTHUR KEEFE MOHER
WILLIAM JUDKINS CLARK   THOMAS WILDER MOSELEY
ENDICOTT PEABODY DAVISON   FRANK O'BRIEN, JR.
EUGENE DINES, JR.   JOHN JOSEPH O'NEILL
WINTHROP PALMER ELDREDGE   GEORGE HAROLD PFAU, JR.
WILLIAM RICHARD EMERSON   JOHN GRANDIN ROHRBACH
GORDON NESBITT FARQUHAR   DAVID OWEN WAGSTER
RICHARD ELWOOD JENKINS   SAMUEL SLOANE WALKER, JR.
HOWARD SAYRE WEAVER

Back Row: Emerson, Farquhar, Clark, C. H., Bush, Clark, W. S., Wagster, Walker.
Second Row: Pfau, Knight, Weaver, Dines, Moseley, Rohrbach, Moher.
Front Row: O'Brien, Calhoun, Kirk, Davison, Eldredge.

63

    这页摘自 1947 年耶鲁大学记载荣誉学会成员的年鉴。乔治·布什站在后排的中间。

    布什还被选进一个更为独特的团体——耶鲁大学的"骷髅会"，该社团一直都是一个高智商而且兄弟情谊深厚的秘密社团。骷髅人聚会时是在一些没有窗户的房间紧闭大门进行，这些房间有与英国大学的旧式组织一样的摆设和破旧的皮椅子。如果他们听到非成员说出"骷髅"这个词，骷髅人就要离开那个房间。同样，骷髅人禁止与非成员谈论这个名字。每年，十五名毕业生成员退出，然后从新生中挑选出十五位加入。

    对乔治·布什来说，成为"骷髅会"的成员是件令人兴奋的事情，这也是他一直梦想的。他的父亲曾是"骷髅会"成员，因此有一些熟人和家庭朋友也曾是成员。布什在"骷髅会"认识的朋友都成了他终生的朋友，他们形成了一个核心网络，为他今后的商业道路和政治生涯发展提供帮助。

仍记得他坐在教室里，并且交了他的试卷。"

乔治·布什在体育运动方面要优秀得多。他是学校个子最高的男孩之一，到中学毕业那年，他已经长到六英尺高。他喜欢打篮球、棒球和踢橄榄球。由于他对体育运动的高度热情，他被选为橄榄球队和棒球队的队长，而他的队员也都受到他的热情影响。

菲利普斯学校的体育老师兼棒球教练弗兰克·迪克莱门特回忆说："乔治是一个非常好的小伙子，从未听他说过别人的任何不好。如果他要评说某人的任何事情时，他都会给人积极的感觉。"

即使第二次世界大战爆发，似乎也没有挫伤乔治·布什的热情。在学校，校长召集了一次特别会议，报告了日本军方袭击学生的新闻。当时乔治·布什是高年级学生，正准备在第二年春天毕业后进耶鲁大学上学。在那次集会后，他决定弃学从军，加入海军部队。

在那年冬天的圣诞节假期内，乔治·布什回到格林威治的家乡，参加了在圆山乡村俱乐部的一个舞会。在这次舞会上，他认识了16岁的女孩芭芭拉·皮尔斯，不久后，她成了乔治·布什的未婚妻。芭芭拉当时是南卡罗莱纳州查尔斯顿一所女子专门学校预科班的学生，也是在家乡度假。芭芭拉的外祖父是俄亥俄州高级法院的法官。她的父亲马维恩·皮尔斯是杂志出版商，而且是前美国总统富兰克林·皮尔斯的后裔。

这次假期后，乔治·布什回到安杜佛继续学习，而芭芭拉也回到查尔斯顿上学。他们之间通过书信保持联络。那年春天，乔治·布什从安杜佛毕业，坚定他自己要加入海军的信念。1942年8月6日，他到北卡罗莱纳州查培山报到，然后在那里开始接受飞行员训练。

在战争开始时，海军宣称将来的飞行员必须至少上过两年大学，才考虑接受飞行训练。不过，中途岛战役爆发改变了美国海军的想法。该战争发生在1942年6月初，当时乔治·布什正在安杜佛接受毕业证书，中途岛战役成了第一次重要的海战。战争在中途岛的上空进行，日本与美国的飞机在空中交战，两军的舰队自始至终都没有接触。美国取胜，传言日本试图占领该岛屿，并部署后来的夏威夷入侵。无论如何，这场战役让美国海军认识到它需要飞行员，如果还坚持招收飞行员要上过两年大学这个先决条件，那么可选的人员太少了。这样，海军取消了飞行员大学学历的规定，飞行员训练员的大门向高中毕业生敞开了。

乔治·布什进行了为期一年半的飞行训练。他在训练中去过七个海军基地，分别是北卡罗莱纳、明尼苏达、得克萨斯、佛罗里达、马萨诸塞、罗得岛和弗吉尼亚的海军基地。在这期间，他学会驾驶名为"复仇者"的鱼雷轰炸机，这是一种单引擎飞机，它从航空母舰上起飞，向敌人目标扔下鱼雷或进行远距离袭击。这种训练是非常辛苦的，而且很危险。乔治·布什还必须学会如何从航空母舰的甲板上起飞和降落，而甲板在波浪起伏的海水中是随之摇晃不定的。更为重要的是，其中许

　　乔治·赫伯特·沃克·布什和芭芭拉·皮尔斯于 1945 年 1 月结婚。他还不到 21 岁，芭芭拉比他小一岁。这年 9 月份，布什进入全是男生就读的耶鲁大学。他那一届的学生有一半多是退伍军人，并且其中四分之一都已经结婚，那些夫妻都居住在纽黑文。1946 年 7 月 6 日，芭芭拉生下第一个孩子，他们为其取名为乔治·赫伯特·沃克（W）·布什。

　　在耶鲁大学，也像其他重点大学一样，退伍军人受到政府关照，《退伍军人调整法》改变了传统的大学氛围。布什夫妇有幸住在一间共用厨房的公寓里，这种不规则的房子位于纽黑文市的希尔豪斯大街上。房子内共有十三个独立的公寓。

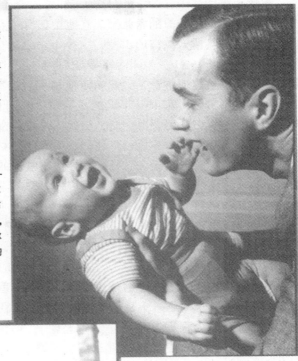

　　在这些有限的条件下，布什一边学习，一边帮助抚养幼小的儿子。他主修商业和经济学。布什在四年级时获得戈登·布朗恩奖，并当选为优等生。

　　这些照片是乔治·布什与他幼小的儿子在一起的快乐情景，这两张照片都是 1947 年 4 月拍摄的。右上角的照片摄于他们在纽黑文的家中，左下角的照片中，乔治·赫伯特·W·布什则骑在他父亲的脖子上。

多训练都是在能见度较低的夜间进行。

布什后来回忆说："一个在陆地上能够安全着陆的飞行员永远体会不到在海面上浮动的甲板上着陆时的紧张感。在空中还有一点孤单感，但俯视下面的海洋和小小的航空母舰会让人兴奋。"

1943 年 6 月 6 日，美国海军授予乔治·布什海军少尉军衔。他得到一枚别在制服上的金制机翼形胸针，以此表明他是一名海军飞行员。当时还不到 19 岁的乔治·布什成了美国海军中最年轻的飞行员。经过更多的训练后，1944 年 2 月，他被派到一个鱼雷轰炸机分遣舰队，该舰队停靠在南太平洋一艘执行任务的新航空母舰上。

到战争结束时，乔治·布什已经完成了五十八次任务，飞行了一千二百二十八小时。他实现了一百二十六次航空母舰上的降落。他被击落两次，但都没有受伤和被捕，因此他被授予"卓越飞行十字勋章"，这是军队给英勇的飞行员最高的荣誉。1945 年 8 月，在美国向日本的广岛和长崎扔下原子弹后，战争才告结束。之后不到一个月，乔治·布什收到美国海军发出的光荣退役的通知。

乔治·布什在 1945 年的冬天结婚。当时，他正为继续他的教育问题焦急。他在 1945 年秋进入耶鲁大学，夫妇俩在纽黑文找到一处公寓租住。布什主修商业和经济。他入学的这一届新生是耶鲁大学有史以来新生人数最多的，主要是大批退伍军人的加入，因为根据《退伍军人调整法》，政府承诺帮助支付他们的大学教育费用。

布什在耶鲁大学被评上优等生，并且在三年内完成了正常情况下四年的学习任务。他随和、友善的态度同样在耶鲁大学也很受欢迎，他在此结交了许多朋友。在耶鲁大学，布什被朋友邀请参加名为"骷髅会"的社团组织。

在大学校园，各种兄弟会和联谊会非常普遍。其中有许多源自殖民统治时期的文学社团，这些组织由学生组成，他们定期开会，不受老师的影响，自己练习写作和演讲技能。多年来，许多这类组织都保持他们严守各自社团内秘密的习惯。但也许没有哪个社团像"骷髅会"那样坚持严守秘密了，该社团的成员称为"骷髅人"，他们常在纽黑文高街上一间名为墓地的会所集会，这间房子连窗户都没有。"骷髅会"始创于 1832 年，美国高等法院法官波特·斯图尔特、知名记者威廉·F. 巴克利和美国参议员约翰·F. 查菲都曾是它的成员。

每年，"骷髅会"邀请十五位耶鲁大学的男生加入，而女生禁止加入。当然，在这密室里进行的讨论都是严格保密的。"骷髅人"把他们自己看成是一个秘密组织的成员，他们通常会互相帮助。布什在离开耶鲁大学不久后，"骷髅会"中的内尔·马伦就将他在得克萨斯州的石油勘探业务交给了布什。

除了参加"骷髅会"，布什在耶鲁大学另一大投入热情的地方是棒球队。他的队友再次选他为队长。他打第一垒，并且被人称为是天才运动员。他在球队的两年间，到耶鲁棒球队赢得两次地区竞赛时，对于值得签约大联合会的运动员的前期评估才告结束。评估者看到该球队第一垒的球员布什在第一年的击球平均成绩是微弱的 0.239，而第二年得到不错的 0.269，但并不让人印象深刻。

乔治·布什 1948 年春天从耶鲁大学毕业，之后在得克萨斯州从事石油生意，到 60 年代才转而投身政治。他担任两届美国众议院代表，还被任命为驻联合国大使、驻中国特使和中央情报局局长。

1980 年，他开展总统竞选运动，共和党大多数最终提名罗纳德·里根为总统，里根请他作为共和党的副总统候选人。布什在里根任期内担任了八年副总统，然后于 1988 年当选为总统。在他任期内一件重要的事情就是决定出兵波斯湾，去驱逐入侵科威特的伊拉克军队。尽管在 1991 年的海湾战争中取得了胜利，这大大增强了布什在国内的声望，但他对日渐疲软的经济无能为力，致使 1992 年总统大选败给了民主党的比尔·克林顿。

乔治·布什在败给克林顿后离开活跃的政治舞台，不过，到 2001 年 1 月，他的儿子乔治·W. 布什宣誓就职总统，小布什也与他的父亲一样先后在安杜佛和耶鲁上学，小布什在任总统前担任得克萨斯州州长。自从两个世纪前约翰·亚当斯和约翰·昆西·亚当斯父子先后担任总统以来，这对布什父子又先后成为美国总统。

第四十一章

比尔·克林顿
(Bill Clinton)

哈尔·马科维奇

1963 年夏天，17 岁的比尔·克林顿参加了一个名为"孩子们的国家"（Boys'
Nation）这样一次爱国主义教育活动，这次在首都华盛顿为期一周的活动是
为了让年轻人了解美国政府。对比尔·克林顿和其他孩子们这些小小"参议员"
来说，这次行程无非是看看那些划时代的重大历史事件和政府建筑。此活动是由美
国退伍军人协会发起的，他们期望孩子们推选政府官员，参与讨论，并对国会要解
决的许多问题进行投票讨论。

为了参加这次"孩子们的国家"活动，比尔·克林顿在阿肯色州的一次夏令
营中获得了他家乡集会的领导地位。他花了一星期来为自己拉票，每晚挨家挨户地
走访，介绍自己。每天早上，他会早早地起床，站在自助餐厅的门口，与前来吃早
餐的孩子们握手。他在夏令营中认识了许多朋友，而这些朋友又极力鼓动自己的朋
友为比尔·克林顿入选"孩子们的国家"活动投票。

比尔·克林顿是天生的竞选运动者，他以压倒多数的选票获得参加这次活动的
名额。

威廉·杰斐逊·布莱兹三世（比尔·克林顿）出生于 1946 年 8 月 19 日，而他
的父亲比尔·布莱兹不幸在他出生前三个月丧生于一次车祸。比尔 2 岁的时候，他
的母亲维吉尼亚为了抚养儿子，决定自己去学护理。接下来的两年，她就要为此牺
牲与儿子在一起的生活，自己去新奥尔良的护士学校上学，而将比尔送给她的父母
照看，她的父母住在阿肯色州霍普镇的家中，这个小镇靠近得克萨斯州边界。

比尔·克林顿的聪明才智最初是由他的外婆伊蒂丝·卡西迪发现的，在她的指
导下，比尔在 3 岁前就学会了阅读。他母亲维吉尼亚回忆说："从一开始，比尔就
是一个特别的孩子，他聪明、机敏，显示出超乎他年龄的成熟。他记得我与他坐在
十三街那间屋里告诉他关于他生父的事情。他那时四五岁的样子，但与他谈话就像
是与一个成年人谈话一样。"

维吉尼亚这时认识了汽车销售员罗杰·克林顿，罗杰喜欢赌博，喜欢在酒吧闲
逛找乐。维吉尼亚原以为自己可以改变他的放荡性格，于是他们于 1950 年结婚。
罗杰和维吉尼亚以及她的儿子比尔搬进了霍普镇的一所小房子里。

　　比尔·克林顿在3岁前就学会阅读。他的母亲回忆说："从一开始，比尔就是一个特别的孩子，他聪明、机敏，显示出超乎他年龄的成熟。"

　　1960—1964年，比尔·克林顿在温泉高中上学。在高中毕业前一年的夏天，克林顿参加了美国退伍军人协会创办的"孩子们的国家"活动，该活动是为了让学生了解美国政府及其运作。对比尔·克林顿来说，该活动最为重要的事情就是可以去白宫参观，而总统约翰·F.肯尼迪会在那里问候他们。

　　比尔·克林顿站在最前面，因此当肯尼迪总统发言完毕，走向学生代表握手致意时，16岁的比尔·克林顿就成了与总统握手的第一个人。后来克林顿常说这是他决定从政的时刻。

　　在克林顿任总统期间，这幅照片是白宫中最受人们喜欢的。

乔治敦大学建于 1789 年，是美国最古老的罗马天主教大学。创办该校是约翰·卡洛尔的想法，他是美国第一个天主教派的主教，而且是巴尔的摩市的第一个大主教。他的目标是建立一所大学，这样，年轻的天主教徒就不必再去国外接受高等教育了。天主教徒还有一个选择是去非宗教性质的学校——宾夕法尼亚大学，这是美国大学中唯一的一所接受天主教徒的学校。乔治敦大学的课程设置以典型的传统教育为模板，该校一直欢迎所有宗教信仰的学生入学。乔治·华盛顿的两个侄子曾于 18 世纪 90 年代在这所学校上学。

1919 年，乔治敦大学开始开设外交专业，培养学生今后进入外交服务领域或成为跨国公司的职员。比尔·克林顿在他高中学校的三百六十三个同学中以第四名的成绩毕业，他选择进乔治敦大学深造，就是因为这所学校的外交专业吸引着他。他的目标是将更为严格要求的大学课程与实践经验相结合。在首都和乔治敦大学，他更有机会接受学术挑战、令人兴奋的社会大事和政治事件。

比尔·克林顿于 1964 年进入乔治敦大学。他与人相处得很好再加上他的聪明才智、迷人魅力和真诚，很快消除了他班上较富裕的同学对他的看法（他们可能对这个来自本国最贫困州的贫困孩子有异议）。克林顿回想起那些日子时说："我的确从没怎么离开过阿肯色州，但在乔治敦大学我与来自全国各地和世界各地的人相处甚好。"那些人当然是很喜欢克林顿的，他们选他当大学一年级和二年级的学生会长。

在乔治敦大学期间，比尔·克林顿一直都至少有一份兼职工作，补贴家用。他在校时从事多项活动，并仍保持 3.57 的平均成绩（满分为 4）。

维吉尼亚为儿子取学名为比尔·克林顿。上学开始，比尔好学的劲头就给他的老师们留下了深刻印象。在二年级的时候，因为他在课堂上频繁举手，以至于他的老师将他看成麻烦人，而给他的行为表现归为"D"类。这是比尔最后一次最差的成绩，在后来的学习中，他一直是一位远远超过同班同学的得"A"的学生。

阿肯色州温泉市是比尔的继父罗杰·克林顿的家乡，他们一家也于1952年搬到这里。罗杰在霍普镇的汽车生意亏了，然后决定放弃汽车生意，想经营农场。他们在温泉市边界处找到一处农场，不过很显然，罗杰·克林顿不是那种愿意辛苦劳作的人，白天懒得起床去挤牛奶，他绝大多数时间花在灯红酒绿的夜生活上。维吉尼亚也不想成为一个农夫的妻子，当时她已经是一位麻醉师护士，温泉市的外科医生很需要她这样的人才。在几个月后，他们一家搬到了温泉市帕克大道，罗杰·克林顿也找到一份业务员的工作。

比尔·克林顿对政治和政府的兴趣最早可能是在1956年夏天开始的，那时他刚念完四年级。那一年，电视上播放政治会议，比尔发现自己对会堂上的计谋和戏剧性事件很感兴趣，远远超过对当时典型的儿童电视节目的喜爱。比尔·克林顿后来说："我那时就被政治深深地吸引了，电视让我更加了解竞选职位的候选人。"

温泉市的大多数人都是共和党人。比尔是一位独立的思考者，不过随着年龄的增长，他开始喜欢民主党的自由主义政治观点。1960年，比尔·克林顿作为温泉的高中生，密切关注副总统理查德·M.尼克松（共和党人）与年轻的民主党参议员约翰·F.肯尼迪竞选总统。

比尔·克林顿回忆说："我九年级的公民课老师是玛丽·玛特，她在课堂上让我们讨论这两位总统候选人的优势，结果只有玛丽老师和我赞成肯尼迪当选。由于温泉城是加兰县的政府所在地，共和党一统天下，而我的老师和我在这种环境中就像是弃儿一样，其他人都是尼克松的铁杆儿支持者。"

1960年11月8日，14岁的比尔·克林顿彻夜观看电视上的选举活动。他说："当尼克松在作让步发言时，这对我来说是一个多么有意义的时刻呀！"

比尔·克林顿不久进入温泉高中，他是学校最聪明的学生之一。更为重要的是，他还是一个天生的领袖。他加入了学校多个社团，并担任领导职务。1961年，他第一次赢得选举，他的同班同学投票选他为高中二年级的学生会长。

不过，在他家里，情况并不如意。比尔的继父是个酒鬼，还常常对维吉尼亚施暴。他的父母亲时常发生冲突，而比尔·克林顿就只好把自己关在小屋里，避开这种打斗。他常常会拿起萨克斯管来吹，用音乐声掩盖母亲与继父的争吵声。

比尔·克林顿进入温泉高中读书时，他的天分被音乐老师和乐队指挥维吉尔·斯普林发现。斯普林让他担任乐队主力，斯普林赏识比尔·克林顿的聪慧和讨人喜欢的性格，并认为在组织阿肯色州年度音乐比赛活动中，比尔可以给予巨大帮助。这次比赛是由温泉高中举办，整个阿肯色州一百四十个高中乐队将参与比赛。

比尔·克林顿在抽空为自己所在的温泉高中乐队排练时，还尽力帮助斯普林安排活动事宜。比尔还加入了温泉高中的舞蹈队，他和一些朋友还组建了一个小型爵士乐团，中午在学校的自助餐厅演奏。他们都戴着墨镜，因此，他们班同学戏称这个乐团为"三只瞎眼老鼠"。在家中，比尔的卧室墙上挂满了他在萨克斯管演奏比赛中获得的奖章和奖状。在他高中最后一年，他的老师非常希望他大学能学音乐专业。

斯普林回忆说："一次南下去阿肯色州的卡姆登，他作为一个独奏者，并获得了优秀独奏者称号。事实上他不只是一个有造诣的乐手，他还阅读了表达各种情绪和不同类型的音乐书籍，从爵士乐到古典音乐，他在这些方面的确表现非凡。"

在比尔似乎产生了以音乐为职业的念头时，1963年夏天，他被选出参加"孩子们的国家"活动，在活动中他下定决心要从政。比尔·克林顿于1963年7月19日参加这次活动，在这为期一周的活动中，他和其他"参议员"都住在马里兰大学的宿舍里。他们的日程安排得满满的，包括去内阁的各个部门，与国会代表共进午餐，并开会草拟决议，而这些决议都要经这次活动的一百名小"参议员"投票。

1963年夏天，美国黑人的权利问题仍然引发许多争端。1962年，为了让一名黑人学生詹姆斯·梅里迪斯进入全是白人的密西西比大学上学，肯尼迪总统就不得不派联邦警察局长到密西西比州坐镇。八个月后，肯尼迪总统又得派联邦警察局长以及联邦军队到阿拉巴马大学，也是为了让两个黑人学生能够入学。

这群参与"孩子们的国家"活动的小参议员起草了一份支持美国黑人公民权利的议案。比尔·克林顿是这次大会上支持黑人权利的主要发言人，他极力为这个公民权利议案拉票，同样运用在几周前他为自己赢得选票的手段。

他在会上也碰到了反对者，两名来自阿拉巴马州和乔治亚州的南方"参议员"彼特·约翰逊和汤姆·洛霍恩就力图不让这项公民权利议案通过。一天早上，他们在马里兰大学的餐厅与比尔发生了正面冲突。他们向比尔声明，南方的参议员会紧密团结在一起来废除这项议案。很快，比尔和另外两个男孩站在另一边大声疾呼。比尔拒绝让步，约翰逊和洛霍恩只得退让了。最终，这项公民权利议案以微弱的优势通过。

第二天早上，这些"参议员"乘坐马里兰大学的校车去这次活动的最后一站——参观白宫并会见肯尼迪总统。

当其他孩子们出来准备乘坐校车时，他们发现比尔·克林顿早已站在那里等候了。他是第一个到达的，因为他想坐在第一辆车的前排座位，这样他可以第一个下车，确保他能成为第一个见到总统的人。当车辆到达白宫时，比尔从他的座位上一跃而起，冲向前排。他在草坪上找到肯尼迪总统将面见学生们的正右方位置。

1964年5月，比尔·克林顿从温泉高中毕业。他既不是毕业典礼上致告别词的学生代表，也不是代表毕业生发言的学生，不过他的成绩在这个年级排名第四，他被选为典礼结束时致祝贺词的学生。比尔向毕业生致以令人振奋的祝贺，要他们尽最大努力奋斗不息。他说："主，让我们努力奋斗吧，以便让我们永远不知道什

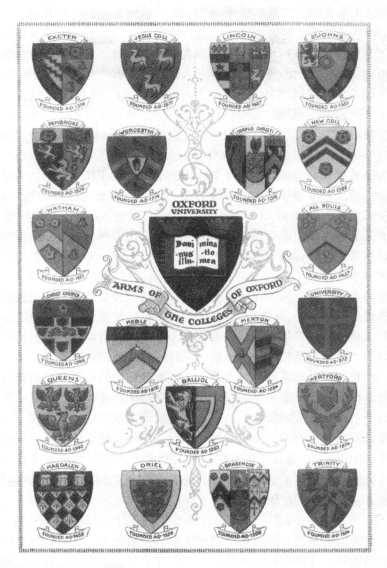

图为牛津大学独立学院的各种徽章。

　　1968 年，比尔·克林顿获得去牛津大学进修的罗兹奖学金，牛津大学是世界上历史最悠久，也是最知名的大学之一。塞西尔·罗兹 1901 年的遗产建立了这些奖学金，目的是提升说英语国家的一致性。直到 1976 年，申请者必须是年龄在 19 岁至 25 岁之间的未婚男性。学生根据他们自己的兴趣，选择该大学各种不同的学院学习，这是罗兹的心愿，同时也是牛津大学的心愿。

　　克林顿在牛津大学学习结束后，1971 年又进入耶鲁大学法律系学习。尽管他得到了全额奖学金，他还是做各种兼职工作。他在当地一所社区大学当老师，还为纽黑文市的一家律师行调查民事诉讼案，并为纽黑文市的议员短暂工作过。克林顿可以轻松地应付他的学习课程。朋友们回忆说他会漏掉上课，但在考试前一天晚上借他们的笔记学习就可以足以准备考试了。

么是不幸和无目标的糊涂人生；还有，当我们去世时，其他人仍然可以在自由的土地上生活。"

比尔·克林顿毫无疑问地想去首都上大学。他选择了乔治敦大学的外交系，这样他将来可为国家的政府服务。从那年秋天跨进校园起，他就活跃在学校的竞选舞台上。他发起了一场热闹的新生竞选学生会长的活动。他拟定了宣言，并策划大会，组建了一支由学生组成的临时乐队，这样，他轻松地获得了学生会长选举。在这次选举之后，乔治敦大学的学报报道说："比尔·克林顿就像一个友善的农家男孩，他是最应该登上新生会长位置的人。"

比尔·克林顿在乔治敦大学是一个拔尖的学生，他主修了政治、哲学和比较文化课程。他还是反对战争运动中的积极分子。随着反对越南战争的情绪日益高涨，许多大学生参加了反战示威游行，并反对征兵去越南参战。1967年10月21日，比尔成了五万五千名反战游行示威者中的一员，那次游行到林肯纪念碑结束。第二年春天，比尔为美国参议员罗伯特·F.肯尼迪开展竞选运动，其竞选运动要求美国从东南亚撤军。

在乔治敦大学上学期间，比尔·克林顿在参议院外交关系委员会兼职工作，该委员会由参议员J.威廉·富尔布莱特领头，富尔布莱特是阿肯色州的民主党人。这位年轻的大学生和这位学问精深的参议员，他们都源自阿肯色州的经历让他们站在了一起，后来富尔布莱特成了比尔在政坛攀升的良师益友。

比尔·克林顿当时是该委员会文件室的办事员，他的职责包括将信件和报告归类整理，把日报上关于外交关系的事迹用别针别起来，还要为委员会成员跑腿。在比尔看来，一个自认是政治瘾君子的人，在这就像在迪士尼乐园工作。

比尔在富尔布莱特的委员会刚开始工作后，他就写信给他的外祖母伊蒂斯·卡西迪。他在信中说："在这儿工作实在太令人激动了，周围全是参议员，而且今年我已经见过总统了……除了学习和工作，我实在没有太多时间做别的事情了，不过我喜欢这种有益于人们的忙碌而辛苦的工作。"

1968年4月，就在比尔·克林顿毕业于乔治敦大学前夕，公民权利领袖马丁·路德·金在田纳西州遭到暗杀。这次暗杀事件激起了许多美国城市的骚动，首都华盛顿也不例外。比尔在此期间自愿为美国红十字会工作，他为华盛顿骚动区运送食物，因为当时不允许商业卡车给杂货铺送货。比尔运送食物的白色别克车上漆上一个大大的红十字标识。来自温泉市的一个朋友卡罗林·斯达利也帮助比尔运送食物，她回忆说："那是非常危险的，我们快速完事就走，但比尔必须在那儿，在我们离开避难所之前，人们建议我们摘下帽子和围巾，因为我们是白人。我们穿过城市时看到到处是火烧、抢劫的情景。"

比尔·克林顿在乔治敦大学的最后几个月里，申请去牛津大学进修的罗兹奖学金。这是参议员富尔布莱特极力推荐他申请的，富尔布莱特就是1924年的罗兹奖学金获得者。罗兹奖学金授予三十二位美国男女生，他们可来牛津进修长达三年时间，获得此奖学金是无上光荣的事情。

获得罗兹奖学金不只是要求良好的学习成绩。比尔·克林顿是一个得"A"的学生，并且受到富尔布莱特的大力推荐，不过他也还必须通过罗兹奖学金面试委员会在小洛克和新奥尔良的考核。克林顿对世界事务的了解给该考核委员会留下了深刻印象。他在小洛克轻轻松松地通过面试官的考核，然后前往新奥尔良。在去的路上，他在机场停留时买了一本《时代》杂志准备在飞机上阅读。杂志的封面故事讲的是世界上首例心脏移植手术，这在1968年被认为是一项极端的手术。比尔·克林顿到达新奥尔良时，罗兹奖学金的面试官所提的问题中就有关于心脏移植手术的事情。由于他就在几个小时前看过这个新闻事件，所以他能够轻松地回答这个问题。

当比尔·克林顿得知他已经被选为罗兹奖学金学生时，他立即打电话给他母亲。他在电话中说："喔，妈妈，你想想我穿英国花呢衣服会是怎样的呢？"

比尔·克林顿在牛津进修了两年。他学习国际政治、哲学和经济，重点研究了苏联，苏联当时是世界的超级大国之一。除了在教室学习之外，比尔·克林顿喜欢吃完饭在学校餐厅逗留，与其他同学谈话。同为罗兹奖学金学生的道格·伊克利回忆说："那些年龄较小的英国学生常常出神地听比尔讲话，比尔也喜欢与他们谈论，他们都能说会道。通常学生吃完饭不会立即走开，而是会一边吃，一边谈论、探讨当天的世界大事，直到被赶出餐厅。而比尔通常是最积极的发言人。"

1969年，比尔·克林顿还在英国学习，他就收到了美国军队的征兵通知。经过深思熟虑后，他决定应征。他符合服役的条件，被列入抽签名单。1969年12月1日，比尔·克林顿得到他的抽签号码，结果是他今后都不用服役。

1970年克林顿回到美国，并进入耶鲁大学学习法律。在美国，许多政治领袖当他们想成为立法者时，通常会将入读法律学校作为主要的途径。比尔·克林顿可能进耶鲁大学是想学习法律，备考律师资格，不过他在耶鲁大学主修的却是政治。在踏入耶鲁大学校园不久后，克林顿就与美国参议院候选人乔·杜菲签约工作。杜菲和他的助手认为他们需要一个天生的政治活动组织者，而比尔·克林顿很快就着手在纽黑文市及周边地区开展助选活动。克林顿在这次活动中非常卖力地工作，每天早早地起床召集志愿者，往街坊那分发竞选宣传册，寄邮件，并随时随地为杜菲的竞选事情进行访问。他睡觉都很少，通常吃东西都是边跑边吃。

杜菲在这次竞选中被远远地抛在第二，对比尔·克林顿来说，此次活动几乎是浪费时间。尽管努力的结果是失败的，但他获得了宝贵的经验。克林顿决定在获得法律学位后，将回到阿肯色州寻求一份政府工作。

克林顿回到阿肯色州，在为自己的第一次政治竞选运动做准备时，他找到了一份大学教书的工作。他在竞选国会代表中失利，但是在1976年获得了州司法部长的职务。两年后，他首任州长。克林顿担任州长两年，在1980年的州长选举中落败，不过他在1982年再次当选为州长，并连任四届。

20 世纪 80 年代，比尔·克林顿管理阿肯色州的领导才能和成功引起了民主党领导们的注意。1992 年，比尔·克林顿获得民主党竞选总统的提名，然后在竞选中击败了乔治·布什总统。

作为总统，比尔·克林顿领导美国经历一段经济快速发展时期。在他的任期内，失业人数较少。克林顿与墨西哥和加拿大签订了贸易协定，还签署了一些打击犯罪和管理枪支的新法律。比尔·克林顿与妻子希拉里·罗德姆·克林顿在耶鲁大学认识，于 1975 年结婚，希拉里虽然曾遭受争议，但她还是一位受人喜欢的第一夫人。在克林顿离开白宫后，希拉里代表纽约州赢得美国参议院的选举，成了历史上第一位前第一夫人担任重要政治职务的人。

比尔·克林顿的任期内也是以丑闻著称，他成了美国历史上第二位遭弹劾的总统。国会认为他在讲述与白宫工作的一位年轻女子的暧昧关系时撒谎。克林顿否认这种关系，但后来承认发生过暧昧事情。从民意测验的结果来看，绝大多数美国人还是认为他作为总统来说是很称职的。最终，参议院得不到投票来弹劾他，而他圆满结束他的总统任期，于 2001 年 1 月离开白宫。

比尔·克林顿曾经说："如果你寿命够长，你也会犯错误。但是，如果你能从错误中学习，那么你会成为一个更完美的人。重要的是你如何应对不幸的事情，而不是它如何影响你。最重要的是永不放弃，永不放弃，永不放弃！"

第四十二章

乔治·W. 布什
(George W. Bush)

J. F. 沃茨

美国在其部分盟国强烈反对的情况下发起了第二次海湾战争，这也对乔治·W. 布什的敏锐才智带来极大挑战。在整个2000年的总统大选中，人们对小布什能否成为这世界上唯一最有影响力的人物仍充满疑惑，这种疑惑一直持续到他入主白宫的第一年。在他上任最初的几个月里，他那得克萨斯人的急躁性格、不谙国际事务（并且似乎漠不关心）且经常习惯于糟蹋英语，这些都成了人们一再谈论他的话题。

这种阴影在美国梦魇般的"9·11"事件之后才得以消除。"9·11"事件的出现，使美国总统面临着自珍珠港事件以来的最大危机，不过他立即博得国内外的尊重和支持。在接下来的两年，盖洛普的民意调查显示，即使股票市场下跌20%，而且经济持续直线下降，但人们对他的支持率仍然很高。小布什总统采取入侵伊拉克的举动，全世界的反对者们认为他是魔鬼，但在美国国内，他通过自信的领导模式，似乎给人一种扭转乾坤的坚定力量，他也试图以此来保持稳固的政治基础。自从伍德罗·威尔逊在第一次世界大战后开始重建世界在美国人中的印象以来，显赫的公众人物也会遭受尴尬，通常他们会因为采取了强势的外交运动而被看作是一个没受过什么教育且几乎没经验的无足轻重的人。

在《战争中的布什》（*Bush at War*）一书中，作者鲍勃·伍德瓦德讲述了总统一些罕见但足以说明问题的反思。布什与作者谈及在"9·11"事件之后对国家安全小组的指挥。他对伍德瓦德说："我是否有任何认识天才的天赋或智慧，让他们作为一个团队一起工作。"抛开这句话不说，而其中隐含的意思是"团队"应当服从一位满怀使命并且自信的果断领导者。

不管布什以前表现出怎样的有气无力的样子，但是在战时作为总指挥长，他需要立即找回果断刚毅之气来。只有当震撼的事件和尖锐的历史观点呈现出来时，才能确定布什在国际行动中是有智慧还是愚蠢，不过大的方面现在已经非常明显。然而，无论他受其他重要人士的指导有多少，美国新的世界观就是乔治·W. 布什的世界观。

小布什的主要助手（迪克·切尼、唐纳德·拉姆斯菲尔德、柯林·鲍威尔、康多莉扎·赖斯，还有保罗·沃尔福威茨和理查德·柏尔）都智慧平平，而他们却在辅佐这位不谙世事的总统，他需要聪明绝顶的人来告诉他如何思考，该做什么，以及如何做的。然而，"9·11"事件之后的事实清楚表明，他们更多的是扮演总统思想的管理者的角色，而不太像顾问。他们公开探讨各种计谋与战略，但是总的目标和小布什既定的决定不在探讨之列。也许《战争中的布什》留给我们最深的印象是这位总统的命令式作风。小布什不像面临古巴危机的约翰·F.肯尼迪总统，也不像面临越南战争的林登·B.约翰逊总统，他不寻求别人的建议、意见或采纳多种方案，他只发布命令。也许这种清晰的决定直接传达给了大众，这与之前人们对总统的认识的确表现出不一致来。

　　照片为乔治·W.布什与他的父亲乔治·H.W.布什和他的母亲芭芭拉·皮尔斯·布什。在这张拍于 1955 年夏天的照片中，乔治·W.布什当时 9 岁。

　　乔治·W.布什出身著名的美国政治家庭。他的祖父普雷斯科特·布什是来自康涅狄格州的美国参议员（1952—1962），而他的父亲乔治·赫伯特·沃克·布什是美国第四十位总统，1989 年至 1993 年在任。乔治·W.布什是美国历史上第二个前总统的儿子当选总统的人（约翰·昆西·亚当斯是第一个总统的儿子再任总统之人）。

　　乔治·W.布什 1964 年毕业于安杜佛的菲利普斯学院，1968 年获得耶鲁大学的历史学士学位，1975 年获得哈佛商学院的工商管理硕士学位。

谈论的一个恰当问题是他的自信。持续到了第五代的布什王朝，其影响当然是主要的，但这也只能模糊地看作是提供了在国家事务中体现和扮演一个领导角色所需的全部培训经验。我们比较一下小布什的正式教育和非正式教育经历就很明了。人们常评论乔治·W. 布什接受了美国最好的教育，但他学识普普通通。事实上，小布什的三次学校学习经历在他的"教育"上几乎是微不足道的。研究小布什总统的教育必须更多地以他的家庭教育和经历为出发点，而不是关注他在预备学校、学院或大学的学习。最重要的是，幼年的小布什被带到得克萨斯州西部边境的原油开采区，在那里的非凡教育经历形成了他完整的价值体系，那里是休斯敦商界精英的孩子们常去的地方。

他开始接受正式教育很普通，是在得克萨斯州米德兰的山姆—休斯敦小学。1959 年全家搬到休斯敦之后，小布什就读于一所专为休斯敦石油界精英的孩子们而设的私立学校——金凯德学校。两年后，15 岁的小布什顺从父母的意愿，远离家乡来到马萨诸塞州安杜佛的菲利普斯学院。

菲利普斯学院或者就叫"安杜佛"（通常用这个名字来顶替），它位于波士顿北二十英里，在历史上，它已经尽染上层社会的传统。一种令人敬畏的传统萦绕在这所美国历史最悠久的、极具传奇色彩的寄宿学校校园上空。曾经居住在校园内的一代又一代毕业生成功地触及美国生活的每个角落。1960 年，它仍然是美国精英后代的学习去处，入学在很大程度上取决于家庭是否显赫、亲戚关系或门第是否特别，像布什家族当然归属此列。小布什的父亲于十九年前毕业，用当时类似的话来说，老布什被称之为"他班上最优秀的人"。

在菲利普斯学院，一直都强调永恒的真理、守纪（尤其是守时）和虔诚，学术和体育活动也不间断。操场和宿舍都是闹哄哄的，透着西奥多·罗斯福青睐的美国年轻精英的强壮基督精神。年轻的小布什未能有幸继承父亲的运动才能，即便长于社交也不足以弥补。他曾试过打棒球，学习摇滚音乐，当拉拉队队长。小布什可以说是以他那生机勃勃、有感染力的个性使他成了最受欢迎的男生，他把同学中的体育健将和学习尖子拉到自己的圈子中来。他们成了小布什的崇拜者和好朋友，其中有些人终生都保持着这种关系。更重要的是，年轻的小布什在安杜佛开始表现出他作为政治家的成熟特质。

1999 年，比尔·米努塔利奥在写《第一子：乔治·W. 布什和布什家族王朝》（*First Son: George W. Bush and the Bush Dynasty*）一书的一次采访中，小布什在安杜佛的一名校友尽力想描述青年乔治·W. 布什的本性："他一直是七八人小团体中的一员，嗨，这些人你真得把他们叫做校园里了不起的人物。他是个很酷的男生……不用假装和明显的原因，他的声名已经相当显赫了……显然，他遗传了一些非凡的政治才能。"

小布什会运用到这些才能的。东北部的冬季对于这个年轻的得克萨斯人来说好像永远没有尽头。在学习上，他把同学们对学业的精通看作是一种障碍，以至于他自己对考试提不起什么兴趣。相反，他把注意力都转移到了捣乱上，他成了同学中大胆挑战秩序以及自大的头号捣蛋鬼。另一个同学回忆说："我想他肯定看重某些事情，但他把社会地位看得比进耶鲁大学所需的分数更重要。"米努塔利奥在书中写道，小布什和他的朋友"四处走动，带着某种自信，有点趾高气扬地逞威风"。作为拉拉队长，他的这种趾高气扬十分突出。而作为非正式但经过精心组织的棍子球队的一位"高官"，年轻的小布什一本正经地充当了法官和陪审团的角色，调和那些好胜的男孩们在比赛中发生的无休止争吵。一本正经、假发、伪装、高帽子和恶作剧，这便是小布什。正如另一位同学在回忆时对比尔·米努塔利奥所说的："想深入乔治的内心是很难的，他是如此的肤浅，又如此气宇非凡……他这个人已经定型了，但在安杜佛只是给了他磨砺的机会。"

1964 年 6 月，乔治·W.布什从安杜佛毕业回到得克萨斯州，他真正的学习开始了。当时，布什王朝的火炬恰好传递到他父亲的手中。在康涅狄格州，普雷斯科特·布什参议员宣布退职，大概就在同时，乔治·H.W.布什（老布什）在休斯敦试图取代父亲在上议院中的席位。因此，刚从安杜佛毕业的小布什，在去往耶鲁大学的途中就回家参加他父亲竞选美国参议员的活动。当时他 18 岁，真正的教育开始了！

尽管共和党人约翰·绦尔在 1961 年赢得了一次特别的参议员选举，但真正的共和党候选人在得克萨斯州这片一向是民主党人的天下的土地上仍然如同陌路。1964 年，这种状况尤其突出，当时林登·B.约翰逊总统近乎疯狂的竞选活动牢牢吸引了州内和国内关心政治的人的眼球。在得克萨斯州，总统已经赢得了几乎所有人的拥护，于是乔治·H.W.布什投奔右翼外围阵营，反对公民权利，反对和苏联签订核试验协议，反对国外援助，反对扶贫提案，反对小马丁·路德·金。然而，除了政治之外，老布什还面临着更让人生畏的生活方式和门第的障碍。

带着儿子在身边，老布什不遗余力地掩盖其绅士风度和东北部人士的举止。他的巴士车队名为"布什游行车"，在每次停歇处，他都要努力地听黑山男孩乐队的西部乡村式的演奏，伴随的是一队被称为"布什羽扇豆美女"的共和党妇女组成的合唱团充满乡土味的演唱："啊，太阳总有照耀到参议院的一天！乔治·布什会把自由主义者赶到一边！"

在这夸张的空洞口号中，乔治·布什似乎不真实。在人们的心目中，他从未真正穿过西部的装束，而一直是穿着蓝夹克，打着棱纹领带，显示他出身于格林威治、安杜佛和耶鲁的乡村俱乐部的文雅风度，如一幅由累世的财富和政治影响孕育而成的美国北方贵族图画。他代表了布什和沃克家族王朝。（不管这个家庭如何努力想否认"王朝"这一称号，对于布什和沃克家族这百年来对特权和大权的交相掌控，再无其他合适的称谓了。）

在 19 世纪最后三十年这个"镀金时代"里，当代美国的工业和贸易的贵族以持久的精英之态出现，确保了财富及其衍生物（包括政治权力）的代代相传。乔

这是乔治·W.布什 1968 年的毕业照片和《老校园》的标题页。1968 年这一届是耶鲁大学最后一届全男生的招生历史。

乔治·W.布什在耶鲁大学四年间，他的父亲投身吸引全国公众的政治运动。1964 年，老布什代表得克萨斯州竞选美国参议员未遂，两年后，他当选为众议院代表。乔治·W.布什也都参与了每次竞选运动。

治·W. 布什总统的曾祖父塞缪尔·普雷斯科特·布什（1863—1948）生于纽约，但却是在俄亥俄州的哥伦比亚成为钢铁和铁路大王。在他那显赫的档案中，记载了他曾是全国制造商协会（现在是全国最强的工业组织）的第一任会长。他还是美国商会的创始人之一，也是联邦储备指导员，并且曾是赫伯特·胡佛总统的顾问，是胡佛总统的管理班子成员之一。由于在公众组织中的显赫地位，他作为橄榄球和棒球队成员，还帮助把橄榄球运动引入了俄亥俄州立大学。

塞缪尔的儿子普雷斯科特的儿孙都做了总统，给家族的声望增添了无限荣光。1895 年，普雷斯科特诞生于财富和地位兼具之家，在预科学校中接受了良好的教育，然后进入耶鲁大学，加入校棒球和橄榄球队，成为全国知名的高尔夫球手，还是耶鲁大学"骷髅会"成员，第一次世界大战中在法国前线服役，时任野战炮长，后在华尔街和美国参议院度过他的职业生涯。

1921 年，普雷斯科特·布什与来自另一个强大的银行家和商人之家的多罗西·沃克结婚。她的祖父戴维·道格拉斯·沃克经营纺织品发家，在路易大街参与公众事务而出名。多罗西的父亲乔治·赫伯特·沃克是华尔街最早且最有实力的私人投资公司（布朗兄弟—哈里曼公司）的创办合伙人，他后来成为富兰克林·德拉诺·罗斯福总统的知己。布什家族和沃克家族在高尔夫球方面志趣相投：对于那几代人中的精英来说，这项运动颇受青睐。普雷斯科特·布什成为国际公认的业余赛冠军。他那身为华尔街银行家的岳父以这家族的姓氏给美英球队之间的"沃克杯"比赛冠名。

这个家族过去半个世纪的历史，实质上是从新英格兰望族向得克萨斯州文化在节骨眼上的转变。乔治·H. W. 布什在得克萨斯州西部石油业灾荒时以其非凡的灵活性成功地创下石油业的家当，后来举家迁至美国石化业的中心休斯敦市，在繁华的市郊为自己的社会等级扎下根基，家族也在令人敬畏的芭芭拉·沃克·布什的管教下发展。在 1964 年竞选参议员时，老布什试图尽力赶上他的祖先和姻亲，而他每天的举动都看在长子小布什的眼中。

家族渊源对这位第四十三任总统的社交起着举足轻重的作用。年幼的小布什在他 6 岁生日之后的十年中满怀热切地观察着他的两大偶像——父亲和祖父。1952 年当选为参议员的祖父不时地造访米德兰，参观家族钻油井的前哨站，俨然一派威风凛凛的北方贵族形象。就在这几年里，祖父开始在政界打拼一片自己的天地。作为一个坚韧的活动家，乔治·H. W. 布什忙碌于他的教会、行业协会和慈善活动之中；他真心喜欢自己的同行，他们都属于从油井里抽出财富来的新兴的成功人士阶层。在这群人当中，乔治·H. W. 布什带着一脸傻傻的笑容，嘴唇微张，和大家谈笑或讲悄悄话，一一握手，高兴地闲聊政治家之间的套话，他自然而然就成了这个粗野群体中的显贵。得克萨斯州的米德兰比不上耶鲁大学社团组织的场所，但是实际上在那儿有晚宴及餐后的舞会、激烈的网球比赛，满是和布什价值观相符的新人。这里却成了得克萨斯州共和党的梦魇，1964 年，老布什竞争参议员席位失败。

由于1964年的暑假在选举活动之前就结束了，小布什循着家族在耶鲁大学的传统，前往纽黑文。在简短的安顿之后，这个年轻人回到休斯敦为竞选的最后一刻而奔走。当时他的父亲正处于时任参议员的民主党人拉尔夫·亚伯勒多出三十万票的重压之下，但父亲仍以其一贯的沉着回应。他理解家庭和朋友的失望之情，不去对他的政治对手发怒，而对手的胜出靠的是夸张的恶语攻击。老布什这位战争英雄和成功的石油人却败在一个不太可能取胜的对手的传讹手段之中，对手就是利用一些虚无的阴谋来蒙骗得克萨斯人。狭隘的乡土气息占了上风，观察力敏锐的儿子注意到了这一切。不过，这绝不会成为儿子作为得克萨斯人的诚实问题。

小布什回到耶鲁大学，他将面临前辈在此留下他难以逾越的一些东西。他的祖父曾就读于耶鲁大学，是学校橄榄球和棒球队的队员，顶尖水平的高尔夫球手，著名的"Whiffenpoof"歌唱组成员，还担任耶鲁大学管理委员会的工作。他的父亲如果有什么不同的话，那就是他也曾是耶鲁大学的学生，还是棒球队队长，是学生中受人尊敬的政治人物。小布什很自然地认为自己在耶鲁也同样会拥有一席之地，得到一些任命，结果却发现简直是痛苦的挫败。在第一年里，正值父亲在政治上落败，年轻的小布什对耶鲁大学怀有一种失望的感觉。

小布什还在校园内碰到了一件最难堪的事情，那就是当他向耶鲁大学最有争议的牧师威廉·斯罗恩·科芬介绍自己时。科芬是全国有名的反战积极分子。1948年，作为耶鲁大学四年级学生的科芬已经由"骷髅会"的头目乔治·H.W.布什被"指定"为会员。由于老布什刚刚惨败在参议员亚伯勒手下，科芬对小布什说："嗯，是的，我认识你父亲。老实说，他是被一个更强的人打败的。"这一刻让小布什顿时产生了一种消极的情绪。他决定要远离校园骚乱的主流，选择安全的社团组织，他日益脱离了大多数同学，在同学中变得越来越不起眼。

作为一名在校园内反文化风气中成长的学生，他感到有太多的惊愕之处。在美国的高等院校中，那些对建立家庭、国家和贵族传统有害的价值观第一次抬头。像他父亲和祖父那样的公众人物常被人痛责为不良社会的掌旗手，日益激进的学生发现这个社会的主要制度和政策不仅有缺陷，而且确实有害。

学校教授和管理者面临学生们举行的时事宣讲会、静坐和街上游行示威这些问题，还伴有和平论者小团体和马克思主义者的活动，而信奉弗洛伊德学说者进行自我与社会分析，这一切作为可怕的错误见解都冲击着年轻的小布什。耶鲁大学和其他地方的传统主义者曾试图反驳校园内这些激进派，包括许多共和主义者和保守学生群体，但小布什仍然对政治漠不关心。他加入那些安全的社团组织，躲避这种派系争斗，他的社交活动就是喝酒、聚会、校内运动、追求女孩子和参加周末的刺激活动。

日常的校园体育运动和社团组织的有趣活动是一种舒适自在的生活。他的这种生活方式成了德尔塔—卡帕—厄普西隆社团的典范，这个具传奇色彩的团体聚集了一代又一代耶鲁大学的学习和体育精英们，他们在这里可以尽情欢乐。也许他的父

　　1964年至1968年，乔治·W.布什在耶鲁大学上学，这张照片是1965年拍摄的。他是第四代上耶鲁大学的人。

　　乔治·W.布什在校时被选为"耶鲁兄弟会"(DKE)的会长，他的父亲之前也参加了这个兄弟会。(他的名字在"1968级"下面第二行，DKE的会所如右图所示。)乔治·W.布什也被指定为"骷髅会"的成员，他的父亲和祖父都曾参与了这个社团组织。几乎所有认识布什的人都说他是魅力十足，而且是生气勃勃的一个人。

亲曾经自然地成了这个团体的会长，而小布什则在大学四年级时才接手这个职位。

昔日和小布什一起参加兄弟会的伙伴回忆起这位日后入主白宫的分社社长时充满热情和留恋。很显然，乔治·W. 布什年轻时的大学同窗们不同程度地认可并遵循他身上的某些个性特点，不过在经历一代人之后，这些东西并没有被诡谲多变的政界全盘坦然接受。一位 DKE（德尔塔—卡帕—厄普西隆社团）的成员告诉比尔·米努塔利奥说："他（小布什）是强大的太阳，宇宙绕之旋转。他身上有种杰出人物的气质，但并非高不可攀。"

在接下来的四年中，这个年轻的得克萨斯小伙子结交了一些好友，同他们保持了毕生的友谊，当然期间也树立了若干终生的敌人。加里·特鲁多是连环漫画《杜恩斯比利》（Doonesbury）的作者（该漫画在多家刊物上同时发行、阅读面很广），他就是小布什的强硬对手之一，两个人长期作对。特鲁多在耶鲁大学偶然结识了小布什，小布什当时是新上任的 DKE 社长。多年之后，特鲁多在《晚间热线》（Nightline）节目中语带讥讽地告诉主持人特德·卡普尔：有一次需要确定晚会时准备多少桶啤酒，我不得不说，乔治·布什在那些聚会上真是表现出了非凡的领袖气质。特鲁多谈到小布什总统时，一贯带着嘲讽的腔调，在他口中，小布什是一个把脸藏在宽边高呢帽下，喋喋不休地嘟囔着毫无意义的话，是一个不起眼的人。根据布什入主白宫之前的经历，人们对他的冷嘲热讽不曾停止，直到他取得了大家公认的成就，对他的嘲讽才渐渐有所收敛。不过在很大程度上，他在耶鲁大学时期对学术不屑一顾的傲慢态度在他的总统生涯中仍然存在。

在老布什时代，担任 DKE 社长是一项了不起的荣誉，但是在政治背景复杂的60 年代，这个头衔大大贬值。曾经风靡一时、占据统治地位的所谓兄弟会希腊体系和秘密社团成员分崩离析，加入这些组织会被看作是屈尊俯就的举动。60 年代中期，乔治·W. 布什和那些志同道合的伙伴们在狭窄的圈子里享受生活，无所事事，草草应付学业，日子过得相当悠闲自在。

大学四年级时，一个极度秘密的精英社团——"骷髅会""指定"小布什加入，从此这成了他的生活重心。该社团于 1832 年在耶鲁大学成立，前身是隶属日耳曼神秘主义的隐秘的大杂烩组织。一直以来，其成员都必须宣誓绝对保守秘密。社团总部设在位于高街的校园中，俗称"坟墓"，这幢两层楼的房子设有休息室、图书馆、餐厅以及一间"内庙"。被选中的一小撮大学四年级学生齐集此地，同全体骷髅人碰面，这些先辈们全是来自华尔街、美国大公司、华盛顿和世界各国都会的精英分子。亚历山大·罗宾斯在著作《坟墓的秘密》（Secrets of the Tomb，2002）中披露了被骷髅会选中的美国人名单，上面均是声名赫赫、权力强大的人物——这份非同小可的名单无非就是贵族成员的交替更换，包括邦迪、哈里曼、洛德、洛克菲勒、塔夫脱和惠特尼等家族王朝，当然布什家族也是其中之一。耶鲁大学的秘密社团受到了其成员的敬仰，但批评者觉得可笑，它们为年轻人提供了一个自鸣得意的世界，成员们一边寻找上大学的价值，一边表现出行为不端。乔治·W. 布什和警察有过小小的摩擦冲突，这在当时兄弟会成员酗酒闹事很平常的时代根本就不值一提，不过后来这事情成了他的对手攻击他的把柄，这成了小布什年少无知的铁证。随着年岁的增长，越来越自信、成熟的小布什对耶鲁大学仍然缺乏好感。

小布什竭力同耶鲁大学的装腔作势、对学术的"过分偏重"以及无视忠诚、传统和美国选民的基本想法的行为划清界限，这使得他更加倚重传统。他离开纽黑文的时候，脑海中有个想法，认为自己和父亲以及祖父一样，无疑代表着更为古老、更为明智的美国政策。他最终将这些价值观付诸实践，只不过不是以美国北部新英格兰常青藤学校校友的身份，而是站在风格迥异、完全对立的立场上。

笃信宗教是布什家族社会化过程中的深刻烙印。对宗教的虔诚敬仰也成为近年影响和约束小布什总统个人观点以及国内和国外政策的推动力。

在他的家族观念中，社会阶层无关紧要。他们坚信看待世事的准则是：认清占据自然主导地位的是何人，也就是说谁具有家族世袭优势，要同类似阶层的人物打交道，对取得经济成就的人表示尊敬，并利用政府去推进并保护那些单纯以市场资本主义作为准则、允许个人取得最大限度成功的价值体系。

小布什被这条底线的实用性所吸引，他学会了将与之相违背的一切抽象观念置之度外。担任总统期间，他公开声明，就自己凭平庸的学术成绩进入精英学校入读与反对密歇根大学偏重种族的优先录取标准来说，这两者之间没有任何冲突。他呼吁最高法院管制密歇根大学这一违反宪法的举措，他提到"仅仅因为非裔美国学生和一些拉丁美洲学生以及美国土著学生的种族原因，而同他们学业上的造诣或是生活经历丝毫不相关，却要从他们150分满分中扣除20分"这一不公平现象。这的确是家族一贯的使命使然，不过绝不是用肤色来转移种族主义的视线。要发掘其中的自相矛盾之处十分困难，因此他忽略不计；自信地认为自己家族的传统应付一切绰绰有余。按照当时以及现在盛行的标准，作为一个校友的后代，尤其是一名富有而且颇有权势的校友的后代，凭借他的 SAT（学术能力测试）得分（口语566分，数学640分）进入精英学校完全没有问题。

另外一个"实用的"家族准则就是虔诚信教，虽然在布什家族几代更迭的过程中，宗教的形势和内容发生了相当大的变化。在2003年3月10日版的封面故事中，《新闻周报》（Newsweek）陈述了宗教在小布什总统任期内对其最受争议的方方面面产生的影响。文章从家族多年来的宗教倾向一直讲述到他们在北部康涅狄格州居住时国教圣公会的传统。前往得克萨斯州后，他们开始慢慢接触宗教权力、原教旨主义者、传福音主义者、再生基督教，这些都是20世纪80年代帮助共和党俘获权力的强大支柱。在父亲的仕途蒸蒸日上之际，小布什得以代理父亲的职务，他开始笃信宗教，由此在中年找到了自己的精神家园。他经常谈论自己学到的《圣经》语录，叙说神灵如何拯救自己于酒海。正如一个朋友所说："他送走了杰克·丹尼尔斯，迎来了耶稣。"布什对一组牧师这样表述："我之所以在椭圆形办公室里办公，而不是成为一名律师，只有一个原因。那就是我找到了信念。我找到了上

1968年，乔治·W.布什到得克萨斯州国民警卫队空军服役，他驾驶的是F—102战斗机。当该警卫队的司令官问他："你为什么想要来这里？"布什回答说："我想像我父亲一样成为一名战场飞行员。"乔治·H.W.布什曾是第二次世界大战期间美国海军中最年轻的现役军官。

帝。是祈祷的力量把我送到了这个地方。"

出于政治的需要，美国所有的总统都会对宗教礼仪顶礼膜拜，当然，他们总能因此获得回报。不过，对于第四十三任总统而言，宗教不再停留于抽象深奥的意识形态，其根基地位昭然若揭。正如经验老到的华盛顿记者伊丽莎白·德鲁所指出来的那样，总统具有"救世主的倾向"。乔治·W.布什通常留给大众的印象是"呸！可恶！"而他性格的另一面就是使命感：如果某件事情足够重大，足够紧要，他就会认为在其中插上一脚是他的使命。他所接受的正式教育教他怀疑理性和知性，而宗教却在他个人的经历中大行其道。

1968 年小布什大学毕业时，父亲作为休斯敦地区的代表，已经当选为国会成员。1970 年，老布什再一次试图竞选参议员，结果以失败告终，不过他随后获得美国驻联合国大使提名。相比较起来，乔治·W.布什的经历则平实简单得多。他毕业后回到家，接下来的经历颇受争议。他在得克萨斯国民空军护卫队中获得了一个职务，从而避免去越南战争中服役。在随后的几年中，他的工作就是和那些得克萨斯州的名门望族的后裔一起，驾驶喷气式飞机自由翱翔，这是个安全、令人觊觎的任务，而且他不用到遥远的亚洲东南部，不会卷入血腥残忍的冲突之中。和同事一样，他的单身汉式生活方式轻松自在，他试图向自己在耶鲁大学的生活方式靠拢，同时也开始慢慢地思考自己的前程。在接下来的几年中，他混迹于共和党，漫不经心地干着级别低等的工作，一晃五年过去了。

1973 年，小布什成了哈佛大学商学院八百名工商管理硕士新生中的一员。之前的毕业生开创的事业在全国乃至世界范围内形成了一个颇有影响力的环环相扣的强大体系，为哈佛商学院工商管理专业赢得了赫赫声誉。学校的教学方法侧重于案例学习，并分析时事和判断决策。对 27 岁的小布什来说，这是他第一次对某种正式教育发生兴趣。把纯粹理论、社会政策和深奥晦涩的学院派科目抛在一边，小布什完整而成功地投入其他课程的学习，并积极地同拥有类似想法的同学互相讨论。尽管如此，尼克松担任总统期间的动荡时局极大地影响了商学院的风气，使其在企业资本主义的教学中孤立无援。

小布什再一次毅然决心置身事外，不搭理外界校园中的骚动混乱，并下结论说哈佛大学和耶鲁大学一样对他自己的价值系统几乎提供不了任何教益。两年之后，他一头扎入父亲之前大放异彩的领域：野外油田开采业务。乔治·W.布什回到了童年时的家乡——得克萨斯州米德兰。

这时候教育已然结束。总之，他对菲利普斯学院、耶鲁大学和哈佛大学或多或少不怀好感；每个学校都在某些方面同他在得克萨斯州家中所经历和学习的内容相抵触。多年之后，根据米努塔利奥在著作《第一子：乔治·W.布什和布什家族王朝》中所述，乔治·W.布什在 1992 年父亲竞选连任时严词谴责"那些东北部媒体中的愤世嫉俗者们，他痛恨那些恶贯满盈的知识分子，他们同傲慢自大、令人窒息的耶鲁大学及哈佛大学的产物没什么两样"。

　　小布什的童年和少年时期在纽黑文的安杜佛以及坎布里奇待过一段日子，他把校园的主流思潮拒之门外，并成功地拒绝"60 多岁的老头老太太们"在耳边喋喋不休与自己的家庭传统不一致的观念和习惯。他担任总统时期的世界观大部分是在那段时期形成的。乔治·W. 布什的家族已有几代的历史，作为这个富有、强大家族的后代，他的天性和教育只包含日后需要的内容。

　　把一个公众人物的传记内容同他的生平挂钩当然不是正确的文学形式。不过，乔治·W. 布什的公众形象似乎在某些方面与传记吻合。对政治人物而言，简单的实用主义和相对主义十分普遍，乔治·W. 布什却从未如此认为，他对所有符合布什王朝认可的性格特征的人物深信不疑。

　　担任总统期间，他在重要的岗位上委派的官员都是坚定不移奉行与自己一致信念的人物。切尼、拉姆斯菲尔德、伍夫维兹以及他们的跟随者们都被委以重任，这些人是毫无疑义的教条主义者，他们不用花很大力气劝说乔治·W. 布什总统去实现自己的梦想，因为总统本人对这个梦想的信念更为强烈。布什政府领导下的美国所采取的国内和国际政策惊心动魄，它根植于其对正义公平的清晰定义、商人对于常识的界定、对价值和回报的评判、基本的宗教真理以及对美国制度优越性的清醒认识。

　　在国内，自命运多舛的赫伯特·胡佛之后，小布什是首位将赌注压在小有缺陷的供应经济学上的总统，他将财政和货币政策集中于削减赋税，惠及拥有特权和强大势力的阶层，以期影响社会，给大众带来福利。在国外，他把美国的民主制度散播全球，向那些文化传统中没有民主字眼的地区（或者明显没有体验过民主的地区）宣传美国的制度，由此延续了伍德沃·威尔逊在八十年前未竟的理想——"让世界成为适宜民主发展的安全土壤"。

　　因此，从 2003 年春天小布什发表的重要观点中可以看出，悬而未决的问题的核心根本就不是他试图在全球均衡势力中抽身而出，而是关于他实现那个理想的企图。小布什并不效仿自己的前任者们继续采取罗斯福和杜鲁门的政策，他似乎更加希望甚至是迫切地试图放弃多边外交框架，因为在其中美国扮演的是联盟体系中的领导者角色。小布什明智地采取单边外交政策，与此同时，他在将自己的声誉甚至总统职位作赌注。他仍然固执地相信自己的看法。除此之外，他对其他事情不感兴趣。总而言之，布什总统的教育是不合常规的。